本质 II

增长的本质

施星辉 编著

人民东方出版传媒
东方出版社

图书在版编目（CIP）数据

本质 II：增长的本质 / 施星辉 编著 . — 北京：东方出版社，2021.9
ISBN 978-7-5207-2271-1

Ⅰ.①本… Ⅱ.①施… Ⅲ.①企业发展—研究—中国 Ⅳ.① F279.23

中国版本图书馆 CIP 数据核字（2021）第 126152 号

本质 II：增长的本质

编　　著：施星辉
插画绘制：于梓涵
责任编辑：王夕月
出　　版：东方出版社
发　　行：人民东方出版传媒有限公司
地　　址：北京市西城区北三环中路 6 号
邮　　编：100120
印　　刷：北京文昌阁彩色印刷有限责任公司
版　　次：2021 年 9 月第 1 版
印　　次：2021 年 9 月第 1 次印刷
开　　本：710 毫米 ×1000 毫米　1/16
印　　张：33
字　　数：470 千字
书　　号：ISBN 978-7-5207-2271-1
定　　价：128.00 元
发行电话：（010）85924663　85924644　85924641

版权所有，违者必究
如有印装质量问题，我社负责调换，请拨打电话：（010）85924602　85924603

序言

企业兴衰成败与经营逻辑调整

企业兴衰成败是个永恒的话题，不仅因为企业家有做"百年老店"的理想追求，而且因为专家学者有助推企业持续健康发展的家国情怀，更因为社会大众有对企业兴衰成败的热情关注。翻阅汗牛充栋的文献经典，大都喜好从影响企业发展的各种因素角度解读企业的兴衰成败，以期给企业家送去做强做优企业的智慧启迪。

基于企业成败案例分析的总结不过是"盲人摸象"。自我国改革开放以来，不管是分析企业兴衰成败的图书，还是关于知名企业（家）的传记，总是很畅销。这些众说纷纭的企业成败经验教训，固然可以给人启迪，但很难提供富有共性的成功模式。诸如《从优秀到卓越》的作者柯林斯为企业从优秀到卓越建构的框架，首先是训练有素的人，其次是训练有素的思想，最后是训练有素的行为。但是，即使做到了这3点，也并不表示企业就能实现从优秀到卓越的跨越，还需要"飞轮效应"积累力量。IBM全球企业咨询服务部的几位专家在《未来企业之路》一书中提出，未来取得成功的企业需要具备5个方面的特质。即：渴求变革，能够创造和引领变革趋势；让创新超出客户的想象，深层的协作关系使企业借助创新给客户和企业自身带来更大成功；全球整合，其战略目标是获取全球各地最佳的能力、知识和资产，并将它们应用于全球有此需求的任何地方；颠覆性业务创新，关注价值主张转变，颠覆传统交付方式，只要机会出现，它就彻底变革企业本身和整个行业；真诚，而不仅仅是慷慨，未来企业的所有行动和决策都反映出对社会的诚挚关怀。

专家对 3200 家创业公司的研究表明，创业成功的企业大都具有以下特点，即：创始人的核心愿景具有重大意义；打造在市场上可持续增长的创意，具有可预期的规模经济、拥有巨大的广义市场；开发的新产品可以满足用户需求，知轻重——把注意力放在服务和产品上，严要求——客户才能满意，抢先机——尽快发布产品；交互体验的第一印象决定了产品的去留。有企业家认为，那些优秀的企业家大都在思考以下问题，即：花多少时间在客户身上、在了解自己的产品和提升产品服务上，真正做精品，为客户创造价值；花多少钱搞研发、学习新的业态、感受新的趋势和方向，用科技创新引领未来；花多少精力搞组织升级、人才引进、关注年轻人，真正明白组织、人才才是企业最核心的资产；花多少人生时光做对的一件事，要知道，慢，作为一种积累，才有竞争力、才能形成垄断利润。有专家对中国失败企业进行研究，将导致企业失败的各种因素总结为一个"冰山模型"，水面之上看得见的是激进的扩张策略和风险控制意识弱化，水面之下看不见、却起着决定性作用的是企业家过度自信，理性思维欠缺，唯我独尊的"帝王情结"，过于倚重"潜规则"的生存模式。也有专家从文化的角度探索企业成功的"基因"。如陈志武教授就认为犹太人之所以经商（当然不仅仅表现在经商方面）十分优秀，就是因为犹太教对《申命记》中"兄弟"和"外方人"的定义不同于基督教。犹太教认为，只有犹太人才是兄弟，所有其他人都是"外方人"。而基督教认为，只要不是敌人，就是兄弟。所以，犹太人几乎可以给所有人放贷，合法收取利息，用钱赚钱。而基督徒则不可以。一次去温州永嘉县调研，得知永嘉学派倡导"义利并举""商行天下，善行天下"的务实儒家思想，从其中似乎也看到了温州人善于经商的文化基因。当然，也有专家从政治、政策、制度等角度探寻企业成功的影响因素。

"残酷"的市场竞争现实让企业经营者警醒。现实中，看似各方面都做得很好的企业却从人们的生活中消失了。这不能不触发人的好奇心。战略学家普拉哈拉德（C. K. Prahalad）和哈默尔（G. Hamel）在《公司的核心竞争力》一书中提出，随着竞争的日益激烈和技术迭代的加快，创新的周期正在快速地缩短，这对大公司构成了前所未有的挑战，着实为那些发展还算不错的公司提出了警示。正如"破坏性创新"理论提出者、《创新者的窘境：领先企业如何被新兴企业颠覆？》一书作者克莱顿·克里斯坦森说："在单纯追求利润和增长率的过程中，一些伟大企业的伟大管理者因为使用了最佳管理技巧而导致了企业的失败。"他通过系统研究"大公司为什么会失败"认为，越是卓越的公司，在"破坏性创新"时刻到来的时候，就越难以摆脱困境。20世纪90年代中期，正是计算机行业从大型机向台式机转型的关键时刻，克里斯坦森惊奇地发现，"没有任何一家主要生产大型计算机的制造商，能够成功地转变为在微型计算机市场具有举足轻重地位的生产商"。何以至此，是这些公司的管理不善吗？答案恰恰是相反的。这些公司皆是全世界管理效率最高的公司，而且无一例外地拥有杰出的领导者，还一度出现在被人们奉为学习榜样的卓越企业榜单上。克里斯坦森的研究告诉我们，良好的管理正是导致领先企业马失前蹄的主因。准确地说，"正是因为这些企业倾听了客户的意见，积极投资了新技术的研发，以期向客户提供更多更好的产品；因为它们认真研究了市场趋势，并将投资资本系统性地分配给了能够带来最佳收益率的创新领域，最终，它们都丧失了其市场领先地位"。可悲的是，那些颠覆性的技术居然大多来自大公司的实验室，而小公司的创业者正是从这些大公司被排挤出去的"失意者"。这样的案例俯拾即是。第一个研发出数字相机技术的是胶卷公司柯达，第一个研发出手机触屏功能的是诺基亚，可是它们都不是这些技术的勇敢使用者，它们的前途因此被埋葬。诺基亚的最后一任总裁在公司被收购时，颇为无奈地说："我们什么也没有做错，但是我们还是失败了"。正是源于这些案例，《创新者的窘境》一书提出了一个看来有点让人难以接受的结论：已经成熟了近半个世纪的公司治理理论，已经无法适应快速变化的世界，越是大型的成功企业越容易在未来竞争中成为无法改变自己命运的"恐龙"。如此结局，甚至与它既有的能力、资本乃至领导者的勤勉无关。如何扭转困局？克里斯坦森并没有给出一个标准的解决方案，只是告诫大公司决策层：应该放弃对高效管理制度的迷信，将组织创新能力极度下沉，"把开发破坏性技术的职责赋予存在客户需求的机构"，"尚不存在的市场是无法分析的。因此，管理者应对破坏性变革采取的战略和计划应该是有关学习和发现的计划，而不是事关执行的计划"。乔布斯曾经说过：如果福特造车的时候问大家，你要什么样的车，大家都会齐声地告诉他，更好的马车，因为普通的人是看不到这种东西的，即使看见了，他也不以为意。福特的成功，是他看见了别人没有看见的东西，创造了流水线，进行了颠覆式创新，开创了汽车工业时代。由此看来，我们应该谨防，用战术上的勤奋回避战略上的怠惰。

  关注企业成败背后的经营逻辑才是根本。越是成功的大型企业越难以在竞争中改变失败命运的"魔咒"真的存在吗？在铺天盖地的企业汪洋大海中，眼见有的企业昨日风头正劲，今天却轰然倒塌；有的企业今日看来弱不禁风，明日或许就是一颗新星。这就是我们不得不接受的市场竞争现实。正如有专家认为，哪有什么成功企业，要说有成功的企业，那也只是适应时代变化趋势的企业。为了弄清企业经营成败背后的逻辑，我尝试收集研究各种各样的企业案例资料（图书），并且到很多企业开展实地考察，有时还好为"人师"地与企业家探讨企业成败的个中缘由。企业生死见得多了，人们大都习以为常，自我麻痹式地认为，这不过是市场竞争规律使然。没错！是市场竞争规律作用的结果。关键是企业兴衰成败背后的市场竞争规律到底是什么？克里斯坦森看到的企业"恐龙"，在今日的中国企业界亦不乏个案。企业能做大，一定富有生存发展乃至做强做大的"基因"与成功的理由。只可惜随着时代变迁，特别是随着技术变革和制度改革，势必会释放消费者的自主需求，改变消费者的行为方式，如若企业依然凭借过去成功的

"思维定式"一味勤奋地在原有经营逻辑里精益求精,或许能留住部分原有消费者,但终有一日会被消费者抛弃。原来所谓成功的大型企业势必会让被消费者所认可的新兴企业送进"坟墓"。当然,成功的大型企业也不会坐以待毙,要么依托新兴技术和管理模式转型升级,要么依托原有消费者的依恋"苟延残喘"。施星辉先生编著的《本质Ⅱ:增长的本质》一书中选取的20家以数字经济为主导业务的新兴企业发展势头正猛,正好佐证了企业发展逻辑必须与时俱进的规律及市场竞争现实。但是,并不是抓住了发展趋势潮头就能一路走好。相反,当企业家看不准大势往哪里发展、落向何处时,企业也只会昙花一现。微信里有一篇文章,说"老板是个好人,但这是企业的不幸",一时引起群友热议。就连美团CEO王兴也发表感慨:"某公司市值竟然从40亿美元跌到了6.8亿美元。"结果不到一年,该公司的市值再次跌穿4亿美元。在我看来,对所有人好,做个好人,显然不是问题的关键!认真读完那篇文章,不难发现企业家至少是缺乏"五自"修为,导致公司走到了今天:一是缺乏对因技术变化而引发的市场前景的敏锐把握,这是缺乏"市场自觉";二是缺乏对将朦胧状态的市场前景转化为市场需求的坚守,这是缺乏"执行自律";三是缺乏对人才的尊重,未能为其施展才华提供足够大的自主舞台,这是缺乏"权力自弃";四是缺乏对企业发展过程中各种竞争性风险因素的预判和合理处置,这是缺乏"成长自警";五是缺乏对自己和他人能力的信任,这是缺乏"内心自信"。当然,我相信凭借这些企业家抢抓市场大势的智慧,只要一旦省悟到自身及企业的局限,及时修正经营逻辑,转型调整管理模式,是会再创企业辉煌的。

企业经营逻辑因时而变才是希望所在。古人云:变则通,通则达。经营企业又何尝不是如此呢!我们知道,失败是成功之母。其本意在于告诫人们,衰败的惨痛经历是可以赋予人智慧的。看来,坚持问题导向是富有生命的组织体永远应该牢记并践行的发展原则之一。关键是你能否进行深入的自我反省。短缺经济时代,卖方市场主导企业经营,作为企业主要是为消费者提供所必需的产品和服务,解决"有没有"的问题，只要企业家有人缘、能整合资源、具备一定管理能力，便可保障企业生存发展。高质量经济发展时代，买方市场主导企业经营，作为企业主要是为消费者提供所喜好的产品和服务，解决"好不好"的问题，这就要求企业必须依托数字化技术，精准捕捉消费者个性化需求、持续开展创新、系统提升管理能力等，才能保障企业持续发展的核心竞争力。2000年，美国互联网泡沫破灭，接下来的10年，技术和商业模式发生了令人眼花缭乱的突变，无数教科书上的卓越公司都已陷入泥潭。今天，正处于转型升级和代际传承叠加时期的中国企业，深受人工智能、大数据、互联网等新一代信息技术的冲击，理当深入思考，避免失败教训，借鉴成功经验。通观数字经济时代那些优秀的企业家，不外乎做到了"五性"。即维护政治的自觉性、寻求市场的广阔性、实施竞争的差异性、秉持专业的精益性和保持心胸的开放性。在企业经营管理实践中，所有技术、业态、管理、商业模式的创新及股权的开放不过是"五性"的理性推进，主要体现为6个方面的具体举措。一是细分市场领域的开拓，基于发展诉求，推动改革释放更多的发展空间，求得细分市场的竞争优势；二是政策措施的保障，基于问题导向，不断推动支持企业发展的金融、财税、技术、信息、人才等政策措施的完善；三是数字技术的应用，基于降本增效提质的发展诉求，借助数字平台或自身的数字技术开发，不断提升企业生产、市场、管理等数字化、智能化水平；四是持续创新的实践，基于做好企业的理想目标追求，不断创新推动企业的产品服务更好满足客户个性化需求；五是治理规范的遵循，基于合规合法有民的原则，开展诚信守法市场竞争，树立良好的企业形象；六是社会认同的营造，基于企业作为社会主体的要求，积极履行社会责任，赢得社会的广泛认可和尊重。可以说，在改革开放的历史大潮中顺应国家发展大势、专注于"五性"和"六举措"实践和在市场中历练"五自"修为，数字经济时代涌现出来的一批优秀企业家再次佐证了"时势造英雄"的历史规律，他们不过是顺应市场现实、找到契合自身特点的经营逻辑的"时代英雄"。

企业家，不仅是个极富挑战的职业，而且是个令常人仰止的荣誉。身处"两个大局"中的企业家，机遇挑战并存。市场竞争现实告诉我们：成熟才能造就成功。正如张謇先生所说："时时存必成之心，时时作可败之计。"广大企业（家）在全面开启中国特色社会主义现代化强国建设的新发展阶段，应该贯彻新发展理念，积极参与构建新发展格局，顺应时代经营逻辑，克服企业发展不足，提升自己素养，回归企业经营的常识、常规、常理，真正把企业做得更强更优，为实现中国梦贡献积极力量。

林泽炎

中国民营经济研究会副会长、研究员、博士

一部探索"中国式创新"的力作

随着全球科技创新中心的更迭和时代的发展,中国正在进行创新发展的不竭探索,并努力建设全球的科学中心和创新高地,在重大基础设施工程和互联网应用等领域,我国取得了一系列丰硕的科技创新成果。改革开放40多年来,中国依靠国家能力不断发展以中华文明为基础的国家治理体系,强化社会创新、制度创新和政府创新,从"面向和依靠""稳住一头,开放一片""科教兴国"到"创新强国",坚定不移地朝着"进入创新型国家行列(2020年)—跻身创新型国家前列(2035年)—建成世界科技创新强国(2050年)"的创新发展目标稳步迈进。党的十八大和十九大以来,是党和国家发展进程中极不平凡的新时代,也是科技创新取得历史性成就、发生历史性变革的新时代。在以习近平同志为核心的党中央坚强领导下,在全国科技界和社会各界的共同努力下,中国科技创新持续发力,加速赶超跨越,实现了历史性、整体性、格局性的重大变化,创新成果竞相涌现,科技实力大幅增强,已成为具有全球影响力的科技大国。

施星辉院长编著的《本质Ⅱ:增长的本质》一书,揭示了数字经济热潮中涌现出来的优秀企业家成长、发展的成功基因。首先,中国经济和产业持续崛起,缘自中国企业的崛起;而中国创新的崛起,主要来自企业家们的不懈探索。中国的企业和企业家是中国成功建设世界科技创新强国的关键和核心主体。全面深化改革需要鉴往知来,攻坚克难离不开历史明鉴,继往开来离不开理念导航。总结中国典型企业家创新崛起的经验，识别中国企业未来持续崛起的路径，有助于完善以企业为主体、产学研合作的开放协同高效的新型国家创新体系，推动重大核心技术突破和成果转化应用，持续提升中国企业的创新能力，培育世界一流创新领军企业，打通科技创新、产业升级、经济转型与国家强盛的通道，对建设创新型国家和面向未来的世界创新强国意义重大。

其次，中国的企业家抓住了数字科技给中国经济带来的巨大红利。如果说中华民族晚醒于工业革命的话，在信息科技驱动的数字革命浪潮中则取得了举世瞩目的惊人成就，体现了中华民族强大的自省觉悟和奋发图强的民族气节。纵观世界领先企业的数据，我们发现，企业数字化已经成为一个新常态。根据波士顿咨询公司的调查研究，科技型企业在全球市值前十位的比例大幅提升，原生态的数字企业以特有的优势迫使传统行业实行数字化转型。近年来，数字化在中国的经济发展中也发挥着越来越重要的作用，2017 年，中国数字经济的规模占 GDP 总量的 32.9%（《数字中国建设发展报告（2017 年）》），2018 年这一比例上升至 34.8%（《数字中国建设发展报告（2018 年）》）。数字科技下的机遇与挑战并存。许多传统行业的企业面临着数字化带来的挑战，数字化的成熟对企业外部环境及消费者市场带来了巨大的改变。本书中的企业家们为了适应外部的变化，积极进行数字化转型，探索以云计算、大数据、人工智能为代表的数字科技带动传统产业转型发展的中国之路，为实现"产业数字化和数字产业化"树立了优秀标杆。

随着中国的和平崛起，中华文化自信的增强，越来越多的国内外人士越来越肯定中华优秀传统文化蕴含的创新禀赋，越来越重视发掘其中的创新因素。

习近平总书记指出："创新是民族进步的灵魂，是一个国家兴旺发达的不竭源泉，也是中华民族最深沉的民族禀赋。"中华文化的整体思维方式具有动态性的特征，所以整体是动态性的整体，例如《周易》认为天地是一气流行、生生不息，中医的经络是人体精气神运行不息所形成的现象。中华文化的整体思维方式也具有前瞻性的特征，因为动态是有迹可循、有规律可找、有趋势可发现的动态，例如中医的"治未病"理论就是整体思维方式中的前瞻性特征的体现。中华文化的整体思维方式更具有伦理性的特征，因为整体的各部分之间是一个休戚相关的共同体，例如《庄子·齐物论》认为"天地与我并生，而万物与我为一"，《礼记·礼运》提倡"以天下为一家，以中国为一人"，北宋理学家张载在《西铭》中提出"民，吾同胞；物，吾与也"的民胞物与的宏大生命观，北宋理学家程颢也认为"仁者以天地万物为一体"。运用整体思维和东方智慧，我最近提出了"整合式创新"理论，强调以战略预见和综合统筹来引领技术创新和商业模式创新，本书中的优秀企业家正是充分借鉴中国传统文化的哲学要素，来驱动企业的健康发展。

当今世界正经历前所未有的变革与调整，东西方角色转换，各自面临着不同的挑战。今日的中国正在创造民族复兴的伟大壮举。中国进入特色社会主义新时代和扩大开放新阶段的时代背景下，新技术革命和产业革命的快速推进，创新型国家建设既面临着前所未有的挑战，也拥有"一带一路"倡议、全球经贸调整和第四次科技革命等带来的新战略机遇期。党的十九大对科技创新做出了全面系统部署，推动高质量发展、支撑供给侧结构性改革、加快新旧动能转换，对科技创新提出新的更高要求。关键是必须坚持以习近平新时代中国特色社会主义思想为指导，推动科技创新主动引领经济社会发展，打造经济增长、产业升级、民生改善的内生动力，为质量变革、效率变革、动力变革提供强有力的科技支撑。广大企业家如能进一步提升政治觉悟和社会责任，努力从企业的经营者跃升为产业的创新者，把科技的自主自强作为企业发展的新目标，积极探索以企业为主导的新型产学研发展模式，我国的社会主义现代化强国的步伐将大大加快，中华民族复兴的伟业将早日实现。

陈劲

清华大学技术创新研究中心主任、清华大学经济管理学院教授

2021 年 4 月 18 日于清华园

增长是互联网时代不可逾越的终极命题

任正非、马化腾、张一鸣、张小龙、刘强东……当你打开这本书的目录页，一连串最近10年最顶级中国商业英雄的名字跃然纸上。

回到本书的书名，这是一个非常精辟且精准的主题——增长的本质，它几乎切中和涵盖商业世界中所有的野心勃勃。

自从互联网开始主导世界的那一天起，包括我在内的很多企业管理者都有一种特别深刻的感受：互联网几乎每一天都让人感到如履薄冰。

有时我会回忆，在前互联网时代，我是否也有这样的感觉？那时的我一样每天努力工作，不让自己有丝毫懈怠，始终保持紧迫感；但绝不可能像今天，每天清晨醒来的第一件事，就是急不可待地想要了解这世界又发生了什么我不知道的事，又诞生了什么有意思的新玩意儿……

互联网让世界变得密不透风，让生活无论在宏观还是微观的层面上都保持着显而易见的机动性与敏捷性。

我们当然可以说，腾讯、阿里、百度这些互联网巨头改变了社会生活的传统节奏与习惯；但换个角度讲，也正是互联网笼罩下的人们，造就与成就了一批又一批的互联网新兴企业。

于是，增长的命题，从某一天起，突然成为所有互联网企业的命门。

站在一家企业的视角上，增长本身并不神秘：财报上的数字，市场的反馈，用户的口碑，让一切昭然若揭。真正神秘而充满挑战的，是一家企业在追求增长的过程中，如何寻找到充满想象力的突破口，如何把从0到1的增长，跃迁为从1到100的增长。

寻找的内涵，其实就是企业架构、产品定位、趋势研判的加总，考验的是一家企业的内功，而不是门面功夫。

杰克·韦尔奇说过，商业，是地球上最伟大的游戏。按照这句话的逻辑，商业的增长一旦出现颓势，游戏也就不好玩了，一个不好玩的游戏，是没有办法吸引玩家的。

玩家，就是市场。市场，就是企业的未来。

如何让商业这个游戏变得越来越好玩？越来越刺激？答案当然是——增长。

那么，增长的本质是什么呢？

腾讯的逻辑是连接一切，百度的逻辑是智能革命，贝壳的逻辑是产品操作系统……20位中国顶级商业英雄在这本书中坐而论道，各阐所成。

本书收录的文章大都来自近年商业互联网世界的著名论坛，大企业年会上的企业家、创始人演讲，每篇文章都包含了演讲者商业智慧的精华浓缩。

这些年，我自己做企业，对于增长有了较之职业经理人更加深刻的理解。看过太多理论，自以为听懂了太多道理，但在实际的公司治理与发展过程中，依然有三道每天必须面对的问题：战略、产品、架构。

列出来是三个问题，实际解决起来就是一件事：如何保持增长！

战略决定产品，产品搭载架构，架构反馈战略，往复循环；最简单的道理是，只要这三点打通了，让它们相辅相成，流畅运转起来，增长就是水到渠成。

战略一旦定得拧巴了，或者产品力出现瑕疵，又或者企业架构有缺陷，这个系统一定出问题；增长，一定乏力，甚至发生停滞，于是，企业的危机也就在你没有一点防备时，不期而至了。

入选《本质Ⅱ：增长的本质》一书中的商业人物，他们所代表的都是市值或估值巨大的巨头型企业，但我猜这本书的读者，更多应该是初创企业的创始人、中小企业主，以及一些踌躇满志准备投身创业的热血青年。

我最后给你们的忠告是：企业的规模是一回事，企业的经历是另一回事。

挫败本身并不可怕，创伤与荣光总有因果，最重要的是在挫败后的反思与反弹。如果你们足够了解中国互联网商业史，一定会注意到，在本书中登场的很多商业英雄，当年也曾深陷低谷，甚至遭遇绝境，然后，绝处逢生，重返增长。

无论如何，增长，就是这个时代所有企业不可逾越的终极命题。我们既然选择了投身商业，而且有那么多前鉴可循，又有什么可恐惧的呢？

"我们唯一应该恐惧的是恐惧本身。"富兰克林·罗斯福在美国经济最糟糕的那一年说过的话，与你共勉，希望你能从《本质Ⅱ：增长的本质》一书中有所收获，找到与你契合的增长思维。

毛大庆

优客工场创始人、博士

目录

序言

企业兴衰成败与经营逻辑调整
  林泽炎 中国民营经济研究会副会长、研究员、博士 *001*

一部探索"中国式创新"的力作
  陈 劲 清华大学技术创新研究中心主任、清华大学经济管理学院教授 *008*

增长是互联网时代不可逾越的终极命题
  毛大庆 优客工场创始人、博士 *011*

前言 复盘数字经济20年的商业观念史（2000—2020年） *001*

01 新浪潮
CHAPTER ONE
愿为潮与浪，俱起碧流中

腾讯：灰度法则的7个维度 *012*
  ——马化腾 腾讯董事会主席兼CEO

百度：迎接智能经济 *030*
  ——李彦宏 百度创始人、董事长兼CEO

网易：相信热爱的力量 *055*
  ——丁磊 网易董事局主席兼总裁

02 新媒体
CHAPTER TWO
媒介是人的一切外化、延伸、产出

字节跳动：CEO 要避免理性的自负   *074*
　　——张一鸣　字节跳动创始人、董事长兼全球 CEO

微信：微信的原动力   *104*
　　——张小龙　腾讯高级副总裁、微信创始人

快手：提升每个人独特的幸福感   *140*
　　——宿华　快手科技创始人兼 CEO

03 新消费
CHAPTER THREE
人们对美好生活的向往，是商业生生不息的底层动力

拼多多：新时代的新电商   *164*
　　——黄峥　拼多多创始人、董事长

美团：互联网下半场的 2B 机会   *188*
　　——王兴　美团联合创始人、董事长兼 CEO

京东：京东是谁   *227*
　　——刘强东　京东集团创始人、董事局主席兼 CEO

04 新服务
CHAPTER FOUR
服务的最高境界是没有服务

滴滴：敬畏一切 *256*
——程维　滴滴创始人、董事长兼CEO

顺丰：信仰、文化与道德 *278*
——王卫　顺丰集团创始人、董事局主席兼CEO

贝壳找房：贝壳的7面旗帜 *298*
——左晖　链家创始人、贝壳找房董事长

05 新人类
CHAPTER FIVE
好的社区能够分辨善恶美丑

小红书：小红书是座城 *314*
——瞿芳　小红书创始人

哔哩哔哩：B站还是那个味 *329*
——陈睿　B站董事长兼CEO

06 新制造
CHAPTER SIX
所有行业都值得重新做一遍

小米：热血沸腾的 10 年   *352*
——雷军　小米创始人、董事长

华为：打胜仗的逻辑   *383*
——任正非　华为创始人、董事兼 CEO

大疆：没有想过去寻找所谓的风口   *408*
——汪滔　大疆科技创始人兼 CTO

07 新资本
CHAPTER SEVEN
做时间的朋友，需要极强的自我约束力和发自内心的责任感

红杉中国：我的投资逻辑   *426*
——沈南鹏　红杉资本全球执行合伙人、中国基金创始及执行合伙人

高瓴资本：长期主义的胜利   *455*
——张磊　高瓴资本创始人兼首席执行官

今日资本：什么变了，什么没变   *472*
——徐新　今日资本创始人兼总裁

| 附录1　入选者简介 | 489 |
| 附录2　2000—2020年20个最值得关注的商业理念 | 491 |

| 跋 / 子衿 | 492 |

| 后记　走进中华商道的黎明 | 500 |

前言

复盘数字经济20年的商业观念史（2000—2020年）

> 花半秒钟就看透事物本质的人，和花一辈子都看不清事物本质的人，注定是截然不同的命运。
>
> ——电影《教父》

"你能想象走在大街上，你同时能看到卡耐基炼钢铁的，JP摩根，还有做石油的洛克菲勒，还有谷歌的创始人拉里·佩奇，贝索斯、扎克伯格这些人走在一起吗？在中国这样的人就是走在一起，这些人在同一时间来到同一个舞台上，这个太有意思了。"

高瓴资本创始人张磊对中美商业的观感，生动反映了中国企业的当下格局。作为致敬改革开放40周年的应景之作，《本质》入选了32位企业家，在地域、行业等方面具有广泛代表性，以民企为主，也包括3位国有企业家——宁高宁、马蔚华与宋志平，还选入了马化腾、马云、雷军与王兴等4位创新者，他们构成了改革开放以来的企业家群像，与张磊眼中的图景具有同构性。

但是从中国经济的新常态与新变化来看，人们需要更有前瞻性、动态性的观察。2002—2011年这10年GDP增速都在9%以上，2012年首次低于8%，仅有7.9%；其后一路下滑，2018、2019、2020这3年分别是6.6%、6.1%、2.3%，

本质 II
增长的本质

2021年将重回8%。

值得注意的是，2020年数字经济对经济疫后重振起到了关键作用。在2018年到2021年的两会，"数字经济"四度出现在政府工作报告，在"十四五"规划中也首次独立成章；各方共识是数字经济将成为未来10—20年中国经济增长的主要引擎，也是中美较量的主战场之一。

数字经济已成为美国经济增长的最大动力，数字经济前10位的头部企业近5年的平均增速为17.03%，同期数字经济复合增长率为9.9%，美国经济的整体增速仅为2.3%。可见，头部企业的营收增长速度是美国数字经济的2倍，更是美国整体经济的7倍多。数字头部企业已经成为美国经济实力的集中体现。从2020年上市公司市值排行来看，全球十大市值公司中8家美国公司入选，除了特斯拉、伯克希尔哈撒韦与VISA，就是亚马逊、谷歌、微软、脸书、苹果等5家数字企业。

再来看看中国。据中国信息通信研究院的报告，2019年数字经济增加值达到35.8万亿元，占我国GDP比重36.2%，数字经济对经济增长的贡献率高达67.7%；其中数字产业化增加值规模达7.1万亿元，占GDP比重7.2%；产业数字化增加值规模为28.8万亿元，占GDP比重29.0%。在2020年中国十大市值公司中，除了4家银行和茅台、五粮液两家酒企，就是腾讯、阿里、美团与拼多多等数字企业，腾讯、阿里夺得冠、亚军，并双双入选全球十大市值公司。

以腾讯为例。2015年营收首破千亿人民币大关，达到1028.63亿，2019年增加到3772.89亿，是2015年的3.7倍。市值方面，2017年11月20日，腾讯市值首次超过5000亿美元；2021年1月25日，市值达到9487亿美元，创下历史新高。

与此对比，2017年中国台湾地区GDP为5300亿美元，2020年上升到6693亿美元，最大企业台积电2020年市值刚刚超过4000亿美元。腾讯的市值2017年低于台湾地区GDP 300亿美元，2020年超过台湾地区GDP 1700亿美元。可见，

前言
复盘数字经济 20 年的商业观念史（2000—2020 年）

数字头部企业与国民经济增长关系更为密切。

基于这样的时代风向，笔者萌生了编撰《本质Ⅱ：增长的本质》的想法。《本质》在选人方面，也有遗珠之憾：出于种种原因，李彦宏、刘强东与张一鸣等3人未能入选；限于时间跨度，20年来数字经济的新领军企业未能充分挖掘与展示，而它们在中国经济版图正占有越来越重要的位置。这更成为编撰《本质Ⅱ：增长的本质》更加迫切的动机。

与《本质》相比，《本质Ⅱ：增长的本质》有三大升级。

其一，出版宗旨更加清晰。

2018年适逢改革开放40周年，客观来说，《本质》是应景之作，但是出版后引起市场的热烈反应，成为年度畅销书，2019—2020年连续加印，被出版社视为典范产品，成为读懂中国企业的长销书。

《本质》从改革开放40年视角出发，看重的是企业家的历史地位。但是，欲洞察中国经济近10年来的增长方式转变，思考未来10年、20年的增长动力，需要把时间坐标缩小到2000年以来的20年，并且聚焦头部企业的增长规律。在这个意义上，从《本质》到《本质Ⅱ：增长的本质》，重心将从"中国式管理"转向"中国式创新"。

随着2021年两会的如期召开，经济周期进入了"十四五"，中国经济即将全面进入创新驱动的3.0阶段。这种转变体现在3个维度：一、就经济形态来说，从农业经济向工业经济，再向数字经济的转变；二、就国内外融合来说，从国内单循环到国内外双循环，再到国内大循环为主的双循环新阶段的转变；三、就增长动能来说，从以人口红利为主导的市场驱动、模式驱动，到科技红利为特征的创新驱动。

因此，本书的编撰思路，既延续了《本质》一书的底层逻辑，更是一种全新

本质 II
增长的本质

升级，对 21 世纪 20 年来的产业浪潮中的一批"后浪"，给予了更大的关注。

什么是后浪？是经济体系的新陈代谢在商业世界的具体呈现。从产业进化来看，后浪有两层含义：一是相对于传统产业，数字经济是新的产业浪潮；二是互联网下半场涌现出来的新物种。所以，《本质 II：增长的本质》首先选择新人群、新物种、新赛道、新疆域；其次是曾经的后浪——如今依然挺立潮头，并推动新一波后浪。

浪奔浪流，承前启后。很多后浪与前浪有强烈的精神连接，某种意义上甚至是门徒，或私淑弟子。比如王兴、张一鸣与黄峥，通过以图书或交流的方式，如饥似渴地从前辈那里获取养分，加以独立思考，形成了全新的战略思维。

其二，入选标准更加精准。

《本质》以企业家为主（32 位），另有媒体人与研究者（8 位）。"企业家的年龄跨度超过半个世纪"，20 世纪 20 年代至 70 年代出生者皆有，最年轻的是王兴，生于 1979 年。2019 年，褚时健、艾丰两位企业家先后辞世，间接验证了该书的历史记录价值。《本质 II：增长的本质》中"80 后"入选者有 6 位，小红书创始人瞿芳（1984 年出生）最为年轻；"70 后"最多，达到 8 位；"60 后"5 位，任正非最为年长，现年 77 岁的他，仍然亲临一线，担任华为总裁。

同时，宁高宁、宋志平等两位国有企业家入选《本质》，代表了国企改革的成功经验。从行业来看，《本质》中制造业数量过半，房地产业也有 4 家企业，互联网企业仅有 6 家，反映了改革开放 40 年形成的产业基本格局，但是中国经济 2.0 阶段的特征较为明显。

从地域来说，在改革开放 40 年视角下，《本质》选了 8 位广东企业家，约占全部企业家入选者的 1/4；6 家广东企业入选《本质 II：增长的本质》，占比略有提高。作为民营经济大省的江苏、山东，没有企业入选本书。

2020 年是深圳特区成立 40 周年，"40 年来，深圳奋力解放和发展社会生产

前言
复盘数字经济 20 年的商业观念史（2000—2020 年）

力，大力推进科技创新，实现了由一座落后的边陲小镇到具有全球影响力的国际化大都市的历史性跨越"。入选本书的企业家中，4 家公司的总部位于深圳。

2008 年，时任上海市委书记曾经发问："为什么像马云这样的人，在我们这儿没有成长？"两位上海企业家入选《本质》，这次有 4 家上海企业进入本书。事实上，海派文化与消费互联网气质契合，2010 年以后，上海抓住了移动互联网的机会。"十四五"规划提到数字经济的七大核心产业，涉及高精尖技术，比如人工智能，上海已经提前布局，在未来数字经济中存在感还会更强。值得一提的是，拼多多与 B 站都创办于杭州，迁往上海后大获成功。定位"数字经济第一城"的杭州，本应以阿里巴巴占据一席，由于马云 2013 年、2019 年先后辞去阿里巴巴的 CEO（首席执行官）、董事局主席职位，故未能入选本书。

7 位北京企业家入选《本质》，本书选入了 10 家总部位于北京的企业，占比超过 50%。北京是当之无愧的数字经济第一高地，不论是创新人才与资金，还是科技创新生态，以及高新技术企业数量，全国无出其右。

《本质》还选择了 8 位学者与媒体人，《本质 II：增长的本质》则关注商业本身，纳入了 3 位投资家。过去 20 年，互联网商业成功的背后，多有他们的身影。从更广泛意义来说，过去 20 年经济增长与商业创新，很大程度上受益于资本的赋能。

中国历来有编撰文选的传统，且选择标准都是个性化的，比如近来学术界关于《唐诗三百首》的选文争议。编撰《本质 II：增长的本质》遇到的困难是，与《本质》比起来人物更难取舍。过去 20 年中有些人物资历很老，一度也是风云人物，且企业跨越 10 年不倒，如周鸿祎、李开复、徐小平、陈天桥和张朝阳等人。但是从产业生态来看，他们更适合作为对照组，来凸显本书入选者的特质。（《基业长青》设有对照公司组，柯林斯表示，这不代表这些公司不够优秀，而是与该书的主题相比，作为参照系更有价值。）还有一批独角兽企业，如蔚来汽车等造车新势力，猿辅导等在线教育，以及知乎等创新企业，限于篇幅、影响力也未能

本质 II
增长的本质

入选，期待它们在未来10年大放异彩。

2000年，是21世纪的头一年，也是中国互联网经济成形的元年。这一年新浪、搜狐和网易等三大门户网站，先后在纳斯达克上市。于是，互联网企业不再是梦想，而是可在资本市场变现的新兴产业。从这一年开始，中国企业发展史上出现一种新的增长模式，即以用户增长为先导，营收增长为支撑，市值增长为标志的亏损型增长。

本书以2000年作为遴选起点，多位入选者的企业完整经历了上述增长过程，比如华为、顺丰、网易、腾讯、阿里巴巴和百度，等等。

以网易为例。互联网经济的第一波翘楚是三大门户网站，网易是尚在潮流之上的"活化石"。丁磊1997年在广州创办网易，仅用3年时间，即在美国挂牌，2020年又在香港联交所上市；截至2020年12月23日市值超过5000亿港元（632亿美元），位居中国互联网公司前十，丁磊个人财富超过2000亿，名列个人财富榜第三。

在此期间，丁磊更一度成为中国首富，也曾濒临退市。经历无数波折，网易仍然处于互联网第一阵营。在阿里系、腾讯系、百度系、小米系之外，网易的前高管创业自成一派，有一批代表性人物，有陌陌唐岩、YY语音李学凌与猿辅导李勇。

本书入选企业中9家没有上市，包括3家投资公司，以及华为、字节跳动、滴滴、大疆、小红书和微信。据报道，2021年，百度、B站将在香港二度上市，字节跳动可能分拆抖音单独上市，滴滴正全力冲刺上市。

其三，编撰风格创新。

北京大学周其仁教授在《邓小平做对了什么》一文中指出，"把企业家请回了中国"是改革开放以来中国社会最大的变化。《本质》的重要价值是读懂企业家群体，《本质Ⅱ：增长的本质》的主要目标则是读懂商业创新的本质，揭示最

前言
复盘数字经济 20 年的商业观念史（2000—2020 年）

近 20 年来经济增长的新动能。

笔者为《本质》撰写的后记，标题是《追寻商业思想的轨迹》，试图在商业史的背后，寻找中国本土商业思想的雪泥鸿爪。这一目标在《本质》中部分得到了实现，但未能对企业家的观念单独进行梳理。考虑到 2018 年以来国际环境变化与全球商业变局，在两年后的今天这个不足更加明显了。

基于此，《本质 II：增长的本质》致力于复盘数字经济 20 年的商业观念史。以 2002 年在《中国企业家》杂志创设"未来之星"榜单为起点，笔者在 20 年的企业研究过程中，逐步形成了考察中国企业成长的独特框架与路径，即围绕高增长的主线，从营收增长、用户增长、价值增长三维度，从企业家的"认知—决策—增长"修炼三阶段来展开。

为了客观评价入选企业家的商业观念，保持点评标准的统一，本书不再采取多人点评的方式，而是凭笔者一人之力来完成。为了提供选文的纵深背景，笔者广泛阅读相关文献和公开报道（文字量百万级），在《本质 II：增长的本质》中增加了对入选企业的专文介绍，扩大了个人语录的范围，并根据可借鉴的原则，提炼了入选企业家的原创理念。

自 2020 年下半年以来，基于构建新发展格局，中央对互联网等平台经济提出新的要求，有关部门正在强化相关监管，对阿里巴巴、美团等公司的反垄断调查只是开始。2021 年 4 月，国家对互联网企业的金融业务明确了合规底线，将为数字经济的未来健康发展创造新的前提。

在本书编撰过程中，笔者经历了一次前所未有的学习体验，激发了对"中国式创新"的全新思考，也确立了对中国经济增长的更大信心。

牛津大学伦理学教授麦卡斯基尔在 2018 年 TED 演讲中认为，如果某个问题具备了 3 个特点——巨大的（Big）、可解决的（Solvable）、被忽视的（Neglected），应该被列入人类社会优先解决的议程清单。他就此提出的"BSN"框架，部分解释了数字经济新领军者的成功秘诀。

本质 II
增长的本质

以字节跳动、美团与拼多多3家公司为例,短短数年间这些公司价值高达千亿美元,从"BSN"视角来看,原因很简单。这3家企业都是解决某一类社会问题(需求)的高手,字节跳动聚焦于信息冗余时代的人与信息的高效连接,拼多多瞄准"五环外"的低端消费者特别是小镇青年的消费升级需求;美团专注发力城市消费的"最后1公里"。这3家的商业模式,具有三大特征:1. Big,足够大的客户群体,涉及海量的规模需求;2. Solvable,移动互联网及大数据技术提供了高效全新的解决方案;3. Neglected,被忽视的边缘群体或潜在需求,以及长久以来未被满足的新消费层或者现有信息手段未能有效服务的需求。

从BAT的产品创新到TMD的市场创新,再到张磊、沈南鹏与徐新等人中西融合的投资哲学,基于技术、市场与资本三者融合的"中国式创新"已经成型。同时,新一代企业家群体的文化自觉更强烈,商业实践更加接地气,也更有世界级的先锋意义。

很多人根据彼得·蒂尔《从0到1》的框架,断言中国商业缺少原创性与硬核成果。客观地看,与美国经济的成熟度、产业结构相比,中国经济具有自己的规定性与可能性;整体上说,2000—2020年是消费互联网的黄金时期,未来20年将是产业互联网的天下。正如黄峥自己拟定的题目《革命往往在交接处发生》,国内巨大的市场与多层的市场结构,决定了中国商业创新的多样性路径与本地化色彩。

笔者认为,"中国式创新"的基本特征,首先是基于用户价值的创新。马化腾与黄峥都曾经明确表达过,面向未来如果有什么担心,原因只有一个,那就是被用户抛弃。"拼多多生存的基础是为用户创造价值。我希望我们的团队若在不安中醒来,永远不会是因为股价的波动,而只会是因为对消费者真实需求变化的不了解,以及消费者对我们的不满意乃至抛弃。"

其次是源于技术驱动的新商业形态。早期BAT三家中,唯有百度对技术最为自信;如今这三家都在云计算、人工智能、大数据等多领域发力自主创新,成

前言
复盘数字经济 20 年的商业观念史（2000—2020 年）

绩斐然。

再次是创新者的世界级眼光与强大学习能力。

"'70后''80后''90后''00后'，他们走出去看世界之前，中国已经可以平视这个世界了，也不像我们当年那么'土'了。"新的创业者很多都是学霸级的，拥有与传统产业的老前辈截然不同的知识结构，特别是在英语能力，是所谓的"Born to international"，生来具有双语思维，构建了新的世界观。他们热烈地关注世界的变化，更有改变世界的自信。

今日资本的徐新曾说，王兴是"深度学习的机器"；也有评论说，张一鸣的个性特别像"会思考的机器"。在沈南鹏眼中，以 TMD 创始人为代表的优秀创业者有 4 个共同点：专注产品、长期主义、规则理性与国际视野。

值得一提的是，以 TMD 的创始人为代表，拥有世界视野的新领军者们，也善于吸收中华优秀传统文化，从张一鸣、王兴的早期微博和演讲中可见一斑。同时数字商业巨头也有意识地借鉴我党、我军的革命经验，用于市场竞争和组织建设。比如阿里巴巴的"政委体系"，雷军提倡的"群众路线"，华为的"艰苦奋斗"与"批评与自我批评"；再比如，黄峥在创业之初开列了一个计划撰写的文章清单，其中题目包括《集中优势兵力打弱小的敌人》《政委、组织及组织工作》《革命往往在交接处发生》《胜利的不同，歼灭战和击溃战》等，明显融入了中国老一辈革命家思想的特色。

亲爱的读者诸君，《本质》出版后大家的热忱与友好，让笔者深感自豪与满足；成为笔者在工作之余精心编撰本书的精神动力。在未来的日子里，《本质Ⅱ：增长的本质》同样离不开你们有形支持与无形砥砺。

让我们一起向中国企业的前辈致敬，并给数字经济的后浪们一个大大的拥抱吧！

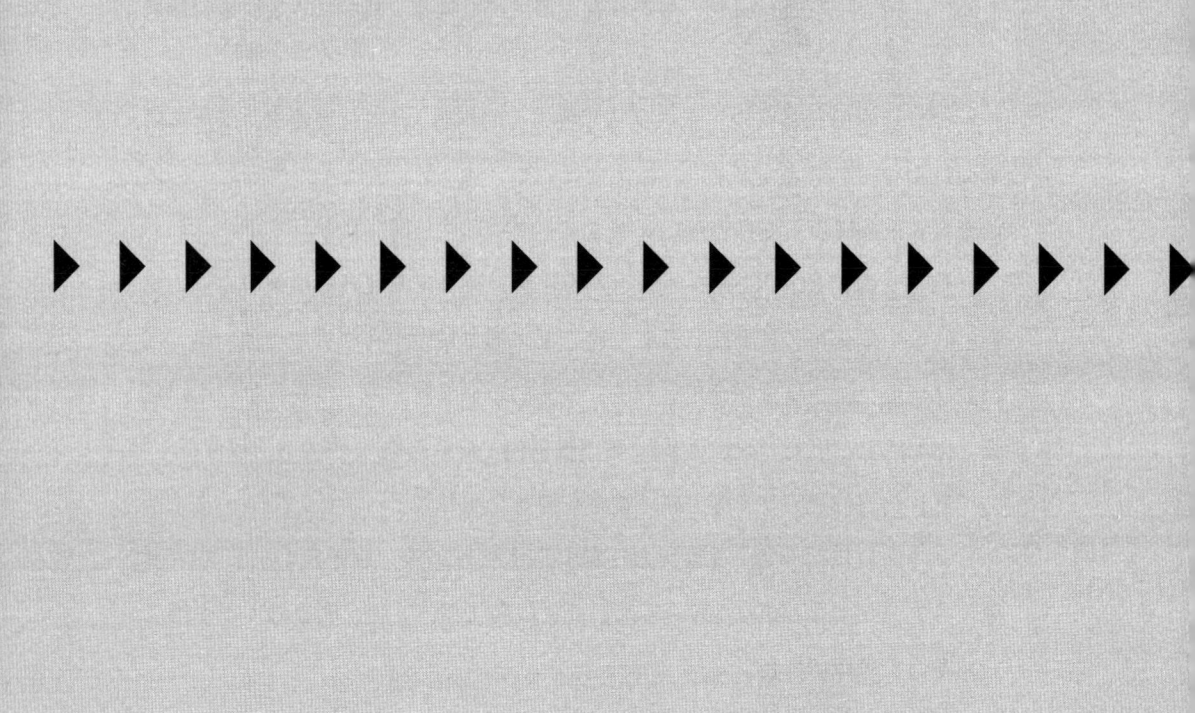

01 新浪潮
CHAPTER ONE
愿为潮与浪,俱起碧流中

>>> 腾讯：灰度法则的7个维度 >>>

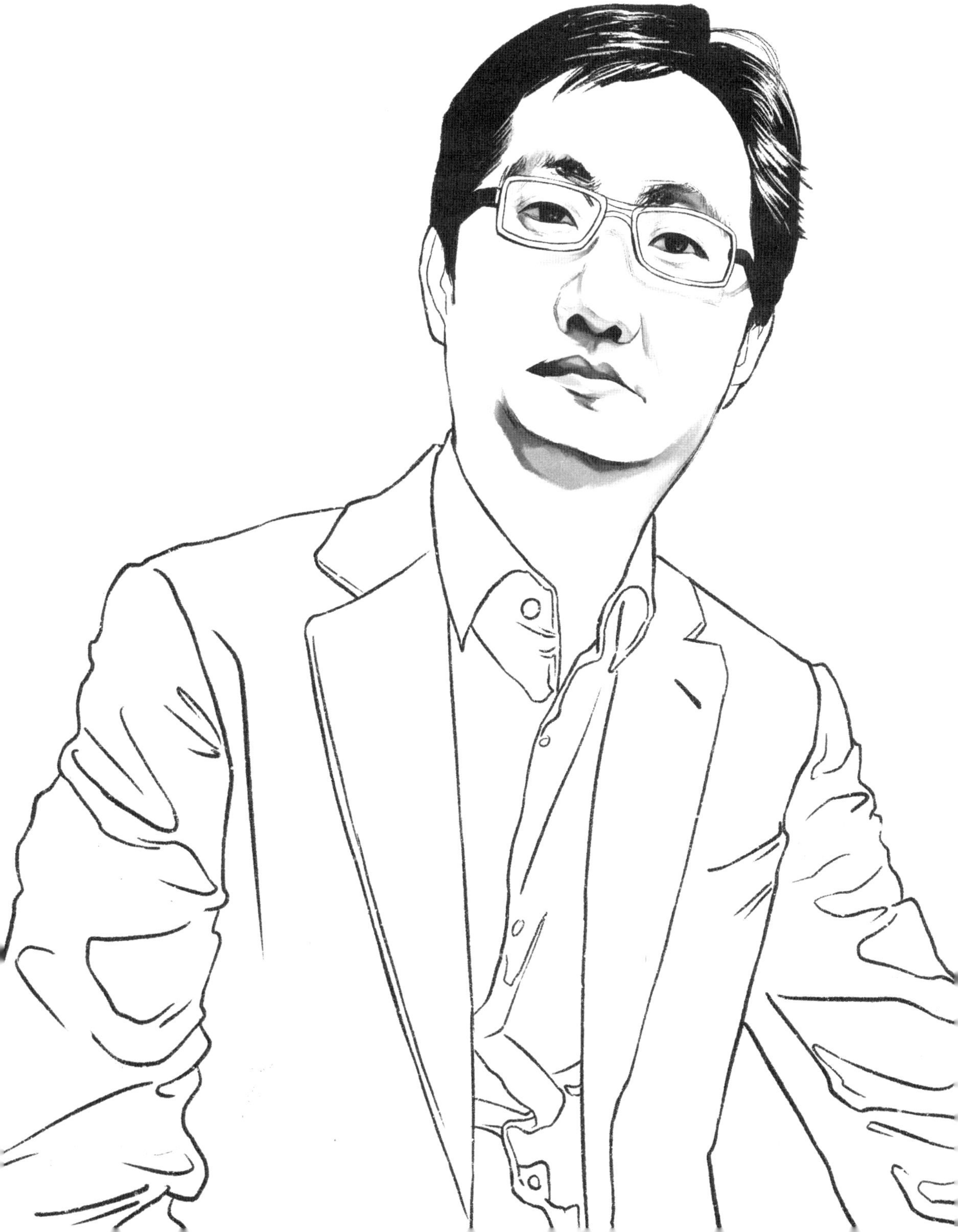

▶ 企业简况

腾讯是中国互联网企业的两大巨头之一，1998年创立于深圳，2004年在香港上市，2019年营收3772.89亿元人民币，同比增长20.66%；在企业不景气下滑的2019年，体量庞大的腾讯营收增长率仍然超过20%。2020年7月其市值突破5万亿港元（约合6600亿美元），再度超越脸书，成为全球市值最大的社交媒体公司。据新近公布的财报，2020年腾讯营收为4820.64亿元，同比增长28%，净利润1227.42亿元，同比增长30%；2021年4月底市值升至5.86万亿港元（约合7500多亿美元），同期的阿里巴巴市值仅为4.76万亿港元。腾讯终于站稳了中国最大互联网公司的位置。

以社交软件为起点，创业22年来，腾讯完整经历了中国互联网经济的两个10年，即PC（个人计算机）互联网的10年与移动互联网的10年，陆续进入游戏、电商、媒体、视频、音乐、支付、投资、政务、产业服务等多个领域，持续推出数百种产品或服务，构建了庞大的商业帝国与产业生态。

在全球社交APP（手机软件）排名中，微信用户数超过11亿，QQ为8亿用户，分别排在第三和第四（脸书的WhatsApp、Facebook占据前两名）。腾讯也是全球市值最大的游戏公司，旗下的王者荣耀等产品用户数与收入都领先全球。

如果从以下两个坐标系，即中国企业历年入围财富500强情况和互联网企业在全球百强中的比重来看，中国互联网经济的20年，是本土企业批量崛起、逐渐形成中国特色的商业创新时期。由于在诸多领域善于复制创新产品，并凭借庞大的用户群，以低成本、广覆盖策略抢占市场主导格局，腾讯的"后发先至"一度被舆论视为扼杀中小企业创新的祸首。

实际上，2005年前的腾讯，也曾是遭遇跨国巨头、实力央企碾压的中小企业，例如QQ与MSN的大战，中国移动停止与腾讯的无线增值服务合作并推出飞信与之直接竞争。笔者曾经同时是QQ与MSN的用户，全程经历了两者的竞争；2003年笔者主持《中国企业家》杂志的"未来之星"年度奖项，腾讯入选其中；而当时的腾讯手握海量用户，商业变现进程缓慢，正处在早期投资人纷纷退出、前途未卜的"黎明前黑暗"。

弗里德曼的《世界是平的》一书中，揭示了互联网产业在发展中国家山寨版的可能性，但是那些真正活下来并实现巨大商业成功的企业，胜出的根本因素是充分考虑了"世界不是平的"的现实，即在法律、制度、商业、文化等多方面的国别差异。腾讯堪称是最优秀的代表，腾讯的中国式创新，最大秘诀是关注本土用户的使用体验，其中的核心是降低产品的使用成本（时间、费用、复杂性等）。

比如早期QQ的两个微创新一举超越OICQ。第一，当时很多用户没有电脑，多在网吧上网；QQ把用户内容和朋友列表存储在电脑的服务器端而不是客户端，方便用户登录不同电脑时恢复原先的登录状态，相关信息不致丢失。第二，QQ客户端的体积控制在220K，在当时缓慢网速下实现快速下载。其后，腾讯陆续发明了断点传输、群聊、卡通头像等功能，便捷的文件传输功能，是当时很多白领在日常使用MSN的同时保留QQ的重要原因。

经过20多年的发展，腾讯进行了3次大的战略转型，从羸弱的小鹅，成为"狗日的企鹅"，再到今天的"鹅厂"；一路走来，腾讯从市场夹缝中艰难求存，到依仗用户规模横冲直撞，到痛定思痛，探索一条向善共生的生态型企业。考虑到创始人马化腾不足50岁，而20世纪40年代出生的任正非尚在一线，腾讯还有更长远的路要走。在第一个10年，腾讯扮演了后浪的角色，在第二个10年，腾讯努力成为后浪的伙伴和盟友，乃至资助者，比如在滴滴、美团、京东、拼多多的背后。同时，腾讯孵化的微信，无疑是第二个 10 年中最强劲的一股后浪。这也是张小龙同时入选本书的原因。

事实上，自 2019 年第二季度起，金融科技及企业服务（商业支付、理财服务及云服务）逐渐成长为腾讯的第二大营收来源，从 2020 年财报可见，该板块在三大板块中增速最快，2020 年营收已达 1281 亿元，2020 年 Q4（四季度）的收入为 385 亿元，已经接近网络游戏的 391 亿元。考虑到监管因素，这个新的增长极在腾讯新的战略调整中将实现稳健发展。

随着 2018 年 "930 变革" 的成功推进，腾讯重现增长活力。2021 年 4 月 19 日，腾讯再次提出全新的战略蓝图，将 "推动可持续社会价值创新" 作为新的企业战略。这也是腾讯历史上第一次不是以商业价值而是以社会价值作为逻辑原点的战略创新，其中既有对新冠肺炎疫情的反思，也有对 "碳中和" 国家战略的响应，更重要的是腾讯开始从作为一个 "社会器官" 来思考企业与社会的关系。创造社会价值将为腾讯的未来发展指明方向。

"可持续的社会价值创新，应该和消费互联网、产业互联网一起，成为腾讯所有业务的底座。你必须向下扎根，和其他板块有连接、有互动、有支撑，你才有可能成长。"

▶ 主要理念

1. 产品经理

"我始终是产品经理的角色。"

马化腾这样评价自己，熟识他的人也认可这个特质。这个自评，让人想起称帝后的拿破仑，在普通士兵心里一直保留着 "小伍长" 的温暖感觉。业界评论认为，马化腾是 20 年来最优秀的产品经理之一，估计能排在前五位。在庞大的腾讯帝国中，马化腾不仅是战略决策者，也乐于扮演新业务的"首席体验官"，微信研发过程中，他与张小龙的讨论邮件多达千封。

虽是计算机专业出身，马化腾在创业核心五人组中，并不是技术负责人，他关注的重点是技术的用户价值。马化腾关于产品经理的心理定位，塑造了腾讯的工程师文化，也最大限度地让腾讯保持了快速创新的氛围。很多创新理论都强调，在主营业务之外，以若干编外小分队探索前沿项目的重要性。在最基层的一级业务单元中，产品经理作为 leader（领导者），承担着推进者、协调者与决策者的综合职能。实际上，在马化腾的管理风格中能看到产品经理的影子，他习惯于协调、沟通与说服其他伙伴，保持一种系统推进的状态。

2."半条命"

"现在我们真的是半条命，只做自己最擅长的事情，另外半条命属于合作伙伴。""半条命"的理念是腾讯 2011 年后，开放战略与投资战略的逻辑原点。

马化腾在一段采访中还原了当时的心路转折。他原本是一个没有多大野心，不喜社交、不善管理的程序员；当原来的公司无法释放他为用户创造价值的潜能时，才走上了创业之路。最初几年，面对市场竞争，他总是怀着一个简单的想法："为什么要剥夺我给用户提供更好服务的机会？"所以，腾讯掌握巨量用户之后，自然会多点突破、四面出击，今日张一鸣的字节跳动的扩张也是出于类似逻辑。但是，2010 年 7 月《计算机世界》刊载了一篇檄文，文中引用了创业者王兴对腾讯的公开质疑：有什么是腾讯不做的吗？其后的"3Q 大战"，让马化腾陷入了深深的反思。

"现在只要非核心赛道业务，别人能做的，我们就尽量让别人做。因为一个企业再大还是缺乏创业者的，把业务留给将所有身家性命都押在里面的人，这才是最好的选择，而不是让自己下面的部门跟他们死磕到底。"

腾讯改变了以往全部亲力亲为的业务战略——搜索整合进搜狗，电商整合进京东，团购整合进大众点评，并布局投资了这三家公司。此外，还砍掉O2O（线上对线下）等小业务，大量投资腾讯生态周边的合作伙伴。"如此一来，战略定位更加准确，也更聚焦于我们最擅长的社交平台和内容平台。"

此后，腾讯以流量和资本为核心动能，不断拓展在互联网产业的业务边界；美团也成为腾讯投资中最成功标的之一。在世界一流互联网公司中，腾讯因开放而兴的投资战略，目前为止是最成功的案例之一。

3. "连接一切"

"我们最擅长的事情是做连接，QQ和微信是最重要的两个连接器，虽然定位不同，但承载的连接战略将一如既往。"

这同样源于2010年的反思，腾讯明确了自身在整个中国互联网产业乃至数字经济的核心定位。由此延伸出"互联网+"，2018年9月以来，腾讯的第3次战略升级，即产业互联网的布局。

如果说"产品经理"是创业期努力生存、建立自我的自发逻辑，"半条命"反映了外部的强刺激引发的自我与他人关系的觉醒状态，"连接一切"则是一家强大公司主动拥抱外部，重构自己与世界关系的自觉境界。

在腾讯22年发展过程中，这三大理念串联起来，正是一个有机体组织持续进化的认知阶梯，也在某种意义上印证了国学大师冯友兰先生关于人生境界的观点。他认为人生走向圆满，将依次达到四种境界：自然境界、功利境界、道德境界、天地境界。

从马化腾的个人认知来看，"应该说20岁的时候我是一个非常内向的程序员，我不喜欢管人，不喜欢接受采访，不喜欢与人打交道，独自坐在电脑旁是我最舒服的时候"。这是马化腾自我性情的真实流露，也就是"自然境界"。当他意

01 新浪潮
腾讯：灰度法则的 7 个维度

识到某种目标时，"我很想创造一个产品，然后有很多人用，但是原来的公司没有办法提供这样一个环境，似乎只有自己开公司才能满足这个要求，所以我才被迫选择开了一个公司"。马化腾的人生进入了新的阶段，从程序员进化到产品经理，一个具体明确目标导向的"功利境界"。

为追求自我价值一路狂奔之时，外界迫使马化腾停了下来，做出反思并调整，他不得不为其他玩家留出一定的共存空间，"但后来，我转而反思开放性不足的问题。现在我们真的是半条命，只做自己最擅长的事情，另外半条命属于合作伙伴"。对他人利益的关注，与自我与他人关联性的理性认识，是进入"道德境界"的明显特征。

2015 年，马化腾提出"互联网+"的理念，并被写进当年的政府工作报告。2017 年，在给合作伙伴的公开信中，马化腾用"数字化助手""连接器""工具箱""生态共建者"等关键词诠释了"连接一切"的含义。2018 年，马化腾提出"人联网、物联网、智联网"等三张网理念，强调互联网已进入下半场即"产业互联网"。2019 年腾讯出版《超级连接》，总结"智慧零售"的初步经验，马化腾作序；2020 年底腾讯内刊《三观》中，马化腾再次作序，并提出"全真互联网"的新概念。

"疫情防控期间的特殊经历让我们更进一步认识到连接的价值，一切的技术最终都要服务于人。继续深化人与人的连接，服务与服务的连接，让连接创造价值，这是我们不断进化的方向。"在朋友圈刷屏的这篇序言，马化腾再次强调了腾讯持续进化的主轴，即"连接一切"。

"连接一切""赋能一切"，就是融合一切，用中国思想史的语言来说，就是"万物皆备于我"的一体化追求，即冯友兰先生说的"天地境界"。

当然，这还只是美好的设想，未来 10 年我们对此拭目以待。

本质 II
增长的本质

金句 10 条

1. 在《基业长青》中，柯林斯推崇那些更注重自我改进，而不是把对手当作最终目标的公司。对我们也是如此，在这个黑天鹅满天飞的时代，我们更需要目光向内。

2. 看看星空，会觉得自己很渺小，可能我们在宇宙当中从来就是一个偶然。所以什么事情仔细想一想，都没有什么大不了的，这帮助自己遇到挫折时能够稳定心态，想得更开。

3. 我是有科学家梦想的企业家，也是非常希望能抓住这个机会，来圆圆我的梦。我觉得这个事真的是一个非常好的机会，让全行业，包括所有的企业家更加关注科学，让科学成为时尚。

4. 我们最早做即时通信，判断一个功能好还是不好，用户喜不喜欢，都会问自己：这个是不是实用，是不是好用，是不是容易用？我们以一种用户的心态去本能地捕捉用户价值，不是理性，而是本能。就是这样一个简单的做法，朴素、直接、有效。

5. 如果没有360的发难，我们不会有这么多的痛苦，也不会有这么多的反思，因此也就没有今天这么多的感悟。或许未来有一天，当我们走上一个新的高度时，要感谢今天的对手给予我们的磨砺。

6. 企业家要有担当精神，要有前瞻性，同时，在科学分析的基础上也要有一定的冒险精神。

7. 往往发展不好的时候矛盾更多，大家意见会不同。说服人我觉得我还有一套，我主要听你讲，然后我引导大家，让他觉得主意是他出的。

8. 我们后来总结，这些内部良性的竞争还是很有必要的。为什么自己打自己？往往自己打自己，才会更努力，才会让公司不丢失一些大的战略机会。（赛马机制）

9. 互联网是个变化很快的行业，竞争非常激烈。12 年来，我最深刻的体会是，腾讯从来没有哪一天可以高枕无忧，我们每天都如履薄冰，始终担心某个疏漏随时会给我们致命一击，始终担心用户会抛弃我们。

10. 千亿级（人民币）公司没落是很常见的事情，甚至到了千亿，没落的概率可能还会更高，包袱越重没落越快。人要清醒，外面掌声越热烈就越危险。

▶▶▶灰度法则的 7 个维度

作者　马化腾　腾讯董事会主席兼 CEO

▶导读

2012 年 7 月 9 日，腾讯合作伙伴大会一周年，马化腾向广大合作伙伴发出公开信，分享了关于互联网产业的 7 条"灰度法则"。（马化腾似乎很喜欢用"7"这个数字来梳理思想，我主编的《本质》选入了他的文章《通向互联网未来的 7 个路标》。）

"灰度法则"概念，是从任正非的著名文章《管理的灰度》受到启发。任正非的"灰度"侧重于价值观，更有思辨性；马化腾眼中"灰度法则"的内涵更为具体。从生态的角度出发，他总结腾讯创业 14 年的经验得失，提出了创造生物型组织的"灰度法则"，更具系统性与实操性。马化腾在文中提出的 7 个维度：需求度、速度、灵活度、冗余度、开放协作度、进化度、创新度，可以看作企业这类独特生命体的七大生存指标。

腾讯的成功是极致的用户主义，以产品经理作为终身特质的马化腾，把"需

本质 II
增长的本质

求度"视为企业进化的第一推动力,与华为"以客户为中心"的理念异曲同工,文中提到的腾讯产品经理的"10/100/1000法则",直接给出了方法论。关于"速度",马化腾明确指出是指单点突破层面快速迭代,与雷军的互联网思维略有差异。宽容失败是企业创新的前提,马化腾所说的"冗余度",是对腾讯内部"赛马机制"的哲学概括,不仅仅是一般性地允许失败,而且为失败预留一定的空间,从整体上保证了企业创新的系统性成功。"开放协作度"这一条,是对2010年"3Q大战"后的痛苦反思,也是腾讯的开放战略实施一年后,基于初步成果的总结。"灵活度""进化度"和"创新度"等3个维度,都属于生物性组织的常见特征。

本文最大的特点,不是对产业趋势的展望,而是腾讯创业方法论的系统总结,这是腾讯穿越竞争峡谷,从活下来到长起来的贯穿其中的基本经验。如果我们希望向腾讯学习,腾讯的持续增长秘诀即在本文之中。

各位合作伙伴,大家好!

从去年合作伙伴大会到现在,已经过去了一年。这一年里,我们大家一起向一个开放的、没有疆界的互联网新生态迈出了第一步。大量的创业伙伴在腾讯开放平台上涌现出来,其中不少团队还取得了初步成功。

看到这些新的现象,我既感到高兴,也体会到责任重大。如果说以前腾讯做得好不好只关系到自己员工和股东,现在则关系到大家,腾讯还必须促进平台繁荣、与广大合作伙伴一起成功。

这个转变让我一再思考,除了流量、技术、服务等"硬件"的分享,腾讯还能带给大家什么?换句话说,怎么把腾讯累积的经验和能力开放出去,让整个互联网行业生态发展得更加健康繁荣?

一年来,通过对开放平台上合作伙伴的观察,我发现,做好一款产品对于很多人来说并不太难；但是，如何让它持续地运营下去，如何移植一款产品的成功经验从而创造一系列的成功产品，却是一个相当难的问题。

这里，我想跟大家分享一下我的思考。这些思考来自腾讯14年来的经验和教训，希望对大家能有所帮助。在腾讯内部的产品开发和运营过程中，有一个词一直被反复提及，那就是"灰度"。我很尊敬的企业家前辈任正非也曾经从这个角度有深入思考，并且写过《管理的灰度》，他所提倡的灰度，主要是内部管理上的妥协和宽容。但是我想，在互联网时代，产品创新和企业管理的灰度更意味着时刻保持灵活性，时刻贴近千变万化的用户需求，并随趋势潮流而变。那么，怎样找到最恰当的灰度，而不是在错误的道路上越跑越远？既能保持企业的正常有效运转，又让创新有一个灵活的环境；既让创新不被扼杀，又不会走进创新的死胡同。这就需要我们在快速变化中找到最合适的平衡点。互联网是一个开放交融、瞬息万变的大生态，企业作为互联网生态里面的物种，需要像自然界的生物一样，各个方面都具有与生态系统汇接、和谐、共生的特性。

从生态的角度观察思考，我把14年来腾讯的内在转变和经验得失总结为创造生物型组织的"灰度法则"，这个法则具体包括7个维度，分别是需求度、速度、灵活度、冗余度、开放协作度、进化度、创新度。这里简短与大家一一探讨。

1. 需求度

用户需求是产品核心，产品对需求的体现程度，就是企业被生态所需要的程度。

大家可能认为说用户有点老生常谈，但我之所以在不同场合都反复强调这一点，是因为最简单的东西恰恰是做起来最难的事情。

产品研发中最容易犯的一个错误是：研发者往往对自己挖空心思创造出来的产品像对孩子一样珍惜、呵护，认为这是他的心血结晶。好的产品是有灵魂的，优美的设计、技术、运营都能体现背后的理念。有时候开发者设计产品时总觉得越厉害越好，但好产品其实不需要所谓特别厉害的设计或者什么，因为觉得自己特别厉害的人就会故意搞一些体现自己厉害但用户不需要的东西，那就是舍本逐末了。

腾讯也曾经在这上面走过弯路。现在很受好评的 QQ 邮箱，以前市场根本不认可，因为对用户来说非常笨重难用。后来，我们只好对它进行回炉再造，从用户的使用习惯、需求去研究：究竟什么样的功能是他们最需要的？在研究过程中，腾讯形成了一个"10 / 100 / 1000 法则"：产品经理每个月必须做 10 个用户调查，关注 100 个用户博客，收集反馈 1000 个用户体验。这个方法看起来有些笨，但很管用。

我想强调的是，在研究用户需求上没有什么捷径可以走，不要以为自己可以想当然地猜测用户习惯。比如有些自认为定位于低端用户的产品，想都不想就滥用卡通头像和一些花哨的页面装饰，以为这样就是满足了用户需求；自认为定位于高端用户的产品，又喜欢自命清高。其实，这些都是不尊重用户、不以用户为核心的体现。我相信用户群有客观差异，但没有所谓高低端之分。不管什么年龄和背景，所有人都喜欢清晰、简单、自然、好用的设计和产品，这是人对美最自然的感受和追求。

现在的互联网产品已经不是早年的单机软件，更像一种服务，所以要求设计者和开发者有很强的用户感。一定要一边做自己产品的忠实用户，一边把自己的触角伸到其他用户当中，去感受他们真实的声音。只有这样才能脚踏实地，从不完美向完美一点点靠近。

2. 速度

快速实现单点突破，**角度、锐度**尤其是**速度**，是产品在生态中存在发展的根本。

我们经常会看到这样几种现象：有些人一上来就把摊子铺得很大，恨不得面面俱到地布好局；有些人习惯于追求完美，总要把产品反复打磨到自认为尽善尽美才推出来；有些人心里很清楚创新的重要性，但又担心失败，或者造成资源的浪费。

这些做法在实践中经常没有太好的结果，因为市场从来不是一个耐心的等待者。在市场竞争中，一个好的产品往往是从不完美开始的。同时，千万不要以为，先进入市场就可以安枕无忧。我相信，在互联网时代，谁也不比谁傻5秒钟。你的对手会很快醒过来，很快赶上来。他们甚至会比你做得更好，你的安全边界随时有可能被他们突破。

我的建议就是"小步快跑，快速迭代"。也许每一次产品的更新都不是完美的，但是如果坚持每天发现、修正一两个小问题，不到一年基本就把作品打磨出来了，自己也就很有产品感觉了。

所以，这里讲创新的灰度，首先就是要为了实现单点突破允许不完美，但要快速向完美逼近。

3. 灵活度

敏捷企业、快速迭代产品的关键是主动变化，主动变化比应变能力更重要。

互联网生态的瞬息万变，通常情况下我们认为应变能力非常重要。但是实际上主动变化能力更重要。管理者、产品技术人员不仅仅是市场人员，如果能够更早地预见问题、主动变化，就不会在市场中陷入被动。在维护根基、保持和增强核心竞争的同时，企业本身各个方面的灵活性非常关键，主动变化在一个生态型企业里面应该成为常态。这方面不仅仅是通常所讲的实时企业、2.0企业、社会化企业那么简单。互联网企业及其产品服务，如果不保持敏感的触角、灵活的

本质 II
增长的本质

身段，一样会得大企业病。腾讯在 2011 年之前，其实已经开始有这方面的问题。此前我们事业部 BU（业务单元）制的做法，通过形成一个个业务纵队的做法使得不同的业务单元保持了自身一定程度的灵活性，但是现在看来还远远不够。

4. 冗余度

容忍失败，允许适度浪费，鼓励内部竞争内部试错，不尝试失败就没有成功。

仅仅做到这一点还不够。实际上，在产品研发过程中，我们还会有一个困惑：自己做的这个产品万一失败了怎么办？

我的经验是，在面对创新的问题上，要允许适度的浪费。怎么理解？就是在资源许可的前提下，即使有一两个团队同时研发一款产品也是可以接受的，只要你认为这个项目是你在战略上必须做的。去年以来，很多人都看到了微信的成功，但大家不知道，其实在腾讯内部，先后有几个团队都在同时研发基于手机的通信软件，每个团队的设计理念和实现方式都不一样，最后微信受到了更多用户的青睐。你能说这是资源的浪费吗？我认为不是，没有竞争就意味着创新的死亡。即使最后有的团队在竞争中失败，但它依然是激发成功者灵感的源泉，可以把它理解为"内部试错"。并非所有的系统冗余都是浪费，不尝试失败就没有成功，不创造各种可能性就难以获得现实性。

5. 开放协作度

最大限度地扩展协作，互联网很多恶性竞争都可以转向协作型创新。

互联网的一个美妙之处就在于，把更多人更大范围地卷入协作。我们也可以感受到，越多人参与，网络的价值就越大，用户需求越能得到满足，每一个参与协作的组织从中获取的收益也越大。所以，适当的灰度还意味着，在聚焦于自己核心价值的同时，尽量深化和扩大社会化协作。

对创业者来说，如何利用好平台开展协作，是一个值得深思的问题。以前做互联网产品，用户要一个一个地累积，程序、数据库、设计等经验技巧都要从头摸索。但平台创业的趋势出现之后，大平台承担起基础设施建设的责任，创业的成本和负担随之大幅降低，大家可以把更多精力集中到最核心的创新上来。

对我个人来说，2010、2011、2012年以来，越来越意识到，腾讯成为互联网的连接者，也就是帮助大家连接到用户以及连接彼此方面的责任、意义和价值更大。在这个过程中，我们要实现的转变就是，以前做好自己，为自己做，现在和以后是做好平台，为大家而做。互联网的本质是连接、开放、协作、分享，首先因为对他人有益，所以才对自己有益。

对腾讯来说，我对内对外都反复强调我们作为平台级企业一定是有所为有所不为。现在肯定还有许多不尽如人意的地方，我们也希望通过各种渠道，听听大家对如何经营好开放平台的意见和建议。这绝不是一个姿态，而是踏踏实实的行动力。一个好的生态系统必然是不同物种有不同分工，最后形成配合，而不是所有物种都朝一个方向进化。

在这种新的思路下，互联网的很多恶性竞争都可以转向协作型创新。利用平台已有的优势，广泛进行合作伙伴间横向或者纵向的合作，将是灰度创新中一个重要的方向。

6. 进化度

构建生物型组织，让企业组织本身在无控过程中拥有自进化、自组织能力。

这一年来，我也在越来越多地思考一个问题：一个企业该以什么样的形态去构建它的组织？什么样的组织，决定了它能容忍什么样的创新灰度。

进化度，实质就是一个企业的文化、DNA、组织方式是否具有自主进化、自

本质 II
增长的本质

主生长、自我修复、自我净化的能力。我想举一个柯达的例子。很多人都知道柯达是胶片影像业的巨头，但鲜为人知的是，它也是数码相机的发明者。然而，这个掘了胶片影像业坟墓、让众多企业迅速发展壮大的发明，在柯达却被束之高阁了。

为什么？我认为是组织的僵化。在传统机械型组织里，一个"异端"的创新，很难获得足够的资源和支持，甚至会因为与组织过去的战略、优势相冲突而被排斥，因为企业追求精准、控制和可预期，很多创新难以找到生存空间。这种状况，很像生物学所讲的"绿色沙漠"——在同一时期大面积种植同一种树木，这片树林十分密集而且高矮一致，结果遮挡住所有阳光，不仅使其他下层植被无法生长，本身对灾害的抵抗力也很差。

要想改变它，唯有构建一个新的组织形态，所以我倾向于生物型组织。那些真正有活力的生态系统，外界看起来似乎是混乱和失控，其实是组织在自然生长进化，在寻找创新。那些所谓的失败和浪费，也是复杂系统进化过程中必需的生物多样性。

7. 创新度

创新并非刻意为之，而是充满可能性、多样性的生物型组织的必然产物。

创意、研发其实不是创新的源头。如果一个企业已经成为生态型企业，开放协作度、进化度、冗余度、速度、需求度都比较高，创新就会从灰度空间源源不断涌出。从这个意义上讲，创新不是原因，而是结果；创新不是源头，而是产物。企业要做的，是创造生物型组织，拓展自己的灰度空间，让现实和未来的土壤、生态充满可能性、多样性。这就是灰度的生存空间。

互联网越来越像大自然，追求的不是简单的增长，而是跃迁和进化。腾讯最近的组织架构调整，就是为了保持创新的活力和灵动性，而进行的由"大"变

"小"，把自己变成整个互联网大生态圈中的一个具有多样性的生物群落。

  我相信每一个创业者都怀有一个成功的梦想，我与大家分享的是腾讯14年互联网实践的一点体会。它肯定是不完整的，但它同样也遵循"小步快跑"的灰度法则，需要一步一步去完善，大家可以继续发挥和探索。我希望的是，腾讯不仅是能让大家赚到钱的平台，更能成为业界一起探索未来、分享思考的平台。以后每年，但凡在创新方面能有所心得，我都会跟大家一起分享。

>>> **百度：迎接智能经济** >>>

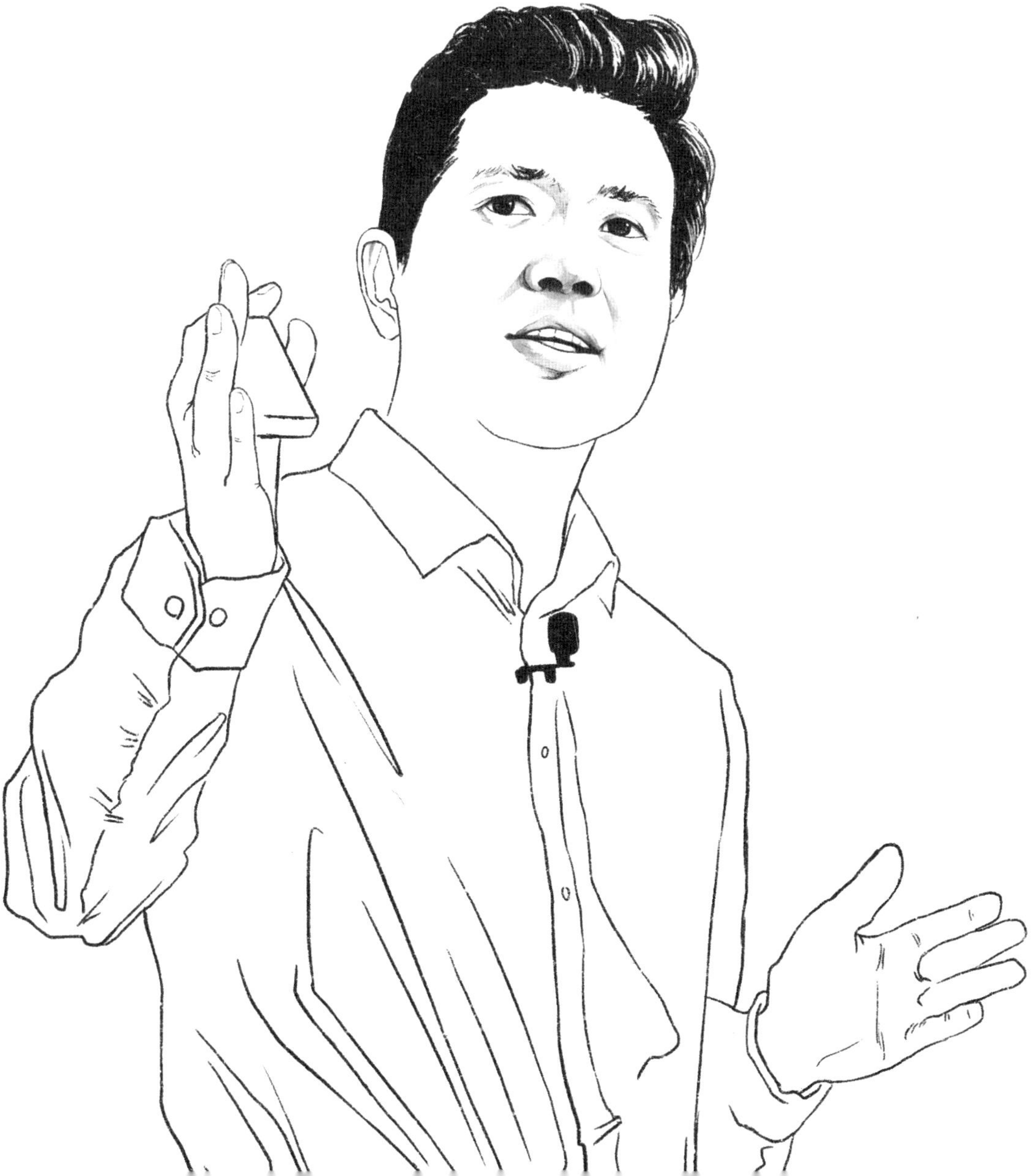

本质 II
增长的本质

▶ 企业简况

2011—2012 年前后,"BAT"成为互联网界的专有名词,互联网上半场——PC 互联网市场格局基本形成。这三家的产品或服务是中国网民最主要的三大应用,百度(B)占据信息入口,阿里(A)垄断消费入口,腾讯(T)把持社交入口。或许因为总部位于首都,B 成了打头字母。从成立时间看,腾讯(1998 年)最早,其次是阿里(1999 年),百度(2000 年)最晚;上市时间依次是腾讯(2004 年香港)、百度(2005 年纳斯达克;2021 年香港)、阿里(2007 年、2019 年两次香港上市;2014 年纽交所)。

2011 年 3 月,百度市值(462.04 亿美元)超越腾讯(446 亿美元),首次夺得中国互联网市值第一。但是腾讯凭借微信,很快拿到移动互联网的船票,2012 年年底市值接近 600 亿美元,百度则回落到 350 亿美元。从此在 BAT 中,百度逐渐掉队,而且市值不断被更多的后来者如京东、美团等赶超。

2014 年小米估值超过 400 亿美元,周鸿祎就曾预测,"两年小米市值超越 B,后年基本追到 A 的千亿量级,最有机会 PK(对决)企鹅,将来的互联网格局不再是 BAT,而是 ATM"。王兴说得更直接,"B 和 AT 不是一个量级"。2017 年腾讯、阿里市值屡创新高,一度超过 5000 亿美元,而百度市值徘徊在 600 亿美元左右。

1987 年,雷军在武汉大学图书馆读到《硅谷之火》,"看完这本书,我的内

01 新浪潮
百度：迎接智能经济

心就有一团火焰燃烧起来，激动得好几个晚上睡不着觉"。尼葛洛庞帝的《数字化生存》中文版1996年12月出版，比尔·盖茨的《未来之路》同一年在中国出版。

1998年，尚在华尔街任职的李彦宏撰写了《硅谷商战》，以章回体小说的形式记录了20世纪70年代到90年代美国硅谷的商战风云。此书1999年1月由清华大学出版社出版，2000年1月百度正式成立。2017年年初，《硅谷商战》独家上线百度阅读，豆瓣网友对此书给出了这样的点评，"这让人仿佛看到神坛之上的李彦宏的另一面，内心激情澎湃的工科技术宅的一面"。

"明白了互联网的前世，才能更好地领会今生。"李彦宏在自序中写道，"硅谷虽说是靠高科技吃饭的，但真正决定股票升降的还是各家的商战策略。""商战"一词，不经意间透露了李彦宏创办百度的底层理念。生于1968年的李彦宏，37岁时即率领百度在纳斯达克上市，首日股价上涨354%，百度成为首家进入纳斯达克成分股的中国公司。

如果说网易是互联网20年的"活化石"，百度则充满着更大的争议与动荡。百度最早的标签是"技术派"，曾被人们认为在BAT中最具技术基因，多年前马云曾经表示阿里的技术或许不是最强，但文化最强。如今阿里也走上了科技驱动之路，达摩院、云计算等代表着中国数字技术的新突破。

另一个标签是"商业之恶"，聚焦搜索关键词竞价排名，百度在商业化道路上肆意狂奔，一系列恶果不断出现。源于价值观的内在缺陷，商业化冲动催生了"恶之花"，从音乐搜索的版权争议，到搜索引擎推送负面信息、虚假信息；特别是2016年的"魏则西"事件等负面新闻，让百度在公众舆论中多次声名狼藉。客观来说，李彦宏崇尚技术创新，今日互联网产业所谓的"技术中立主义"，百度正是始作俑者。"我坚持认为我们的价值观是好的，是高尚的，我们是亿万中国人最主要的信息来源，能做到这一点归根到底是我们提供了对大家有价值的信息，并且让人们很容易获得。"2016年李彦宏在百度内部发出的上述信息，表明

本质 II
增长的本质

百度并未从根本上对价值观缺陷进行反思，百度在人工智能领域的技术优势是否会滋生出类似的争议，在未来 10 年仍存悬念。

第三个标签是"人才驿站"，近年来百度在科技公司中充当了人才蓄水池的角色，它将不少原本在微软、IBM、谷歌等工作的技术大牛揽于麾下，也成了互联网新势力们努力挖角的最大目标。阿里、腾讯基本上 3—5 年更新一次公司战略与组织架构，百度这方面动作不多，但人事变动频繁。从联合创始人徐勇 2004 年离职，到创业七剑客大半离去；百度每隔几年就有一波高管离职潮，2018 年以来十多位副总裁以上级别人士陆续离职，其中以陆奇的加入与退出最为典型。

叶朋离职后的 7 年，李彦宏始终没有引入 COO（首席运营官），直到陆奇的出现。李彦宏曾以"秦失其鹿，天下共逐之"来描述这位微软出身的传奇人物。2017 年 1 月陆奇上任 COO，成为百度的 2 号首长，总裁张亚勤、高级副总裁向海龙、朱光等十多个高管全部向陆奇汇报，陆奇向李彦宏汇报。他大刀阔斧地改革，裁撤医疗事业部，出售百度外卖；更重要的是开启了"All in AI（全押人工智能）"新时代。陆奇推动百度聚焦 AI 的战略，把移动搜索、信息流和手机百度作为公司的主航道。2017 年 3 月，首席科学家吴恩达离职，百度研究院成为陆奇主导的 AI 技术平台体系（AIG）的组成部分。此外，陆奇还破格提拔度秘团队，将 L4 自动驾驶事业部等车联网业务合并成百度智能驾驶事业群组，并亲自挂帅兼任总经理。目前，这两块业务正是推动百度市值突破千亿美元的两大支撑。

随着 2017 年陆奇的到来，2018 年年初百度市值一度攀升到 990 亿美元，千亿美元在望；2018 年 5 月他的离职消息宣布当天，百度一夜蒸发 94 亿美元市值，被誉为"史上最贵的离职"。其后两年，百度市值一直在 400 亿—600 亿美元之间摇摆；直至 2021 年 2 月初，百度在 AI 领域的累积优势再次赢得投资人的认可，市值重回千亿美元。

时至今日，"BAT"已是历史词汇，被互联网业界废弃，人们偶尔提起也充满了对百度的鄙夷或惋惜。不论品牌、营收还是市值，百度被腾讯、阿里远远抛下若干个身位，TMD 为代表的新势力更是从它的身边呼啸而过。

2000 年创业，2005 年上市，2020 年逆转。这 20 年来，百度走过了一条 S 形发展轨迹：上升—下滑—反弹。前些年，"黑百度"一度成了互联网圈流行的政治正确，在一片唱衰声浪中，百度坚持在人工智能领域持续投入，2020 年实现了强者归来。客观分析百度的案例，有助于人们深度理解中国数字商业 20 年，乃至预测未来的 20 年。

见龙在田

2019 年 7 月 3 日，百度 AI 开发者大会。一位不明人士走到台上，将一瓶矿泉水直接从正在演讲的李彦宏的头顶倒下。他的白衬衫几乎湿透，愣了一下说，"What's your problem？"李彦宏用手擦脸上的水，自我解嘲道，"大家看到在 AI 前进的道路上，还是会有各种各样想不到的困难出现"。他穿着湿透的衣服，继续演讲了半小时。事后百度在微博对此回应，这是有人对 AI "泼冷水"，表现得相当大度。

泼水者据称来自李彦宏的老家山西，此一事件以戏剧性的方式，表明了百度声誉的断崖下滑。与此同时，百度经营状况也处于最严峻的时期。财报显示，2019 年 1—3 月百度亏损 3.27 亿元人民币，而 2018 年同期净利润是 66.94 亿元人民币；这是百度上市 14 年来首次亏损，市值立即蒸发 600 亿元人民币。截至 2019 年 6 月 20 日，百度市值为 414.07 亿美元，而阿里、腾讯的市值分别为 4380.44 亿美元、3.35 万亿港元（约 4290.911 亿美元）；百度市值不及腾讯、阿里的 1/10。

在当年 Q1（一季度）财报发布的同时，李彦宏发布内部信，宣布向海龙即日辞去职务，百度搜索公司转型为移动生态事业群组。作为百度搜索时代的代表人物，入职 14 年的元老级人物向海龙的"被辞职"，显示百度改变了以声誉换营

本质 II
增长的本质

收的惯性，开始全面转型。

客观来看，近 10 年来，百度在移动互联网、海外业务与产业投资 3 个方面，与腾讯、阿里相比较为逊色。错过了社交、O2O 与移动支付之后，2016 年的百度因为一系列负面事件声誉扫地，很多人认为，百度几乎错过了移动互联网的 10 年。PC 互联网时代，百度拥有无人企及的技术优势，因谷歌撤出中国市场，一度处于独孤求败的状态。2006 年进入中国，2010 年退出，谷歌在华 4 年不仅为中国互联网培养了一批优秀人才，百度某种程度上也受惠于此。

百度在移动互联网时代步履蹒跚，作为主营业务的广告收入被字节跳动（头条）超越。字节跳动从百度挖角，在内容分发的算法推荐、搜索技术等方面，对百度发起了直接冲击；甚至在张一鸣眼中，字节跳动面对的巨头只有腾讯、阿里，百度唯一的存在感是技术人才的黄埔军校。

"移动互联网的机会已经不再有了，新的机会属于人工智能，这不是移动互联网的延续，是一次新的工业革命。" 2010 年以来的这 10 年，也是百度布局 AI 的 10 年，李彦宏希望以此来一个大的战略迂回。2017 年陆奇的加入，大胆押注人工智能，得到李彦宏的大力支持，也成就了今日的百度。

"当我们不被理解的时候，大家要坚持。" 2020 年 12 月 31 日，百度内部通知，向过去两年与公司共同奋斗的百度员工发放"U 奖金"，除了当月月薪＋年终奖外，员工还将获得 50% 的基础月薪；如通知所说，"爬雪山过草地，过去两年公司经历了艰难的时刻，而今重回上升通道，股价画出了一个 U 形"。

是的，2020 年百度终于回来了。2019 年年中，百度市值一度不足 400 亿美元，此后一年时间陆续反弹，特别是 2020 年 11 月—2021 年 1 月，3 个月上涨 4500 亿人民币，2021 年 2 月首次突破千亿美元大关，位列中国互联网公司第七名；腾讯、阿里的市值分别突破 8000 亿美元与 6000 亿美元，美团、拼多多、快手、京东等市值都超出百度 3000 亿元人民币以上。

01 新浪潮
百度：迎接智能经济

从百度财务数据来看，2018—2020年这3年营收分别为1023亿元、1074亿元、1071亿元人民币，2018年首次突破千亿元大关，此后两年增长缓慢，2020年甚至比2019年略有减少；净利润分别为275.7亿元、20.57亿元、224.7亿元，2019年净利润锐减九成，2020年利润恢复增长。

首先，与内容分发相关的基础业务保持稳健，"如果你能用AI的思维做互联网产品，那你就实现了降维攻击"。AI时代的三大要素：数据、算法和算力，百度内部有个提法是，"数据秒杀算法，算法推动社会进步"。百度APP形成"搜索+信息流"两个分发引擎，"百家号+智能小程序"两个生态的整体布局。据Questmobile2019年上半年报告，2019年Q2（二季度）中国移动互联网活跃用户首次下降近200万，但百度APP逆势增长，日活用户突破2亿大关。2020年12月，百度APP月活用户数达5.44亿，日活占比超70%，同比提升18%；百家号创作者数量达380万，原创作者数量同比增加近2倍；小程序月活用户达4.14亿（含开源小程序）。2020年年底收购视频社交媒体YY Live，移动生态持续向纵深发展。

其次，AI新业务成为拉动中长期增长的新引擎。2020年百度的利润增长高于收入增长，主要原因是含金量更高的非广告收入2020年Q4同比增长52%，以智能云、智能驾驶及其他前沿业务为代表。

百度近10年来的研发投入处于中国企业的前列，相关数据显示，10年间百度在AI技术研发上的投入超过1000亿元。正如李彦宏所言，"即使短期内见不到什么商业的回报，但如果你觉得它在更长的时期内能够对这个社会、对人们产生正向影响的话，我们还是能够做得起"。百度2015年研发费用为101.8亿元人民币，首度超过百亿元，占当年营收总额（663.8亿元）的比例为15.34%；2016—2020年这5年，除了2016年与上一年持平，研发投入每年增加，2020年研发费用达195.1亿元，占当年营收的比例为18.22%。

"我们的中长期目标是成为全球领先的人工智能平台型公司。"数据显示，

本质 II
增长的本质

2018—2020年连续3年，在人工智能专利申请量和授权量方面百度蝉联中国第一，目前AI开放平台的开发者数量达265万；这些研发成果正在转化为生产力，直接体现为2020年百度收入结构的优化。

2020年是百度布局智能驾驶的第8年，百度Apollo被Navigant Research列为全球四大自动驾驶领域领导者之一。2020年，Apollo获得美国加州测试许可，百度成为唯一同时获得中美此类许可的中国公司；截至2020年12月，百度累计获得国内测试牌照199张。据《北京市自动驾驶车辆道路测试报告（2020）》，百度在测试车辆数、测试里程数两项连续3年夺冠。百度2020年通过手机APP、百度地图在长沙、沧州、重庆、北京等地，提供无人车体验服务，截至当年12月，Apollo robotaxi、robobus接待乘客超过21万。

基于无人驾驶技术的成熟，百度计划下场造车。2021年1月11日，百度宣布组建智能汽车公司，以整车制造商的身份进军汽车业，吉利作为战略合作伙伴。百度汽车公司将独立运营，发挥百度在汽车智能化领域8年的经验优势，人工智能、Apollo自动驾驶、小度车载、百度地图等核心技术将全面应用其中；预计百度研发的无人驾驶汽车，将亮相2022年的冬奥会。

小度助手是百度在智能时代布局的另一前沿业务。"以智能音箱为代表的智能家居，可以说是AI时代搜索的新入口，它让人们用更自然的方式和机器进行交互，也是家庭里面的信息服务入口。"根据Canalys全球智能音箱市场报告，2019年Q1小度智能音箱出货量达330万台，仅次于谷歌的350万台、亚马逊的460万台，首度超越阿里巴巴与小米，成为中国第一、全球第三。2020年第三季度，小度智能屏出货量蝉联全球第一；2020年12月，小度助手月语音交互总次数达62亿。

从产品到平台，再到生态，这是数字经济时代企业成长的三大阶段。"百度先进入了这个领域，能够提供一些平台，给一些没有这么多计算资源、不是这么有长远研发能力的机构，（让他们）去做他们擅长的事情，他们对于很多垂直领域可能比我们了解更加深刻，让他们去做的话，会推动整个人工智能技术的发展。"

百度的最新定位是"AI 生态型公司"，目前已成为国内唯一在智能交互、智能基础设施和产业智能化领域都具备优势的人工智能平台型企业。李彦宏希望以更具颠覆性的新技术，在更高的格局、更广的空间，重造百度。2020 年 9 月，百度发布创业 20 周年纪录片《二十度》，其中有这样一句话："20 年，梦想只实现 20%，未来还将继续远征！"

《哈佛商业评论》2019 年发布的全球 AI 公司五强名单，在谷歌、苹果、微软之后，百度位居第四，亚马逊第五；百度也是唯一上榜的中国公司。百度全球 AI 专利申请量超过 1 万件，其中中国专利 7000 多件，居中国第一。

2021 年 3 月 23 日，百度在香港二次上市，开盘日总市值为 7061.26 亿港元，昔日搜索之王，终成 AI 第一股。（值得一提的是，同年 4 月 19 日，携程也回归港股，总市值约合 1746 亿港元，百度是其单一最大股东。疫后重振的在线旅游市场将会是百度 AI 的主要应用场景之一。）

李彦宏在致辞中表示，这是百度的"再次出发、二次创业"。他用了人格化的表述来形容今日之百度：昔日鲜衣怒马的少年，历经风雨，成长为踌躇满志的青年，但是对技术的信仰没有丝毫改变。

▶ 主要理念

1. 智能革命

2015 年 7 月，腾讯推出《互联网+》一书，认为互联网将会成为水电气一样的连接基础设施。2017 年 4 月，百度出版《智能革命》，李彦宏亲自作序，并专门撰写了相关章节。这两本书反映了这两家公司在战略方向的细微差别。2017 年

本质 II
增长的本质

的深圳IT（信息技术）峰会，马化腾曾经表示："其实，Robin（李彦宏）在人工智能上走得更靠前，相对来说，我们还是落后不少，去年（2016年）才开始成立这个团队。"

腾讯入局AI的2016年，被称为AI应用元年；这一年谷歌的阿尔法狗战胜人类围棋选手，全世界惊讶于AI的实力与潜力。实际上，早在2010年，百度就开始布局AI。"10年前我们又开始将通用AI能力的开发和平台化，作为我们的一个重要战略；几年前，我们在无人驾驶和智能交通这一垂直行业发力。现在百度大脑已经代表中国领先的通用AI能力，每天的调用量突破了1万亿次。"李彦宏2020年7月表示。

2018年乌镇互联网大会的人工智能分论坛，李彦宏介绍了百度在AI领域的发展过程。"最近的20年，技术创新在哪些地方是最有影响力的，或者说它的贡献是最大的呢？我们可以看到，在过去20年IT技术的创新中，基本上每一次大的创新都是来自搜索引擎公司。"比如谷歌公司。2010年，百度通过机器学习来调整搜索算法，李彦宏认为，搜索引擎的产品形态天然有利于人工智能的发展，"在百度的实践中，我们捕捉到了一些蛛丝马迹，提前五六年去看到了，新的计算架构跟人工智能软件的结合会迸发巨大的力量"。对海量信息的梳理，基于用户需求的精准把握，高频连续的搜索反馈，是机器学习的理想应用场景之一。

AI主导的智能革命，对百度起家的搜索业务是一种全新的升维。"当我讲内容分发是我们核心的时候，其实主要还是指，搜索依然是我们的核心，但其中最核心的部分就是人工智能，信息流则是搜索自然的一个延伸。"

2012年10月，一位高管向李彦宏演示了深度学习技术对搜索的改进，结果显示搜索排序的质量显著提升。李彦宏当即写了一封邮件，鼓励百度的所有产品经理去了解AI技术的最新趋势。同一年，百度搜索的新功能"以图搜图"大受欢迎。

2013年1月，百度成立全球首个以深度学习来命名的研究院，李彦宏亲自

01 新浪潮
百度：迎接智能经济

担任院长，此后逐年加大在 AI 的投入。李彦宏一向认为企业搞研究院多是"一种 PR（public relations，公关）"，但是"深度学习这一波起来之后，我觉得是完全不一样的东西，它需要在理论上、算法上，在很多方面有长远的布局和突破，所以从那个时候开始，我们大规模地投入去吸引人才，去推进算法，才决定做研究院"。他自述亲任院长不是因为自己懂得很多，而是希望以个人品牌吸引更多专家与科学家。李彦宏试图找回百度早期的创新热忱，再一次全情投入新事业。

2014 年 4 月，百度成立大数据实验室（BDL）；5 月，在硅谷设立人工智能实验室（SVAIL）；在此基础上，2014 年成立百度研究院，把深度学习研究院改为深度学习实验室。除了上述 3 个实验室，百度研究院旗下还设有认知计算实验室、商业智能实验室（BIL）、机器人与自动驾驶实验室（RAL）、量子计算研究所、安全实验室和生物计算实验室等共计 8 个实验室。

百度重金投入深度学习等当时缺乏应用场景的技术，在业界看来有点激进。"在中国五百强企业当中，我们论收入肯定不是排在第一的，但是论研发占收入的比例（15%），那绝对是第一的。而这个研发的投入，应该说绝大多数都已经投入到人工智能上了。"

在技术与产业价值并重的思路下，百度在人工智能领域近 5 年来陆续孵化出不少成果，2015 年百度世界大会上推出语音助手，2016 年正式发布百度大脑，2017 年百度开发者大会发布 DuerOS 人工智能操作系统，包括智能设备开放平台和技能开放平台，2017 年 4 月百度宣布"阿波罗计划"，向所有的汽车厂商开放百度 3 年来积累的无人驾驶技术。2018 年 7 月百度 AI 开发者大会，李彦宏在现场宣布全球首款 L4 级量产自动驾驶巴士"阿波龙"第 100 辆车下线。大会还同时发布了百度自主研发的中国第一款云端全功能 AI 芯片——"昆仑"，"相比最新基于 FPGA 的 AI 加速，'昆仑'性能提升了近 30 倍！"百度大脑从此具备了完备的软硬一体化能力。

"2019 年，因为 5G 和 AI 的结合，成为真正 AI 的元年。"5G 的大规模商用，

本质 II
增长的本质

让"云代驾"成为可能。此前百度的无人车测试，车里通常会有一位安全员，在出现困难情况下，由人工现场干预；现在则是在云端配置安全员，协助无人车脱困。

"百度有幸于 18 年前创业，赶上了互联网的浪潮。2000 年，当时中国只有不到 1000 万互联网用户，今天中国的互联网用户超过 8 亿。但我想说，如果互联网是前菜的话，人工智能就是主菜。人工智能对于社会的影响将远远超过互联网。"2018 年的彭博商业论坛，李彦宏对时任 IMF 总裁的拉加德如此表示。

"无论当年我对互联网的信仰，还是今天我对 AI 的信仰，都没有一丝丝改变。我仍然认为 AI 是堪比工业革命的大浪潮，它一定会彻底改变我们今天的每一个行业。"据不完全统计，2017—2019 年这 3 年，李彦宏就人工智能所作的各类演讲 40 多次，文稿超过 14 万字，成了中国人工智能产业的首席布道官。

2017 年的百度联盟峰会，李彦宏的演讲主题是《AI 时代的思维方式》，他表示 2012 年以来的"互联网思维"，是移动互联网时代的产物；本质上说，互联网思维只是提升了人与人的沟通效率，而 AI 将改变人与万物的沟通方式。2017 年，百度的使命做了调整，从"让人们最平等便捷地获取信息，找到所求"升级为"用科技让复杂的世界更简单"，百度团队的新方向是"唤醒万物"，原来强调的则是"连接信息"。

2019 年乌镇互联网大会上，李彦宏做了题为《智能经济将如何重构全球技术创新和经济格局》的演讲，提出一个新概念"智能经济"，"数字经济在经历了 PC 的发明与普及、PC 互联网、移动互联网这 3 个阶段后，正在进化到以人工智能为核心驱动力的智能经济新阶段。智能经济将给全球经济带来新的活力，是拉动全球经济重新向上的核心引擎"。2020 年 9 月李彦宏关于智能经济的系统思考结集成书，名为《智能经济》，书中指出未来企业只有两类：人工智能企业，或者人工智能化企业。

01 新浪潮
百度：迎接智能经济

2020年7月9日，第三届世界人工智能大会在上海开幕，李彦宏的演讲主题是《人工智能新起点：新基建加速智能经济和智能社会到来》。他首次提出AI发展的"三阶段论"：技术智能化、经济智能化与社会智能化，"目前我们正处于从经济智能化的前半段向后半段过渡的时期，人工智能已经证明或者初步证明了其对所在行业的颠覆和重构潜能"。

李彦宏提到了在抗击新冠肺炎疫情中，百度发明的LinearFold算法将此次新冠病毒的全基因组二级结构预测从55分钟缩短至27秒，提速120倍，提高了疫苗研发的效率。

"如果说过去20年是人们对手机依赖程度逐步提升的20年，那么未来20年就是人们对手机依赖程度逐步降低的20年。"李彦宏认为，未来20年，人们对手机的依赖将有所减弱，因为屏幕无处不在，AI让人与各类设备沟通成为可能，比如智能家电（包括智能电视）与智能网联汽车。

李彦宏是一个技术乐观主义者，认为关于人工智能的"威胁论"目前言之过早。2019年，他还大胆展望了人类的灵魂永生："当每一个人的思维逻辑都可以被学习的时候，当我们把他生前所有这些资料都数字化的时候，这个人是不是某种意义上讲也就获得了永生了呢？"

"作为一家把技术作为信仰的公司"，百度2020年提出了两个小目标，一是2030年百度智能云的服务器数量达到500万台以上，二是未来5年为社会培养500万名AI人才。

当然，一切只是刚刚开始，尤其是2020年新冠肺炎疫情造成的影响尚在持续。"目前人工智能所处的阶段，也是一个容易产生迷茫甚至悲观的阶段，这是大多数颠覆性技术在加速普及之前的必经阶段。就像互联网在2000年后的几年里经历的那样，一些公司消失了，一些人永远离开了这个行业。我还记得当时一些海归甚至因为失去信心而重新回到了国外，因为百度也是从那个低谷期爬出来的，我对此记忆犹新。但是，当迷雾消散时，一个经济和社会全面互联网化的时代开始了，熬过寒冬的小人物们成了新的英雄。"

2. "中国时间"

"中国改革开放 40 年来，在我们的发展过程当中，对于高端芯片而言，其实一直依赖进口，这是我们这一代 IT 人心中永远的痛。但是，当进入人工智能时代后，情况就会发生巨大的改变！今天，我要说，我们已经有能力去做出自己的高端芯片！"李彦宏 2018 年发布昆仑 AI 芯片时表示。

2019 年 3 月，第 20 届中国发展高层论坛，李彦宏做了题为《中国改变技术》的演讲，认为过去的几十年是技术改变中国，而现在中国正在改变技术，乃至改变世界科技的走向。同年 4 月的互联网岳麓峰会，李彦宏更是明确指出，"世界的创新、世界的技术发展，将逐步会进入中国时间"。

基于 AI 技术自主创新和未来发展的信心，来自百度多年来深耕人工智能领域的成果。根据《人工智能中国专利技术分析报告》，中国人工智能专利申请量超越美国、日本，成为 AI 领域专利申请量最高的国家，其中百度的申请数量为 5712 件，国内排名第一；百度还包揽了深度学习技术、语音识别、自然语言处理、智能驾驶等多个人工智能核心领域第一。

2010—2020 年这 10 年是中国企业从 C2C（Copy to China）到中国式创新大量涌现的 10 年。

早在 2012 年，李彦宏在硅谷华源科技协会演讲时就表示，"由于中国互联网公司和互联网市场规模庞大，中国用户可能先于美国消费者认识和遭遇到某些特定挑战和难题，中国互联网业界可以通过创新来解决这些问题。中国互联网的发展将摆脱模仿模式，产生更多本土化的发明和创新"。

"我们的竞争对手不收购技术公司，他们只为产品和用户规模付费，不为技术付费，只有百度为技术付费。"这并非李彦宏的自我吹嘘，百度早期的核心产品中文搜索引擎，在爬虫、页面排序、个性化调整权重、反作弊、推荐机制、分词和自然语言的处理等方面，都具有一定的技术含量和自主研发。这是从今日头条CEO陈林开始，字节跳动的一批技术骨干都出身百度的原因，快手的宿华也是在百度实现了技术升级。

2018年2月，《麻省理工科技评论》揭晓2018年"全球十大突破性技术"榜单，百度被列为实时语音翻译领域"关键玩家"，成为唯一一家入选的中国公司。这是百度连续3年入选该榜，在中国企业界创造了新纪录。

李彦宏曾经表示，当初创业取"百度"这个名字，出处是南宋辛弃疾的那首词，内在含义其实是受到国学大师王国维关于艺术三境界的启发。在他看来，这三重境界也是创新引领者心路历程的真实写照。第一层境界是"昨夜西风凋碧树，独上高楼，望尽天涯路"，描述了创新者登高望远的前瞻性；第二层境界"衣带渐宽终不悔，为伊消得人憔悴"，刻画了创新者的孤独、坚持与忘我投入；第三层"众里寻他千百度，蓦然回首，那人却在，灯火阑珊处"，表达了创新者开放共生、功成不居的心态。

近年来，李彦宏一直在思考中国如何成为创新型国家。早年留美的经历，百度海外设有研发机构的经验，让他有了一些自己的判断，主要是两大障碍与两大优势。"一直到今天，中国大多数企业的工作语言还都是中文。"李彦宏认为，这会增加全球最优秀的人才来到中国生活、发展的隐形障碍。"（中国创新的）第二个障碍就是目前而言我们中国的文化不具有那么强的包容性。"李彦宏表示，与美国相比，中国不是一个移民国家，文化多样性不够。

另一方面，李彦宏认为近10年来创新环境有所改善，"中国式创新"拥有两大优势。其一是先行先试，"很多东西在没有想清楚之前，我们的环境和文化是允许你去进行尝试和试错的，这导致很多东西可以在中国做得很快"。改革开放40多年的经济增长，内在动因特别是几年来政府大力优化营商环境，提倡包容性监管。李彦宏提到欧美国家的交通政策对无人车测试的阻碍等。2017年，百度世

本质 II
增长的本质

界大会现场直播李彦宏在北京五环的无人车测试，李因此吃了罚单。此事引起舆论关注，推动国家与省市出台了关于路面测试的支持政策。

其二是超大规模国内市场，"我们还有一个优势也是全世界都不具备的，就是中国巨大的市场"。李彦宏提到，在人工智能方面，"数据上我们有优势，因为我们人多，比如长沙是旧金山人口的 10 倍，长沙还不算中国人口特别大的城市，但有创新出现的时候，这些基础条件就会推动创新的发展"。

截至 2020 年年底，中国互联网用户接近 10 亿，手机用户超过 9 亿；手机之后，中国在另一智能终端领域也赢得全球市场优势。2019 年 Q1 Canalys 全球智能音箱市场报告显示，中国市场智能音箱出货量全球占比达到 51%，首次超越国外市场。

李彦宏对中国创新的信心，更来自百度对全球人才的吸纳机制。2011 年，他在演讲中谈到自己的时间分配，1/3 用在产品技术，1/3 花在寻找人才，另外 1/3 做那些不喜欢不擅长但是必须做的事情（公司管理）。

实际上，自 2013 年年初百度研究院成立以来，到 2018 年的短短 6 年，百度就聚集了一大批 AI 技术大牛，比如王劲、余凯、吴恩达等人，虽然他们陆续离职，一些人跳槽腾讯、字节跳动等公司，另一些人选择创业。这直接成就了国内一批 AI 初创企业的崛起，涉及自动驾驶、机器视觉、语音、医疗、机器人等，比如地平线公司。这让百度成为继微软亚洲研究院之后，国内人工智能研究重镇，也是人工智能的"黄埔军校"。

"国家意志和民间创新力量很奇妙的结合，导致互联网在中国有一个非常良好的起步。"《数字化生存》的译者、北大传播学教授胡泳曾经如此解读互联网产业在中国的快速发展。在人工智能方面，李彦宏正积极推动国家相关政策的出台，拓展与地方政府的有效合作。

2015 年全国两会期间，李彦宏率先提出了建立"中国大脑"的提案，提出要推动人工智能跨越发展，抢占新一轮科技革命制高点。2017 年 3 月 2 日，"深

01 新浪潮
百度：迎接智能经济

度学习技术及应用国家工程实验室"在百度揭牌，成为人工智能发展上升为国家战略的重要标志。"当时用了'中国大脑'这么一个词，实际上就是希望以国家的力量去建立一个全世界最大规模的深度学习计算平台，用最多的服务器、最优秀的算法，给中国的开发者、创业者、学者提供一个很好的研究深度学习各个方面应用的硬件环境和软件环境，或者是基础设施。这件事情已经时隔两年，国家实验室由百度来牵头，我觉得我很满足。"2017年，李彦宏的3份政协提案都和AI有关。

2018年，"人工智能"首次写入政府工作报告，李彦宏坚信，未来中国经济的成长，将更多依赖人工智能技术，因为互联网的发展遇到了瓶颈。2018年9月17日，首届世界人工智能大会开幕，由国家发改委、科技部等五部委与上海市联合主办。当年11月1日的百度世界大会上，正式发布AI城市"ACE王牌计划"，宣布上海是率先落地的城市之一。11月11日，百度与上海市政府签署战略合作框架协议，将建设百度(上海)创新中心与百度物联网总部，促进百度工业大脑、智能交通解决方案等快速落地。

"百度李彦宏懂技术、马化腾学技术，只有马云什么都不学，好像认为马云很差。"2014年3月，马云在北大演讲谈及BAT的技术实力，"其实正因为我不懂技术，我们公司技术才最好。"因为不懂，所以他尊重技术人才的决定；如果很懂技术，他就会指挥过多，让技术人员没有空间。他提到了被王坚"忽悠"投资云计算："但是后来腾讯、百度没搞下去，重要的原因是他们的领导知道这个搞不下去，而我是不知道这个搞不下去。"

从技术层面来看，BAT三位创始人中李彦宏的起点最高。他是北大信息管理专业学士，纽约布法罗计算机专业硕士，曾是搜索先驱infoseek的技术骨干；1999年回国创业，手握拥有美国专利的超链分析技术。马化腾毕业于深圳大学计算机系，马云则是英语专业出身。这三位企业家近年来都对中国式创新抱以很大热情，因为创业起点不同、思维差异，他们对创新产业化的路径选择各有立场。

本质 II
增长的本质

显然，不同的技术路线与商业模式，决定了他们各自的定位，也成就了中国创新更加多元化的生态。

金句 10 条

1. 互联网只是前菜，人工智能才是主菜，因为它们对这个社会的改变，在本质上不是一个量级的。互联网只是使得原来存在的方式更加有效，而人工智能是把原来的不可能变成了可能。

2. 我们正处于从经济智能化的前半段向后半段过渡的时期。经过前半段的发展，在全球范围内已经出现了少数几家通用 AI 平台和一些专注于某个垂直行业的细分 AI 平台，在信息搜索、信息流推荐、无人驾驶这几个垂直行业，人工智能也证明了或初步证明了其对所在行业的颠覆和重构潜能。

3. 百度将自己定位于专注对外赋能的 AI 平台型公司，我们希望每一家企业不管你多小，都可以像用水和电一样使用我们的平台能力和服务，从而快速实现 AI 化转型，最终这又会使每一个普通消费者受益。

4. 目前人工智能所处的阶段，也是一个容易产生迷茫甚至悲观的阶段，这是大多数颠覆性技术在加速普及之前的必经阶段。就像互联网在 2000 年后的几年里经历的那样，一些公司消失了，一些人永远离开了这个行业。我还记得当时一些海归甚至因为失去信心而重新回到了国外，因为百度也是从那个低谷期爬出来的，我对此记忆犹新。但是，当迷雾消散时，一个经济和社会全面互联网化的时代开始了，熬过寒冬的小人物们成了新的英雄。

5. 过去 10 年是"互联网经济"时代，未来 10 年，"智能经济"将成为中国经济的标签。两种经济形态的差异将在人机交互、产业智能化、基础设施等多个方面充分展现。

6. 从历史层面看，智能革命与前几次技术革命有着本质差异。从蒸汽革命、电气革命到信息革命，在某种程度上说都是人类学习和适应机器。而在人工智能时代，是机器来学习和适应人类，是人和机器一起学习和创新。人工智能发展包括弱人工智能、强人工智能和超人工智能3个阶段。虽然强人工智能和超人工智能距我们尚远，但我们应运用前瞻思维深入思考未来可能出现的突出问题，如人工智能是否安全可控、人会不会被机器取代、人与机器的责任如何界定等。

7. 数字经济在经历了PC的发明与普及、PC互联网、移动互联网这3个阶段后，正在进化到以人工智能为核心驱动力的智能经济新阶段，智能经济将给全球经济带来新的活力，是拉动全球经济重新向上的核心引擎。

8. 智能经济的底色是技术创新，技术创新就是一次伟大的冒险。我们用一百倍的努力，取得十倍的优势，方能领先一步。但是大胆创新胜过平庸保守，所有的创造商业奇迹的公司，都是因为他们"生而不同"。

9. 中国改革开放40年，迎来了中国IT产业的爆发式增长，但是我们一直没有自己的高端芯片，高端芯片一直是靠进口的。某种意义上来讲，这是我们这一代从业者心中永远的痛。但是，当人类进入到人工智能时代的时候，情况就会发生巨大的改变。

10. 某种意义上讲，我们过去讲"用电量"是衡量一个经济是否**繁荣**、是否健康的指标，今后我们可以用"用脑量"来衡量一个行业智能化的程度，当然这个用脑量也包括使用开发者的数目。

▶▶▶迎接智能经济

作者　李彦宏　百度创始人、董事长兼 CEO

▶ 导读

百度 2010 年开始涉足人工智能，目前也是拥有相关专利最多的中国企业，李彦宏因此成为中国首位登上《时代周刊》封面的互联网企业家，被誉为"AI 先生"。

2019 年 10 月的乌镇互联网大会上，李彦宏首次提出"智能经济"的概念；不到一年时间，2020 年 9 月百度推出《智能经济》一书。这是 2017 年《智能革命》出版以来，李彦宏对人工智能的经济、社会影响所做的最新思考，也是百度人为 20 岁庆生的独特方式。

2015 年，"互联网 +"首次被写入政府工作报告，2019 年，"智能 +"被写入政府工作报告。在李彦宏看来，两者的关系不是彼此替代，而是"一种接力，也是一种顺承与转换"。

在 2019 年乌镇论坛上，李彦宏表示，如果说过去 10 年，中国经济有一个非常亮眼的标签，他觉得这个标签应该是"互联网经济"，我们的电商、移动支付、移动社交、数字生活服务都是全球领先的；未来 10 年，如果预先给它贴一个标签，应该是"智能经济"。

谷歌 CEO 皮查伊 2017 年提出，企业战略从移动优先向 AI 优先的转变，李彦宏对此很认同。2017 年 11 月，科技部公布首批国家新一代人工智能开放创新平台，百度、腾讯、阿里与科大讯飞 4 家企业入选。李彦宏相信，未来 10 年，以人工智能为核心驱动的新经济中，企业战略思维的主流将从过去 10 年的"Think Mobile（移动技术的思维）"，切换成"Think AI（人工智能的思维）"。

01 新浪潮
百度：迎接智能经济

李彦宏在2019年乌镇互联网大会上发表了两场演讲，分别涉及智能经济新趋势与产业智能化，笔者在智能经济的主题下做了整合，以便完整呈现他关于智能经济的理念。

数字经济在经历了PC的发明与普及、PC互联网、移动互联网这3个阶段后，正在进化到以人工智能为核心驱动力的智能经济新阶段。智能经济将给全球经济带来新的活力，是拉动全球经济重新向上的核心引擎。

如果说过去20年是人们对手机依赖程度逐步提升的20年，那么未来20年就是人们对手机依赖程度逐步降低的20年。

在智能经济时代，智能终端会远远超越手机的范围。包括智能音箱、各种可穿戴设备、无处不在的智能传感器等，应用和服务的形态都会发生相应的变化，人们将会以更加自然的方式和机器、工具进行交流。

即使是大家每天都在用的搜索，在人工智能时代也将焕发出巨大的潜力。过去的搜索是一个问题给十条链接，用户自己去选。在人工智能时代，人机交互的平台已经远远不止手机，很多的设备是没有屏幕的，那么搜索必须做到足够得智能，给出唯一的答案。

百度的搜索在2017年首条的满足率是16%，2018年涨至37%，现在已经达到51%左右。也就是说，现在百度一下，一半以上的答案是唯一答案，并且直接给出。

未来如果有一天，99%的用户的问题都可以用一个搜索结果来满足，那么搜索将不仅限于搜索框、设备、服务，它将变得无时不在、无处不在。未来的搜索形式会不断地发生变化，但是它的市场规模之大，远超想象。

而智能音箱这个产品进入千家万户的原因也很简单：易用、有用、想用。比如小度在家，基于语音交互，让之前不方便使用手机的老人和孩子都能方便使用。

本质 II
增长的本质

除了放音乐，还能播视频，看直播，听故事，查菜谱。

我们还在不断地进行技术创新，让智能音箱的交互更加简单，更加易用。最近小度智能音箱可以"用眼神来唤醒"，用户只要注视设备，就可以获得响应。同时引入手势交互，用户只要一个手势，就可以让设备"停止"或者"继续"播放。

传统的 CPU（中央处理器）、操作系统、数据库将不再成为舞台的中央，新型的 AI 芯片、便捷高效的云服务，在各种各样的应用开发平台开放深度学习框架，通用的人工智能算法等，都将成为这个时代新的基础设施。

作为人工智能平台型的公司，百度在这个层面投入的时间很久，投入的精力非常大，我们把它视为人工智能时代战略指引。百度大脑及其重要的组成部分飞桨深度学习框架，都是在基础设施层面的布局。

新的消费需求，新的商业模式将层出不穷。人工智能正在渗透到各个不同的产业，切切实实融入了我们的生活、生产，看得见，摸得着。

2020 年 9 月，百度的自动驾驶出租车队在长沙开始试运营，在市区 100 公里的范围内，普通市民可以通过 APP 一键呼叫自动驾驶汽车。这不仅对于智能网联汽车行业的发展是一个推动，更将倒逼城市交通的基础设施，尤其是软件层面大规模的升级换代。

我们的中长期目标是成为全球领先的人工智能平台型公司，以加速人工智能的应用，从而践行我们的使命——科技让复杂的世界更简单。比如深度学习平台"飞桨"的开放，就是希望让非技术人员学会用人工智能来优化自己的工作。陕西汉中两位扶贫办的公务员通过百度的深度学习技术，从 20 万贫困家庭当中准确地识别出了最急需帮助的 2000 个家庭进行精准扶贫。

智能经济的底色是技术创新，技术创新就是一次伟大的冒险。我们用一百倍的努力，取得十倍的优势，方能领先一步。但是大胆创新胜过平庸保守，所有的创造商业奇迹的公司，都是因为它们"生而不同"。

01 新浪潮
百度：迎接智能经济

人工智能不仅不会毁灭人类，反而可以让人们获得"永生"。每一个人说的每一句话，干的每一件事，甚至你的记忆、情感、意识等都可以数字化存储下来，放在网盘或者其他的云端，你的思维方式可以被机器学习出来，遇到新问题，通过技术进行现实还原，就可以与后人进行超越时空的对话。

在智能经济新趋势下，产业智能化会是一个新的潮流。而产业智能化的深度推进是一个渐进的过程，如果套用一句禅语来讲的话，就是所谓的修炼三重境界：从"看山是山，看水是水"，到"看山不是山，看水不是水"，最后再到"看山还是山，看水还是水"。

"看山是山，看水是水。"在三五年前，我们就看到在火锅店里面用上了机器人的服务，有的拉面馆里面可以用机器来做刀削面，这些机器代替人的尝试，其实跟人工智能没有半点关系。

最近两年也有一些银行引入了人形的机器人当作大堂经理，在人们排队的时候给大家讲笑话。这种认为"人工智能就应该长得像人"，其实是一种误解，这不是真正的新业态，山是山，水是水，技术是技术，产业是产业，没有真正地融合起来。

"看山不是山，看水不是水。"真正由人工智能技术驱动的产业智能化，会深入到对业务逻辑的本身。例如，2020年7月在百度AI开发者大会上，我们和浦发银行联合推出了金融领域首个"数字人"员工，借助自然语言理解、知识图谱、深度学习等技术，数字人能够自我更新金融知识，深刻理解客户需求，能够对普通用户做到VIP式的一对一的服务。这对于银行金融服务的形态会是一个比较大的变化。

2020年9月在百度云智峰会上，我们把这个技术和能力已经开放了出来，未来任何行业、任何企业都可以通过"数字人平台"来定制自己的数字人，实现一人服务千万人。

"看山还是山，看水还是水。"当人工智能渗透到越来越多的产业，打通越来

本质 II
增长的本质

越多的行业时，技术就会化有形为无形，回归到产业的本质。

智能交通本质还是交通，AI 教育本质还是教育。程序员可以写出最高效的算法，但是我们永远无法理解茅台酒的发酵过程；我们可以设计出最好的算法模型，但是我们不懂得汽车的工业设计。

产业智能化的生命力，源于和实体经济紧密的合作，让技术提升品质之心，让 AI 去复活工匠之魂，做出更好的产品，提供更佳的服务，创造更大的价值。

人工智能必将让我们的生活越来越美好。我们会继续努力探索人工智能的无限潜力，让百度 AI 持续落地到人们的日常生活中，让未来更便捷、更美好！

〉〉〉 网易：相信热爱的力量 〉〉〉

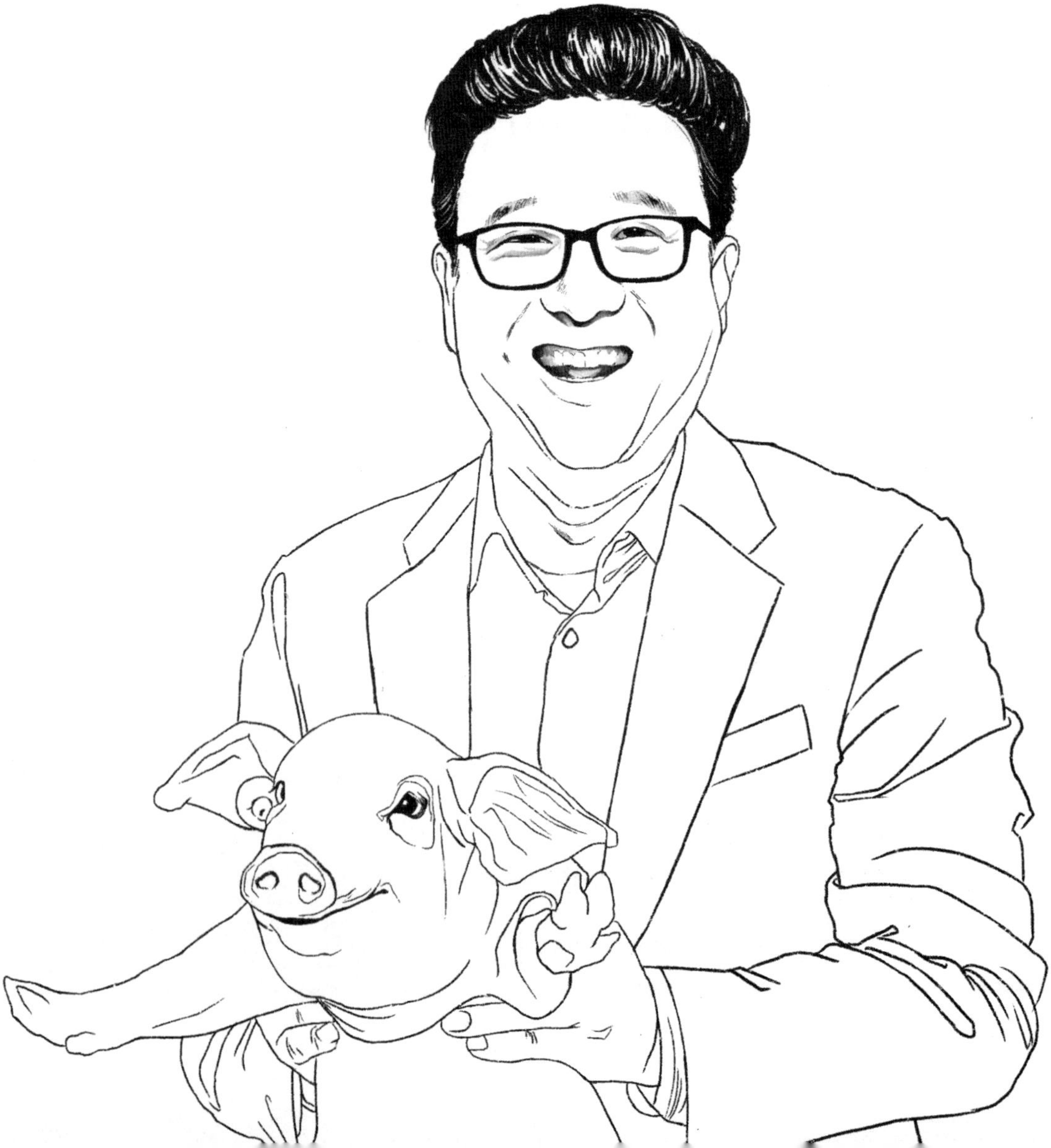

01 新浪潮
网易：相信热爱的力量

▶ 企业简况

2000年6月30日，网易在纳斯达克上市，这是继中华网、新浪网之后当年海外上市的第三家公司，7月上市的搜狐是第四家。20年后，中华网已退市；新浪、搜狐两家市值之和仅为网易的1/20。

从投资回报来看，网易21年累计回报率高达18000%，号称美股价值标杆的亚马逊上涨8700%，只有网易的一半。"在过去20年里，每年的资本回报率都超过20%的企业，在中国只有两家，一家是茅台，另一家是网易。"丁磊的自信不无道理。在某种意义上说，网易不只是长青公司的代表，也是长期价值的典范。

丁磊生于1971年，与马化腾同年，两人都是1993年大学毕业。丁磊1997年创办网易，腾讯一年后成立。但是，网易成功得更快，丁磊比小马哥更早体验了成功与挫败的大起大落。由于互联网泡沫破裂，网易上市首日股价破发（15.5美元），未满一月跌至最低0.51美元，"网易是要完蛋了"。不仅高管全部走人，丁磊自己也萌生出售公司的想法。

网易的重新崛起得益于两个人。一是当时任职霸菱资本的徐新。那一年丁磊生日，徐新碰巧在当天请丁磊吃饭。丁磊向她表示，人生只有两个愿望，一是做成功的网站，二是帮股东赚钱。在最落魄的时候，丁磊依然不忘承诺。当董事会要把网易贱卖，徐新坚定地投了反对票，她认为，既然已身在地狱，不可能更糟了，往后会越来越好。她选择相信丁磊，追加投资了500万美元。

另一位就是步步高创始人段永平。段永平很早定居美国，但与国内联系紧密，更是手机界两大神奇公司 VIVO、OPPO 的股东，神龙见首不见尾，是业内闻名的投资大侠。偶然之下认识了段永平，丁磊向他咨询如何处置网易。在电视机时代尝过游戏甜头的段永平，阻止了丁磊结束网易的想法，建议他去做游戏，并以 200 万美元买入 205 万股网易股票以示支持，这笔投资后来的回报高达 70 多倍。

2001 年年底，网易推出《大话西游 online（线上）》，邀请周星驰代言；2002 年的续作大获成功，网易重现生机。直至今天，"西游"系列游戏仍有可观营收。网易的成功，证明了游戏业务之于互联网产业的战略价值，腾讯的 QQ 游戏据说也受此启发。

据丁磊透露，单是《大话西游》一款游戏，就为网易带来 200 多亿元的营收。2003 年，丁磊以 10.76 亿美元的身价成为中国首富，时年 32 岁。

网易正在运营的游戏超过 100 种，除了自主研发的《梦幻西游》《阴阳师》等热门端游、手游，还独家代理《魔兽世界》《炉石传说》《我的世界》等多款风靡全球的游戏。近年来，网易游戏在海外市场也有重大突破，在 App Annie "2020 年度全球发行商 52 强"榜单中网易位列第二。

▶ 无边界创新者

"丁磊是第一个想到这个机会的人。"网络游戏帮助网易走出困境，也开创了互联网商业的新品类。"能看到别人看不到的东西，是品类的创新者。"丁磊正是徐新所说的这一类创新者。

在很多新业务中，丁磊总是亲自上阵，2006 年的网易有道是个例外。2004 年为解决垃圾邮件问题，丁磊翻阅国际期刊时，发现了加州大学计算机博士周枫的论文《P2P 系统中的近似对象定位和垃圾邮件过滤》。他发了一封邮件联系，"我是网易的丁磊，有个技术问题想请教你"。但是因为邮件只有标题没有内容，被当作垃圾邮件，后来通过周枫妻子，两人才建立联系，其后丁磊力邀周枫回国创业。以这种请教技术难题的方式，丁磊还认识了当时就读浙大的本科生黄峥，后来他把黄峥推荐给段永平，间接铺就了黄峥日后的成功大道。

网易 2007 年 9 月推出有道词典，基于词典吸引的种子用户和累积的优质口碑，陆续推出有道精品课等主力产品，成为进入教育赛道的一个通路；有道词典直到 2019 年的月活用户仍然超过 5000 万，堪称是长青产品。2019 年 10 月，网易有道登陆纽交所，成为网易旗下首家独立上市公司，有道全线产品目前月活跃用户超 1 亿，形成了覆盖全年龄段的智能学习业务矩阵。

2009 年 2 月，丁磊宣布网易将投资数千万元在浙江建立养殖场，打造"互联网+农业"品牌网易味央。"别人怎么想我不管，有一种东西叫事业，有一种东西叫理想，我的理想就是养猪。"2015 年的乌镇互联网大会，丁磊带着味央猪肉赴会，获得众人交口称赞。因为农产品链条很长，丁磊花了 8 年才实现"味央猪"的规模量产，目前在浙江安吉、江西高安、浙江绍兴有 3 家"味央猪"农场，他还在福建龙岩建了一家"味央鸡"农场。

2013 年 4 月，网易发布"网易云音乐"，定位是"移动音乐社区"。在线音乐市场是资本活跃的领域，腾讯音乐凭借并购与版权建立了领先优势，网易云音乐也牢牢占据一席；截至 2019 年年底注册用户数超过 8 亿，入驻原创音乐人超 10 万。由于听众在网易云评论区有很多抑郁情绪的发言，在 2020 年疫情背景下，"网抑云（网易云）"竟然成了一个网络流行语。

2015 年 1 月，网易考拉海购上线公测，凭借"自营直采"模式、"假一赔十"和"次日达"等服务，创造了中国跨境电商的多个新标准，行业地位一度仅次于天猫国际。2016 年 4 月，网易严选创办，采用 ODM 模式，打造自营生活家居电商平台，口碑曾经爆棚。

丁磊的经营观念既讲理想，更有理性，有点像一度流行的"创业养猪论"，即创业如同养猪，养肥是为了出售。从社交、直播到电商，丁磊经常主动放弃，以至有评论称，"一旦陷入烧钱大战，丁老板就会翩然抽身离去"。2019 年 9 月，

本质 II
增长的本质

网易考拉作价 20 亿美元卖给阿里，而网易云音乐获得了阿里巴巴、云锋基金等 7 亿美元融资。

多年后回顾自己的投资经历，徐新曾经说，"网易让我睡不着觉"。在徐新看来，2000—2001 年的网易有两点教训值得反思：一是业务还不稳固，公司就过早上市，业绩容易波动，很快就被市场抛弃；二是组织架构出现重大失误，在丁磊之上，董事会另找了一个 CEO，在西方虽然很普遍，如谷歌引入施密特，乔布斯找了一个"卖糖水的"代替自己当 CEO，但是在中国文化中，创始人之上另有决策者是大忌。2000 年网易上市，丁磊辞去 CEO 职务，出任技术执行官，主抓产品开发。丁磊作为首席技术官，与网易当时的 CEO 的理念分歧，造成了更大的动荡，加速了高管团队的瓦解。

丁磊后来感慨："网易的最大教训就是人！"在网易官网的高管团队栏目，除了丁磊、CFO（首席财务官）之外，没有其他高管；董事会只有丁磊一名董事，其余都是独立董事。2021 年，50 岁的丁磊一人独掌网易江山。

入行很早，加之热衷技术，丁磊事实上成为许多互联网创业者的伯乐或贵人，除了黄峥以外，还有猿辅导的李勇、YY 娱乐的李学凌，以及小鹏汽车的何小鹏。

出身亚信的何小鹏，首次创业做的是一款邮箱工具 UC-mail。丁磊很快发现这个工具，并且很欣赏开发者，他主动找到了何小鹏。当时的丁磊是中国首富，身家高达 70 亿。丁磊借了 80 万给何小鹏，只是借款不占股份；他还让何小鹏的团队借用网易北京办公室。其后，何认识了李学凌，并成为好友。2006 年李学凌把联想投资副总裁俞永福介绍给何小鹏。因为联想没有投资，俞永福向雷军引见了何小鹏。拿到雷军投资后，何小鹏劝说俞永福从联想辞职，加入自己的公司；这就是曾占据移动互联网先机的 UC-web 浏览器，后被阿里收购。37 岁的何小鹏成为阿里游戏的负责人一把手，2017 年离职创办小鹏汽车，再次获得巨大成功。在某种程度上说，丁磊的及时出现，让何小鹏的创业人生少了很多曲折。

与许多互联网大佬的风格都不同，丁磊被很多人亲切地称为"三石哥"，网

01 新浪潮
网易：相信热爱的力量

上流传了很多关于他在生活、饮食等方面的段子，真性情、接地气。比如某一天几个员工在聊中午吃什么，路过的丁磊听到了，就插话建议去吃红烧肉。丁磊还热情地带着一伙人到一个搭着塑料棚子的路边小摊，老板娘跟丁磊特别熟。丁磊点了三碗红烧肉，一个人吃了两碗，还边吃边说，"他家猪肉特别好吃"。

"中国的企业家身上都有焦虑跟不安，但丁磊绝对没有，他这人就是乐呵呵的一人。他说自己有房、有车、有媳妇，还有猪，除了自己有点胖，都挺好的。"与周鸿祎有同感的还有吴晓波。吴氏广泛接触商界大咖，在他的印象中很多企业家生活中都不太快乐，丁磊是唯一的例外，没有之一。26岁创业，30岁上市，上市4个月公司陷入停牌状态，丁磊的人生直接进入了至暗时刻。现在的丁磊总是笑容可掬，与很早就经历过巅峰与深渊的快速转换，或许有一定的关系。

据媒体报道，当时的丁磊一边吃中药去火，一边反复看《道德经》《易经》。"一命二运三风水，四积阴德五读书"，这句话后来成了丁磊经常提到的格言。经历了互联网泡沫的低谷，丁磊对商业有了全新的认知，"七分理想三分生意"。

1997年创立的网易，在中国互联网是"独门独宗"；曾与王志东、张朝阳并称为"互联网三剑客"，元老级人物丁磊也被调侃为"互联网活化石"。特立独行的他，保持不紧不慢的节奏，这些年似乎错过了电商、共享与直播等一连串的风口，与雷军似乎形成了鲜明的另一极。根据2021年1月最新市值，网易保持在中国互联网公司前十，历20年风云不倒的公司仅有腾讯、阿里和网易。

就中国互联网商业史的20年来说，网易是一家最独特的标本，不仅活下来了，而且活得很不错，在多个赛道都有极强的存在感；从邮箱、门户、游戏、社交到教育、农业、音乐、电商，业务多样化的程度，堪称互联网业态持续创新的完整反映。

"网易刚成立时，我们只有热爱，连企业文化是什么都不知道。甚至还被很多人质疑，你们干吗要做一家互联网公司，这怎么挣钱？但当你一不小心把公司做了23年，公司发展到2万多人的规模，你会回去思考和总结一些观点出来。"

本质 II
增长的本质

丁磊 2020 年就网易文化升级发表的观点耐人寻味。

"活化石"网易的发展轨迹,是人们管窥中国互联网经济风起 20 年的独特视角,也是笔者编著本书时所做的最重要选择之一。

▶ 主要理念

1. 未来的游戏

"从普通人的平凡生活到全人类的精神文明,从一代人传向下一代人,未来游戏可以嵌合历史的轨道,真正有所积淀,有所贡献。"

2020 年 12 月 17 日,丁磊在中国游戏产业年会发表主题致辞:《未来的游戏和游戏的未来》。丁磊回忆起自己在第一届中国游戏产业年会的发言题目:《民族游戏的拓展路途》。他表示,作为游戏产业的拓荒者之一,现在思考更多的不再是如何做出中国人自己的游戏,而是"真正探索和开发游戏的正向潜力,承担新时代的责任"。

作为资深的"游戏热爱者",丁磊提出了一个好问题:作为一个让人快乐的行业,未来的游戏,如何成为一个让人尊敬的行业?这很类似于很多成长型公司的思考,如何从一个财富创造者,成为一个受人尊敬的企业。

丁磊给出了一个解决方案,未来游戏将要实现 3 个升级或创新:

一是文化传承。"未来的游戏,应该超越娱乐性需求,去普及中式美学,创造中国潮流,激发文化创新势能,让优秀的文化,获得无限的传承。"

二是人性体验。"未来的游戏,应该充分发挥交互内核,让更多温暖美好的东西,成为人现实情感的补充,让有限生命获得无限的体验。"

三是创新工具。"未来的游戏,会以强大的技术和内容容纳度,提供不同产业新构想,降低现实世界创新成本,乃至拓宽整个社会的发展空间。"

"这个行业创造出来的东西,到底是娱乐的附庸,还是一个充满无限可能的创新工具?"丁磊带领网易团队一直在自我追问,并以此作为推动产业创新的动力。

丁磊认为企业的重要使命之一是,深入中华文化宝库,把几千年的思想、哲学、科学精华展现出来,"让当代的中国人,透过游戏,直抵祖先的精神内核"。这是一位因为中国文化的精神滋养,以此渡过人生困境的企业家,发自内心的真实呼声,振聋发聩。

2. 精品化

"网易是一家有品味的、创新的科技企业。"丁磊认为应该像设计生活一样去设计产品,网易要保持人情味,打造出有品味、有温度的产品。不论是《大话西游》游戏系列持续热销 15 年,还是网易云从在线音乐的红海突围,背后都是丁磊始终坚持的"精品化"思路。在产品研发领域,丁磊绝对是长期主义的信徒。

丁磊的"精品战略"最初体现在自研游戏。与营收相比,他更关心游戏的品质和生命周期。品质不过关的游戏都要"回炉",比如《天下 2》历经 6 年研发,一次回炉、两次迭代、一年内测,耗费过亿资金;一般游戏的生命周期是两到三年,《倩女幽魂》系列经过回炉,至今已超过 10 年。

再看看网易云音乐。除了聚焦移动端的云设计,音乐人与听众交流的社区感,网易云的撒手锏正是精品策略。在云音乐的播放界面,可以看到一张黑胶片;为了调整胶片的转动速度,网易团队曾调试过 20 多个版本。丁磊亲自参与琢磨细节,他特地让人搬了一台黑胶唱片机,反复观察直至调整到符合实际的播放场景。音质方面,其他平台允许上传的音乐作品大小都是 128K;为了呈现高品质的音质,网易云设定的下限是 320K。

网易严选出现以前,电商领域早已是阿里与京东的天下,而品类之丰富足以

本质 II
增长的本质

覆盖所有的日常消费需求。但是，有一次在逛遍电商网站后，丁磊发现难以买到一条称心如意的浴巾，网上的浴巾在价格和品质两方面无法平衡。丁磊意识到生活中还有很多低价前提下的品质需求，马上召集团队来启动一项新业务。网易严选的成功路数，还是差异化、精品化。其一是设计了"原始设计制造商—网易严选—消费者"的短链，剔除代工品牌、经销商、电商平台等中间环节，提升了性价比；其二是品味、品质，网易严选合作的原始设计制造商，多是给国内外一线品牌贴牌的厂商，基本上是出口转内销，胜在品质过硬。网易严选中曾经有个栏目"丁磊私物推荐"，都是丁磊亲自试用、甄选的一系列产品，比如直播带货时的香菇脆、老陈醋、青稞酒，都是丁磊参与挖掘的。

作为一条"鲇鱼"，网易严选催生了精选电商的新市场，契合了消费升级新趋势。后有淘宝心选、京东京造、苏宁极物的跟进，"严选"概念在科教、酒旅、个护等行业被广泛使用，比如李佳琦在淘宝的店铺名，也是主打"严选"概念。

味央猪则是精品化的最新案例。某一次吃到疑似问题猪血，让丁磊决心下场养猪。养猪本是平常的事情，但硬是耗时 8 年、花费数千万，深入产业、悉心研究；他终于培育出了味央猪。其间嘲讽、质疑从未中断，2017 年 4 月，养猪业务完成 1.6 亿元 A 轮融资，人们才发现丁磊是认真的。

某次采访中丁磊表示，金钱给自己带来的幸福感占比不到 5%，也曾引发舆论的非议。在互联网求快的大氛围中，网易拓展业务新边界的思路比较独特；对丁磊来说，打磨精品、提升用户体验比抢占先机更重要；网易严选、网易云音乐都是后发先至。

"企业家最好的慈善就是好好做产品跟服务，其他都是扯淡。"丁磊经常提到理想与热爱的力量，好产品带来的幸福感，确实并不是金钱所能比拟的。

01 新浪潮
网易：相信热爱的力量

金句 10 条

1. 中国有 5000 年的历史、超过 960 万平方公里山河，还有诸子百家、琴棋书画诗酒花，文化的内涵极大丰富，但文化的当代表现力、渗透力还不够。在这个时候，游戏行业主动去展示中国文化，既是时代的需求，也是时代要求有的担当。

2. 对于企业而言，比较重要的是，如何深入这个文化宝库，把几千年的思想、哲学、科学精华展现出来，为中国美学创造更好的传播语境。让当代的中国人，透过游戏，直抵祖先的精神内核。

3. 我们特意提出"0 到 1 是创新，从 1 到 1.1 也是创新"这个价值观，是希望大家对创新扩大理解。要接受一点：创新不是爱因斯坦、乔布斯等人的专属，而是每个人都可以做的渐进式改进和微创新。

4. 过去这十几年的风是很多……但好多都是一阵妖风。我们更愿意在自己熟悉的领域里面做好自己的事情，不熟悉的领域，我们一律不碰。

5. 2001 年的时候，我刚开始做游戏的时候，所有的媒体所有的同行都说我疯了。那时候的报纸我还留着，都是一片责骂声。员工也不相信。但我有决心信念。结果呢，当时说我们坏话的儿女，他们现在都眼馋我们了。所以我送一句话给大家："有决心信念不一定会成功，但没有决心信念一定不会成功。"

6. 人生是一个积累的过程，你总会有摔倒，即使跌倒了，你也要懂得抓一把沙子在手里。

7. 挣钱是个顺便的事情，金钱带来的幸福感占比连 5% 都不到。

8. 我相信，一个人如果真正热爱一件事，你会愿意花时间主动去思考、学习和自我成长。即使生活给你开了困难模式，你也会哭着打完。

9. 我们整个行业用了将近 20 年，让游戏这条路变得越来越宽。下个 20 年，我们需要做的是，继续用行动来获得尊敬。

本质 II
增长的本质

10. 我们曾经听过一句话，叫"上有天，下有地，中间有良心"。科技公司其实也一样，除了上天入地，也不能忘记在中间生活的那些人。这几年，我们很明显感到，"效率至上，技术至上"的发展逻辑，已经无法解决人的所有生活问题。

▶▶▶ 相信热爱的力量

作者　丁磊　网易董事局主席兼总裁

▶ 导读

2020年5月29日，网易公司创始人、CEO丁磊发布上市20年来首封致全体股东信，他表示，"我们正在准备在香港二次上市，将网易这个久经时间考验的品牌带回中国"。

网易2000年登陆纳斯达克，作为中国第一批互联网公司，网易的确走过了漫长的道路，经受住了市场的考验。首次上市时，丁磊29岁，他希望公司永远保持29岁的状态，"不褪少年锐气，不沾老年暮气"。

很多人认为网易是一家让人"看不懂"的公司，但是"网易经历过几次不小的周期性危机，我们活了下来"。丁磊从3个方面做出了回应：1.网易战略如何制定？2.网易20年只是今天这个规模，增长速度并不惊人；3.网易的业务边界在哪里？

"到今天为止，我们还没有成功，我们还在成长。"这是丁磊2003年回到母校演讲中的一句话，未来的网易将会在 4 个方向持续发力：组织再造，具备自我进化能力；坚持"精品战略"；推进全球化；推动互联网资源普惠化。

以下为演讲实录，笔者未做任何删节。

致我们的投资人：

2000 年 6 月，当网易在纳斯达克上市时，新世纪的开始和我们的新征程重叠在了一起。当时，我们对未来会走向何处充满了好奇。

到今天，网易的股价无论是提升倍数，或是年复合增长率，都有良好的表现。我们每季度为股东分红，也已经坚持了 6 年。这是一个好的趋势，它代表了我们与投资人分享成长的意愿，也代表了网易仍像少年般蓬勃与充满活力。

少年多昂扬、热情和好奇，而少繁复、城府和心计。在复杂世界，这种简单反而让人迷惑。所以常有人说，网易是一家让人"看不懂"的公司。其中的不解、误解，正好趁此机会说明。

1. 有人说，看不懂网易的战略

在我看来，"战略"是一个被玄学化的概念。谈起战略，很多人总是希望展现宏伟蓝图、精巧计算。但商业的魅力正在于，总有一些意外会让那些纸面上的精妙计算失灵。

对网易而言，我们的业务战略也并非源于什么宏大构想。在启动一个新业务之前，我们通常会自问：这个产品是否解决了用户的真实需求？我们是否热爱这个事业，并有足够能力做到更好？

在这里面，用户需要是根本，热爱是源头，能力是资本，很少有算计和城府的位置。我觉得，这是一种网易特有的哲学：像个傻瓜一样，为一件事坚持，为一个念头疯狂，总有一天我们会找到想要的答案。

因此，当你用"用户""热爱"这些关键词去检索网易的过去时，再也不会说看不懂网易。风口会消失，风向会变化。只有人心不变，用户需求长存。

网易，相信人的力量。

2. 有人说，看不懂网易的速度

对互联网而言，慢好像是原罪。但快餐吃太多，人很容易失去感知美好的能力。网易从来不怕慢，不急着融资，不赶着赚钱。相反，我们寻找更聪明的钱，挑选更挑剔的用户。早在 2000 年初，网易就确定了精品战略，这是我们在竞争、困境之中做出的正确选择。

精品，意味着持久钻研、洞悉人心，意味着精雕细琢，这些都急不得。我们可以用近 20 年打磨一款游戏，也可以用数年之力做一款音乐 App。背后定力不过是，用自己的节奏稳扎稳打。任尔东南西北风，我自岿然不动。

做公司，从来不是百米跑，而是马拉松，起跑和一时的速度不代表赢面。既然求的是长远，那我们就要拿出对得起用户和时代的好东西。

3. 有人说，看不懂网易的边界

网易经历过几次不小的周期性危机，我们活了下来。是因为我们比别人更聪明、更幸运吗？我想不是，是因为我们更尊重基本的常识：只有为用户和社会创造真正价值，一种商业才可以长久经营。

从邮箱、门户、互娱、公开课，到有道、音乐、电商……我们不定义自己，不束缚自己，无论边界，无论领域。只要足够相信可以改变点什么，便愿意为之一搏。

这种不设限，有时会损失一些短期收益，有时会不被认可和理解，甚至会收获一些嘲笑和讥讽。但好在我们心大，脸皮厚，还算能坦然面对。

这份坦然，还来自我们的一个执念：在赚钱之外，要持续地为世界带来一些美好的改变；在理想和现实冲突之时，要尽可能对理想多偏袒一点。因为，美好的到来，总是缓慢而悠长的。

网易，相信信念的力量。

未来的网易

在我看来，网易的发展始终是"阳谋"，用足够简单的逻辑和热爱，不断重复20多年。下一步，我想重要的是，要继续坚持，继续重复。我们会着力做好4件事：

1. 建立一个有自我进化能力的组织，永远保持29岁。

自2018年底开始，我们做了一连串组织架构调整，更加聚焦和专注于一些赛道，这让我们在今天的全球性危机中不至于太被动。下一步，网易会将组织建设放在极其重要的位置。最近，我们全面升级了企业文化，把我们重视的"热爱""和用户在一起"等企业精神写进价值观，并且会严格践行它。

在我29岁时，网易刚刚上市。那时我们有员工221人，现在已经超过了两万人。当组织以百倍规模扩张，网易员工的平均年龄一直保持在29岁以内。这种特殊的缘分，让我在审视"29岁"时，觉得它与网易无比贴切：不褪少年锐气，不沾老年暮气。已经不青涩了，却也没染上圆滑世故，足以担当重任。

所以从今天起，我们会要求所有管理者，快速、大量地去挖掘各种年轻人才，让那些聪明的年轻人、热爱的年轻人、无畏的年轻人，更快获得培养，更快成长成就。这个任务很重要，不可回避。

本质 II
增长的本质

2. 继续网易一贯的精品战略，做更多让团队骄傲的产品。

2020 年充满不确定性，但人对美好的追求是确定的。不管外部挑战如何，网易会始终以经得起时间考验的原则来运营企业，来做产品。光让用户满意不够，还要制造惊喜。

我们希望做这样的产品：当团队提起产品时，充满自豪和骄傲；当用户使用产品时，由衷地喜欢，甚至炫耀。这种对产品的高调，可能会迎来竞争对手的追赶、模仿，甚至打击。但也会逼迫我们团队思考，如何继续领先。这，最终会给用户带来更好的体验。

3. 立足中国，坚定地推进全球化战略，与世界同步。

早在几年前，网易就在互娱、教育、音乐、电商等领域开始了出海的探索。虽然大多数人对此知之甚少，但今天我可以跟各位分享的是，成果不错。

全球化是网易在自身实力提升基础上会做出的必然选择。当我们立志于"网聚人的力量，以科技创新缔造美好生活"这一使命愿景时，就必然需要一个更大的舞台来实现它。接下来，网易会立足中国，同时通过内部孵化、投资、合作开发和战略联盟等方式，继续推进海外市场的创新与突破。中国的好产品，值得被更多人看到。

4. 推动资源更普惠，给予微观个体更大能量，更多支持。

网易受互联网精神的感召而创立，未来依然会坚定不移地，与开放、公平、分享的互联网精神同行。我们不是一家只想着赚钱的公司，请所有投资人理解并支持这一点。

后 COVID-19（2019 冠状病毒病）时代，进步伴随着挑战而来。在基本物资、娱乐、教育等生活不同领域，网易会持续探索创新，给予人更大的能量支持。让构成美好生活的基本资源更普世，是我们会持续的事业。

01 新浪潮
网易：相信热爱的力量

各位投资人，20年前，当网易刚上市时，年轻是我们收获投资者、媒体信任的最大障碍。但正如大家已经见到的，正是因为年轻，我们对希望和机会所抱持的热情，从不减少。

6月是网易上市20周年，在这个节点上，我很高兴和大家分享一个好消息：我们正在准备在香港二次上市，将"网易"这个久经时间考验的品牌带回中国。我相信，立足于这个我们熟悉无比的市场，离我们的用户更近，热爱将迸发出更大力量。

感谢所有长久陪伴网易成长的同事和用户，感谢我们的投资人。信的最后，我想以2003年在大学母校说过的一句话来结尾：到今天为止，我们还没有成功，我们还在成长。

▶▶▶▶▶▶▶▶▶▶▶▶▶▶▶▶▶

02 新媒体
CHAPTER TWO
媒介是人的一切外化、延伸、产出

>>> 字节跳动：CEO 要避免理性的自负 >>>

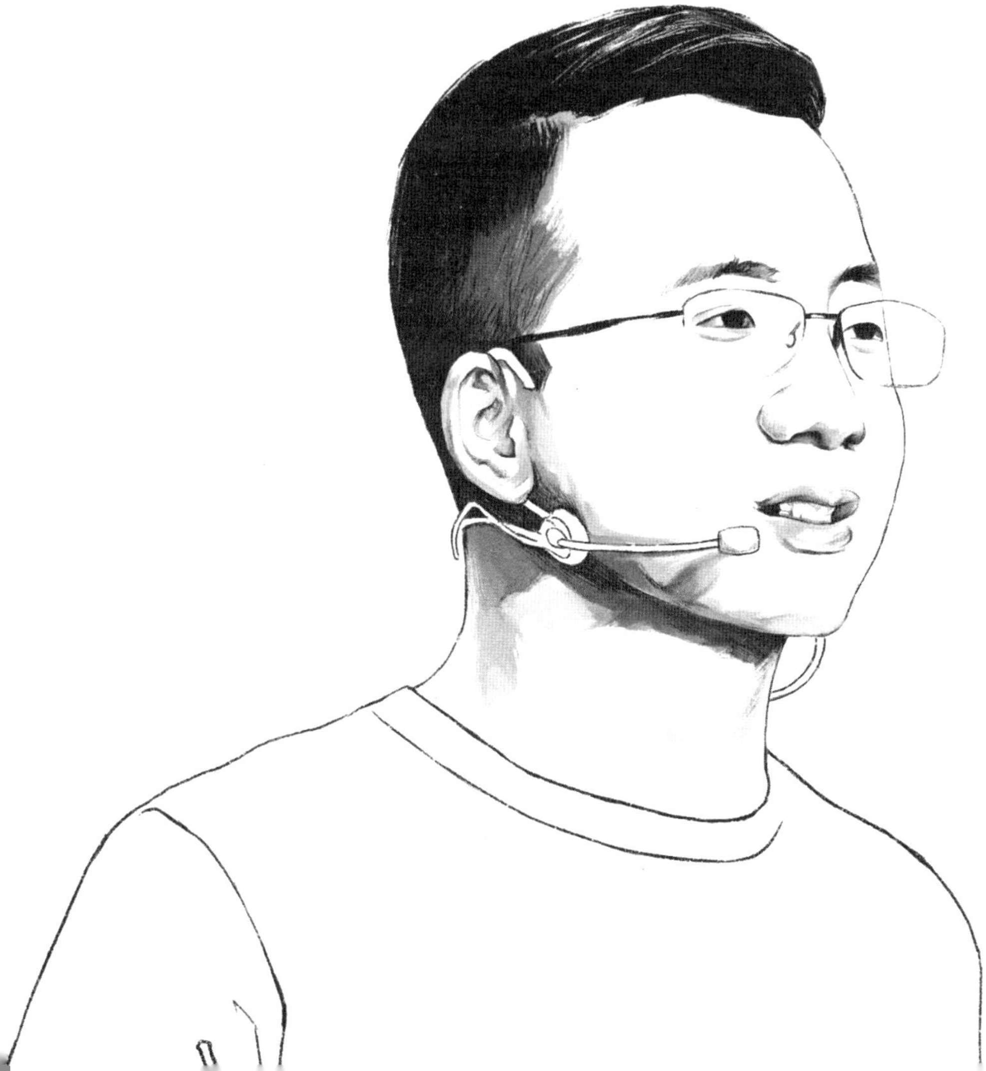

本质 II
增长的本质

▶ 企业简况

互联网经济 20 年的后半段,一家企业以一己之力开创了新的市场空间,持续推出领导市场的现象级产品,并在全球市场阔步前进;某种意义上成为新时代中国企业的代言人,这就是字节跳动。

字节跳动在全球市场的雄起,看似充满戏剧性,其实是张一鸣的必然选择。尽管收购 musically 时,股东借机抬价,但张一鸣隐忍为之,成就了一款全球超级 APP——TikTok。从 2012—2013 年的微博内容来看,张一鸣经常阅读英文原版图书,喜欢对某些中文词做英文语境比较式的辨析。他首先给公司想了英文名(Bytedance),翻译过来才有了中文名,显然在张一鸣的创业构想中,早就放眼于全球市场。

创业以来,字节跳动一直保持高速增长,仅用 4 年时间成为估值超百亿美元的超级独角兽;2016 年才起步的短视频业务抖音,2019 年年中日活用户已超过快手,成为行业领军者;2017 年 5 月上线的 TikTok,2018 年 10 月成为美国月度下载冠军。

其间,字节跳动经历了诸多波折,有过 3 次大的危机。2014 年的版权争议引发媒体讨伐浪潮,2017 年 12 月底到 2018 年上半年,今日头条屡遭监管部门约谈,"内涵段子"永久下架等;2018 年因微信封杀,与腾讯爆发的"头腾大战",当年营收目标未能完成。字节跳动中国区 CEO,抖音首任总经理张楠坦承,"2018 年对于我们来说是艰难的一年"。"祸兮福之所倚",张一鸣选择了低调潜行,专

02 新媒体
字节跳动：CEO 要避免理性的自负

注谋划更大的未来，在 2019—2020 年实现爆发性增长。

因抖音市场表现超越预期，2018 年张一鸣决定设立字节跳动。可能借鉴了谷歌 2015 年成立的"伞形公司"Alphabet 思路，今日头条与抖音成了字节跳动的两大子公司。这一年，字节跳动以 750 亿美元的估值超越 Uber，成为全球价值最高的独角兽。

2019—2020 的字节跳动，正像是一张拉满的风帆疾驰而过。从用户规模来看，今日头条用户规模过 7 亿，日活稳定在 2 亿；2020 年 8 月抖音日活用户突破 6 亿，起步更早的快手仅有 3 亿 DAU（日活跃用户数量）。字节跳动旗下各类 APP 的用户总规模超过 15 亿，已然进入全球互联网公司的第一方阵。从估值来说，字节跳动 2020 年底估值超过 1800 亿美元（根据拟出售 TikTok 的海外业务的估值推算），2019 年则是 1000 亿美元，短短一年增长 80%。

2020 年美国封禁 TikTok 是第三次危机。字节跳动遭遇美国政府的精准打压，特别是特朗普政府的强逼出售，处境恶劣之程度更甚于华为。这一年字节跳动加快了欧洲团队的招募，加紧布局欧洲市场，以对冲美国市场的不确定性。2021 年字节跳动 9 周年，张一鸣的演讲主题是《平常心做非常事》，他对 2020 年全球疫情与字节跳动的变化做出了初步总结，认为"世界在动态加速地变化"，提出"只有心态越平稳，才能扎根越牢，才能够有魄力有想象力去做更难企及的事情"。

笔者很早就开始关注字节跳动与张一鸣。2018 年主编《本质》时计划把张一鸣纳入，后因字节跳动处在舆论旋涡而放弃，成为一个遗憾。这也构成了编著《本质Ⅱ：增长的本质》的主要动因，尽管 2020 年的字节跳动依然身处多事之秋。

从企业发展的认知—决策—增长三阶逻辑来看，字节跳动堪称是一个完美的案例。

撇开管理学的理论框架，根据笔者对中国企业 20 年的近距离观察，几乎所有企业从创办起就要面对、解决三大命题：认知、决策与增长。但是，人们对领

本质 II
增长的本质

先企业的关注常常集中在增长方面，倾向于从增长的方法与路径来探讨。殊不知，业绩增长的主要动力，取决于企业自身的系统效率；而这有赖于两大前提：企业家的认知模式与企业的决策体系。

张一鸣本人不喜社交，但在内部提倡高度的透明度，在接受媒体采访和演讲等场合，习惯于直言不讳。这直接导致了 2016 年《财经》杂志专访，以及 2020 年 TikTok 被强卖事件中他的两封内部公开信等文字中，过于坦率的表达让他饱受质疑，甚至被贴上负面标签。另一方面，张一鸣的微博、内外部讲话、采访材料等，清晰呈现出一条认知升级的精神之旅，提供了难得的机会，让人们能够管窥字节跳动狂飙突进式的成功密码。

对创业者来说，能否找到可学习、可对标的样本企业，很大程度上会影响发展速度乃至成败。在小米的不同发展阶段，雷军集中学习过不同企业，张一鸣同样精于此道。

2020 年字节跳动 8 周年的演讲中，张一鸣介绍了经营字节跳动的思想资源。"2016 年之前我看很多东西，也有很多思考，并且在我们公司管理中进行实践。字节范中的坦诚清晰，来源于我试图理解杰克·韦尔奇在《赢》中反复强烈强调的——坦诚降低组织交易成本。'知识型组织中，每一个人都是管理者'，这是德鲁克关于管理者的重新定义。他对于目标管理的思考，启发了我们对于组织有效性的重视和 OKR 的实践。他和科斯的想法，促使我思考企业边界是什么，以及如何从外部视角衡量组织内部的交易成本。我们坚持的'context, not control'的理念，受到 Netflix 的直接影响。当然，也很大程度上跟哈耶克关于理性的自负的论述有关，我认识到信息透明、分布式决策和创新的重要性。"

字节跳动内部的文化，也受到谷歌的强烈影响。一些新入职员工对外表示，字节跳动内部很多工作机制，直接借鉴了谷歌前董事长施密特的《重新定义公司》书中的做法。

02 新媒体
字节跳动：CEO 要避免理性的自负

认知升级

张一鸣自称"重度信息偏好者"，他同时使用 Kindle 和 PC 等多个阅读终端，早期微博上关注着数百个账号。他的微博简介是："逃逸平庸的重力。"为了实现卓越人生，张一鸣把自己变成了一台不知疲倦的学习机器。他是阅读成就人生的典范，广泛阅读、深度思考，不断探索商业与人生的新认知，为后起的年轻人指明了成长的康庄大道。

"我初中时一周要读二三十份报纸，从本地报纸到《人民日报》，每一个字都不会放过。"很长一段时间，张一鸣都是《南方周末》的粉丝。数年前他回母校演讲时，很怀念在图书馆的读书时光，"我用别人打游戏、打牌的时间，阅读了各种各样的书，或者说乱七八糟的书，包括各个专业的书，包括人物传记，也有各种境内外的报刊杂志"。

张一鸣曾表示，世界上的书，有两类最值得看，一是传记，二是教科书。在各类演讲中，他建议多读人物传记，"如果说有收获，就是发现那些伟大的人，在没有成为伟大的人之前，也是过着看起来枯燥的生活，每天都在做一些微不足道的事情，但这些事情最后从点连成线，成就了他们"。教科书很枯燥，但能提供某个学科的知识框架，特别是该学科的底层思维，有助于高效地拓展知识视野。

2016 年年底，张一鸣对《财经》记者表示，对他影响最大的书是《活法》《少有人做的路》《高效人士的七个习惯》《基础生物学》等。他又补充说："我什么都看，只要我觉得对自己有帮助。"比如《世界因你而动》《你从来没有努力过》等"鸡汤"类读物。

从 2008 年开始，张一鸣的阅读痕迹留在了豆瓣上，他的读书范围很宽泛，既有计算机专业书籍，也有心理学书籍，商业管理类如冯仑、王石、联想、乔布斯等企业和企业家传记。张一鸣当年豆瓣里的标注显示，彼时已读过 71 本书，想读 267 本书。

本质 II
增长的本质

在饭否的一年，王兴经常给张一鸣推荐图书。张一鸣想了解如何做成世界五百强公司，王兴推荐了稻盛和夫。张一鸣在地摊上买了《活法》，觉得书中的有些说法太虚了，比如人活着是修炼自己的灵魂；但是他很认同，努力工作是一种修炼方式。

张一鸣的"想读"清单，也有过《源泉》《阿特拉斯耸耸肩》《有道德的利己》《一个无神论者的静修》等另类书籍。前两本书是美籍俄裔女哲学家安·兰德的作品，兰德被誉为美国企业家精神的代言人，推特、Snapchat 与 Uber 等创始人，特朗普与其前期的诸多企业家高官如蒂勒森，都是她的粉丝。

2017 年张一鸣在豆瓣标记的想读书单，商业图书中只有一本马斯克传记，其他都是自然科学与人文哲学类，如《生物心理学》《生物物理学》《寻找薛定谔的猫》，这些属于提升思考深度的小众读物。张一鸣也阅读畅销的新书，如《人类简史》，"在了解历史之外，还能了解各个学科之间的关系，培养看问题的全局观"；还有纪录片，如 BBC 的《宇宙》(Cosmos)，"它让我觉得人类很渺小。你的很多问题在天体之间都不重要"。有趣的是，这一点与天文爱好者马化腾所见略同。

海量阅读是为了快速提升认知。总结起来，张一鸣的职业生涯，经历了 3 次认知升级。

张一鸣 1983 年生于福建龙岩，2005 年毕业于南开大学软件工程学院，2006 年加入旅游信息搜索公司"酷讯"；2009 年创立房产信息搜索公司"九九房"；2012 年创立"字节跳动"公司并担任 CEO，2020 年自任字节跳动全球 CEO。毕业至今 15 年的时间，张一鸣的个人成长称得上是火箭式的。他曾在微软任职，后短暂参与王兴的知乎创业；自酷讯到字节跳动，差不多每隔 3 年会切换一个轨道。

除了广泛阅读，张一鸣还积极尝试各种工作体验。2006 年 3 月，张一鸣以普通工程师身份加入酷讯，第二年成为技术委员会主席，管理四五十人的技术团

02 新媒体
字节跳动：CEO 要避免理性的自负

队。原因很简单，张一鸣经常加班，工作上几乎啥都肯做，如审阅所有人提交的代码，搞定了大家搞不定的 bug；还和销售员一起见客户、学营销，是个十足的劳模。这一点与雷军有点像。

在与红杉 Family 成员企业交流时，张一鸣表示，创立今日头条前，他已经"体验"过公司内部的各种角色：大公司员工、创业公司核心员工、公司合伙人、公司骨干、公司 CEO……这些经历让他对"创业"有了一次整体性认识，为日后的公司管理积累了许多思考。

从技术思维进化到产品思维，是张一鸣的第一次认知升级。"创业会接触越来越多的人、越来越多的事，有各种不同的体验。做技术的人思维方式都比较固定，但创业要做产品，做产品要理解用户，而理解用户就需要了解不同用户的体验。"

从资讯产品到社交产品，是第二次认知升级。"我们从'今日头条'到社交产品'抖音'，是因为产品而改变、因为行业改变。即行业从文字图片进化到视频、从 OGC（品牌生成内容）进化到 UGC（用户生成内容）。对于创业者的我们来说要跟上时代。此外，我们很多改变是被业务推着改变的。"

从本土市场到全球市场，则是张一鸣的第三次认知升级。"我们也在尝试海外市场。……我们发现了一个更大的世界，个人的生活体验边界也变宽了。从个人生活方式来说，尝试海外市场拓展了我们的视野和体验。"

"我们是为了解决问题（信息分发问题）而创办的，充分认识问题比如何解决问题更重要。你认识到一个问题、认识到这个问题的规模和意义，这本身就是一半的答案。"

创办头条是基于对产业趋势的敏锐觉察。在九九房的后期，张一鸣越来越看好移动互联网的新机遇，果断辞去 CEO，选择新赛道重新创业。其次是对商业模式的前瞻设定。与阿里巴巴不同，本质上百度与腾讯经营的都是信息与内容服务，字节跳动的崛起，构成了对它们的强烈挑战，2018 年这两家从不同角度对字节跳动发起市场攻势。早在 2016 年《财经》杂志的采访中，记者问及今日头条的商业模式。张一鸣认为，百度的竞争不足惧，其商业策略看重的是短期盈利，腾讯则更关注用户黏性，希望长期价值回报。他表示，"今日头条的导向是偏腾讯，加一点华为。华为很重视底层和基础设施。我发现公司越强大就越往底层走，更往整个社会的基础设施走，上层可以空出来。比如操作系统、芯片、云"。其后几年，字节跳动不断向产业纵深延伸商业链条，比如收购锤子手机业务，上线搜索、问答等产品，拓展在线教育，等等。

"我希望今日头条能像谷歌那样不设边界。从个人来讲，什么事情越有趣、什么事情对社会价值越大就是有意义的。"基于对人生与商业认知的持续探索，对世界的多样性保持好奇心，张一鸣对字节跳动的未来充满更大的想象。

决策理性化

接受《财经》采访时，张一鸣谈起王兴，认为两人"都比较有好奇心，也都爱信息"。相比之下，王兴的好奇心更大，知识面也更广，张一鸣更懂技术。在思维方式上，"我感觉他更系统，我更灵活。他对什么事都关心，而我觉得对我不重要的事情我就不那么关心了"。什么事情更重要，"就是能发挥效用的事情"。张一鸣还做了具体解释，人在不同阶段有不同的效用评价标准，比如身体不好的时候，健康是重要的。其他诸如自由、公司发展、家人朋友等，在不同情况下重要性不同。张一鸣的行为始终遵循着效用标准。"我几乎不发火。因为发火有什么效用呢？"

张一鸣习惯从效用的角度去思考，"我作为一个人的效用就是：一是你的体验，二是你对别人的影响"。"效用"一词出自经济学的"边际效用学派"，基本含义是消费者通过消费满足自身需求的一种评价；其哲学基础是英国哲学家边沁的"功利主义"（实用主义哲学派别），是一种不从行为动机出发而以行为后果来判断善恶标准的伦理学说。在决策理论上，效用反映了领导者对不同方案的主观偏好。

张一鸣认为自己比王兴更"灵活"，"灵活"一词恰当地诠释了效用思维的内涵。拥抱现实、通权达变，正是企业家精神的特质之一。

效用哲学指导下的决策，必然趋于理性化。因此，张一鸣给很多人的印象是，"极其现实，像机器人"。行为经济学研究发现，人们常常因为各种认知、心理或情绪的原因，导致决策失误。为了提高决策质量，决策者需要克服人性不足，变得更加理性化：其一，充分搜集信息，以事实为前提，基于政经大势去判断，而非只凭主观愿望去畅想。其二，拥抱变化，在不确定情况下，敢于做出决策。

"我觉得，大部分重要决策在创业头 3 个月基本做完了。"张一鸣曾经表示，字节跳动 80% 的关键决策创业之初基本确定了，专注短内容、专注手机、专注推荐。2015 年，他们重新拿出当年的 PPT，发现今日头条的发展跟原来 PPT 上的设想差别不大。而同时期的很多创业者一会儿做资讯，一会儿做读书，"我们的计划一次都没有改变，这节省了我们很多精力和时间"。

从技术负责人到公司 CEO，张一鸣个人的决策风格也逐渐成熟，"更拥抱不确定性、更注重长期、更注重全局，我觉得这是转向 CEO 后最主要的变化"。因为 CEO 是"问题的终结者"，而技术负责人不是；其次，"技术是解决相对确定的问题，CEO 的很多决策是在高度不确定性下做的，我觉得这是很大的转变"。

张一鸣把 2018 年视为"全球化关键性的一年"，公司愿景也从"最懂你的信息平台"升级为"全球创作与交流平台"，这个过程类似于，"高速行驶过程中，更要握紧方向盘，尤其全球化相当于换轨道，我们要修整汽车，而且还不能停下来调整，我们不能减速，必须同时往前走"。

随着全球化进程的提速，2020 年张一鸣自任字节跳动的全球 CEO，并将聚焦 3 项任务：研究超大型全球化企业的管理，研究科技公司的社会价值，规划教育等新战略方向。这 3 项任务之下，在新的认知背景下，面对新的决策场景，张一鸣在决策理性化的道路上将收获更多成绩。

格局加速成长

海纳亚洲总经理王琼曾表示，"我当时完全没有料到在未来很长一段时间里，几乎没有投资人会看好这个产品；同时，我也没有料到，今日头条日后会成为一家超级独角兽公司"。基于对张一鸣人生格局的认可，王琼成了今日头条最早的天使投资人，其后持续下注，成就了投资界的一段传奇，堪比南非MIH投资腾讯的辉煌成绩。

王琼第一次见到张一鸣时，他是酷讯的技术负责人。饭否关闭后，王琼说服张一鸣创办房地产搜索网站九九房。2012年春节后，张一鸣在一家咖啡馆里讲述了创办今日头条的计划。出于对张一鸣的信任，王琼决定投资天使轮和A轮，她曾给张一鸣发过一条短信："除了技术功底扎实外，你自负但不骄傲，非常好学，有全局观，不急功近利。跟××相比，你更接近能做大事的人。"其后，海纳亚洲跟进了字节跳动的多轮融资。

在用户增长上，字节跳动与拼多多有类似的成功轨迹。今日头条初期也面临着内容低俗的质疑，先占据下沉市场，如三线以下城市的低学历人群；随着推荐算法的优化，逐步得到更多主流人士的认可。早期的新闻门户如新浪，后期的腾讯等新闻APP，以及聚合阅读工具等市场格局下，很多投资人并不看好今日头条的未来。张一鸣2016年接受采访时表示，"在创立的前一年半，其实整个业界并不看好今日头条"，当时为了融资，他一个月见了30多个投资人，说话太多以致失声。

字节跳动内部有一句话，"格局大、ego（自我）小"。与高瓴资本的张磊一样，张一鸣也认为人生格局决定了事业成败。张一鸣喜欢阅读人物传记，"看了传记之后，我自己在后来的择业，对我的职业规划更有耐心。你看到很多很伟大的人，

02 新媒体
字节跳动：CEO 要避免理性的自负

年轻时的生活也是差不多的，也由点滴的事情构成，大家都是平凡人。你要有耐心，持续在一个领域深入，会取得对应的成绩"。他从中得到的启发是，人生要保持耐心（延迟满足感的同义词），持续专注，必有所成。

从研发人员向管理者再到创业者的"事上磨炼"，更让张一鸣的人生格局持续放大，在王琼眼里，"一鸣固执，但每一个董事会与他产生分歧最终由他拍板的决定，无论成败，他都会复盘。通过自省，累积经验教训。这使得他的判断一次比一次准确，格局越来越广阔"。

媒体评论人魏武挥认为，"在不进行任何站队的情况下，这家公司依然越做越大，走到了今天，而且速度惊人"。相比拼多多、美团和滴滴，字节跳动是唯一迄今未借势 BAT 而独立生长的公司，这赢得了人们更多的尊敬。

字节跳动的营收目标，从 2017 年的 150 亿元人民币，到 2018 年 500 亿元人民币，再到 2019 年的 1000 亿元人民币，据外媒报道，2020 年实际营收已经接近 2400 亿元人民币。与此同时，字节跳动的估值也实现三级跳。2016 年字节跳动估值 110 亿美元，2018 年达到 750 亿美元，成为全球最大的独角兽企业，2021 年一季度估值已经超过 2500 亿美元（仅次于腾讯与阿里的市值）。

2021 年 4 月，从小米跳槽的高管周受资出任字节跳动 CFO，据称他即将操盘字节跳动在香港上市的业务。

某知名投资人表示，"过去 20 年间，行业里最赚钱的案子还是今日头条（字节跳动）"，预计最早投资方的投资回报接近 1000 亿元人民币。相信随着上市步伐加快，这些具有远见的投资人将能从字节跳动分享更多的价值增长。

本质 II
增长的本质

▶ 主要理念

1. 延迟满足感

张一鸣认为自己最大的优点是,"延迟满足感,而最大的延迟满足感,是思维上的"。

"延迟满足感"源于著名的"斯坦福棉花糖实验",心理学家沃尔特·米歇尔 20 世纪 60 年代做过的一系列实验,让小孩子选择一样奖励(有时是棉花糖),或者选择等待一段时间,就能得到相同的两个奖励。实验发现,能为偏爱的奖励忍耐更长时间的小孩,通常会有更好的人生表现,如更好的 SAT 成绩、教育成就、身体质量指数等。

张一鸣从《少有人走的路》这本书了解到相关理念,该书的副标题是"关于爱、传统价值观与精神成长的新兴心理学"。作者斯科特·派克是美国知名心理医生,该书英文版 1979 年首版,至今仅在北美地区就销售逾 700 万册。

"延迟满足感"是张一鸣人生哲学的核心原则。2012 年,张一鸣的微博贴出他用 Kindle 阅读该书的图片,正是延迟满足感的相关内容。该书的第一章名为"自律",第一节题为:人生的问题与痛苦(Problem and Pain)。全书开篇第一句话是,"人生苦难重重。这是个伟大的真理,是世界上最伟大的真理之一"。

派克认为,多数人不愿意正视苦难,所以陷入痛苦泥潭无法自拔。解决之道,只有"自律",其中包含四大原则:延迟满足感、承担责任、忠于事实和保持平衡。

简单来说,延迟满足感,是放弃"当下要什么"(what we want now),换取"最终要什么"(what we want eventually),重新设置人生快乐与痛苦的顺序,先苦后甜。派克断言,延迟满足感是唯一可行的生活哲学。正如马云所言,今天很残酷,明天更残酷,但是后天很美好,但是大多数人死在了明天的晚上。让少数

02 新媒体
字节跳动：CEO 要避免理性的自负

人活过明天的支撑，正是类似"延迟满足感"的心理能量。

张一鸣对延迟满足感有两层理解，其一是勤奋精进，"别人腐败的时候我们在努力，别人消磨时光的时候我们在学习，那么延迟的满足一定会厚积薄发来到"。其二是精神训练，"延迟满足感本质是克服人性弱点，而克服弱点，是为了更多的自由"。不一定是重大抉择，更多是日常生活的小选择，比如运动。"运动之前很不愿意去，now 是不想去，但是运动完了 eventually 感觉很好。"

"延迟满足感和坚决告别惰性是'优秀'最重要的两块基石。"

2010 年 12 月 31 日晚上 8 点，张一鸣在微博上写下一段话："延迟满足感经验：涵蓄情绪，让自己静止，不要在沟通交流的时候走动、晃动，情绪跳动，思维失去精确控制。"可见，即将过去的一年，他在延迟满足感的自我训练上，取得了新进展。

延迟满足感的实质，是一种自我控制的修炼。"我没有特别强烈的爱好。我觉得很多爱好都来源于控制。如果你通过玩游戏来追求控制感，那你不如控制你自己。比如看书，看有难度的书，想有难度的问题，在商业追求上努力工作。"在张一鸣看来，很多资质非常好的人才，没有控制好自己的傲娇情绪，最后沦为平庸。

延迟满足感不仅是张一鸣的修身方法，也是字节跳动的公司文化。创业初期，张一鸣经常以此与团队沟通，2010 年 11 月他在微博中写道："最近 IPO（首次公开募股）的公司一堆一堆的，但是大家一定要耐得住寂寞，他们今天的成功是他们的过去已经决定的，属于他们。我们的成功是我们的现在和将来决定的。"

创业以来字节跳动一直处于不差钱的状态，因为相信延迟满足感，"我是比较保守，比如很多公司花钱都是花了再融，而我总是预留足够的钱"。

在产品开发中，张一鸣也坚持延迟满足感，"做产品一定要坚持面对事实仔细辨析小心求证，不绕弯、不侥幸、不鸵鸟，延迟满足感"。互联网经济的基本模式是烧钱推广，快速做大用户规模。投资人提出的类似建议，张一鸣给否了，他坚持认为竞争对手发力之前的窗口期，尽可能把产品做得足够好，再去做广告营销，这与张小龙微信早期不做推广的思路很像。延迟满足感也是追求极致精神的一部分，"如果一件事情你觉得很好，你不妨再往后 delay（延迟）一下，这会让你提高标准，同时留了 buffer（缓冲区）"。

中国文化注重修身，《论语》中孔子与樊迟的问答有类似的含义，这就是"先事后得"与"先难而后获"。同样是强调，在获得成果前，人们要经历困难、解决问题，不同的是，《少有人走的路》谈的是治疗心理问题，孔子则是从人格养成的角度做的正向表述。

事实上，在人类历史上，恐怕没有比当今这个时代最强调即时满足感、也具备更好的物质与技术条件的时代了，特别是移动互联网的出现，给人们获取信息、满足欲望提供了最大的可能，手游、短视频、外卖等是最典型的例子。

"华为就是一家懂得延迟满足感的企业，他们花大了力气在研发上——这些都不是短期见效的事情。"在张一鸣的眼中，延迟满足感也是评价公司或个人优秀程度的标准之一，"延迟满足感程度在不同量级的人是没法有效讨论问题的，因为他们愿意触探停留的深度不一样。"

2. 算法信仰

张一鸣喜欢用坐标和矩阵描述现象，认为数学是物质事物之间最基础关系的描述，算法推荐是今日头条崛起的主要技术路径。

在与清华经管学院院长钱颖一的对话中，张一鸣的回应，反映了对算法持有的实用主义思维。"比如推荐，我们给每个用户做用户画像，很多人理解是不是给每个用户打很多的标签、用很多词语描述，其实不是，而是把它看作一个向量，在一个空间中的关系。（数学）对描述广告系统，包括对描述内容的多样性、收敛程度、泛化程度都很重要，这些都需要通过量化描述才能改进。"

02 新媒体

字节跳动：CEO 要避免理性的自负

但是，张一鸣关于"算法没有价值观"的观点，一度引发舆论对字节跳动的强烈质疑。

"媒体是要有价值观的，它要教育人、输出主张，这个我们不提倡。因为我们不是媒体，我们不创造内容，我们不发表观点，我们更关注信息的吞吐量和信息的多元。"2016 年 12 月 15 日，张一鸣接受《财经》采访，相关观点引发了公众关于算法 vs 价值观的大讨论。彼时，头条已拥有 1.5 亿月活、7000 万日活用户，是内容聚合和分发的重要渠道。采访中，张一鸣不经意间流露出来对主流媒体的不屑，也引发了主流媒体的舆论讨伐。

谈及公司的价值观，张一鸣表达了对强调道德主义的不满，他对各类体验与多样价值保持开放态度，反对把各类价值进行前置性的重要性排序。

在张一鸣看来，社会上既已存在主流媒体的议程设置等舆论引导机制，算法推荐技术主要促进普通人便捷高效地接触更多信息，以拉平信息鸿沟。他断然表示，今日头条不需要传统意义上的总编辑，也没有编辑团队。

"机器决策是基于人的行为做的，比如这篇文章它认为北京市民应该关注，那是因为真的有很多北京市民关注。信息量大了之后，人确实没有办法做决策。像天气预报数据太多，人没有办法计算出，只有机器才能。"

互联网诞生以来，很多人在期待信息更自由地流动，但一再被证明是某种"技术乌托邦"。2021 年 1 月，特朗普作为时任总统，被几大互联网巨头联手封杀，说明在公共利益面前，技术中立观只能退居其次。当年新浪等三大门户网站，也曾陷入涉黄信息擦边球的争议。流量与质量的平衡需要主流价值观的指引，如果平台采取自由放任的立场，必然引起监管机构的重视并出手干预。2018 年 1 月 16 日，应监管部门要求，字节跳动首次对外披露推荐算法原理；4 月头条的 slogan（口号）由"你关心的就是头条"，变更为"信息创造价值"。

内涵段子 APP 的永久关停，让张一鸣感到"自责和内疚"，字节跳动的"不干预"主义宣告退场。此后，头条强化总编辑责任制，纠正算法和机器审核的缺陷,不断加大人工运营和审核,将 6000 人的运营审核队伍扩大到 1 万人。

客观来说,张一鸣的思考角度,主要是字节跳动作为互联网信息分发平台的功能定位与大众媒体存在差异;但在传播中出现了脱离对话语境的断章取义。当然,张一鸣当时的理念,是一种基于工具理性的技术中立论,也容易滑入价值相对主义的轨道,与西方新闻界关于"观念自由市场"的原理相通,这或许来自奥地利学派经济学家哈耶克的影响。

不论是算法,还是人工智能,都是由人开发和掌握,存在着某种潜在的风险。事实上,算法推荐的资讯个性化,的确产生了"信息茧房"效应。正如张一鸣所说,大多数人都缺乏延迟满足感,在信息获取上偏向感官愉悦。

考虑到用户规模的日益庞大,张一鸣也在思考算法技术、大数据与社会责任的关系,"让平台参与者健康有序地开展活动,字节跳动在这块也不断投入资源,包括建立灵犬系统打击低俗、与密歇根大学合作建立反谣言联盟、积极保护版权、保护用户个人信息和隐私等"。同时拓展公益方面的应用价值,如基于今日头条 APP 的头条寻人项目,每日最少找到 10 名走失者,最多一天找到 29 名走失者。

3. 人才 ROI

雷军曾经表示,创业前 7 个月,时间主要花在寻找合伙人上面了。5 年前有一篇刷屏文章,题为《10 年面试了 2000 个大学生》,张一鸣在其中总结了优秀人才的特质。标题上的数字看上去很大,张一鸣多年来以不同方式接触的人数可能远高于此。

寻找与招揽优秀人才,是张一鸣持续多年的习惯,甚至是个人爱好。大踏步前进的全球化中,字节跳动在各国新设办公室,主要原则是"talent first",优先考虑人才,"现在 IT 技术这么发达,人才在哪儿就把办公室开在哪儿。这个也是我们向华为学习的地方"。

02 新媒体
字节跳动：CEO 要避免理性的自负

2016 年源码年会，张一鸣的演讲主题是《一名优秀的 CEO 也应该是优秀的 HR（人力资源）》。他一直很看重招募人才，"字节跳动"的前 100 名员工全部是张一鸣亲自面试的。大学同学梁汝波曾经总结，张一鸣在寻找人才上的方法论，与大学里追求女友的思路同出一辙。主要是两条：一是认人准，二是"死皮赖脸"。

张一鸣把公司视为一个产品，需要持续优化 3 种输入：资金、信息和人才，其中最重要的是人才。"互联网技术并不是垄断或者绝密的，团队和文化才能保证持续的创新和优秀的自省。我们的核心竞争力是团队和文化。"前几年的相关调研显示，字节跳动已经成为计算机类大学生的就业毕业公司，字节跳动的薪酬远高于行业平均水平，从 BAT 公司挖人的价码常常是原有薪酬翻番，甚至是数倍。

张一鸣的经营哲学是，"公司竞争的核心是 ROI（投入产出比）水平而不是成本水平"。他认为，公司注重技术研发的最主要表现是工资，"Pay top of the market（支付市场最高价），我们主动要求 HR 部门至少每年要对市场薪酬做一次定位，保持市场薪酬在业内领先"。这一点与任正非的思路高度契合。任正非曾经讲过一句类似的话，什么是人才，钱给多了，都是人才。因此，尽管字节跳动的营收连年倍增，人均收入超过 300 万元人民币，与主流互联网公司相比，其人效水平并不领先。因为字节跳动的员工规模增速更快，已超过十万人，很多人是用于培育中的新业务，目前字节跳动人力成本巨大，整体上尚未实现盈利。

张一鸣对此很淡然："几乎没有行业领头的公司是控制人力成本来实现领先的，公司应该有好的 ROI，而这个好的 ROI 需要通过让员工收获好的 ROI 来实现。"他还表示，公司员工规模暂时不设上限。

张一鸣信奉"和优秀的人做有挑战的事"，曾经用一张图来说明人才与公司业务的关联度，认为只有优秀人才的密度大于公司业务的复杂度，企业才能大规模增长。"只有吞吐量大的系统才是好系统，才能创造很大价值。所以保持复杂度低、团队规模小不是想做大事业的公司的解决办法。"

本质 II
增长的本质

如何实现人才的密度超过业务的复杂度？公司需要构建新的人才机制，"第一是回报，包含短期回报和长期回报；第二是成长，他在这个公司能得到成长；第三是他在这个公司精神生活很愉快，干起事来觉得有趣"。张一鸣补贴员工在市区租房，提供包括食堂在内的全方位福利，以减少员工生活上的不便与时间耗费。

张一鸣认为招募最好的人，核心是有效的激励策略。很多公司把人才当成耗损的成本，有些 CEO 总是想找到便宜的员工。如果放眼世界，会发现一个现象：中国、印度、柬埔寨的人力成本低，但是美国仍然发展得最好。"核心的原因是，美国通过合理配置优秀的人才，有更好的回报。所以关键不是看成本，是看回报和产出。"

在张一鸣看来，公司成长的本质，是通过配置好的生产要素，获得更高的 ROI，并给每个人提供好的 ROI。"所以公司的核心竞争是 ROI 的水平而不是成本水平，只要 ROI 好，薪酬越多，说明回报越好，这和投资一样。"在此思维下，张一鸣大胆任命一位投资专家作为公司 HR 的负责人，为字节跳动的超高速发展打下了人才基础。

经过前期扩张后，因剩余的期权配额有限，科技型公司往往面临后续人才引进不足的难题，"我这一两年在面试时，常有候选人说，今日头条已经发展得比较久了，最好的加入时机错过了"。张一鸣在思考如何创新激励手段，持续吸引优秀人才。他认为，激励的本质是提供超额回报，字节跳动把重点放在提高年终奖的比例，表现非常突出的员工有机会拿到 100 个月的年终奖。这样确保优秀人才，任何时候加入今日头条，回报都能非常非常高，并且平台资源非常好，比去创业公司有竞争力。

"我们做过统计，发现薪酬和表现相比，经常会出现各种形式的溢价，熟人溢价，新人溢价，资历溢价，等等。"为了保证公司获得稳定的 ROI，张一鸣要求 HR 根据岗位级别，综合当前的市场供求关系、竞争激烈程度来给出薪酬。并

02 新媒体
字节跳动：CEO 要避免理性的自负

把年度复盘当作一个重新的面试，根据事后表现动态调整薪酬。"如果下属和你说，有一个更好的工作于是他要辞职，你是可以轻松接受还是非常遗憾？"

"一名优秀的 CEO 也应该是优秀的 HR。"张一鸣推崇从战略角度来思考人力资源观。公司本身是一个产品，CEO 的本质就是这个产品经理，"在定了公司业务方向后，输入中最重要的是考虑人才的输入"。

张一鸣认为，人力资源其实就是指对人力资源的理解，"如果给 HR 提一个很高的标准的话，我觉得要能写出《谷歌如何工作》（*How Google Works*）这样的书，如果 HR 不能对如何组织，以及如何动员产生效率有理解，而只是做招聘等事务性的工作的话，那离一个优秀的 HR 差距还非常远"。事实上，公司内部没有人比 CEO 更能够从战略高度来理解公司对人才的需求及配置方向。

多元化人才是创新的源泉。张一鸣的用人理念很重视这一点，他认为只有不执着于人才的"背景"，公司才有可能打破常规，"相对于专业和背景，我们更看重人本身的特质"，比如人品、情商、胸怀、热情；由此造就了字节跳动的多元化团队，与美国大学招生时特别强调生源的"diversity（多样性）"原理很类似。这也与国内部分企业或机关招募，明确限定专业学科的现象形成鲜明对比。他特别举例，HR 负责人曾是早期投资领域的从业者，"因为 HR 是要考察人性的，而作为一个投资人，他有很强的'看人''选人'的能力，看似专业不对口，但实际上却十分匹配"。

提升公司整体的 ROI，还需要提倡人才的自驱，发动集体的智慧，"我觉得作为 CEO 要明白一点：你不可能只花一点精力，就能比别人做得更好，这也需要依靠集体智慧、团队协作"。他借鉴奈飞公司的文化信条"Context, not control"（根据全面信息多人决策，而非专权），结合自己的深度思考，发展出一整套管理方法论。

4. 产品就是公司

"在我看来，创业其实同时在做两个产品，一个是为用户提供服务的产品；另外一个产品就是公司，而 CEO 就是公司这个产品的产品经理。"一般人的认识，CEO 只要兼顾"首席体验官"的职能即可，但是技术出身的张一鸣把"产品经理"的内涵，升华到了 CEO 的修为层面。

"Develop a company as a product."张一鸣一直强调把公司视为产品来经营。首先是坚持外部视角，保持反思意识，"其实我现在多数时候都在做一件事——从外部视角看公司。当我们看别的公司时，常常会看到许多问题，而站在内部时却常常看不到自己公司的全貌，因此要跳出来看自己"。

基于外部视角，把公司当作产品，意味着基于输入—输出的黑箱思维来做系统思考。"如果把公司当作一个产品，主要有 3 种输入：第一个是钱，资金输入；第二个是机会输入，信息输入，业界在发生什么，要有什么改变，这个考察 CEO 的判断力；第三个是人才输入。"

为了提升公司这个产品的 ROI，CEO 就要关注输入与输出的关系，主要是输入质量以及对输入的配置。"你资金是否有效使用，人才是否有效使用，这部分是管理。输入和管理决定输出，在定了公司业务方向后，输入中最重要的是考虑人才的输入。"

张一鸣提出的"公司产品论"，主体内容是从工程学的角度来思考，如何提高公司整体决策效率。这就是"Context，not control"，放权—赋能型决策体系。

"control"相当于把 CEO 当成超级计算机，CEO 做出一切决策，由于决策场景多变、信息难以高效收集或失真，容易造成决策失误，或因过度控制感而决策迟缓。"而'context'意味着有更多的人参与决策，让更多的想法自下往上涌现出来，而不是从上到下战略分解。这个过程中需要更多人基于上下文（context）做出判断，而不是根据指令来执行。"

02 新媒体

字节跳动：CEO 要避免理性的自负

除了 CEO 必须亲自处理的少数情况外，一般来说，context 创造的决策体系具有明显的优势，让更多人参与决策，发挥集体智慧；更多的同事直接面向行业，信息更充分，角度更多元，决策更迅捷。短短数年，字节跳动孵化了诸多 APP 和市场领先产品，整个公司充满活力、一路狂奔，显然与 context 原理有关。

2020 年字节跳动 8 周年之际，张一鸣给全员的信中，阐述自己成为全球 CEO 后的职责时，再次谈到公司产品论，他强调理解公司这个产品的本质是什么，对改进管理很重要。

"去年下半年开始，我和管理团队重新认真讨论公司的本质是什么。我们是从最基础的问题开始讨论的。什么是科技，什么是科技公司？为什么科技公司需要承担更多社会责任？"他提到，科技公司如果能不断提升认知改进方法，其杠杆就会越来越大，头部公司在经济中的占比越来越高，对人们生活的影响会越来越大，也越来越受到监管关注。

金句 10 条

1. 科技公司如果能不断提升认知改进方法，其杠杆就会越来越大，头部公司在经济中的占比越来越高，对人们生活的影响会越来越大，也越来越受到监管关注。

2. 我认同德鲁克的说法，对于公司内部来说，公司存在的意义，是通过公司这个方式实现人们的创造力。我会再加上另外一句——让每个人有更丰富更有意义的经历和体验。对的，和我们用户产品的使命一样：inspire creativity, enrich life。

3. 复杂的事情在一定时期并不适合在公共环境中说。就像过去也有很多时

本质 II
增长的本质

候，对公司的批评我们并不能展开解释，大家一同经历之后对管理团队有更多的信任。对于公众的意见，我们要能接受一段时间的误解。希望大家也不要在意短期的损誉，耐心做好正确的事。这也是格局大，ego 小。

4. 如果我们要做，就认真找到能解决问题的办法，尝试世界上最有效的办法。也许暂时做不到最好，但要一直保持从根本上解决问题的心态，不管是做公益、搞装修还是招人。

5. 我觉得动不动就说"凉凉"是很势利的。什么是势利，势利就是只对表面现状的附和，不能超越现在，去想象还未发生的事情。我们要吸收真正有价值的吐槽，在重要的事情、正确的方向上要有旺盛的热情、大胆的想象力、坚韧不拔的意志，踏实去尝试，大力出奇迹。

6. 相比浪漫，理想主义还不够，浪漫比理想主义更浪漫，只不过我们是务实的浪漫。什么是务实浪漫？就是把想象变成现实，face reality and change it。有同理心是务实，有想象力是浪漫。

7. 做正确的事才是务实，短期投机不是务实。大力出奇迹是务实，刨根问底是务实，抓住本质是务实，尊重用户是务实，认识世界的多样性是务实。

8. 晒情怀故意感动别人不是浪漫，独立思考穿越喧嚣是浪漫。有生命力是浪漫，面向未来是浪漫，拥抱不确定性是浪漫，保持可能性是浪漫。

9. 关于务实和浪漫，还有一对相关的概念：ego 和格局。ego 的反义词是格局，务实和浪漫本质上就是要做到 ego 小，并且格局大，这样也才能有同理心，有想象力。

10. 创业就像一段旅程，我们一起去看最美好的风景，不要在半途逗留徘徊，不走巧径误入歧途。我希望能跟一群既务实又浪漫的人，一起去看最好的风景。

▶▶▶CEO 要避免理性的自负

作者　张一鸣　字节跳动创始人、董事长兼全球 CEO

▶ 导读

2015 年以来，字节跳动经常出现在风口浪尖，张一鸣内外部沟通的机会越来越多。2015 年起，字节跳动每年 3 月召开公司内部年会，张一鸣的年会演讲都很出彩，特别是 2019 年的 7 周年演讲。另外，张一鸣在清华经管学院与钱颖一的对话、源码资本 2016 年年会演讲等都很有阅读价值。有别于常态化的年度总结与展望，2017 年张一鸣在源码资本年会的演讲，集中阐述了张一鸣的管理哲学，值得向读者诸君重点推荐。

本文聚焦成长型企业面临的核心难题，即规模化扩张过程中，如何实现管理升级。现实情况是，因扩张过快、管理滞后，很多企业逐步陷入增长停滞，乃至迅速溃败。张一鸣提出的"Context, not control"的解决方案，跨越了成长型企业面临的陷阱，清晰解释了字节跳动 2018 年以来高速成长的奥秘：为什么字节跳动能成为"APP 工厂"？为什么海外业务能快速打开局面，让 Facebook（脸书）望而生畏？为什么不足 10 年时间，字节跳动的员工规模就达到 10 万＋，还在疯狂招人？

2020 年字节跳动 8 周年演讲中，张一鸣专门谈到"Context, not control"的思想渊源，主要受到 Netflix 的直接影响，更得益于自由主义经济学家哈耶克关于理性的自负的论述；同时从互联网特性出发，张一鸣也很看重信息透明、分布式决策和创新的重要性。

CEO 避免理性的自负，也是张一鸣把公司视为一种产品的必然结论，在这个产品的持续迭代与优化过程中，重要的是反思 CEO 个人的认知边界，摒弃全能型

本质 II
增长的本质

领导人的迷思，创造一种新机制，让更多人参与决策，实现整体最优 ROI。在这个意义上，张一鸣进一步发展了柯林斯在《基业长青》中提出的造钟人机制。此文原题为《做 CEO 要避免理性的自负》，笔者做了部分删节。

去年源码资本的年会，我讲了要尽可能招优秀的人。把优秀的人聚集起来之后，该怎么做事情呢？这是我今年想分享的内容。怎么建立一个有效的组织，怎么在公司从小变大的过程中，应对管理上面临的挑战？这也是今日头条在成长过程中，我们常常讨论和思考的问题。现在，我们倾向于"Context，not control"的解决方案。

打个比方，来解释 context 和 control 的区别。计算机有两种处理任务的方式：一种是超级计算机，用一台计算机处理很密集的任务；一种是分布式的运算，让很多机器共同来处理任务，把任务分解，把任务所需要的资源分解。有两种企业管理的模式分别跟这两种运算方式类似。

第一种，把 CEO 当成超级计算机，CEO 做战略设计，提出战略计划，逐层分解之后执行，执行的过程中如果遇到情况，会再往上汇报，CEO 汇总信息，再次定出工作任务，这个过程中有审批、有流程，有很多的管理机制。过去很多企业都是采取这样的方式，主要包括建构战略和控制流程。

第二种，有更多的人参与决策，让更多的想法自下往上涌现出来，而不是一个从上到下的战略分解，这个过程中需要更多人基于上下文 Context 做出判断，而不是根据指令来执行。

具体来讲，什么是 context，什么是 control。context 是指决策所需要的信息集合，包括原理是什么，市场环境如何，整个行业格局如何，优先级是什么，需要做到什么程度，以及业务数据和财务数据等。control 则包括了委员会、指令、分解和汇总、流程、审批等。

为什么我们倾向于"Context，not control"呢？在我们看来，control 往往会

02 新媒体
字节跳动：CEO 要避免理性的自负

带来一些危险。人类在判断自己的理性控制能力时会有一种幻觉，对于聪明理性的人更是如此，常抱有理性的自负。CEO 们往往有过成功的经验，尤其在公司早期成功过，且 CEO 没有上级，很少被人 challenge，容易觉得自己英明神武。但是大家忽视了一点，行业是不断发展的，你所具有的知识虽然丰富，但在行业不断变化中依旧是有限的。

有时候，CEO 们会误以为，自己提出的方法论特别好，模型特别优雅，希望把它执行，或者在全公司大范围内推行，但忽略了抽象知识和具体形式之间有差距。理性往往只适合做知识抽象，对具体问题的解决，不一定真的有帮助。当然我们并不要否定理性的作用，只是要避免过度放大理性的自负会带来的危险。

自上而下的宏大战略往往都是灾难，业界也发生过不少真实的例子。比如 Windows Vista，这个项目是比尔·盖茨按自己技术理念力推的，提了一系列的宏大理念，计划 2003 年上线，这些理论听起来都非常好，非常领先，但是一直到 2006 年才真正上线，中间还重构了一次，把目标降低，重新修改了计划，最终才把 Vista 推出去。

乔布斯也犯过同样的错误。第一次离开苹果做 NeXT 的时候，他提出一个非常理想的做计算机的模式，包括优雅的操作系统，完全面向对象（Object Oriented）的语言，但是最终也没有卖出多少台。中国也有这样的例子，曾经盛大、易宝的理念也很宏大，但和当时无论是文娱行业、互联网带宽还是政策环境的情况都不匹配，所以最后失败。

control 除了会带来战略上的问题，还会因为追求控制感而导致企业反应迟钝。在座的都是 CEO，我们可以把支出、合同、offer（提案），全部加起来算算每天的审批有多少。假设一天是 15 个的话，一年就是 5000 多个。其中真正有效的有多少？经过大家认真思考的有多少？还是它的存在纯粹基于控制感？好像做了支出审批，资金就不会被乱使用。

相较而言，你的下属或者其他人是不是能够更好地审批？我想是的，因为

本质 II
增长的本质

他们在一线决策，有更充分的外部信息。由于 CEO 精力有限，大量的审批延时，让很多事情平白增加了一天到两天的时长。

针对公司变大后会出现的这些问题，有一种错误的解决方案——过早 BU 化。但这种方案会导致几个问题：第一，部门间不配合。比如说，BU 自己处理 PR 危机，自己招工程师，就不用找市场或技术同事了，部门之间就不用配合，或者说会导致配合变得更差了，因为不花心思磨合了。第二，部门内冗余，专业度变差。比如说，单个 BU 招的工程师标准不够高，而且工程师团队规模不够大，互相学习不够，进步提升不够，专业程度变差，内部也变冗余。对于 CEO 来说，感觉更像承包者，我把这个任务发出去了，你自己做吧，我不参与过程，我只要结果。长此以往，企业文化就变差了。

当然有一些例外，如果是相对独立或非常成熟的业务，确实不需要公司内部支持和配合，可以 BU 化。公司存在的意义就是为了分工和配合，公司内的业务活动，要确保内部合作的合作成本是要低于市场交易成本的，大量不配合的 BU，本质就不应该存在于这个企业内部。

过早 BU 化是一种比较普遍的错误解决方案。很多公司过早就成立了很多子公司，或者拆成很多项目组，甚至更进一步把业务独立出去，独立融资。在我看来，往往都不是很好的解决方案，而是懒惰的解决方案，如此就不用解决配合和沟通问题了。

相比 control，强调 context 的管理模式有什么好处？第一，分布式运算，让更多人用更多 CPU 进行运算，让更多人参与决策，利用集体的智慧。作为管理层，你做审批决策只花 30 秒，但别人可以花 3 个小时，做更多的调研之后才判断。

第二，可以更快速地执行。不需要层层汇总，不需要汇总到一处，不需要在 CEO 这里排队列，能够更及时地响应。

第三，充分的外部信息输入。在 control 的模式中，任何信息都要到 CEO 这个节点，靠 CEO 再分发出去。CEO 很大程度上变成了公司和外部之间的接口。

相比单靠 CEO 接触外界情况，了解市场行业或者宏观经济，让更多的同事，更多主管直接面向行业，信息肯定会更充分，角度也不一样。

第四，参与感激发创造力。做同样的事情，如果员工知其然，也知其所以然，会比只知道指令，做起来更有意思。这个对于发挥员工创造力是有帮助的。

第五，可规模化。context 的建设，表现形式可能是内部的系统，可能是知识共享文档，这些都是可以复用的，是可规模化的。而 CEO 和管理团队的时间精力是有瓶颈的，靠拼体力、脑力、耐力来解决，是有瓶颈的，是没有规模效应的。

当然，有时候也需要 control：一、紧急情况和重点项目。比如说重大的 PR 危机需要快速响应。重点项目也是如此，如果竞争对手已经逼近，这个时候进行分布式的讨论，自下而上的涌现，来不及解决问题，时间窗口很快就过去了，所以紧急情况和处理重点项目需要 control。二、创新业务和新部门的早期。如果一个部门新设立，或者一个新高管上任，还没有跟公司磨合好，这个时候需要 control。创新业务早期，需要更多支持配备资源的时候，也需要 CEO 的统一协调，主导进展。三、不匹配的职位安排。某个岗位的人跟公司理念差距很大，那么他的上级也是需要 control 来干预的。

为什么公司发展一段时间后会出现这个问题，而公司早期不会出现？因为在公司早期的时候，CEO 一般都是业务的专家。公司业务简单，行业情况简单，CEO 自己做决策就可以了，这样效率高。但随着公司的成长，CEO 精力被很多事情分散，PR、融资、外部活动等，组织本身也非常消耗管理者精力。

另外，环境变复杂，业务多元化，CEO 不再是专家，甚至对业务也不是最灵敏的人了。我们要求 CEO 快速学习成长，超级计算机变得越来越强，知识面越来越广，但是人的精力总是有限，总有很多方面不如创业阶段的时候。比尔·盖茨 20 年前是一个优秀的架构师，20 多年之后，还是要用他的理念来指导整个的大型项目，作用就非常有限了。

本质 II
增长的本质

当然，有些企业不存在这样的问题，因为它们所处的行业稳定，创新较少，遵守好传统的流程就可以了，比如说老干妈辣酱。

总结而言，我们认为好的组织包括：一、优秀的人。需要分布式的处理器，不只是一个执行者，每一台分布式计算机都有判断能力，都要聪明。二、"充分 context，少量 control"的管理模式。每个人有他需要扮演的角色，掌握所有的上下文信息，做出业务决策。在必要的时候，做出少量的干预。

有了以上两点，就能保证组织内的交易成本最小，并且做出高质量的决策。

基于这个理念，在我们公司，遇到问题的时候，往往习惯先问 context 是不是不够充分，而不是增加 control。比如说某项进展出了问题，我们首先不考虑让更高阶的人来做，而是反过来想，是不是 context 不够，是不是没有把行业的情况、业务数据、过去的失败案例分享给他。

作为管理者，要想想你做出比他人更好的决策，是因为能力还是你的 context 更充分，是不是存在信息不对称。大家仔细观察会发现，有时管理者甚至利用信息不对称来体现自己的价值。所以，在公司内首先要把建设 context 这个基础工程做好了，然而这并不容易，需要大量的沟通、管理和产品技术工作。

从具体操作层面，我们做了一些实践，分享给大家：第一，减少规则和审批。不允许部门随便出规定，即便不得不有规则，我们也希望规则非常简单，不允许有长达几页纸、非常难执行的规定。要减少审批，甚至希望尽量不要审批。

第二，组织结构灵活，拒绝领地意识，能灵活调整汇报关系。让大家意识到，汇报关系只是汇总信息一种方式，只要业务需要就可以随时调整。如果我们有一个项目非常重要，我们可能需要市场部的同事都支持这个项目，那在这段时间里，这个项目的主管也是市场部同事的主管。

第三，弱化层级跟 title。我们鼓励年轻人多提想法。我第一次担任 CEO 是 26 岁，我相信我们公司 26 岁的人有很好的实践经验，受过很好的教育，只要给他们好的 context，他们也能做出好的决策。为了避免形式感给基层节点带来压制，我们弱化层级，首先是不允许这种称呼——"老大""某某总""老师"，这种称呼一旦出来之后，很多想法就不能涌现出来了。他们可能会倾向于先听听"老师"有什么意见，自己不能先说出来。我们没有 title 带来的日常可见的待遇区别，比如什么样的人配备什么样的电脑，什么样的人配备什么样的办公桌，这样也会带来层级感，也会影响不同的同事发表意见。

第四，我们鼓励内部信息透明。我们鼓励群聊，各部门之间充分沟通，不要只跟 CEO 沟通。也不提倡一对一的沟通，我们认为一对一的沟通效率很低。如果有新加入的同事或者高管希望跟我一对一地沟通，我经常会说你可以抄送给我，但你首先发给其他人，发给需要和你配合的人。

我们让管理层的 OKR 对下属员工保持公开，让大家知道你在做什么，为什么在做这个事情，其他部门的人在做什么。OKR 的制定过程也不是自上而下地分解，而是大家互相之间自己对齐。看一下上级的 OKR，看一下别的部门的 OKR，看一下同级的 OKR，了解目前公司最重要的任务是什么，这个季度最重要的任务是什么，我做什么能够帮助他们。季度会也是尽量让相关人多参与，并不是一个非常小范围的高管会。我们还会经常举办 CEO 面对面，在这个会上回答员工提问，让大家了解公司进展。

第五，我们认为做到充分建立 context，需要好的内部系统做支持。我们有将近 100 个人的内部工具开发团队，做各种工具尝试。比如我们自己开发了 OKR 系统，并且和内部使用的 IM 打通，方便大家互相查看。

这些基础工具，第一可以让人更轻松，第二可以规模化。新人加入公司，很快能适应 OKR 系统，很快可以看到内部的资料，从内部获取信息。他也能意识到，他不仅仅有获得信息的权利，也有支持相关工作的责任。这样的实践，在我们看来，是把公司当成产品来建设，让公司内部的 context 更有效，让这个系统分布式处理能力更强。

〉〉〉 微信：微信的原动力 〉〉〉

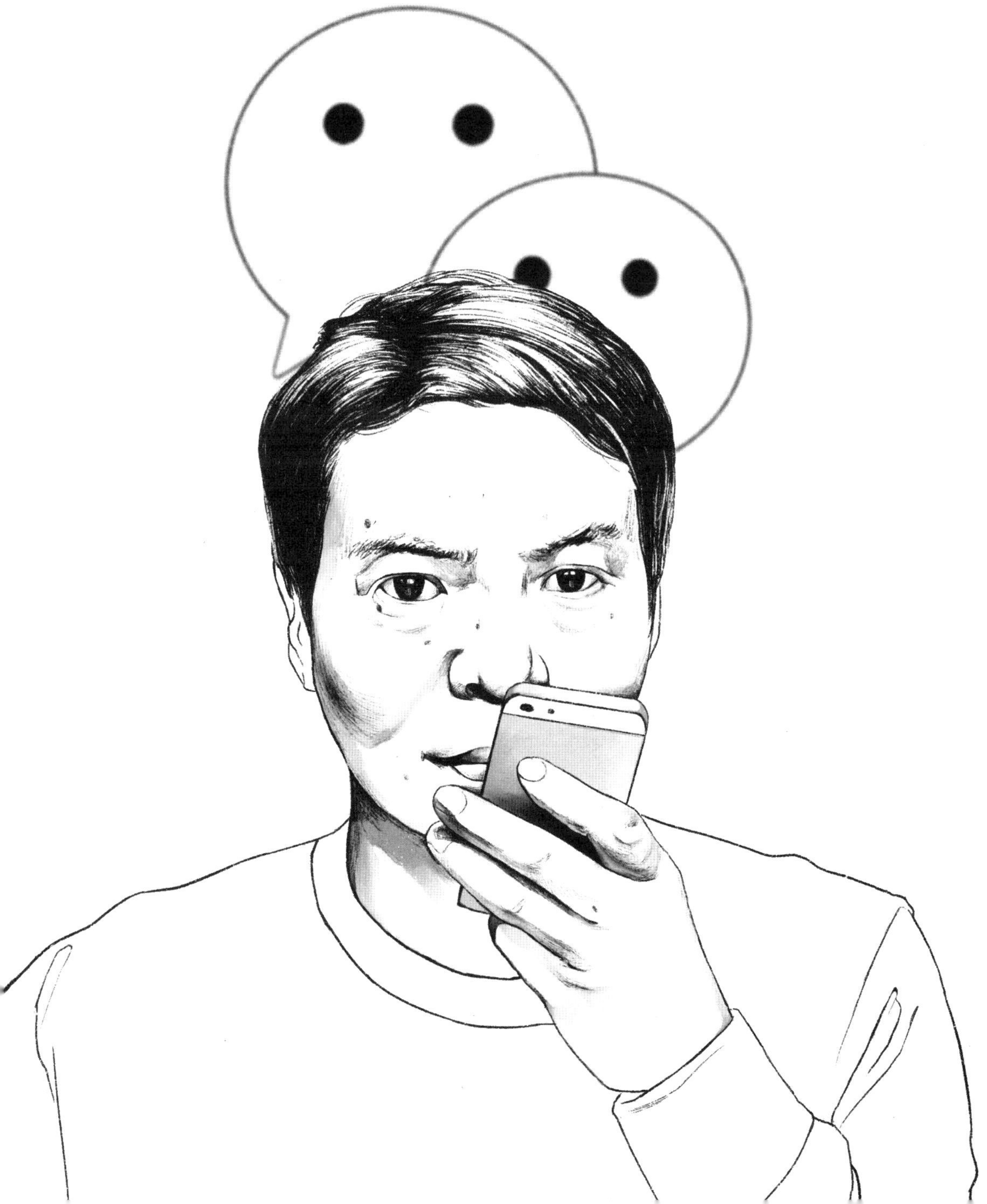

本质 II
增长的本质

▶ 企业简况

如果盘点过去 20 年中国企业界最伟大的产品，微信必定会名列其中。2019 年 8 月，微信日活用户（DAU）超过 10 亿，这是国内公司第一个突破 10 亿的互联网产品（全球范围内，脸书的产品更早时候达到 10 亿日活用户）。

对腾讯来说，这个伟大的产品有两大战略意义：第一，提前获得了移动互联网的船票，尽管马化腾曾经谦虚地说，这只是一张站票；第二是巩固了全球最大社交媒体公司的领军地位。

2014 年 5 月，腾讯进行第 3 次组织架构调整，撤销电商业务，新成立微信事业群（简称 WXG），负责微信基础平台、微信开放平台，以及微信支付拓展、O2O 等微信延伸业务的发展，并包括邮箱、通讯录等产品开发和运营。张小龙在内部信中表示，"这意味着微信已完成第一阶段的孵化，从产品升级为腾讯战略级的业务体系，全面助力公司在移动互联网领域发挥更大作用"。2018 年 9 月腾讯的第 3 次重大战略调整，原有七大事业群架构调整为六大事业群，原来微信事业群等四大事业群保留。

微信是"微型邮箱"的简称。追溯微信的成功轨迹，可以看到邮箱业务的铺垫作用，初创团队 10 人，全部来自 QQ 邮箱团队。邮箱业务为后来微信的爆发做了锻炼团队、功能探索、思想成型等前期准备。

腾讯收购 Foxmail 后，从 2005 年到 2010 年，整整 6 年时间，张小龙潜心锻造 QQ 邮箱，最终打造出腾讯内部高度好评的"七星级邮箱"。微信早期版本中的诸多功能，如"漂流瓶""公众号"，都留有QQ邮箱网页版功能的影子。微信出现的前后，不仅有移动的飞信，更有小米的米聊。凭借腾讯天然的社交优势与团队的极致创新，微信击败了同期多个社交产品。

2010年，微信正式立项，次年发布第一版。上线433天，微信用户数破亿；上线2年，用户数达到3亿；2018年8月突破10亿用户；目前用户超过12亿。用张小龙2021年初最新数据来说，"每天10.9亿用户打开微信，3.3亿用户进行视频通话，7.8亿用户进入朋友圈，其中1.2亿用户会发表朋友圈，3.6亿用户会阅读公众号文章，4亿用户在使用小程序"。

仅仅用了10年，微信成为当之无愧的"国民级应用"，广泛、深入地重塑了中国人的生活方式。

▶ 主要理念

1. 用户价值观

"善良比聪明更重要，怎么样对用户是好的——这个比聪明会更重要一些。"张小龙认同贝索斯的用户价值观，曾经推荐贝氏的文章《善良比聪明更重要》。互联网产业中，企业经常面临一种选择，用技术或算法来引流，短期内能提升用户点击率，最终还是会被用户远离。

2014年5月，微信一跃而为腾讯的独立事业群，张小龙给团队发了内部信，重申了7条核心理念，分别是：（1）做对用户有价值的事情；（2）保持我们自身的价值观，因为它会体现在我们的产品和服务中；（3）保持小团队，保持敏捷；（4）学习和快速迭代比过去的经验更重要；（5）系统思维；（6）让用户带来用户，口碑赢得口碑；（7）思辨胜于执行。

2016年1月首次公开课上，张小龙表示，最想分享"微信对于产品和我们的平台的价值观"。他讲述了微信价值观的四点含义，既有源自腾讯集团的用户基因，也有微信团队的领悟。第一条就是"一切以用户价值为依归"，张小龙表示，这句话很多时候是一句口头禅，但是面对诸多商业合作方寻求微信提供特别接口或特别权限时，是否真正把用户价值作为一个最基础的考量点，就成为一种现实的考验。"对微信和微信平台来说，我们现在更多的挑战不是在于说我们再多做多少事情，而是我们能够挡掉多少事情。"

另外3条分别是"让创造发挥价值""好的产品应该是用完即走的""让商业化存在于无形之中"。除了第二条涉及的是如何形成内容生产的良性生态，其余两条从不同角度重申了用户价值的中心地位。

2. 极简主义

"我觉得，极简主义是互联网最好的审美观。"

微信的成功奥秘，在于保持了某种纯粹性。一方面团队在广州办公，相对远离深圳总部的复杂环境；另一方面，初始团队与业务板块相比较为边缘，此前连续5年专注打造QQ邮箱业务，具有浓厚的极客氛围与共同体意识。

作为国内第一个10亿级产品，某种程度上，微信是马化腾与张小龙两大顶级产品经理的共同作品。与马化腾相比，张小龙在低调、佛系和文艺等特点上更有过之，他把腾讯的工程师文化推向了更加极致的境界。据传，为让身在广州的张小龙每周出席深圳的总办会议，马化腾曾安排自己的司机用专车接送张小龙。2011年微信推出后，马化腾曾出面替他挡了很多采访，"还是我替小龙去吧，让他专心做产品"。

张小龙是乔布斯的信徒之一，他曾在公开课上列举了苹果公司的德国设计师Rams总结的10条原则。

极简主义不只是产品设计的核心法则，更是源于人本主义的用户价值观。极

02 新媒体
微信：微信的原动力

简主义，可以从 3 个层面来理解：外观、功能与思维。外观简洁是可见的，相对容易实现；功能简化需要以用户为中心的同理心。从 1.0—7.0 各版本的功能迭代来看，微信每次添加新功能，都采取了聚焦策略，核心价值外尽量减少枝节。"摇一摇"上线后，马化腾发来一封邮件，建议增加点功能，免得被对手模仿复制。张小龙的回复神了，"我们现在的这个功能已经做到极简化了，竞争对手不可能超过我们了，因为我们是做到了什么都没有，你要超过我们总要加东西吧，你一加，就超不过我们了"。

"在尊重用户的层面来说，我觉得我们算是业绩做得最好的一个产品"，张小龙对此很自豪。微信尽量减少多余动作，既不发任何系统的推送，不去做任何诱导的行为，不允许第三方做任何诱导用户的行为，甚至也不做太多的活动去感动用户，去带来一些流量。这给人一种印象，"克制"。

在腾讯某次会议上，腾讯创始人之一、腾讯前 CTO 张志东说，其实微信团队保持了一种很克制的心态来做事情。业内很多人也认为微信在产品层面很克制，比如商业化；张小龙对此并不认同。"克制"一词通常是指勉强而为、克制贪欲的意思，"因为做一个好的事情并不是克制什么，而是要判断什么样的事情是该做的，什么是对的，什么是错的，这样一系列的判断很理性的过程"。

比如，"微信从来不做节日运营或者 logo 的变化，很多人会说微信很克制。但其实这并不是克制的结果，本质上是因为微信一直在遵循一种好的设计原则，使得我们不会去做很多影响设计美感的事情"。

好的设计原则背后，是对工具论的理性坚守。张小龙在公开课上多次解释微信工具论，"微信也是一个工具，所以微信的目的也是帮助用户用最高效的方法去完成它的任务"。

事实上，彻底的工具论恰恰是价值理性的反映，其中包含了价值排序与利益取舍，"我们的目标是要做互联网上最好的工具。作为一个最好的工具，我认为是经常要做出一种选择，在你做出一个决策的时候你认为这样做是对的，但是那样做可能是利益最大化的,在对和错以及利益最大化方面我们经常会做出这样的选择"。

作为马克思主义的经典命题之一,工具宰制不断造成人的异化趋势。互联网时代很多产品竭力追求用户黏性,甚至诱发用户欲望、形成上瘾机制,张小龙却是个"逆行者",他极力呼吁好产品就是提升效率的工具,服务人的需要后应自动离场,"我们认为一个好的产品是用完即走的,就是用完了我就走了。事实上我们认为任何产品都只是一个工具,对工具来说,好的工具就是应该最高效率地完成用户的目的,然后尽快地离开"。

"工具论"与"用完即走"的理念,直接孕育出了"小程序",这一软件即服务的全新业态与生态系统。作为"70 后"的笔者,不禁回想起并不遥远的 PC 机时代。当时,很多流氓程序通过用户错误点击偷偷入驻电脑,很多软件不想用了,或是卸载不了,或是卸载不干净,占用当时非常有限的存储空间。在移动互联网前期,各类 APP 也一度挤占手机空间,由此来看,张小龙与微信团队坚持"以人为本"的用户价值观,实在难能可贵。

3. 商业化于无形

"万物并育而不相害,道并行而不相悖。"

微信内部曾有这样的争论:微信究竟是一种工具,还是一个平台?张小龙在微信公开课做了明确回应,从个人用户的角度来说,微信希望成为每个人最好的朋友,而且是工具型的朋友;从平台来说,希望建立一个市场,要让创造者体现价值的市场。关于工具 vs 平台讨论,隐含的实质是用户价值与商业价值的某种冲突。

"产品经理永远都应该是文艺青年,而非理性青年。"金庸先生逝世时,张小龙发朋友圈悼念,"那时在写个软件,要取个名字。手头有《笑傲江湖》,于是取令狐冲之'狐',叫 foxmail。以此纪念金庸。"人文情怀与商业价值如何平衡,在准文艺青年张小龙看来,这并不难解。

"一个好的产品它的商业化和用户的价值、用户的体验是并不矛盾的。"事实上,微信一直在探索的好的商业化之路,基本逻辑是"我们应该尽可能让商业化存在于无形之中"。什么是好的商业化?在张小龙看来,至少具有3个特征:(1)不是基于骚扰用户的方式;(2)不是简单的流量变现;(3)精准触达可能需要的用户。

在他的眼中,基于社交关系的某些方式,如用户主动分享给朋友的优惠券,属于可以尝试的方式;而有些商业化方式过于低级,如APP启动页弹出广告。"如果微信是一个人,它一定是你最好的朋友,你才愿意花那么多时间给它。那么,我怎么舍得在你最好的朋友脸上,贴一个广告呢?你每次见他,都要先看完广告才能揭开广告跟他说话。"

微信2011年正式发布,4年之后朋友圈才开始发布广告。"我们发现很多人比我们更着急微信的商业化,也不知道为什么。"

微信的商业化进程,遵循着类似水的哲学,自然而然、无孔不入。2014年财付通并入微信事业群,2016年实现盈利,目前是唯一与支付宝相抗衡的同类业务。在广告方面,2015年1月微信发布第一条朋友圈广告,2015年至2019年,腾讯社交广告收入由93亿元增长至529亿元,其中最主要的增长点来自微信公众号、微信朋友圈、微信小程序和微信小游戏的驱动。

最受瞩目的商业化应用,当数微信小程序。2017年1月,第一批小程序上线,2020年上半年,微信&WeChat的MAU(月活跃用户数)达到12亿+,其中小程序DAU达到4亿+,小程序数量超过300万个,疫情防控期间小游戏DAU飙升至1亿+。2020年2月,微信开启小程序直播,接着开放服务号对话能力、微信小商店等功能,未来还将小程序分享到朋友圈的接口,微信小程序的商业生态在加速布局。值得一提的是,微信小程序2019年GMV(一定时间段内成交总额)

超 8000 亿，2020 年预计将破万亿。

如果把微信业务看作一个企业，目前估值已超过 1000 亿美元，是目前估值最高的独角兽之一。古语云，知所先后则近道矣。在用户价值观前提下，张小龙提出的商业化无形论，确属悟道之论。从商业生态大闭环来说，这正是实现更大商业价值的必由之路。

金句 10 条

1. 视频化表达应该是下一个 10 年内容领域的一个主题。

2. 任何一个工具都是帮助用户提高他的效率的，用最高效率的方法去完成他的任务，这是工具的目的，工具的使命。微信也是一个工具，所以微信的目的也是帮助用户用最高效的方法去完成他的任务。用最短的时间去完成任务，也就是说一旦用户完成了他的任务，他就应该去做别的事情，而不是停留在产品里面，这就是用完即走的含义。

3. 我们经常会在各种权衡中做取舍，在任何时候，我们都要想，这个事情是不是从用户价值本身出发来考虑的。如果我们想的策略和用户价值有违背，哪怕舍弃短期利益，也应该维护用户价值。让用户看到你的努力，而不是让同事和上级。

4. 解决纷争时，它（价值观）会帮我们做出决定。如果我们认为用户不能被骚扰，我们就不会在产品中做出骚扰用户的行为。如果我们没有一致的价值观，我们的产品和服务就会割裂为利益的集合体。不做个人价值观和产品价值观的双面人。

5. 记住我们的愿景：连接人，连接企业，连接物体。让它们组成有机的自

微信：微信的原动力

运转的系统，而不是构建分割的局部的商业模式。我们专注于基于连接能力的平台，并将平台开放给第三方接入，和第三方一起建造基于微信的人和服务的生态系统。

6. 我觉得善良本质上是一种能力，我说的这种善良并不是一种道德上的善良，也不是一种道德洁癖，只有我们对待用户有一种真正的理性的善良，才会使用户更长久地使用我们的产品。

7. 有很多人会说微信很克制，微信很有情怀，但是内部我们从来没有说过"情怀"两个字，也从来没有说过我们要克制自己的欲望，因为做一个好的事情并不是克制什么，而是要判断什么样的事情是该做的，什么是对的，什么是错的，这样一系列的判断很理性的过程，而不是靠一个感觉我这样很有情怀就好了，所以大家看到微信好像每一个版本的变化不是非常大，但是包含了很多选择，更多是一种舍弃，很多事情我们做了，但是我们觉得不好，就舍弃了。

8. 我觉得做好这样一个产品，可能我们需要很多专业的能力，以及对于一个事情的判断有很多，但是在产品之外，我觉得对微信来说，有一个价值点是我们所遵循的，就是尊重用户，尊重个人。在这一点上我蛮自豪的，我觉得微信在这一点上比其他很多产品做得更好，但是我们也经常用这一点提醒自己，这是我们最本质的一个东西，我们怎么样去坚持它。

9. 在我们看来小程序还是代表了一种表达方式，我认为在未来万事万物可能都是包含信息，所有的信息都需要用某一种方式被人触达，跟人沟通，小程序刚好是这样一种信息的组织方式或者说是一个信息的载体，所以小程序最终的目的不光是在线上可以玩一个游戏或者获取一个服务的信息，对于线下，对更多的一个场景它就代表了我们所能接触到的，所能见到的任何事物它背后的信息以及对于它背后信息访问的方式。

10. 对一些面向未来的基础的架构性设施来说，我并不觉得说我们设计好它的功能，用户立马卷入进来就获得成功了。相反，我觉得我们需要更长的周期铺垫它，需要它慢慢成长起来，对于小程序我只能说，我们对这样一个形态耐心非常足够，我们希望能够看到它一步一步成长起来，我们并不希望它突然变成一个被催肥的东西，所以我也希望大家能够跟我们一样，比较有耐心去看待它。

▶▶▶微信的原动力

作者　张小龙　腾讯高级副总裁、微信创始人

▶导读

　　作为一个典型的技术宅男，张小龙的公开演讲并不多见。2016年1月11日，他首次亮相腾讯公开课，阐述了微信背后的价值观；其后3年他每年的年终演讲，几乎都与微信的产品迭代同步，成为互联网圈内的精神盛宴。

　　张小龙其人不善言辞，他的演讲基本是年度总结与展望，加上对外界疑惑的回应。浏览近5年的公开课演讲，2019年这一篇正好是在微信8周年、10亿用户的时间点上，对微信的前世今生、用户价值持续升级的全方位、系统化总结。在长达210分钟的漫长演讲中，张小龙谈到了10多个主题，涵盖了微信主要功能设计背后的思考。

　　作为一位优秀的产品经理，张小龙开场就发问：什么是好的产品，什么是好的设计原则？他列举了苹果公司资深设计师的10条原则，强调区分产品经理与职业管理者的差异，并提出好的产品需要独裁，甚至不用迁就用户的品味，颇有点乔帮主的气质。

02 新媒体
微信：微信的原动力

微信之所以能创造巨大的用户价值，背后有两个原动力：第一，坚持做一个好的、与时俱进的工具；第二个原动力是"让创造者体现价值"。这两个原动力正是张本人一直主张的工具价值与平台价值，分别指向微信的两大用户，一个是大众用户，一个是内容价值输出的用户。与原动力相对应的，微信从来不强调KPI（关键绩效指标），很多新功能如小程序、小游戏等都是基于价值创新的设计，而且往往有2—3年的孵化期。

张小龙与微信团队在做产品决策的时候，都会回归到一个原点问题：我们在做这个事情的**意义**是什么？相比一些时髦的技术术语，"意义"是张小龙这篇演讲的高频词，出现超过20次之多。

一直以来业内对BAT三家有个共识，即腾讯擅长产品，阿里强在运营，百度重在技术。就互联网经济的简短历史来看，成功者胜出大抵是3种模式：产品、平台与生态系统，或者是三者兼而有之，互联网与生俱来的工具性特点，决定了产品（或类产品的服务，往往也是以APP形态出现）是所有公司成长的必经阶段。

产业互联网是互联网下半场的主导趋势，主要特征是产业数字化；简单来说，互联网赋能传统制造业的转型升级。党的十九大报告中，中央提出"推动经济发展质量变革、效率变革、动力变革"，尤其是质量变革，是我国工业化时期未完成的历史性命题。

回归产品本质，重塑用户思维，正是智能化制造在提高生产效率的同时，亟待破题的重大命题。张小龙关于微信原动力的论述，可以说是数字化时代工匠精神的经典诠释，相信会给新型制造从业者带来全新的跨界启迪。

该演讲全文近3万字，笔者删除了部分技术细节，题目为笔者所加。

今年是第8年，在今年八月份的时候，微信的日登录量超过10亿，这是一个特别大的里程碑，这可能是国内历史上第一款APP有10亿DAU的数量级，我们也没有公布过，可能在我们自己看起来，这只是哪天达到的一个问题。但是对于一个做互联网产品的人来说，应该还是一个很值得庆祝的事情。

每个人都有自己的理解会更好一点，就像微信这么多年以来，微信的启动页面总是一个人站在地球前面，刚发布的时候，有很多人问我为什么是一个人站在地球前面，更早的版本是一个人站在月球前面，那个时候也是很有想象力。对于这个点，我相信每个人都有自己的理解。

因为我们没有标准答案，所以这么多年以来，每次当你看到微信这样的一个启动页面，你可能都会有一个想法：这个人在干吗？他站在地球前面做什么？过了一年你的想法会变一点，再过一年又会变一点。正是因为这样，我觉得才是一个特别好的启动页面，因为它把想象空间留给了用户自己，10亿用户有10个亿的理解，它会找到打动他的点。所以看起来很多的APP都在把自己的启动页变来变去，微信这个不会变，并且我相信将来也不会变。

▶ **关于设计原则**

有一个朋友说，在互联网界微信就是一个异类。所谓异类，就是和其他的产品都不一样。我其实很惊讶，也很自豪。

自豪的是，做异类是表示你与众不同，那就是很优秀了。惊讶的是，其实微信只是守住了做一个好产品的底线，居然就与众不同了。那是因为很多产品不把自己当产品看待，不把用户当用户看待。而微信，做到了这两点。

微信和很多产品不一样的一些点，会在很多地方体现出来。比如，很多APP到了春节等特定节日的时候，就把logo和界面变成红的、黄的，变成像番茄炒蛋一样。但是微信不会这么做。很多人可能会问我们为什么这么坚持。

现在，微信到了10亿的DAU，在这样的一个点上我更愿意花一定的时间，从微信的起源、本质这些方面来更加全面地讲解一下微信背后到底我们在想什么。

02 新媒体
微信：微信的原动力

其实有时候我很想问大家一个问题：你觉得什么样的产品是好的产品，是说它有很多的用户，说它让人上瘾，还是什么样的？

我记得在很多年前，当我们在用苹果手机，我们会研究为什么会设计这么好的产品出来。我记得有一位德国的产品设计师 Rams 总结过好的设计的 10 个原则，这位设计师也曾经是苹果公司特别推崇的一个人。

第一个原则是好的产品富有创意，必须是一个创新的东西；第二个原则是好的产品是有用的；第三个原则是好的产品是美的；第四个原则是好的产品是容易使用的；第五个原则是好的产品是很含蓄不招摇的；第六个原则是好的产品是诚实的；第七个原则是好的产品经久不衰，不会随着时间而过时；第八个原则是好的产品不会放过任何细节；第九个原则是它是环保的，不浪费任何资源的；第十个原则是尽可能少的设计，或者说少即是多。

其实我在这里偷换了一个概念，将"设计"替换为通用的"产品"。很多人会认为这是针对苹果这样的硬件产品的设计原则，但其实软件产品与用户的交互反而是更加频繁的，你做出这样的提示，用户就会这样做，那样的提示就那样做。并且本质上，不管是硬件产品还是软件产品，都是工具。对于工具设计的原则，都是适用的。之所以提到这是个好的设计原则，也是因为我认为业界很多产品并不注重产品设计，或者说不把它作为一个自己追求的目标，还只是一种功能的堆砌或者对用户价值的榨取。

而微信从来不做节日运营或者 logo 的变化，很多人会说微信很"克制"。但其实这并不是克制的结果，本质上是因为微信一直在遵循一种好的设计原则，使得我们不会去做很多影响设计美感的事情。

我观察到的很多业界的产品经理，其实毕业后就会被自己所在的公司误导。因为公司的目的是要流量、要变现，所以大家的 KPI 就是如何产生流量如何变现。一旦围绕这个目标，大家的工作目的已经不是做最好的产品，而是用一切手段去获取流量而已。这并不是我们倡导的原则，我们更多倡导的是利用微信做出好产

本质 II
增长的本质

品分享给用户。

我很感谢自己的经历，从 PC 时代自己一个人做 foxmail，到做 QQ 邮箱，到手机时代做微信，因为经历了太多的产品，以至于从骨子里知道什么是好的产品什么是不好的产品，可能因此直觉上就能遵守一些底线吧。

有一次我问同事一个问题，PC 时代，PV（网页浏览量）最大的页面是什么？答案是 IE 浏览器的 404 页面。我问大家，微软为什么不在这个页面放广告呢？同事们回答不出来。这个问题很有意思，是啊，为什么微软不在这么大流量的地方放广告呢？为什么微信不在启动页放开屏广告呢？大家可以自己去想。

微信有 8 年了。想一想，你每天花在微信上的时间有多少？你花在最亲密的朋友家人身上的时间多，还是你花在微信的时间多？如果微信是一个人，他一定是你最好的朋友，你才愿意花那么多时间给他。那么，我怎么舍得在你最好的朋友脸上，贴一个广告呢？你每次见他，都要先看完广告才能揭开广告跟他说话。

很有意思的是，因为遵循原则，很多东西我们又必须坚持去改变。

这里让我想到微信 7.0 版本的 UI 做了一个特别大的调整，也有很多用户吐槽，觉得非常不习惯。

其实任何一个大的改版都会带来用户的不满，因为人习惯于自己熟悉的界面，觉得是最好的。我们没办法让 10 亿人来投票决定什么是好的，也投不出来。那怎么才能通过改变寻求设计的优化，让它变得更好呢？这个决策必须遵循好的设计原则。

就像微信 7.0 版本的时候我们内部使用了很长时间，我自己一直在两个版本不停地切换，当我用了一段时间后，我不愿意切换到旧的版本去。也许用户一下子不能接受，但是我相信他们适应以后也会接受。重要的是我们必须用我们的产品不停地适应时代，而不是因为害怕用户的抱怨就不去改变它。

尤其是 UI 上，我们永远不可能让所有的人满意。但是，我们让产品越来越美，符合甚至引导当前用户的审美，而不是落伍于时代。

▶ 关于微信的历史

可能很多人都听过这个故事，当时我写了一封邮件给 Pony，开启了微信这个项目。这个事情是真实的，但是也有很多不真实的传说，比如去过某某寺庙。想到那封邮件，我时不时会觉得有点后怕，如果那个晚上我没有发这封邮件，而是跑去打桌球去了，可能就没有微信这个产品了，或者是公司另一个团队做的另一个微信。

我发现很多想法是突如其来的，或者说，是上帝编好程序，在合适的时候放到你的脑袋中的。但也不是完全无迹可寻。在微信上线之前的一年里，我们把 QQ 邮箱做到了国内第一名，然后在邮箱里面又做了很多尝试，包括漂流瓶等，包括我花了一年多的时间折腾的邮箱里面的阅读空间。

我们后来的很多产品，都有邮箱阶段的影子在里面，比如订阅号、朋友圈。因为在阅读空间里面，我们尝试了各种社交的形式，基于社交的阅读，朋友推荐文章并且可以在下面共同来评论。

但是由于阅读空间在邮箱里只是一个分支，所以它能做的用户量并不是特别大。所以做到一定的阶段，也觉得这里差不多走到一个尽头，应该去切换一下方向。

当 kik 出现时，我意识到这里是一个机会，这个机会不是因为 kik 的产品本身，而是我自己当时开始用智能手机，而很多基于 PC 的产品或者短信都不能实现很好的沟通体验。所以当时想法很简单，希望给我自己或者少数人做一个沟通的工具。而且我们刚好有一个团队在做 QQ 邮箱手机客户端，所以刚好凑了 10 个人的团队开始做微信。包括后台开发，3 个手机平台的前端开发，还有 UI，加我自己带了一个产品毕业生，就 10 个人。经过两个月的时间，做出了第一个版本。

这就是微信的起源，而今年刚好是微信的第 8 年，也是一个具有里程碑意义的阶段，标志着一个产品从出生走向成熟。

本质 II
增长的本质

我们当时坚持了一个原则就是，一个新的产品没有获得一个自然的增长曲线，我们就不应该去推广它，所以在前 5 个月里面，我们基本上没有自己去推广它，我们只是想看微信这样一个产品对于用户有没有构成吸引力？用户是否愿意自发传播它，如果用户不愿意，我们怎么样去推广它也是没有意义的。

我记得从微信 2.0 开始的时候，我们看到了曲线，有了一个增长，虽然它还不是很快增长，但是它是自然往上走的。这个时候我们就知道，我们可以去推它了。我们当时特别庆幸做了几个很正确的决定。第一，我们没有批量导入某一批好友，而是通过用户手动一个一个挑选。第二，在一个产品还没有被验证能够产生自然增长的时候，我们没有去推广它。把这两个事情做对，虽然这个时间会花得长一点，但是这样使得它真正开始起飞的时候，它是很健康的。

在这里我想提到一个数据，在今年的八月份，微信的日登录用户已经超过了 10 亿。这应该是国内第一个日活超过 10 亿的产品吧。超过 10 亿 DAU 的时候，其实我们团队内部没有任何的庆祝。大家只是觉得，到 10 亿只是一个时间问题吧。但我自己看到这个数据的时候，还是挺多感触的。

我其实特别庆幸，能伴随这样一款产品走过了过去的 8 年，并且，我一直把自己当作产品经理而非职业管理者看待，我认为这是必要的，因为好的产品需要一定的独裁，否则它将包含很多不同意见以至于产品性格走向四分五裂。

所以，在微信 8 年这样一个时间点，跟以往的公开课不一样，我更愿意从微信的方方面面，来解释下我们是怎么想的。

1. 初心与原动力

初心，是用熟了的词，我换一种说法，叫"原动力"。原动力其实应该是内心深处的一种认知和期望，它很强大，以至于可以坚持很久，克服很多困难去达到它。微信的原动力，可以总结为两点。

02 新媒体
微信：微信的原动力

第一，坚持做一个好的、与时俱进的工具。

由于我对工具产品热爱，我甚至会亲自动手写代码来打造出一个 foxmail 这样的产品来满足自己的制造欲望。所以做一个优秀的工具，对我来说是值得痴迷的。微信的基础点，就是成为一个优秀的工具。

虽然我很清楚在现在这样一个商业环境下，广大用户其实对于糟糕的强迫式体验容忍度是很高的。人们会以为很多东西是正常的，比如开屏广告是正常的，系统推送的营销信息是正常的，诱导你去点击一些链接是正常的，这样坏的案例特别多。如果回到短信时代，每个人手机里面垃圾信息比正常信息还要多，可怕的不是垃圾信息更多，而是大家会认为这是正常的。

当你知道什么是好的，什么是不好的产品，你就不能接受一个很烂的功能被加在用户的身上。所以微信一直坚持底线，我们要做一个好的工具，可以陪伴人很多年的工具，在用户看来，这个工具就像他的一个老朋友。

什么是"与时俱进"的？对用户来说，我们不能说，微信就是一个工具，我们要获得用户的认可。

大家知道微信有一句 slogan：微信是一个生活方式。为什么是一个而不是一种？当年，当同事问我的时候，我其实解释不清楚，但我知道，如果是"一种"的话，它就是一句普通的话，起不到一个 slogan 的作用，也不能让人记下来。它必须是一个生活方式，这只属于微信的，它是一句独特的话。当时其实微信并没有覆盖到那么多生活的方方面面，甚至连微信支付都还没有。但现在回过头来看，它确实代表了一个生活方式。

这是一个生活方式，其实脑袋里面是有一个念头的，微信会介入到每一个人的日常生活里面去。它应该紧随时代的潮流，甚至引导时代的潮流。当时是有这样一种感觉，但其实并不知道它会怎么样去介入、介入到哪些方面。但是如果不把它定位为一个生活方式，如果只是定位为一个通信工具，那就会过于片面，或者让我们的未来没有那么大的想象空间。所以现在想起来，当时是很勇敢地提出

本质 II
增长的本质

了它是一个生活方式。

现在我们看到，微信从很多方面融入到大家的生活中，群聊、朋友圈、红包、公众号、小程序，等等。我觉得微信实现了生活方式这个梦想。

第二个原动力是，"让创造者体现价值"。

在微信很早期的版本，我们就发布了公众平台。这也是微信的一个创新。当时的思考主要是，微信会取代短信，那么短信时代的市场需求是，众多的服务都要通过短信来触达用户，我们取代了它，也得提供相应的能力来覆盖这个需求。

但我知道短信、邮件，可以不受控地群发，这带来的副作用大家都知道。于是想，如果微信提供一种基于订阅的模式，既避免用户被骚扰和欺诈，也让服务可以可控地给需要的人发信息，其实是做一个 C 端（消费者）和 B 端（企业用户）的桥梁。我还记得当时构思得差不多的时候特别兴奋，跟 Pony 发消息说这样一个机制会多么多么厉害。Pony 说垃圾信息怎么办，我说天然没有垃圾信息啊。

所以从公众平台开始，从连接人到连接服务去扩展以后，微信开始体现平台化的优势，包括后来的小程序。

做平台，需要有原动力。否则，我们可能沦为当年运营商的 SP（服务提供商）平台。可能很多人没有听说过 SP 平台了。当一个平台只是追求自身的商业利益最大化的时候，我认为它是短视的，不长久的。当一个平台可以造福人的时候，它才是有生命力的。

当时做公众平台的时候，我们就会想，我们要帮助人们解决什么问题。当然是通过信息触达来替换掉信息不对称带来的弊端。这是互联网的优势。举例来说，传统的商业，依赖于你要在一个人流大的地方租一个商铺，但利用互联网，地理不再是优势，你的服务质量才是优势，那么，我们要帮到那些真正有好的服务的人和集体，去触达潜在的用户让客户更容易连接到他们。

当时举例最多的案例，是如何帮助一个盲人，没有技能，也能够找到顾客。他应该有公众号，他的顾客会在关系链里传播这个公众号。所以，当时定下来公众号的 slogan 是,"再小的个体,也有自己的品牌"。它的公众号,就是它的品牌。并且,品牌是基于关注和认可的。

这个时候我们的原动力是让创造价值的人体现价值。因为微信可以打破很多的信息不对称,人们可以获得更优质的服务。那么,人们会更多地想办法去提供服务的质量和价值,这就是微信公众平台的原动力所在。

后来做小程序,也一样。如果我们不能让做出优秀小程序的人获得回报,这个生态即便能起来一点点,又有什么意义呢?

今年,我真的看到了一个这样的真实案例,是一个朋友在朋友圈里面发的,他发现有很多个盲人按摩师通过一个小程序找到顾客。看到这个案例我特别开心,因为这和最初我们反复地举例说的场景是一模一样的。

微信的很多创新其实都来自这两个原动力。从专业的角度来说,大家可能会认为这是对未来的一种洞察。但是所有专业洞察的背后,我觉得原动力反而是第一位的。或者说,一个好的产品是有自己的使命的。

我很庆幸,这么些年过去了,微信的原动力从来没有变过。

2. 做最好的工具与停留时长

针对两个原动力,我展开做一些解释,关于"做最好的工具"。坚持着这个原则,我去观察很多业界的产品,会经常觉得有很多事是违背我自己的常识的。

举个例子,比如说这两年业界的目标变成了所有 APP 应该尽可能多地去抓住用户的停留时长,这个是违背我的常识的。一个用户每天的时间是有限的,但这是次要的;最主要的是,技术的使命应该是帮助人类提高效率。

比如作为一个好的沟通工具,一定要高效。所以微信没有已发送状态,原因是最高效率的方式就是发完即走。你不用关心这一条消息有没有发出去,有没有发成功,对方有没有收到,甚至不用考虑网络是不是有问题。

本质 II
增长的本质

如果是一种信息资讯类的工具，那么应该是帮助用户在尽可能短的时间里面获得最有用的信息。除非是一种娱乐类的内容消费，可能时间长一点是没有关系的，就像我去看一个连续剧，要花很多时间。但连续剧也不能无穷地增加集数，来获取用户的时间。

这里有一个很有意思的现象是，现在视频软件都有两倍速度播放的功能，很多用户会选择用两倍速看到完整的剧情。这是用户对强硬希望拖延时间的电视剧的一个用脚投票吧。

停留时长让我联想到 2000 年左右，当时互联网刚起来，流行的一个词叫眼球经济。所有的网站目标都是要获取尽可能多的眼球注意力。所以大家会看到一篇文章被割成很多页，看了一点点就要翻下一页，这样每页都可以加一个广告上去，让它的 PV 量变高。这种体验到现在还在延续，以至我们看到一些网页，还是会有一个点击展开更多。这个看起来是可以在短期获得更多用户的点击，但我并不认为它是一个好的产品。

关于时长，还有个很有意思的例子，朋友圈从刚发布到现在，用户的每个人的好友可能越来越多，理论上里面的内容也越来越多。但是大家可能想不到的一点是，随着你的好友越来越多，内容越来越多，每个人每天在朋友圈里花的时长却基本是固定的，大概就是 30 分钟。当好友少的时候，你会看得更认真一些，更慢一些。当好友多了以后，你会放得更快一些。

用户其实并不会按照你的内容多少来决定他的时间分配，但我觉得这是很合理的。如果我们非要停留时间更长的话，我们当然有很多办法来做到这一点。但是这只会让用户觉得不爽，因为他的社交效率降低了。如果非要把他半个小时能完成的事情延续到一个小时的话，只能代表效率降低。

所以拿一个停留时长衡量一个 APP，这个跟我对互联网的初心的认知是背离的。每个人一天只有 24 个小时。互联网人的使命不应该是让所有人除了吃喝拉撒，把时间都花在看手机上面。

所以几年以前微信有个版本，让用户放下手机，多和朋友见见面，现在这个观点也没有变过，微信永远都不会把用户停留时长作为一个目标。相反，微信可能关心的是一个人在这里发一个照片，看一些文章，完成一笔支付，找到一个需要用的小程序，是不是能够做到最快速最有效，这才是最好的工具。

3. 小程序

现在有很多其他公司都在做小程序了。我觉得这是好事情。可能有一些代码的接口跟我们一样，但是我并不担心这里面会对我们构成很大的威胁。虽然是做同一种东西，除了平台和团队不同，其实更重要的一个差别在于，你的原动力是什么？

如果只是希望借由小程序这种载体，来做一个流量的生意，我一点都不看好。只让自己好不让别人好的事情，通常都不会太长久。

小程序的使命是，刚才提到的，让创造者体现价值和回报。我们的一切都是围绕这点展开。不能因为拥有流量，我们就要分发流量，要让小程序来体现这个流量价值，这跟我们自己的原动力是完全不一样的。

很多人看不懂为什么小程序要去中心化。如果不去中心化的话，腾讯自己垄断了头部几个小程序，那就没有外部的开发者什么事了。看起来腾讯可以短期获利，但这个生态就没有了。

哪怕是腾讯投资的公司，也应该一样地遵循平台的规则，否则也会破坏平台的公正性，我们更看重的是平台的健康。我知道过去大家都认为平台对于投资的公司似乎有倾斜。我只能说，可能是我们做得不够好，相信我们团队今后在这块会投入更多人力和资源，使得我们可以对所有的公司包括我们投资的公司是一视同仁的。

回顾一下小程序，从最早酝酿到现在 3 年了，其实看起来挺慢的。我觉得小程序是我们，或者说也是我个人职业生涯里面最大的一个挑战。因为我们从来没有试过还没做一个事情，就先宣布出来了。

之所以这样做，其实是为了给自己一个压力，给团队一个压力，这个事情我们非做不可，而且一定要做到。我还记得很清楚，我在微信公开课里面说我们要推出小程序这样一个服务的时候，当天晚上，我跟我们的团队就坐在一起讨论，讨论一个主题，我们小程序会有哪几种死法。我记得特别清楚，因为当天晚上我们不是讨论小程序有多么美好的未来，而是说它有多难。我们会遇到哪一些障碍是跨不过去的，我们并不是对它乐观去做的，而是我们觉得这个事情很难，我们一定要做到而去公布这个事情。

为什么非要做这个事情？因为我认为这就是一个未来必然的趋势。因为 APP 还要下载安装，网页的体验又太糟糕。这点，在之前的公开课，我已经详细讲过，就不重复了。

其实很多人可能不理解网页的体验为什么不好，就像不理解为什么公众号的体验比网页好一样。这里，微信其实用了一些限定性的办法，比如说排版，使得哪怕是一个业余团队，做的公众号或者小程序，在用户端看起来体验都还不错。

对于小程序，我们的决心非常大，但我们并不急着说一下子就要做成它。因为它毕竟是一个生态，不是一个 to C（面向消费者）功能，所以我们有足够的耐心，慢慢地培育它。并且经过了公众号的过程，我们也不希望一上来就有一批投机分子把它当作一种流量红利来滥用它。

即使到今天，小程序还不能说完全成功，但我认为它是一个逐步完善的过程，对我们来说，只要看到小程序在跟我们当时的初衷越来越接近，就是很好的信号。

4. 小游戏

小游戏做到现在，其实如果从商业的角度，发展挺好的。但我并不满意。就

02 新媒体
微信：微信的原动力

是因为它离我们的期望还有一个差距，我们期望并不是我们要获得更多的现金的回报，而是现状是这里面真正高质量原创的游戏还不是特别多。大部分的游戏还是互相拷来拷去的，就在一轮一轮地洗用户的流量。

小游戏的原动力是什么？不是公司的一个盈利渠道。公司也没有要求微信要做游戏。一切盈利都是做好产品、做好服务后的自然而来的副产品。小游戏的原动力是，它应该是一个关于创意的平台，并且让产生创意的人体现价值。

什么是创意的平台？我觉得我们跟大家理解的小游戏，和外界对于小游戏的理解是不太一致的，外界对于小游戏的理解，就是现在那些比较小型化的游戏，把它套用一个小程序的壳就变成小游戏了，但是我们并不是这样来理解小游戏的。小游戏应该是一个体现创意的地方。

所谓创意的平台是，游戏是一个载体或者小游戏是一个载体，它可以承载各式各样的创意。举个例子，以前很多人会去看中篇小说、短篇小说，现在大家不怎么看了。但是这些小说的创意并不会消失掉，很多人会有这样的创意，但是他写小说已经体现不了这样的创意了，我们希望把他写小说的创意放在小游戏中来实现，它只是一个载体。关于创意的载体，我们发现，确实有一些小游戏有这样的载体，它像读一本小说一样有情节，然后用一般的情节玩这个游戏。

所以我跟我们的团队一直强调一点说，如果我们再往后一年的话，我们不希望只是看到我们的收入又上涨了多少，反而我希望看到的一年以后这里面特别多的游戏是一些从来没有做过游戏的人做的，反而做过游戏的人他们的思维很受局限性，他们会把一些APP的游戏照搬过来的，没有做过游戏的人可能把他的想法融入进来，变成一种从来没有见过的游戏内容。我希望用这样的一种维度来衡量小游戏的成功。当我们的游戏里面充满了各式各样的创意的时候，并且让这些创意得到它应该有的回报，那么我们这个平台才能真正变得很有价值。因为最终我们的用户会在这里使用得最多，并且给用户带来的价值也是最大的。

当然要做到这样一个目标也是挺难的，我认为任何一个平台应该要有自己的梦想所在，如果它没有这样一种梦想的话，很快就会把自己当作一个流量的经营点，很快把流量耗光了，这个游戏就结束了。

5. 关于公众号

如果我简单回顾一下公众号的历史的话，在刚发布的时候，确实有很多人利用这样一个当时的流量口获得了巨大的粉丝。在当时，公众号有一个特别好的现象，就是最早的公开课里面分享过一个数据，当时的公众号阅读量其实70%、80%来自朋友圈的转发，只有30%、20%是来自于订阅号的。为什么我觉得它特别好？其实它符合一个二八定律，有20%的人去挑选信息，有80%的人去获益，通过20%的人挑选去阅读文章。

几年下来的话，一方面是用户可能接触信息的渠道更多了，另外一方面是如果我们在内容的质量上没有持续性的话，与用户的联系确实会有所降低。我们做了一次改版，发现效果并没有很大。有很多公众号会觉得自己的效果反而变差了。从我们的数据来看并没有变好很多，也没有变差很多。当然这个是我们自己分析的。

相比博客时代，我认为当时好的博主写的文章量更大一些。因为我们当时在做QQ邮箱的阅读空间，就知道当时有很多博主写的文章很好，现在公众号的博主反而没有当时的博主多了，这也是我们的机会所在，也就是说平台的责任所在，我们应该有一种机制让更多人在这里面产生更多优质的内容。

所以关于怎样鼓励产生更多优质内容是公众平台下一步要面临的特别大的任务。

6. 关于社交

社交的起源是什么？当然这个没有标准答案，每个人可以自己想象。我是这样想象的：可能在远古的时候，如果人都是一个一个个体的话，他是没有社交的，当人类成为一种群居动物的时候，原始的社交就产生了。

人在一个社区里面最大的诉求是不要被排斥，所以人必须跟别人说话。说什么好呢？其实就是吹牛来体现自己对社区是有价值的。为了让别人重视自己说的，必须有一点夸张的色彩。这是我对于原始社交的想象，大家不要太当真。

大家在朋友圈里面必须发一些很夸张的旅游照片等，其实就是延续了这个习惯，不过如此。担心被社区排斥了，所以大家会挑选一些很夸张的东西放在朋友圈上面。

很多年前我在知乎问过一个问题，"沟通的本质是什么"。这其实是没有答案的问题。但后来，我自己想到了一个答案，它并不是标准答案，我说，"沟通就是把自己的人设强加给对方的过程"。什么意思呢？每个人有自己的人设，希望别人接受，你说的每一句话，有意无意地，都在希望别人接受你对自己人设的认可。表面上我们在讨论一个问题，本质上有可能只是希望别人认可你传递出来的人设信号。当然这个只是我自己的一种方便我去理解社交的想象，它并不一定是科学的研究。

发朋友圈，其实就是把自己的人设带给所有朋友、放到所有朋友的脑袋里面的过程。比如说你发的每一个内容，其实你是希望别人认为你是一个这样的人，背后都是你自己给自己设定的人设，你想推广自己的人设，是希望别人眼中的你是这样子的。所以你发的每一条朋友圈，都是精心挑选设计过的，一定对你自己的人设是有利的。

从远古开始，你就害怕被社区排斥在外，所以你要吹牛，你要讲一些很夸张的东西，体现你的重要性。在社交里面要体现自己特别的地方，特别的地方就是

本质 II
增长的本质

你把你看到的东西拍成照片发给大家。你看到晚霞，就把它拍得非常夸张，让大家觉得你看到的风景与众不同，或者把自己修图修得特别漂亮来推广自己的漂亮人设。所以，朋友圈是一个表现自己的地方。

很多人都说要逃离朋友圈，或者说不怎么用朋友圈了。但事实上这是互联网圈子大家看到的一个假象。大家往往把自己周围人的情况，就当作全世界的人都是这样子的，但是真相并不是这样子。因为朋友圈本身就是社交，所以一个人怎么可能逃离社交，即使你发东西少了，你也会去看他，然后也去互动、点赞、评论。它本身也是个社交行为。

可以透露一个数据，从发布到现在，每天进去朋友圈的人数一直在增长，没有停下来的势头。到现在，每天有 7.5 亿人进去朋友圈，平均每个人每天要看十几次，所以每天朋友圈的打开总量大概是 100 亿次。

我觉得朋友圈承载了中国人的线上的社交，可能是中国最高效的社交工具。它现在每天有这么多人、这么多次的频繁进入，好像用户每天要通过做这个功课使得他完成了一个普通人一天的社交，他这一天可能并没有出门，但并不妨碍他完成社交。即使你可能不发朋友圈，但是你会去看，你通过点赞、评论还是会参与到社交里面，就像完成了一个社交任务。

朋友圈本质上是一个什么？朋友圈其实开创了一个新的社交的场所，其实它不只是一个时间流，我把它比喻成一个广场。

你每天会花半个小时从广场走过，然后你在广场里面会迎面看到一堆堆的人在那里讨论不同的东西，聊不同的东西，有各自的主题，然后你经过每一个人群，这里面都是你认识的人，并且你可以停下来跟他们参与到任何一个小圈子讨论里面去，并且你会发现每一个小圈子也全部都是你认识的人。

你可以过去打一个招呼，或者参与一下。然后你转身离开到下一个，再去参与一下，或者不参与，或者只是简单地打个招呼、去点赞就走了。这样的话，当你把朋友圈给看完的时候，你从广场已经逛完了。

02 新媒体
微信：微信的原动力

这是特别强调的一个设计，就是朋友圈只能看到共同好友。也就是说你看到的每个人或者你参与的任一个讨论，大家两两之间是相互认识的一个点，这样的一个点不是一对一的讨论，是 3 个人以上的讨论。比如说，你在朋友圈看到 A 好友发的朋友圈，然后 B 好友评论了，你一定同时认识 A 和 B，然后你评论的时候是 3 个人在讨论，它是符合了"3 个人以上比单聊更加丰富"的一种社交体验。

很多人问我为什么要设"3 天可见"的东西？朋友之间会不会反目？我想简单解释一下。它作为一个设置里面的开关，一般来说用的人是很少的，做产品的人都知道，大部分人很懒。但这是微信里面最多人用的一个开关，超过 1 亿的人把这个开关设置为"3 天可见"，"3 天可见"是一个用户的强大需求，他希望是这样子的。

如果时光能够倒流的话，朋友圈重新做一次的话，我可能直接让相册变成是私密的。朋友圈和个人相册是可以完全分开的，是两个概念。现在同一个照片放在相册里面可以被当作历史性的"挖坟"，也可以在朋友圈作为一个动态来展现出来，这只不过是当时做的时候一不小心把这两个东西混在一起了。

所以我们鼓励用户去设置 3 天可见，希望这样子使得他更加勇敢地去发朋友圈，不用认为说我发的每一个都是可以被别的朋友很久以后来翻看。

微信的视频其实是希望能够记录下来自己和真实的世界，对真实世界的反映。这是在电脑前做不到的。坐在电脑前，你只能把以前拍的照片整理出来再发出来。所以很多从 PC 时代过来的应用，迁移到手机时代，基本的逻辑就会出现问题。

我们希望这里的视频动态是朋友圈的反面，这里提倡的是真实的，而不是美的。所以大家如果仔细留心一下，你拍完一个视频动态，底下的按钮不叫"完成"，不叫"发表"，而是"就这样"。

"就这样"包含了一个含义是，这个视频可能并不好看，但是就这样了，我就发了。这就是很真实的。然后我们为了让你能够勇敢发，故意让别人看不到你的这个视频，必须点你的头像进去再下拉一下才可以看到，来减少你发一下"就这样"视频的压力。然后跟他说了，他就明白了。原来是这样子的，前面我发现他真的乱七八糟拍了，一点也不装饰自己，很真实拍出了很多，我看得也会觉得很爽。因为我透过他的眼睛看到了他的世界，就是这样一种感觉。

7. 关于阅读

很多年以前我在饭否写过一句话，因为当年刚花了好长时间在 QQ 邮箱的阅读空间里面，"要做大众都能用的阅读产品"。

因为阅读要大众其实挺困难的。比如之前我们在邮箱那里尝试的一个并没有获得大众化的阅读产品，只有一小撮人在那里用得很好。

人们在朋友圈里面推荐文章，其实更多是推一些符合自己的观点或者人设的文章，而不是说这个文章的内容有多好，更多是通过一个文章来展示自己是属于哪一种人。但是对于朋友圈来说，我们更加希望大家分享的是生活本身。比如说拍照片，朋友圈一直以来都是默认是个拍照按钮，而不是写文字或者发文章这样的按钮。

事实上这几年下来，朋友圈分享的文章阅读率确实在下降。因为当一个人的好友越来越多，他的朋友圈内容越来越多，他反而会跳过那些文章，去关注一下朋友们真实生活里面的照片。他其实并不太愿意从朋友圈里面中断，花几分钟阅读一篇文章，然后再回到朋友圈。

我们在朋友圈之外另外开辟一个阅读的圈子，一个不是为了看朋友的生活分享，而是看文章的地方。这就是看一看。对于看一看，里面有两个板块，一个是好看，一个是精选。前者是社交推荐，后者是机器推荐。我们团队同时在做两个方向的尝试。

机器推荐我们尝试了很长时间，效果不太好。我跟团队说，要么你们降低内容的底线，要么你们认命做一个小众的严肃阅读产品。并且，我不希望机器推荐是用户想看什么就给他什么。如果这样，用户迷信保健品，我们就推保健品的文章。如果从 KPI 的角度，这样是最容易完成 KPI 的。但是如果我们推荐给用户新的知识，用户会离开的，因为惰性是人共有的特性，没有人愿意主动去学习新知识、去伤脑筋啊。而人类进化而来的社交体系，其实是一个具有纠错功能的复杂体系。如果你走偏了，会有人把你拉回来。

我一直很相信通过社交推荐来获取信息是最符合人性的。因为在现实里面，我们其实接纳新的信息，并不是我们主动到图书馆或者到网上去找的信息。大部分情况都是听到周边的人的推荐而获得的。

我自己这些年来看的书，没有一本书是主动找的，基本都是受朋友的影响。我也经常给一些朋友推荐书，推荐的效果往往会比他们自己去找书要好很多倍。就像如果很多人都说一个电影好，你一般都会想去看。这就是从众心理。因为你不去看可能就会落伍了。

所以本质上，很难说什么内容是更好的。比如电影，你可能对这一类题材不感兴趣，但是因为朋友推荐你就会去看。

所以我认为要做一个让所有人阅读的大众化阅读产品，似乎只有基于社交推荐，才有机会。但本质上其实我们并不是在做阅读，而是每一个人在帮助其他人阅读，它是一种社交性的阅读。我们的好看功能上线，跟之前看一看的机器推荐比起来，数据增长得特别快，明显看到用户对这个功能的兴趣更大。

8. 关于信息流

信息流，我记得上一次的公开课，我讲了"我不知道什么是信息流"之后，很多人又会产生一些误会。好像我每一次公开课都要来解释上一次公开课的意思。

我之所以这样说，当然并不代表我不知道大家说的、我所说的信息流是什么东西，而是我不喜欢业界很多人把很多东西贴一个标签，只要是一些内容往下滑就是信息流，我不喜欢这样的一个标签化。

9. 关于 AI

微信投入了很多精力来做 AI。大家以为微信里面的语音识别是第三方来做的，其实它是微信内部语音识别的团队在长达好几年的时间里面一直在做的工作，并且每天在优化它识别的准确率。所以到今天，大家会觉得这里面识别率越来越高了。当我们投入在做语音识别的时候，其实业界对 AI 这一块还并没有特别大的关注。所以说，我们并不会去跟风来做一个 AI，而是说，AI 是要落地到我们实际的一个功能或者是场景里面去的。

所以对于 AI 来说，其实从技术上来说，我们是特别认同它。但是我们一直认为，好的技术是为产品服务的，AI 应该默默躲在后面帮助用户来做一些事情，就像语音识别一样。

我前不久看了一个报道很有意思，说苹果是怎么看待工具的？报道是说，乔布斯跟别人介绍什么是电脑的时候说了一番话，他说因为当时很多人不知道 PC 电脑是什么，他说就像自己的车一样，以前人们觉得某一种动物是跑得最快的，比如说猎豹，当我们有了自行车，自行车可以比那种动物跑得更快。这种工具扩展了人类的某一种能力，使我们通过这个工具变得更强大，PC 其实就是这样一种东西，它也是一个工具，它可以使人类变得更强大一些。这是我们传统意义上的工具，人去驾驭工具然后人会变得更强大。

但是对于 AI 带来的工具或者是 AI 工具本身，就像我们说的 AI "医生"一样，它可以决定你要吃什么样的药，甚至可以告诉你要做什么样的运动才会对身体更健康。如果这个 AI "医生"支持面更大一点，甚至可以告诉你要交什么样的朋友等，是很有可能的。这个时候你会想，这种工具超出了传统工具的范围，它变成了一种可以驾驭人的工具。

今年发生过这样一个事情，可能有一些人知道，我们都知道谷歌的 AI 技术特别厉害，但是它的员工联名来反对将这一项技术用到军方的项目，最终谷歌妥协了，不会把这样一个 AI 的技术用到军方的项目。作为谷歌的员工来说，他也会思考这一项技术什么地方可以用，什么地方不可以用。作为驾驭人的工具来说，我们会对此保持一定的警惕。

这个看起来跟我们实际工作没有关系，我只是分享关于 AI 未来的趋势发展，这里面有很多人在预测，我可能只是对未来、对 AI 表示担忧的人之一。

当我在内部提这些的时候，有同事问我，我们的目标难道不是尽可能地获取用户的点击吗？我们为什么要想那么多产品之外的东西？就像谷歌的员工为什么要反对公司把这一项技术应用在军方项目一样，我认为我们做的每一件事情背后，都是有意义所在的。

所以我们总是认为用户怎么怎么样，似乎用户是一个陌生的我们不认识的人群，然后我们控制他们，施加给他们一个东西。但是，在微信，我们要时刻提醒自己的是，我们自己就是用户，我们施加于用户身上的，最终也会施加到我们自己身上，有点像"己所不欲，勿施于人"。所以到底施加到用户身上的是一个什么东西？这个确实值得我们反思。

10. 关于善良

这里就提到关于上次在内部年会里面说的一句话，就是关于善良的。其实我特别害怕一句话被断章取义变成一个句子去传播，这个对于我来说是不太理性的。

其实每一句话都是有一定的场景的。我只想强调的是，我们对于用户的态度上必须是一种善良的态度，而不是一种套路的态度。所以这种善良是一种基于理性之上的善良。如果这是一种非理性上的善良，我认为它是一种愚昧的善良。所以我认为善良本质上是一种能力。

我说的这种善良并不是一种道德上的善良，也不是一种道德洁癖，只有我们对待用户有一种真正的理性的善良，才会使用户更长久地使用我们的产品。

我不想把它理解为一种道德高地，我强调的善良是理性的。而且，我们的同事，能进到公司，说明大家都已经很聪明了，大家缺的已经不是聪明了。

11. 关于支付

有很多同事说我在公开课里面很少提到微信支付，之所以很少提到，是因为不需要提到，不需要提到往往意味着这一块已经做得特别好了。

因为只有用户意识不到的才是很好的服务，你都不会想到有这个东西的存在，你付款的时候自然把微信掏出去扫一下二维码，润物细无声的才是一个最好的用户产品体验。

12. 关于企业微信

企业微信如果定位为公司内部的一个沟通工具的话，我认为它的场景和意义会小很多，只有当它延伸到企业外部的时候它才会产生更大的价值。企业微信后续新的变化是基于一个新的理念——希望让每一个企业员工都成为企业服务的窗口。人就是服务，而且是认证的服务。

举个例子，我们可能都会加一些快递员的微信，但可能每次新来一个快递员，你就加一个新的微信。很多朋友跟我抱怨，加太多陌生人都不敢发朋友圈了。而且当你真的需要找快递员，要寄快递，可能这个人又已经离职了。

所以这里会出现一个场景。现实中,我们更希望有个人来帮你做一些事情,而不是去打开一个 APP 或者小程序,因为人更有灵活性,并且服务是更到位的。举个例子,你可以到网上订一个酒店,但如果你要改变日期或者要退订,往往通过 APP 就会很麻烦,你需要联系人工客服,这个时候人起的作用是最大的,人的界面也是最友好的。

如果一个 4S 店的员工,他用企业微信加了你,你可以认为这个人就是你的小程序。当你点进与他的对话界面,因为对方是企业微信的用户,你会看到他的对话界面下是 4S 店的服务菜单,你可以直接在这里使用服务。有点像公众号底下的菜单,但是你也可以跟他直接说话,消息是能及时得到回复的。

这样的话,下次你要找 4S 店,你可能第一选择是打开跟这个人的对话,而不是要找 4S 店的小程序。这里其实给企业一个机会,企业可以让所有的员工变成一个对外服务的窗口,带着你的小程序到处跑。

所以这是企业微信将来要做的一个方向,相信对企业有很大的吸引力,因为它可以让每个员工直接提供服务。而在这样的方式中,顾客的忠诚度是很高的。

13. 关于未来

微信到了 10 亿用户的关口,其实我们一直不觉得用户有多少是一个特别重要的事情,或者说人口多少是一个特别重要的事情。但是很多的人总是会拿人口作为一个指标来看自己的空间。但我并不觉得是这样子的。

因为人口总是有限的,服务才是层出不穷的。在过去可能 10 年算一个时代,但我觉得自从互联网或者是移动互联网出来的时候,我有一个感觉,三五年就是一个时代了,也就是说时代的更迭更快了,催生出来的需求也是更快了。在这个时代下,创新才是应对未来的唯一办法。

对于未来,我觉得其实这也是一个时间点来面对微信的未来,因为刚好是 8

本质 II
增长的本质

年，并且刚好用户已经到达了 10 亿，这个时候对于团队来说我们就是在思考一个问题，微信要开始面对下一个 8 年新的挑战。但这个新的挑战不是来自竞争对手，而是来自用户层面，用户也过去了几年之后，每年用户也在变化，就像刚才我说的三五年就是一个时代，我们要面对新的用户时代，新的用户产生的需求。

如果我们自己看一下，微信这些年改变了什么，其实我们自己也是挺有成就感的。更多的时候，很多人问我们，你们跟别人有什么不一样？我觉得有一个不一样，我们在思考问题或者是思考做什么的时候，经常会问自己一个问题：我们做这个事情的意义是什么？

我当然知道很多团队做这个事情是不问意义的，他只问我们的 KPI 是什么。但是说老实话，微信团队从开始成立到现在从来没有瞄准 KPI 去奋斗过，但是并不妨碍团队能够越做越好。因为就像小程序，如果围绕 KPI 去做，我们不知道怎么制定 KPI，因为它没有这个东西，没有办法制定它的 KPI，如果围绕一个 KPI，大家可能不会做这个事情。

对于团队来说，大家养成了一个习惯，是我们自己做每个功能、每个服务背后的意义，或者说一个梦想在里面，它到底是什么。如果一个功能纯粹是为了一个流量来做的，而想不出它给用户带来什么样的价值，这个功能一定是有问题的，或者它是不长远的。我认为正是这样，每一块都去想它背后一丝一毫的意义，这是支撑起我们整个团队走到今天一个很强的理由，并且帮助我们做出一个正确的选择。这是产品和功能背后我们所思考的意义。

微信的梦想是什么？刚才说过，从个人角度，成为人最好的一个工具朋友。从平台角度，建立一个市场，让创造者体现价值。在墙和鸡蛋之间，似乎总是站在鸡蛋一边。如果你做大了，微信会限制你，如果你刚起步，微信会扶持你。

所以我们真的很少思考竞争对手这回事。微信也没有竞争对手，不必老是给我们安上各种竞争对手。如果有竞争对手，就是我们自己，是我们的组织能力能不能跟上时代的变化。

02 新媒体
微信：微信的原动力

微信也没有焦虑，不必微信做个什么就说微信又焦虑了。所以不必把自己的焦虑投射到微信这里。

"万物之中，希望至美。"很多人知道这句话。我经常想的是，如果微信不能给用户带来哪怕多一点点希望，我们就没有办法去判断我们做的事情到底是对的还是错的，所以这也是我们衡量的准则。

>>> **快手：提升每个人独特的幸福感** >>>

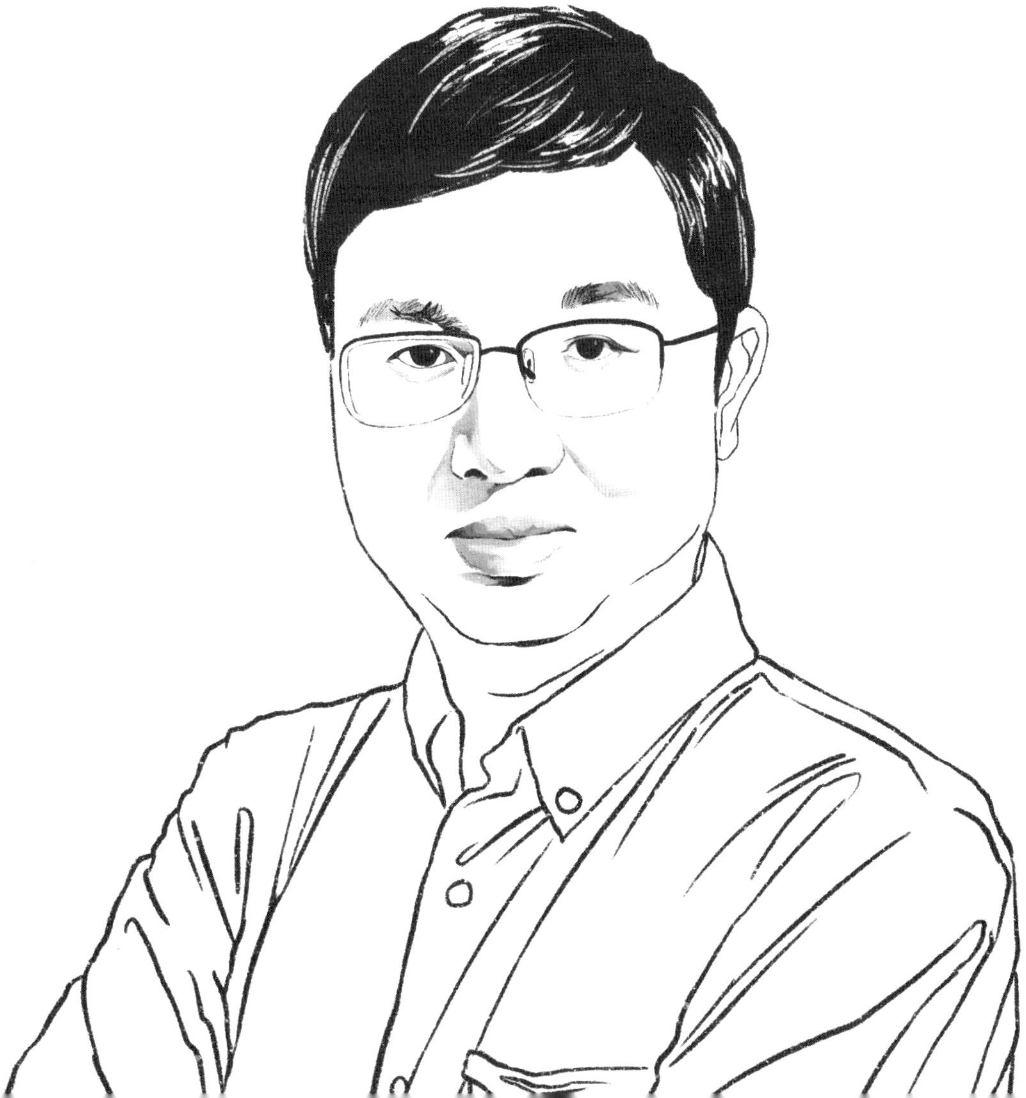

本质 II
增长的本质

▶ 企业简况

2021年2月5日,"短线视频第一股"快手在香港上市,首日收涨160.9%,市值为1.38万亿港元,约为1.15万亿元人民币;牛年春节,股价持续拉升,市值达到1.68万亿港元。快手的市值相当于3.5个B站或两个小米,一跃而为中国第五大互联网上市企业,仅次于腾讯、阿里巴巴、美团和拼多多。

两位创始人宿华、程一笑,身家均超过1000亿港元。招股书显示,4551名快手公司员工认购5.24亿B类股份,这些员工平均身家超4000万港元。对未实现暴富的更多员工,据说快手给予每个正式员工100股股票的"阳光普照奖",相当于每人拿到3万元的特别奖励。

与抖音的市场化特色相比,快手有着更强烈的人文情怀与技术基因。

快手选择的股票代码是"1024",宿华的解释也颇有极客色彩,"1024是2的10次方,它代表了一行行的程序代码,代表了科技的力量,代表了先进的生产力"。快手拥有5000名研发员工,24万台服务器,22个网络数据中心,半年研发投入23亿元,还是下一代国际视频编码标准的主要贡献者之一。

过去的数年时间,短视频已成为移动互联网行业速度发展最快的赛道之一。某种意义上,快手在2012年开启了短视频的时代。直到X博士那篇《残酷底层物语》引发大量关注后,快手才真正进入媒体的视野,人们惊讶地发现,这个短视频行业的隐形冠军,已经是估值超过30亿美元的独角兽了。

快手创业10年历程,从最初的GIF图片工具,到日活3亿的短视频巨头,

02 新媒体
快手：提升每个人独特的幸福感

唯一不变的是创始人对价值观的坚持。在上市仪式上，宿华动情地表示，（短视频）打破了文字表达的门槛，也打破了文化的界限，让更多的人有机会表达、有机会被看见。

多数互联网公司由某个创始人核心发起，快手的成长轨迹略有不同。快手的事业起步于现任首席产品官程一笑早期开发的动图制作软件。宿华加入后，快手才实现了战略转型，投资人张斐在其中起到了关键作用。他自天使轮起持续投资快手，推动了宿华与程一笑的合体。2011 年，五源资本张斐（当时是晨兴资本合伙人）确定了投资移动互联网的大方向，他认为内容将迎来新的质变，在同事推荐下发现了 GIF 快手。程一笑当时是个人开发者，张斐作为天使，投资 200 万元，占股 20%。2017 年 3 月，腾讯投资快手，目前腾讯（占股 21.567%）与五源资本（占股 16.657%）分别是第一、第二大股东。

宿华是个典型的码农，加入快手后大约写了 70 万行 C++ 代码；在他设想的生活中，甚至到了快手上市的当天，自己也应该在写代码。作为优秀的产品经理，宿华与张小龙有很多相似处，比如长时间坚持产品价值观，多年来（8—10 年）专注打磨一个产品，以及商业化的保持克制，奉行"少就是多"的原则，在可能影响用户体验的方面非常谨慎。比如，快手的页面在很长一段时间都坚持双列呈现，为了平衡商业化的需求，一度改为单列，最新一版改回双列显示，但兼顾了单列的标签功能。

宿华 1982 年出生在一个湘西小镇，12 岁就用小霸王学习机学过写代码。他在清华读完本科与硕士，因为要养家，宿华放弃读了一半的清华博士，进入谷歌、百度等公司，先后负责搜索、推荐算法、系统架构等技术研发工作。宿华一直在寻找创业机会，两度创业均未成功，直到加入快手。创业失败的间歇，宿华就带着团队承接软件外包的活，曾经参与过 360 搜索的项目。"快手的 CEO 是原来我们的员工，帮我们干搜索的，他去干快手，我都没有投资他，傻吧，想想我都想跳楼。"周鸿祎在 2018 年如此感慨。

本质 II
增长的本质

2013 年的夏天，宿华与程一笑经人介绍认识，彼此很投缘，"我们彼此价值观相似，易于相互理解；技能经历又很不同，亦很互补"。经投资人撮合，宿华的 7 人团队决定与程一笑的 4 人团队合伙干一件更好玩的事情，名字沿用了 GIF 快手。"我们都是比较宅的人，喜欢有推理、演绎的逻辑思考。"宿华认为自己与程一笑属于同类，都是所谓的线下社交恐惧者，但是在线上极其富有创意。

GIF 快手初期的用户增长很平稳，直到转型为短视频平台。其后 3 年间，快手占据了短视频的第一把交椅，并形成了特有的产品哲学，"希望用户在意的是快手上的自然产生的内容，而不是我们这个平台去支持什么、推动什么"。快手的定位是给普通人用，没有明星导向，不刻意对用户做任何事，保持克制。这和张小龙的风格惊人地相似。

宿华曾说，如果不做快手，搁在几十年前，很可能会去做一家相机或者胶卷公司。原因是宿华出生前外公就不在了，他常常想如果当时有方便的记录工具，童年会少一点遗憾。在他看来，本质上快手就是给老百姓提供的记录生活的工具，就像多年前人们拍照，用相册来保存记忆一样。

快手成功的部分原因是互联网巨头对短视频的轻视。很多人以为长视频市场格局已定，做好长视频可以轻松拿下短视频，严重低估了移动时代短视频强大的内生机制，特别是与 AI 结合后，用户体验与变现效率获得双重提升，快手很快一骑绝尘，直到抖音的出现。当然，张斐当年邀请宿华加入快手，"我们也没有想到短视频能与 AI 结合得这么好"。短视频业务的兴起，也是中国式商业创新的最新案例。

2018 年，快手日活用户数量被抖音反超，在快手内部引起了极大的震动，有员工表示，"我们原本已经是短视频的头把交椅了，但谁也没有想到，突然出现了抖音"。

"我们作为社区的维护者，最大的特点是尽量不去定义它。我们常做的是把

02 新媒体
快手：提升每个人独特的幸福感

规则设计好之后，用户凭借他们自己的聪明才智、自己的想法，以及他们之间的化学反应，去完成社区秩序的演变。"在抖音出现之前，快手占据市场先机，加之看重普通用户、倾向于社区自组织，导致运营比较佛系。

与此相对，一方面，抖音通过明星大V制造声量、签约头部网红、打造传播爆款、购买流量等方式，强势出击，快速圈粉。比如，通过各大渠道导流、明星发红包和直播答题等低成本获客，抖音2018年春节期间实现日活增长约3000万，快手同期的日活增长仅为1000万。另一方面，抖音针对快手采取了有效市场策略，抖音除了自身保持与快手的定位差异外，同时推出与快手类似的火山小视频；加之头条系的西瓜视频，对新用户市场形成了多重进击的态势。根据Trustdata数据，2018年1月到2019年5月，头条系短视频APP占据了短视频行业六成以上新增用户，而快手新增用户占比不足两成。对此，快手投资人张斐的总结很到位，"抖音更偏控制心态，快手更偏生长心态，这两种心态各有优劣。我们相信平权、多样化的生态，而抖音相信增长逻辑，用算法来强驱动"。张斐期待，快手的生态未来能像亚马孙河一样，万物丛生，繁荣不息。

投资人张斐高度认同快手的用户平权价值观，但也一度有过挫败感，"因为所相信的被迎头痛击还不知所措"，但是他认为抖音的出现对快手是一种警醒，此前快手的迅猛法则掩盖了很多问题，现在正视问题的时机到了。

2019年6月18日，宿华、程一笑联名发出内部信，宣布自当天起，"守护未来的战斗模式开启。战斗的第一个目标：2020年春节之前，3亿DAU"。信中表达了强烈的危机感，"我们已经不是跑得最快的那支队伍，在长大的过程中，我们的肌肉开始变得无力，反应变慢，我们与用户的连接感知在变弱"。自2018年底快手内部从创始人到管理层都进行了深刻反思，痛感"佛系""慢公司"正在成为快手的标签。

这封信传递出一个观念变化，即他们将从产品经理思维升级为公司战略思维，"我们内心发生了巨大的变化，如果说，一直以来，我们想成就一款伟大的

本质 II
增长的本质

产品,那么现在,我们更想成就一家伟大的公司"。两人意识到,与产品相比,公司是一个更复杂的产品,需要更多的精力、耐心与智慧去打磨。英雄惜英雄,他们对张一鸣的公司产品论表达了极大认同;而张一鸣曾在一次内部演讲中提到,平生最后悔的事情是没有投资宿华。

▶ 双雄之争

2013年7月快手转型短视频社区后增速迅猛,2015年1月日活数过千万,2017年12月的日活突破1亿。据极光大数据,2017年底前,快手在垂直短视频APP市场渗透率始终保持行业第一。但是,2017年下半年抖音崛起,2018年4月抖音的日活实现反超。

"这两款产品本质上根本不同。只是在前往各自终点的路上碰到了一起。"两者的竞争日趋白热化,但运营逻辑、用户结构与业务形态等方面差异明显。

首先,快手的社区特性更强。"建设短视频社区,最重要的是底层的价值。"在宿华的框架中,社区基因决定了快手算法机制的多元化、普惠性。张一鸣的算法价值中立的观点,从头条开始对标的则是媒体思维,"媒体是要有价值观的,它要教育人、输出主张,这个我们不提倡"。其实,今日头条本质上仍是媒体属性,只不过信息吞吐量更大,抖音也是媒体化运营,类似于微博的大V与爆品,流量分发是中心节点分发的逻辑。最新例子是2020年罗永浩入驻抖音带货;2021年刘德华的抖音首秀,10天圈粉5000万+。

在快手分发机制中,用户平权思维深入骨髓,内容权重占比高于粉丝权重。根据快手的磁力引擎,130亿原创短视频库存中,长尾视频耗费七成流量,而爆款视频仅占三成。为了加快推陈出新,快手会给每个新作品分配一定初始流量;而且设定"热度权重"来限流,如果某视频热度达到一定阈值,曝光机会将持续降低,这样来确保新作品的露出机会。

02 新媒体
快手：提升每个人独特的幸福感

从人性角度来说，追星永远是凡人的情结；为了让八成普通用户获得流量，快手在市场上也付出了一定代价。目前快手日活与收益都被抖音反超。2020年前三季度，快手日活用户3.05亿，抖音日活超过6亿；快手的广告收入过百亿元，而抖音2019年达到了600亿—700亿元。宿华坦言，"我们在做注意力分配时，希望尽量让更多的人得到关注，哪怕降低一些观看的效率"。

就用户结构来说，2019年5月的数据中，近四成用户同时使用快手与抖音。"快手用户，有插秧的农户，也有海归的学子，有搬砖的工人，也有格子间忙碌的身影，有住高级宾馆的，也有打地铺的，大家都在记录和分享自己的生活，因此快手呈现出来的内容也是多元化的。"快手试图"填平注意力鸿沟"，一开始就刻意覆盖"被忽视的人群"，关注"未被满足的需求"，类似于拼多多的"五环外市场"。

快手的"老铁们"，主要是指三线以下城市、乡镇及农村的下沉市场；此类用户的主要特点是：低学历与低收入，上网时间长，偏爱烟火气与现场感；在文字门槛高的媒体平台与KOL（关键意见领袖）为主的微博类平台，他们的参与机会很少，期待被看见。当然，为了平衡用户需要与商业化节奏，2020年9月，快手新版APP页面与抖音开始趋同，在保留双列瀑布流的同时，强化了Tab单列显示。与此相对，后起的抖音瞄准年轻用户，顺应网红的潮流，在一二线城市渗透率更高。

其次是商业模式的歧路。五源资本张斐用耗散理论来解释快手的生态多样性，"我没想到快手能长到如今的体量，更没想到短视频到一定体量后涌现出了非常不一样的生态，很多人将快手作为服务通道，直播、电商、教育、游戏等业态在快手上开花结果，而且现在快手也在尝试做一些本地服务"。

快手的特有推荐机制，让人际联系更加紧密，商业模式多样化。快手目前有三大业务：直播业务、营销业务、电商业务。"去中心化"的流量分发机制，构建了"人+内容"的社交生态，创作者拥有私域流量，用户黏性高，适合2C变现，快手占据了直播打赏的市场优势。媒体属性的抖音，走的是公域流量路子，以 2B（to B，面向企业用户）的广告收入为主。

据招股书披露，截至 2020 年 9 月底，快手在直播平台的虚拟礼物打赏流水、直播月均付费用户等两项指标全球最高；在直播电商平台中商品交易总额第二，仅次于淘宝直播。其原因也在于普惠连接带来了巨大的私域信任资源，成为快手电商的优势。2020 年 7 月，快手上线小店通，试图让电商业务与其他业务产生协同效应，拓展商家采购流量的业务收入。

▶ 未来之战

张小龙明确表示，"视频化表达应该是下一个 10 年内容领域的一个主题"。

根据 CNNIC2021 年 2 月报告，我国短视频用户达 8.73 亿人，约占网民整体 88.3%，用户增长见顶。用户上网总时长、视频化社交与娱乐的时长占比等指标尚有空间。根据快手招股书数据，国内移动互联网用户 2015 年日均在线时长为 2.90 小时，2019 年提升至 4.35 小时，预计 2025 年将达 5.73 小时。2019 年，基于视频的社交及娱乐约占日均时长的 29.7%，2025 年比例预计为 36.3%。

与此同时，微信视频号 2020 年 1 月内测，6 月张小龙在朋友圈宣布 DAU 破 2 亿。基于独有的"熟人社交圈层＋算法结合的推荐机制"，视频号将对抖音与快手形成直接威胁。

在商业化方面，2020 年字节跳动与快手陆续通过收购获得支付牌照，形成电商业务闭环。快手与抖音通过直播小店等机制，不断完善电商生态，更在游戏与知识付费领域加快步伐。2018 年，抖音与快手开始进军游戏领域，抖音推出游戏频道，上架多款游戏，2019 年入局小游戏，推出自研游戏产品；2020 年内测云游戏功能。快手则在游戏领域进行了一条龙式的布局，2018 年 2 月上线快手 PC 端游戏直播，8 月推出游戏开放共赢计划，已成为电竞资深玩家聚集地，用户付费意愿较强。在体育等泛娱乐方面，2021年2月快手体育签约斯诺克赛事转播权，就是最新措施。

快手与抖音在海外市场各有斩获，目前抖音在欧美市场略胜一筹。2020年上半年，抖音海外版下载量全球第一，快手针对不同市场推出差异化产品在韩国、俄罗斯、东南亚市场表现出色。

"从长远来看，多样化的分发机制要比基于头部的中心化分发机制更有生命力。"张斐坚定地看好快手未来的商业化空间。当然，抢先一步上市，是快手在为未来5年的短视频大战抢占制高点，同时也是囤积弹药，尽快进入备战状态。

▶ 主要理念

1. 算法价值观

"填平注意力鸿沟"的说法，在快手各类文件或讲话中一再出现。业内的通常做法是运营长尾曲线中头部的爆款视频，但快手希望尾部视频同样能被感兴趣的人看到，"真正能够让每一个人都得到一些关注"。据称，快手采用了类似经济学上的"基尼系数"来控制平台用户之间注意力的"贫富差距"。

快手的slogan，从"记录世界，记录你""看见每一种生活"到"拥抱每一种生活"，表述角度略有变化，但是注意力资源的普惠化作为创业初心始终未变。

这也是两位创始人的核心共识，宿华认为，注意力是互联网的核心资源，希望尽量让更多的人得到注意力，提升每个人独特的幸福感；程一笑则表示，快手是一个连接器，连接每一个人，尤其是容易被忽略的大多数。

快手2020年1月出了一本书，名为《快手是什么》，讲述了普通人通过快手改变命运的30个案例。第一章的标题：让每一个生活都可以被看见。"如果信息

本质 II
增长的本质

管道不够粗，注意力比较贵，自我表达就需要排出优先级。结果是，不是每一个生活都能被看见。如果一个生活被认为不够完美，那么，它便没有资格被广泛分享和传播。"

"让每一个人都被看见"的技术可能性，也曾遭遇现实的意外挑战。2018年4月1日，央视报道快手上出现了未成年少女秀怀孕视频，快手一时间处于舆论关口。第二天，宿华写了一封名为《接受批评，整顿前行》的道歉信，挂在快手首页，且持续多日。大部分互联网公司的公开道歉，都是公关部门的几句声明，很少由CEO亲自出面。但是，宿华很认真，也很诚恳地表示反省。

"社区运行用到的算法是有价值观的，因为算法的背后是人，算法的价值观就是人的价值观，算法的缺陷是价值观上的缺陷。"宿华在信中表示，出现此类问题，根子在于快手的价值观，他明确否定了算法中立的说法。

随后，快手就做出了一系列调整：（1）用正确的价值观指导算法；（2）梳理完善社区运行规则；（3）建立未成年人保护体系；（4）坚决打击和清除低俗色情内容。同时改进算法，优先推荐更符合用户兴趣的正能量作品。

"快手让每一个生活都可以自我表达，被看见，被欣赏。每一个存在都是独特的，生活再无高低之分。这是更加真实的世界的镜像，是一花一世界的境界。"

2. 幸福驱动力

"（当代中国人）幸福感缺失的原因是什么？幸福感能够得到满足的最大公约数是什么？要能够找到所有人幸福感提升的最大公约数。"同样喜欢思考幸福感的问题，与黄峥充满思辨性不同，宿华从个人的幸福感出发，一步步找到了创业的初心，这就是幸福驱动力。

被问及为什么7年专注于快手这一个产品，宿华的回答超越了技术极客的范畴，更像是一个人文学者。"首先是初心，用市场经济的方法去解决社会问题。"

02 新媒体
快手：提升每个人独特的幸福感

在宿华看来，他最感兴趣中国人的幸福感，通过技术与商业手段中国经济一直在发展，GDP 越来越高，但人们是不是变得越来越幸福？人们的体验是什么样子？在这个方向上来讲，宿华觉得还没有解决得足够好。

回忆人生各阶段引发幸福感的不同事物，宿华发现每一段幸福感其实都不长久。经过思考，他的结论是让更多人的幸福感提升，自己才能获得更多更久的幸福，在一个大公司做优秀程序员并不能实现这一点；唯一的道路就是创业。

在宿华看来，短视频的出现，意味着媒体的"第四次的进化"，传播形态的不断变化使得人们整个的生产、生活方式发生了非常多有意思的改变。快手为普通人提供了链接世界的新机会，但宿华更希望不干扰用户，最好是他们意识不到快手的存在。

宿华与程一笑两人都喜欢吃，他用开饭馆打了个比喻。

"如果拿开餐馆来比喻做快手的话，我们肯定是把白米饭做得最好的一家餐馆。我们不会今天做烤鱼，明天来香锅，后天上牛排。我们不会给白米饭里加油盐、放佐料、添配方。我们不会给白米饭做漂亮的摆盘。我们不会为我们的米饭当街吆喝。"

平平淡淡才是真，快手正在成为人们提升幸福感的一种必需品。

"我们做快手社区的初衷是希望让每一个人都有能力记录自己的生活，每一个人都有机会被世界看到，从而消解每一个人的孤独感，提升每一个人的幸福感。"

金句 10 条

1. 注意力作为一种资源、一种能量，能够像阳光一样洒到更多人身上，而不是像聚光灯一样聚焦到少数人身上，这是快手背后的一条简单的思路。

本质 II
增长的本质

2. 我们作为社区的维护者,最大的特点是尽量不去定义它。我们常做的是把规则设计好之后,用户凭借他们自己的聪明才智、自己的想法,以及他们之间的化学反应,去完成社区秩序的演变。

3. 后来我发现,相比于满足自己的欲望来利己,更好的方向是去探索怎样利他,如果有能力成为一个支点,让更多的人幸福,自己的幸福感会成倍地放大。

4. 我们选了 1024 作为我们的股票代码。1024 是 2 的 10 次方,它代表了一行行的程序代码,代表了科技的力量,代表了先进的生产力。我们希望用科技的力量,让劳动和创造释放更大的能量,让价值创造者得到更好的回报。

5. 每一个公司,每一个产品都是创始人和团队价值观的体现。因为有无数的决策,并不能每一个决策都靠数据或者靠市场来告诉你怎么选,要靠你们团队坚守的价值观去做很多的判断和决策。

6. 我们认为算法是有价值观的,技术是我们的驱动力,但是价值观才是我们产品的灵魂,一直以来快手坚持以平等普惠、真实向善的价值观,让人们真正有机会提高、展示自己,增加提供幸福感获得感的机会。

7. 我们肩负着最大的使命,是提升每个人独特的幸福感,是带领每一个人走进未来的数字世界,是希望因为我们的存在,这个迅速变化的时代,不要落下任何一个角落,不要落下任何一个平凡人。

8. 我们期待大家,在战斗中,打出内心的勇气,最难的最痛的时候也睁着眼睛面对,用闪电的行动去回应;打出彼此的信任,在黑暗中,敢把后背交给对方,敢把托付交给对方;打出内心的相信,坚持初心,用心感知用户,创造最大社会价值。

9. (算法)权力使用的早期你会感觉很爽,享受使用权力的快感,非常像《魔戒》里的情节,戴上魔戒的瞬间你可以变得很强大,可以操控很多人和事,但是时间一长,你所有的行为就被权力定义,实际上是这个魔戒在操纵你,是权力在操控你。

10. 在不同的社会、不同的经济发展阶段，会有不同的因素影响人的幸福感，注意力的分配是我们今天找到的一个因素，我们还会持续去寻找其他的因素，这是我对自己幸福感来源的定义。

▶▶▶提升每个人独特的幸福感

作者　宿华　快手科技创始人兼CEO

▶ 导读

　　曾经的技术宅男，宿华一度很逃避公开演讲，近年来在乌镇互联网大会等场合的演讲也很简短。在上市后的媒体见面会，宿华希望10年后的自己更懂得表达自己，"我觉得我现在还不是一个好的表达者，而是一个观察者和思考者"。

　　若论口才进步的速度，宿华确实稍逊于张一鸣，但是他为《快手是什么》撰写的序言长达7000字。从回忆儿时幸福感的来源，到快手的使命，再到人生因快手改变的用户的故事，宿华娓娓道来、不厌其烦。

　　相比"60后"乃至更早期的企业家更多考虑财富，很多"80后"企业家往往在创业初期就开始思考幸福感，比如拼多多创始人黄峥。在人生的不同阶段，宿华努力实现了个人目标，在获得幸福感的同时，却有些焦虑。他发现一个事实，自身需求满足后的幸福感持续很短，长久的幸福感来自利他。他认为成为一个支点让更多的人幸福，自己的幸福感会成倍放大。这正是中国文化中"爱出者爱返，福往者福来"的道理（语出西汉贾谊的《新书》）。

　　为了控制篇幅，笔者对用户故事做了部分删节，保留了此文原题。

本质 II
增长的本质

▶ 幸福感的演变

从小到大，在不同的人生阶段，幸福感对我意味着完全不同的东西，有很不一样的定义。

5岁时，我的幸福感核心是"要有光"。

我出生在湖南湘西一个土家族小山寨，这个中国毛细血管末梢的地方，风景秀丽但闭塞落后。当时村里还没有通电，天一黑什么都干不了。

没有电就没有电灯，更没有电视。晚上几乎没有娱乐活动，就在大树下听故事、看星星。家里唯一的电器就是手电筒，不过电池也很贵，经常舍不得用，晚上出门就带个松树枝当火把。山里没有公路，家里酱油用完了，要走两小时的土路到镇上，再走两个小时回来，才能买到酱油。

当时我最渴望的是天黑之后有光，有光就能玩，很快乐。这是特别奇怪的一个幸福感来源。后来我养成了一个很坏的习惯——睡觉不关灯，我怕黑，不开灯睡不着觉。我这个坏习惯直到结婚后才彻底改掉。

10多岁时，我的幸福感来源是"要考好大学"。

读书的时候，我随父母到了县城。在这个小县城，最有名的除了县长，就是每年考上清华、北大的学生。每年7月，县城唯一的也是最繁华的电影院门口就会张贴考上大学的学生名单。

高考是个很好的制度，它让每个人都有机会靠自己的努力去改变命运，推进了整个社会的阶层流动，因此很多地方越穷越重视教育，我就是在这样的大环境下考上清华大学的。

20岁出头时，我的幸福感叫作"要有好工作"。

刚上大学时，老师教育我们说，有一个师兄特别厉害，刚找到一份工作，年薪 10 万元。我当时就觉得,能找到一份年薪 10 万元的工作,是很厉害的事情。后来听说谷歌薪水高,我就去谷歌面试,谷歌给我开出 15 万元的年薪,比我最厉害的师兄还多 50%,那一刻我非常满足。一年之后又给我发了期权,后来翻了倍,我觉得自己幸福感爆棚。

快到 30 岁时,我的幸福感是"要有好出息"。

在谷歌工作时,我跑到硅谷待了一年多,最大的冲击是发现两个社会,不说深层的结构,连表面的结构都不一样。2007 年,北京的车没现在这么多,而硅谷遍地都是汽车。那时候就觉得自己之前那点儿出息是不是太浅了,我应该能够做更多的事情,能够更加有出息,但是当时并不知道自己的出息在哪儿。

2008 年金融危机刚发生的第二个月,我离开谷歌去创业,想让自己的想法得到验证,看看我到底能为这个社会贡献什么,或者能够收获什么。干了一年多,惨淡收场。

第二年我加入百度,做了很多有意思的事情,特别是在做"凤巢"机器学习系统时发现,我掌握的跟人工智能、并行计算、数据分析有关的能力是可以产生巨大能量的。

升职加薪,成家买房。但我一直有些焦虑,为什么想要的东西都得到了,却还是不满足?我的想法在某一个时间点发生了一个比较大的转变。我以前的幸福感来源于自身,我要怎样,要有光、要考好大学、要有好工作、要有好出息。都是怎么能让自己有成就感,让妻儿开心,让父母有面子,这些当然都是实实在在很幸福的事情,但除此之外,人生中是不是存在一种更大的幸福?后来我发现,相比于满足自己的欲望来利己,更好的方向是去探索怎样利他,如果有能力成为一个支点,让更多的人幸福,自己的幸福感会成倍地放大。

利他不是简单地帮助某个人做成某件事,这也是一个逐步探索的过程。我在谷歌工作时,心态就是以我个人的力量能够帮到所有人。我的技术很好,作为工程师,很多团队找我,从写网页服务器、做机器学习系统到进行大规模并行计算，只要你需要，我都能办到。那时候我好像是消防队员，到处帮人灭火，但现实很骨感，因为我的精力被分散了，所以到评职级的时候升不了职，得不到别人的认可。

去百度验证过我们的技术能量以后，我就继续创业了。我们的小团队做了很多类似雇佣军的事，到处去帮别人处理技术问题，把我们的能量放大，但后来我们发现也并不能帮助很多人。我意识到，如果要利他，不应该凭借我个人的力量利他，应该以机制的力量、价值观的力量利他，利他最好的是能利所有的人。这就不能以己度人，需要广泛理解更多人——他们的公共痛点在哪里？幸福感缺失的原因是什么？幸福感能够得到满足的最大公约数是什么？要能够找到所有人幸福感提升的最大公约数。

▶ 快手的独特之处

快手的形态其实很简单，它把每个人拍的生活小片段放在这里，通过推荐算法让所有人去看，但背后的思路和其他创业者会有点儿差别。

第一，我们非常在乎所有人的感受，包括那些被忽视的大多数人。根据国家统计局的数据，2018 年，中国大专及以上受教育程度人口占总人口比为 13%，还有约 87% 的人没接受过高等教育。从这个维度看，我们每天的所思所想、所关注的对象，偏差非常大，因此我们做了更多的选择，让那 87% 的人能更好地表达和被关注。

第二，注意力的分配。幸福感的来源有一个核心问题，即资源是怎么分配的。互联网的核心资源是注意力，这一资源分配不均的程度可能比其他资源更严重。总的来说，整个社会关注到的人，一年下来可能就几千人，平均两三天关注几个人，所有的媒体都看向他们、推送他们的消息。中国 14 亿人口，大多数人一生都得不到关注。

02 新媒体
快手：提升每个人独特的幸福感

我们在做注意力分配时，希望尽量让更多的人得到关注，哪怕降低一些观看的效率。从价值观上来讲，还是非常有希望能够实现公平普惠的。注意力作为一种资源、一种能量，能够像阳光一样洒到更多人身上，而不是像聚光灯一样聚焦到少数人身上，这是快手背后的一条简单的思路。

▶ 用户主导的社区演变

建设短视频社区，最重要的是底层的价值。这些在社区里如何体现？

这几年时间，快手社区的氛围或观感、体验已经发生了巨变。我们作为社区的维护者，最大的特点是尽量不去定义它。我们常做的是把规则设计好之后，用户凭借他们自己的聪明才智、自己的想法，以及他们之间的化学反应，去完成社区秩序的演变。实际上，快手在历史上的每一次转变，都是用户驱动的，我们负责在旁边观察，看他们哪儿高兴哪儿不高兴，哪儿对哪儿不对，哪些地方破坏了价值，哪些地方又适应了时代需求。

最近两年，大家感受比较直接的社区变化和直播有关。快手上有大量的人，对直播的理解非常深刻，也非常需要这种实时互动，所以我们上线直播功能的时候推广特别顺畅。

我们发现快手直播和其他平台有很多不同，最大的不同点是快手上的用户把直播当作生活的一部分，而不是当成工作。快手上很多人是下班后直播，比如，我关注最久的一个婚礼主持人，他每次主持完婚礼都是半夜，所以他每次会半夜开直播或者拍短视频。他的视频系列叫"到饭点了"，因为他每天半夜12点下班去聚餐。我睡得晚，每天都要看看他今天吃什么，每次聚餐都是主人请客，每次吃的东西都很好，而且还不重样，已经持续了好几年。

还有一个在酒吧跳舞的女孩，我也关注了好几年。她每次上班前一边上妆一边直播，下班后就一边卸妆一边直播，和大家聊聊天。很多人在现实世界中得不到别人的理解，你也想象不到她的心理世界是什么样的。你可能会以为她是一个生活混乱的人，其实她有家有口，在酒吧跳舞是她的工作。她拍下了很多自己真实的生活，或辛酸，或高兴，她都愿意和大家分享，分享出去就会很开心。

有一次我还看到一个妈妈，她的孩子特别小，把孩子哄睡着之后，她就开始直播，因为孩子睡觉时间短，她也不能出远门，她一个人在家里陪孩子，最渴望的就是有人陪她聊聊天。开直播聊到一半，孩子一声大哭就醒了，说一句"我儿子撒尿了，我去给他换尿布"后，直播就关了，可能才直播了不到 10 分钟。在她看来，直播、短视频都是和这个世界连接的一种方式，也是得到别人的理解和认可的一种方式。

这些都是我们社区里发生过的故事。对于一个社区来说，我们呈现内容的形态、人们表达自己的方式，以及表示理解、赞同或者反对的方式，必然会随着社会、网络速度和一些秩序的进化而演变，所以我们还在演变中。

▶ 每个人都有自己的故事

每个人都有自己的故事，有的在城市上班，有的在草原养狼，有的在森林伐木，每个人的生活看起来都是微不足道的，不同的人生活状态会非常不一样。大家都在不停地解决各种各样的问题、冲突、矛盾等，生活充满着挑战。

我关注了快手上一位拉二胡的大爷，他发的所有视频都是他一个人在拉二胡，而且拉二胡的时候左右都是反的，右手握弦，左手拉弓。可以看出，这是前置摄像头自拍的。如果一个人在家里常年都在自拍，就说明没有人陪伴。对这样一个老人来说，他最害怕的是什么？就是天黑的时候没电没光，害怕孤独，害怕没有人陪伴。但是他运气比较好，很早就发现了快手，因为普惠的原则，我们会尽量帮助每个人找到他的粉丝，找到会喜欢他、理解他的人。在快手上，这位大爷找到了 9 万多粉丝（截至 2019 年 10 月），其中就有我。每天晚上七八点，这

02 新媒体
快手：提升每个人独特的幸福感

9万多粉丝里恰好有二三十人有空陪着他、听他拉二胡。他只想有人陪陪他，骂他拉得臭都行，那也比没有人理他要好。

老人的孤独感是非常严重的社会问题，并且这个问题的解决难度非常大。快手实际上提供了一个方案，并且是一个通用化的方案，不是针对他一个人的，而是针对这一个群体的，孤独感是很多人感到不幸福的重要原因。

再讲一位侗族小姑娘的故事，她来自贵州天柱，本名叫袁桂花，但在快手上她取了一个洋气的名字，叫"雪莉"。最早她是在快手上发很多展示乡村生活场景的视频，她自己修的茅草房子、自己做的弓箭，她找到曼珠沙华，即红色彼岸花，漫山遍野都是，受到很多粉丝的喜欢，因为很多城市里的人接触不到这些田园风光，这就是所谓的诗和远方。

她18岁高考失利，回家务农，白天没事了就给大家拍点儿视频上传。后来发现有很多粉丝喜欢看她和她生活的场景，很多人说要去看她，但她说家里破破烂烂，没有地方可以住。有一天，她在家旁边找到一个池塘，池塘旁边有一个山窝，山窝里有一个半圆的地方，她说要不我在这里给你们造个房子吧。她开始给粉丝们造房子。这个姑娘啥都能干，她有一次发了单手切砖的视频，还能扛一根原木到屋顶上。

本来她经历了很大的挫折，上不了大学，走不出生活的农村，但是快手给了她一个机会，她走不出去，那就让别人进来。桂花现在是村里最厉害的人，带着全村的人造房子。她不只是改善了自己的生活，还带着全村的人干，卖家乡各种各样的农产品，宣传村里的田园风光，改善整个村子的生活。

大家可能会认为桂花是一个孤例，实际上中国约87%的人没接受过高等教育，大多只能留在家乡找出路、找机会。怎么找？当快手把注意力给他们时，他们就可以找到自己的方案，改善生活。桂花一开始只是改善自己的生活，慢慢开始可以照顾家人，现在可以带动家乡发展旅游业。桂花是根据个人和粉丝互动的情况，自己来运作这个方案的。

本质 II
增长的本质

当我们把注意力以普惠的方式像阳光一样洒向更多人的时候，这些人会找到最合适自己的个性方案，更有针对性、更有效率。张家界导游小哥周天送就是这样的例子。

我的老家就在天门山的西南角，张家界附近。周天送为人特别热情，他在快手上拍摄视频介绍张家界的自然风光，冬天的雪景、树上结的冰、清晨的云遮雾罩，大家非常喜欢，他也因此涨了很多粉丝。因为粉丝多了，所以他自己创业成立了一家公司，现在手下有几十个人。也是属于87%群体的他，将快手和当地的风景、当地的资源结合，找到了出路。当注意力分配更加普惠的时候，就可以帮更多的人创业。快手的普惠理念创造了更多的机会，但并不是快手选择他来做这件事情的，机会是他自己抓住的。

小远是一位来自安徽凤阳的小姑娘，在合肥的大排档里唱歌。我在快手上关注她快4年了，看着她一点点地变化。最早的时候，我们在评论里问她："小远，你的理想是什么？"她回答："我的理想就是今天能够唱10首歌，差不多能挣两三百元，养活自己。"到2018年的时候，我又问小远同样的问题，她说她要给她的妈妈买一套房。3年里她的理想变了，从养活自己变成要孝顺妈妈。

在大排档唱歌的女生，家境往往很困难。4年间，她最大的变化是自信了，这个自信写在她的脸上、写在她的言谈举止中。这个自信是怎么来的呢？有时候粉丝说，小远，你今天眉毛画得像毛毛虫一样。她就知道自己画得不好，第二天就画细一点。有时粉丝又会说，小远，你这条连衣裙不错，看着挺苗条的。她就知道什么样的衣服会显身材、适合自己。在这种互动中，小远一点点改进自己，互动多了，她就会变得越来越自信。

注意力可以让一个人变得更自信。当我们把注意力给更多的人时，就可以让他们在跟人的互动中变得越来越好。当然，这种变化不是快手定义的，我们提供的是一个介质，让人们去相互影响，自己找到自己应该怎样改变的路径，这里面就有千千万万个小远。

快手里面也有很多名校大学生，高学历的有博士，还有国外名校的毕业生和老师，身份标签很光鲜，但不具有代表意义。我上面讲述的这些故事其实是关于中国今天的大多数人，是对社会真正有借鉴意义的代表案例。

▶ 提升每个人独特的幸福感

我给快手团队提出一个使命，就是提升每个人独特的幸福感。为什么要说"独特的"，我认为每个人的幸福感来源是有差别的，他们的痛点不一样，情感缺失的原因不一样，有的人因为孤独，有的人因为贫困，有的人渴望得到理解。那么快手怎么去做到这一点呢？

幸福感最底层的逻辑是资源的分配。社会分配资源的时候容易出现"马太效应"，即头部人很少，但得到的资源很多；尾部很长，但得到的资源非常少。就像《圣经》说的：凡有的，还要加倍给他，叫他多余；没有的，连他所有的也要夺过来。《老子》也说：天之道，损有余而补不足；人之道，则不然，损不足以奉有余。

快手要做的就是公允，在资源匹配上尽量把尾巴往上抬一抬，把头部往下压一压，让分配稍微平均一些。这样做是有代价的，总体效率会下降，这也是考验技术能力和执行能力的时候，如何让效率不下降，或者说下降得少一点。

当我们做资源分配的时候，尽量要保持自由，本质上是说，在契约、规则确定的情况下，尽量少改，别让人杀进去干预资源分配，尽量有一个大家都能够理解的、公平的规则或契约，如果觉得有问题也是先讨论再修改，而不是杀进去做各种干预。我觉得幸福感的来源核心在于，我们在做资源分配的时候，在资源平等和效率之间，在效率和损失可以接受的情况下，自由和平等这两者可以往前排一排。

本质 II
增长的本质

▶ 我的幸福感从何而来

最后回到我的幸福感这个话题。前面说过，我选择利他，并发现最好的利他是能帮到全社会的人，能够找到天下人幸福感提升的最大公约数。我相信注意力的分配是其中一个计量方式。

在不同的社会、不同的经济发展阶段，会有不同的因素影响人的幸福感，注意力的分配是我们今天找到的一个因素，我们还会持续去寻找其他的因素，这是我对自己幸福感来源的定义。

有人可能问我，作为快手的 CEO，你是不是全天下认识网红最多的人，我的答案特别简单：恰恰相反，我是全天下认识网红最少的人之一，我关注的网红我一个也没有见过。因为我担心，当你掌握了资源，又制定了资源的分配规则时，会成为一个非常有 power（权力）的人，就会有人因为利益来找你，请求资源倾斜，破坏机制。权力使用的早期你会感觉很爽，享受使用权力的快感，非常像《魔戒》里的情节，戴上魔戒的瞬间你可以变得很强大，可以操控很多人和事，但是时间一长，你所有的行为就被权力定义，实际上是这个魔戒在操纵你，是权力在操控你。这是我心中特别恐慌的事情，为了防止这件事发生，我做了很多机制性的建设，建了很多"防火墙"。

我特别希望大家能够一起做更多的事情，让这个社会变得更好，让更多的人变得更加有幸福感。今天我们处在一个特别有意思的时代，互联网能够跨越距离的限制，让人和人之间更快、更便捷地连接起来。我们有大规模计算的能力，有做 AI、机器学习的能力，这是世界上很多人不具备的能力。我们应该发挥好这种能力，去帮助那些不掌握这种能力和资源的人，在快速变化的时代也能够变得更好。这是科技革命带来的进步和效率的提升，把效率产生的增量反哺到国民身上，这是我一直在想的事情，希望未来也能够一起探索把这件事持续做下去。

03 新消费

CHAPTER THREE

人们对美好生活的向往,是商业生生不息的底层动力

拼多多：新时代的新电商

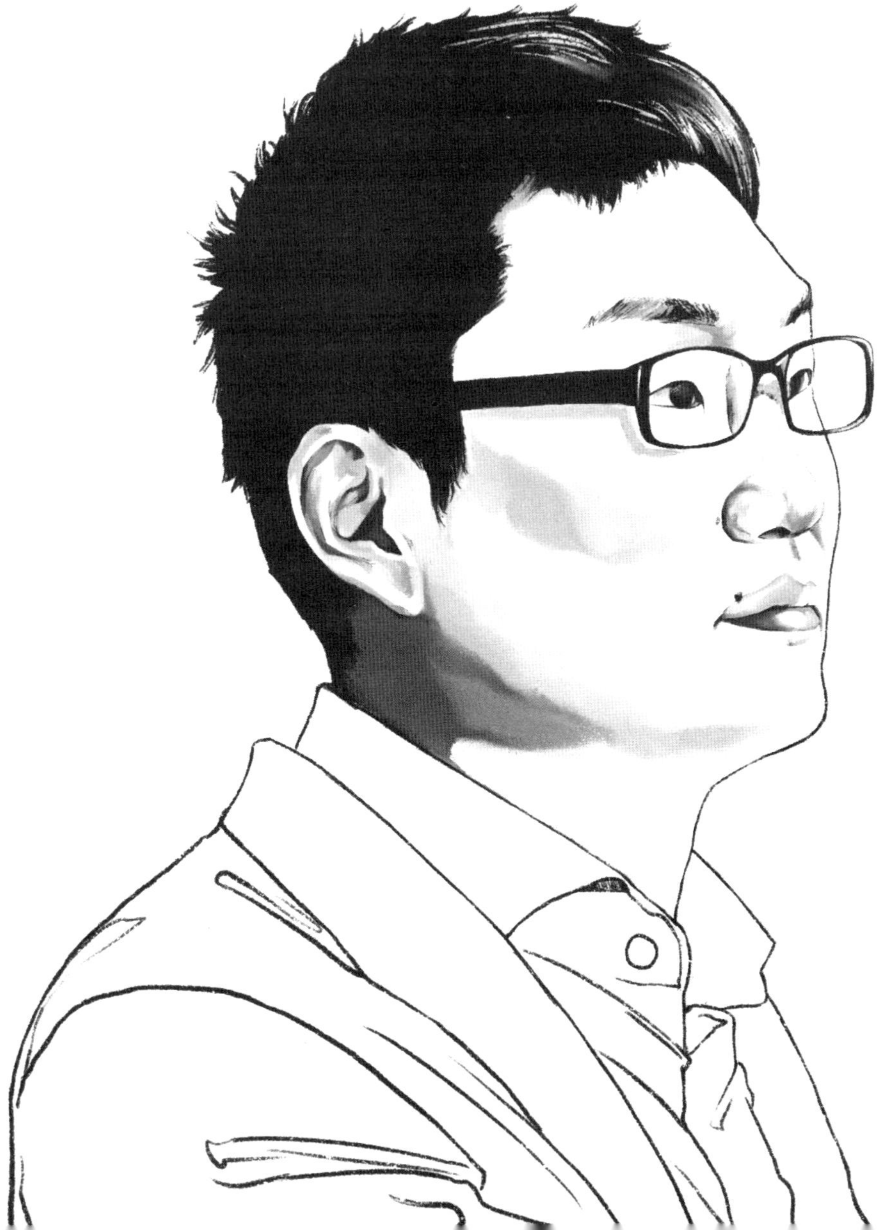

本质 II
增长的本质

▸ 企业简况

互联网经济 20 年最具现象级价值的两个企业：一是字节跳动，二是拼多多。

在巨头环伺，存量市场固化的背景下，两者都通过洞察新商业的本质，打造新的万亿级平台。这两家公司唯一不同的是，前者以腾讯、阿里的挑战者姿态出现，并以此为傲；拼多多则表现出某种外圆内方的智慧，与巨头们保持竞合。创立于杭州、后来搬到上海的拼多多，早期曾把阿里电商视为学习标杆，策略也是从避开巨头竞争的下沉市场起步。

2019—2020 年的拼多多是当之无愧的增长明星。

从市值来说，2021 年 1 月 6 日拼多多股价涨超 12%，市值达 2296 亿美元，超过京东（1485 亿美元）和百度（729.9 亿美元）之和；一跃而为仅次于腾讯、阿里的第三大互联网公司。

从利润来说，拼多多 2020 年 Q3（三季度）实现盈利 4.66 亿元人民币，是成立以来首次盈利。在以烧钱为扩张路线的电商行业，扛过盈利前的亏损期，淘宝用了 6 年，京东是 12 年，亚马逊则是 20 年，而拼多多只用了 5 年。

从用户来说，根据 2020 年财报，拼多多活跃买家达到 7.88 亿，用户规模全面超越阿里巴巴和京东，全年营收同比增长了 97%。年度活跃商户从 2019 年的 510 万增至 860 万，增长 69%。2020 年，从营收来说，拼多多实现 594.92 亿元，同比增长 97.37%；但是利润为负 71.80 亿元，与 2019 年相比亏损小幅增加。

03 新消费

拼多多：新时代的新电商

从 GMV 来说，2019 年年报显示，拼多多当年实现成交额 10066 亿元（2020 年更是达到 1.67 万亿元），刷新全球电商行业达成万亿 GMV 交易的新纪录——阿里、京东分别用了 14 年和 20 年，拼多多用了不到 5 年。平台年活跃买家数达 5.852 亿，实现年营收 301.4 亿元。经笔者计算，拼多多 2016—2019 年连续 3 年营收复合增长率高达 290.82%。创业不到 5 年，拼多多已是国内第二大电商平台，成为国内新品牌的主要发源地。

现金储备方面，2019 年底拼多多持有现金、现金等价物及短期投资共计 410.6 亿元，2020 年一季度还进行了 11 亿美元的定向增发。显然，2019 年开启"百亿补贴"之后，拼多多一直保持充足的粮草弹药。

拼多多的异军突起，绝对是近年来最值得关注与思考的商业案例。张瑞敏说，"没有伟大的企业，只有时代的企业"。拼多多是一个时代特质鲜明的新物种，如猿辅导创始人李勇所言，创业是一场与时代的双人舞；毫无疑问，黄峥是一位精妙的舞者。在成长过程中，拼多多几乎每一步都契合了市场节奏，并非简单地摸着石头过河，而是基于对商业本质洞察的某种预见性。

拼多多的成功，应了那句话：于变局中开新局。其增长轨迹可从势、道与术三维度来看。首先，拼多多抓住了移动互联网的大势，即三线以下城市新用户兴起；其次，拼多多不仅顺势而为，更是把握了新电商的本质（道）；第三，拼多多在页面设计、价格补贴、社交拼团等方面进行了策略创新。人们对新事物的基本态度，往往是摇摆不定的。如果仅仅在术上来观察拼多多，往往陷入困惑，一有风吹草动，就会得出悲观论调，如拼多多上市不久就陷入假货丑闻，近期的员工猝死、自杀事件，等等。

以个人体验来说，自 2019 年年初笔者成为拼多多的用户，先后买过农产品如水果，3C 产品如键盘、鼠标，再到 2019 年"双十一"前夕购买手机，全程体验了百亿补贴推出前后的用户感受，用网络语言来说，基本上"没有翻车"。为了真实感知拼多多的增长模式，笔者本人花费了两周时间，全程体验拼多多的

本质 II
增长的本质

"多多果园"。如此快速的成功,如此年轻的企业,公众产生怀疑很正常;如果尝试作为它的用户,一段时间后,更多人会做出更理性的判断。

生于 1980 年的黄峥,出身普通家庭,在学而优则商的道路上飞奔向前。2007 年从谷歌辞职的黄峥创办欧酷,对标京东做 3C 电商,这是黄峥的第一次创业,持续了 3 年。他很快发现,以自己的年龄、资历和团队,根本不可能打败京东。2007 年,前谷歌中国首席战略官郭去疾创办跨境电商平台兰亭集势,2011 年,欧酷卖给兰亭集势,黄峥保留了技术团队。很快,他先后创办电商代运营公司"乐其"和游戏公司"寻梦",依然在思考进入电商市场的可能。

2011 年的电商市场大势已定,阿里市场份额达到 51%,京东为 18.5%,双雄地位稳固,电商市场似乎没有什么机会了。2015 年黄峥创办"拼好货",2016 年拼多多 APP 上线,2018 年拼好货、拼多多正式合并。

从拼好货到拼多多,市场发生了两大新变化。其一,五环外用户市场形成,廉价手机普及,移动支付方式成熟等因素,催生来自三线及更低线城市的大量网购潜在用户;其二,低端制造业的产能闲置化,2015 年淘宝启动严厉打假行动,宣称"一秒钟下线 24 万做假商家"。

拼多多的崛起模式,基本路径是在大城市等寡头势力范围之外,避开白热化的竞争格局,服务更低端的新用户。早期拼多多的用户池,独立于淘宝、京东的流量,这两大巨头当时无暇顾及这部分群体(被认为购买力弱、利润低的市场)。在某种程度上,拼多多把电商推向更广大的农村市场,真正推动了农村居民的消费升级。

黄峥心中有一个新电商的蓝图:"好市多 + 迪士尼"模式,打造消费与娱乐一体化的平台。拼多多试图做消费与娱乐的融合,拼多多的使命就是"多实惠多乐趣",让消费者买到更多更实惠的东西,然后在这个过程中更快乐。2018 年,企鹅调研显示,用户在拼多多购物的前 3 个原因分别是:(1)与熟人拼团,互相推荐;(2)邀请好友帮忙砍价;(3)像逛街一样,碰到合适的就买。当然,还有

03 新消费
拼多多：新时代的新电商

签到红包、抽奖等小游戏。

拼多多的中国式创新三步走：（1）通过拼好货验证了社交电商的巨大潜力；（2）"农村包围城市"，先满足五环外市场的新用户群体，再以真金白银的"高性价比"赢得高线市场；（3）构建"社交+AI"的双重匹配机制，从好友拼团砍价，升级为机器匹配为主。

拼多多成功的外部因素中，微信接入的助力极大，亦如当年腾讯入股京东。腾讯2016年首次投资拼多多，目前仍是第二大股东，曾经为拼多多提供了包括微信支付页面入口、微信分享等在内的各类流量支持。微信月活跃用户超过10亿，其中覆盖了2亿—3亿平时不用淘宝的人，拼多多一上来就瞄准了这群人。依靠微信平台和自身的性价比定位，成功触达、激活了下沉市场中"电商边缘人群"。据国金证券的研报，2017—2018年，拼多多APP通过微信链接跳转进入的流量占比在50%以上，同期京东在30%左右，而淘宝、天猫仅为15%。

拼多多的成长，也得益于独特的"补贴"思维。拼多多采取平台商家的"0佣金"和"0平台服务年费"政策，除了支付手续费外，平台不向商家收取任何佣金，与其他电商平台截然不同。因此，平台商家愿意更多地让利给消费者，平台活跃度上升很快。借助于游戏化、促销等模式，拼多多进一步增强了用户黏性。2019年启动的"百亿补贴"，拼多多更是投入了真金白银，比如直接现金补贴，让用户直接买到新款苹果手机；2020年重磅营销五五折购买汽车等；微信引流、社交裂变与真实补贴，快速上市获得的资金，让拼多多的商业模式，形成了基于"补贴"的正向闭环，最终也赢得了投资人的青睐，在营收仅有京东1/10的情况下，市值远远超越京东。

拼多多的用户规模不断增加带来大量订单。2019年，平台共计产生197亿个订单包裹数，同比增长77%，而行业平均增速仅为25.3%。海量的订单对平台架构、基础设施、功能模块等提出新的挑战。对此，拼多多早已做好准备，事实上，拼多多一开始就是一家技术驱动型的公司。2019年年报显示，创立至今，

本质 II
增长的本质

拼多多团队中技术工程师占比始终维持在 50% 以上。2019 年，研发费用为 38.7 亿元，较上一年同比增长 247%，平台研发费用占收入比重达 12.8%，远高于互联网行业平均水平。在持续创新的技术应用支撑下，2019 年，拼多多人均创造 GMV 达 1.73 亿元。

黄峥是少数具有哲学家气质的企业家，在笔者看来他的思维有 3 个特点：

一、本质思维。他习惯于追问底层逻辑，相信"第一性原理"，比如他经常运用物理学定律来表达观点。

二、差异思维。黄峥对基本问题的思考，往往是为了导出新的解决方案，他习惯于增量思考，比如他第一次创业就是电商，3 年后即选择高价出手，因为他意识到，"我和他（刘强东）是两代人。'两代人'并不是一句调侃，而是说不同的代际，天然有不同的思路和玩法，我不会和前一代人在同一个平面竞争，我会去寻找一个新的竞争维度"。他在思考游戏的新玩法和新空间，于是有了拼好货、拼多多。

三、融合思维。黄峥的思考模式属于投资大师查理·芒格推崇的"模型思维"，即具有多个学科角度或多元文化视角的多模型，来思考社会问题的多重解，特别是创新解与最优解。黄峥有一篇文章名为《佛与量子力学，无常与不确定性》，还对类似《公共医学，耳鼻喉及头颈外科》看上去和商业无关的话题充满热情。小时候受爷爷影响经常拜佛的黄峥，并非佛教徒，但他把"无所执"视为人生信条，对贪婪保持警醒。由于人生导师段永平的影响，他把段氏的"本分"作为经营哲学的核心，他经历过谷歌，与巴菲特共进过午餐，对资本的底层逻辑既有认同，更希望颠覆之。

黄峥很有定力，是一位太极高手，具备阴阳融合、二元统一的商业智慧。从黄峥的文字来看，他深谙中西文化、国际化视野与本地化需求、低价与品质、用户数量增长与结构改善、短期补贴与长期增长、长期主义与短期策略、圆融的经营哲学与凌厉的进攻态势。优秀领导者的特质之一，往往是善于把二元对立的事物统一起来，善于将貌似矛盾冲突的两方结合起来，从黄峥的决策风格来看，是属于典型的整合决策者。创始人往往面临二选一的困境，如果用一元论的思维来重新界定问题本身，以开放心态和想象力来吸取新的看法，就能提出全新的解决方案。

黄峥身上集合了很多看似矛盾的特质，比如作为学霸、海归，他却一头扎进最广阔的本土市场；他的人生是开挂的人生，但是处世哲学朴实低调；海外留学多年，他并没有形成对西方模式的迷信：他创办拼多多初期的若干文字，充满了用东方智慧解构西方模式的自信，"集中优势兵力打弱小的敌人""政委、组织及组织工作""革命往往在交接处发生""胜利的不同，歼灭战和击溃战"。他计划讨论的一些题目，更是带有强烈的本土文化色彩。

黄峥的一篇文章《如创业的投资和如投资的创业》，是这类思维的典型反映。他第一次创业没有融资，但财富自由后曾经做过二级市场投资；到了拼多多时期，他开始接触机构投资人，回想之前炒股时的思考，他认为同时兼顾创业者与投资人两种思维，打通两个逻辑，才能把企业更好地经营下去，既保持创业初心，不受资本干扰，又善于创造投资人认可的价值，不断推高公司市值。"如创业的投资"，简单来说，就是长期主义的价值投资，黄峥认为，"好的决定往往是艰难的，需要付出痛的代价的。一个好的公司应该去花力气解决/克服那些正确又难的问题，而不是四处捡一大堆芝麻（四处捡芝麻的心态往往是连芝麻都捡不到的，这和积小胜为大胜完全是两码事）"。而"如投资的创业"，最重要的是选择好的赛道。

本质 II
增长的本质

▶ 主要理念

1. 新电商

"拼多多不是一个传统的公司。它在大家都觉得电商的格局已定、历史书已经写完的时候诞生。"自上市以来,黄峥模仿巴菲特和贝索斯,每年发布《致股东的信》,核心内容是阐述拼多多如何成为"新电商"。

什么是新电商?第一个特点是社交电商。通过好友推荐、参与砍价,形成裂变增长。

传统电商的获客成本很高,通常是用广告投放获取流量。相比之下,拼多多把省下的广告费返还给商家,或者直接补贴消费者,实现了多方共赢。拼好货 2015 年 4 月上线,8 个月后用户突破千万,不到一年时间,出现了数百家拷贝拼好货模式的公司。

第二个特点是以人为中心的连接逻辑。传统电商是"人找货",新逻辑是"货找人"。拼多多的模式,是人的推荐,与人的拼团;淘宝与京东的推荐模式,本质是搜索,以海量 SKU(库存量单位)来满足长尾需求。拼多多采用的是匹配模式,以品类为主,结构化的有限 SKU 推荐给消费者。正如黄峥所说,拼多多创造的是与众不同的购物平台,一个以人为维度进行群分的平台。百亿补贴战略推出后,拼多多快速赢得一二线城市的优质客户(笔者就是百亿补贴的拥趸),拼多多的用户价值的本质是高性价比的购物体验,而不是廉价低质,"我们平台的用户,既可以在入手奢侈品的时候非常大方,也可以为一箱水果的价格三家比较"。

第三个特点,推动社会系统进化的普惠价值。黄峥认为可以设计一种新模式来变革需求侧,实现供给与需求的再平衡。他 2017 年 9 月在一篇文章《市场多一点,还是计划多一点》中提出,"用需求流通侧的半'计划经济'来推动实现供给侧的半'市场经济'。"

供需双方的信息不对称，导致了市场的低效；移动互联网的出现，提供了低成本、快速收集需求信息的新可能；黄峥对计划与市场辩证关系的深度思考，触及电商产业的第一性原理，成为拼多多商业创新的逻辑起点。

在黄峥自拟的一系列题目中，多数是探讨商业逻辑，但《农产品的工业化革命是否能被跳跃》与《生鲜电商会不会存在》这两篇很另类、很具体。在拼多多之前，很多巨头都曾经发力生鲜电商，不论是顺丰、永辉还是京东都一度中途折返。与拼多多崛起于下沉市场相伴随的，是拼多多极力推动的"农产品上行"，以及在供应链、物流与交易体系构建中的系统性创新。作为商业新物种，拼多多与京东、淘宝在这一点上差异最大，值得人们给予更多的尊敬。

在拼多多万亿 GMV 的构成中，作为电商的主打，服装和快速消费品这两项接近一半，而推动增长的两大抓手正是"农产品上行"与"新品牌计划"。2019 年，农产品上行带来高达 1360 亿元的 GMV，同比增长 109%，占整体 GMV13.5%；农产品商家达 58.6 万户，服务 2.4 亿的活跃用户，复购率超过 70%；作为拼多多的看家本领，农产品上行已成为触达一二线城市用户的主要入口之一。农产品上行不仅仅出于扶贫助农的责任感，更是对社会资源调配机制的理性思考。

自有电商以来，媒体经常报道某地农产品滞销，某些平台突击开展线上采购，这样的案例比比皆是，如何从市场机制入手，常态化、规模化地解决农产品供需适配的问题，黄峥的深度思考，推动拼多多基本实现了农产品工业化的机制再造。

在 2018 年致股东的公开信中，黄峥表示，农产品上行，"降低了农产品消费的不必要成本，也使小规模定制服务成为可能。这种模式的社会影响力以及社会价值远高于我们业务本身所取得的成就以及外界对公司的估值"。

2. 变革需求侧

拼多多的成功背后，有很多偶然性不可复制，如黄峥的谷歌背景、顶级导师、豪华投资人等个性因素。2019 年 12 月，被誉为"拼多多第二"的淘集集宣布破产，从估值 8 亿美元到最终清盘，仅仅用了 16 个月。但是，透过表象来看，拼多多的成功，首先是基于对市场经济的供需逻辑的系统思考。2017 年 9 月 22 日和 26 日，黄峥在微信号连续发了两篇文章《市场多一点，还是计划多一点》《把"资本主义"倒过来》，提出了自己的解决方案。

一个朋友告诉黄峥，服装生产的规模化始于一战，今天流行的 Burberry（博柏利）风衣当时就是为军队生产的。由此，他想到，战争中军需品供应是特定场景下的需求集中化，并引发了生产端的产能放大。国内很多制造业存在产能过剩，2016 年政府提倡供给侧结构性改革。黄峥从服装业得到启发，认为需求侧是源头，"要根本上变革供给侧，得先变革需求侧，需求侧是拉动供给侧变革的牛鼻子"。

黄峥设想了 3 种供给侧变革，一种是需求本身大于供给，比如飞机出现之后的航空业的发展。旧的需求被满足，新的需求（黄峥称之为对物欲的贪婪）产生，循环不断。第二种是新的场景下的新需求，比如战争出现对服装的需求。前两种都是由于社会产生了新的需求增量，推动了供给的发展。第三种则是需求总量基本不变，而且高度分散化，"前端需求集聚性的变化，或者说是信息收集成本大幅变化引起的"，这种需求段变化，也会触发供给侧变革，特别是移动互联网的出现，让需求信息收集与个人支付更加高效和便利，提升了供需交易的效率。

黄峥认为前两种需求变化，类似消费主义倡导的方向，不一定值得鼓励，"这是一个值得我们反思的问题"；第三种需求，"通过信息的归集、全链路打通，来实现现有需求的更优质、更高效的满足则是大有可为"，他的解决方案是，"用需求流通侧的半'计划经济'来推动实现供给侧的半'市场经济'"，推动需求侧更多计划性，实现中小规模批量"定制生产"。

03 新消费
拼多多：新时代的新电商

当然，批量化定制生产的商业模式，其实在国内已经存在，比如青岛红领集团的智能化生产；但是黄峥的眼光更加宏观，提出的是整个社会供需适配的新模式。

黄峥认为，义乌小商品市场在线化，对传统制造业的工厂改变不多；因为只是让流通侧信息高度透明化，线下工厂与线下商超的关系没有实质性变化。国际贸易和外贸订单，也高度依赖沃尔玛、家乐福。黄峥设想了一种新模式，希望改变生产侧的滞后性和高度的刚性计划性。从需求侧变革入手，根据好友推荐等方式，并且让消费者容忍一定的到货时间，形成某种具有时间弹性的计划性需求，"前后端信息会更全面地打通，消除需求和生产的错配"。

在《把"资本主义"倒过来》一文中，黄峥从巴菲特的保险帝国谈起，他发现保险业的本质是穷人付费向富人买安全，促进了财富从穷人向有钱人的转移，把资本主义的马太效应放大到了极致。如果倒过来，富人付费给穷人（消费者）购买生产的安全性，能实现双赢的社会效应。

黄峥举了一个例子，比如一千个人在夏天想到冬天买一件某种样子的羽绒衣，形成一个统一订单给到生产厂商，愿意按去年价格出10%的订金；工厂很可能愿意给这笔集采一个可观的折扣。"从交易形式上来说，这个交易就像是一群人一起各花1块钱买了3块钱的限时抵用券，然后工厂因为卖出了这些抵用券"，换取了需求的确定性。

从本质上说，采用信息化手段，以厂商折扣券的方式，让消费者的未来需求自发确定化。

由于需求变化的不确定性，厂商（有趣的是，黄峥直接把他们称为"资本家""富人"）面临着极大的市场风险，厂商的折扣券类似于向消费者购买的需求保险，"富人、资本家出钱给普通人、穷人买他的生产资本配置的确定性"。

客观来说，黄峥虽非经济学家，他提出的方案未必完美，但是人们可以从中窥见他对市场逻辑的本质洞见，以及从增加公共福祉出发的商业模式设计。因此，上市后的拼多多，不仅没有如很多公司受困于股东价值而日趋平庸化，而是获得了推动社会资源更优配置的战略机遇，值得读者诸君深思之。

3. 幸福观

幸福感之于创业者，未必是动力来源，却可能成为动力消耗的主因。在某种程度上，创始人及早从所经营的企业中找到乐趣，关系到企业能否走得更远。

创办拼多多已是黄峥的第三次创业，对他而言，再次出发不再是追求世俗的成功；创业承载的更多是生命意义的思考，是体验更高幸福感的载体。2016年3月24日，黄峥发了一篇读书笔记：《读罗素：幸福与对自由的贪婪》。

开篇写道，"我从小到大受的教育是一直要我学先进，立志做个有用的人。所以，现在回想起来，我对人生楷模、人生目标，甚至是人生意义的思考都是非常早的"。与张一鸣一样，年少的黄峥喜欢"读人物传记，想自己最想成为谁"，也读哲学的书，思考生命的意义。长期以来从读书到工作，黄峥人生的目标感很强，但是"我已经创业几年了以后，我才开始意识到目标达成和幸福未必是同一件事。我对幸福的思考、理解和探索是非常晚的"。出于学霸的本色，他通过阅读来求解人生困惑，他读过本·沙哈尔的《幸福的方法》，直至读到罗素的《幸福之路》，受到了较多启发。

黄峥把罗素的思想归纳为3点，其中有不少自己的判断："（1）要有勇气去面对常识，用常识做理性的判断，用理性的意念指引自己的行动。（2）要把对成就一个无限完美的自己的兴趣，转移为对外部客观事物的兴趣。（3）对不可改变、不可能征服的事要会放弃。"

他强调，第一条中的"两个关键词是'理性'和'常识'"。这正是黄峥这一代企业家的思维特质。

关于理性，罗素的基本倾向是，"激发情感不是理性该干的事，尽管理性的一部分作用就是找出可以阻止会危害福祉的情感的方法"。这类似于中国儒家思想中的"理""欲"关系中的"以理制欲"。

"理性"词条下，黄峥只抄了两句；但在"常识"词条下，黄峥摘录了五六条，如"你的动机并不总像你想的那样无私"，"不要过高估计你的价值"，"不要指望别人也像你一样那么看重你"。这三句话直接戳中了企业家群体的典型需求，他们希望表明自己的无私，期待获得外部的尊敬，等等；但是罗素的话无情地揭示了这种期待的尴尬，反观拼多多近 5 年的争议不多，黄峥能保持定力，可能是受益于罗素的思想。

"所有的不快乐都是由某种分裂或不一致造成的。意识和无意识不协调就会造成自我分裂。不能靠客观兴趣和爱的力量将自己和社会连在一起，就会造成两者不一致。"罗素一语道破了，幸福感本质上是基于精神世界的统一性。的确，人的本心与自我的分裂，自我与社会的隔膜，是人们不快乐、不幸福的主要原因。

罗素一生对中国颇有兴趣，也曾到访中国，与知识界沟通密切，其思想与中国文化确有某种亲近性。与罗素同时代的中国哲人梁漱溟先生，提出人生的三问题：人与物的关系，人与人的关系，人与内心的关系。黄峥引用的罗素语录，主要涉及后面的两大问题，因为创业时他已经财富自由，与物的关系不再是问题。

罗素的幸福观，是从人性的基本面入手的。罗素声称，自己的人生被 3 种激情支配：探究真理、同情人类、追求爱情；同时他奉行中庸之道，"中庸之道，是一种乏味的学说，但很多事情都能证明它的确是真理"。黄峥还饶有兴趣地探究了罗素自己的人生与幸福观的关系，结论是罗素其人是知行合一的。

4. 公众机构

2018 年拼多多上市时的公开信，开头即说明创业 3 年就上市的考虑，有趣的是，黄峥着重从"公众性"的角度来解释。企业上市后被称为公众公司，一般

本质 Ⅱ
增长的本质

是指股权公众性，黄峥认为拼多多的公众性包括4个层面。

其一，业务社会性，与传统电商相比，拼多多服务了更广泛的公众。其二，公众监督，黄峥坚信拼多多模式已经跑通，在公众监督下能成长得更好更强。其三，成为公众的机构，"它为最广大的用户创造价值而存活。它不应该是彰显个人能力的工具，也不应该有过多的个人色彩"。其四，独立的公众机构，"展示它作为一个机构独特的社会价值、组织结构和文化，并且因循它自身独特的命运生生不息，不断演化"。

"独立的公众机构"的提法比较新颖。常识上，企业是由所有权人支配的私人机构，正如王健林所说的，自己的钱想怎么花就怎么花。但是，黄峥对拼多多的期许，不只是新电商，更是超越商业的新类别，包括两个层面：（1）独特的社会价值、组织结构和文化；（2）独特的命运与进化之路。值得注意的是，黄峥心中的"独立性"，并非强调独立于某种外部力量，更多是基于独立思考——"think different"的独特气质，从经营思维、运作逻辑到价值实现的全新探索。

自北宋以来，新儒家注重义利之辨，提倡义利并行，其实质是公私之别，正如程颐所说："义利云者，公与私之异也。"2018年，38岁的黄峥，能对企业的公共属性有类似的思考，实在难能可贵。

金句10条

1. 我的中学和大学总体来说是幸运而充实的，但也有一个不小的遗憾，那就是自己目标导向太明确，在追求第一上、在努力做一个好学生上浪费了过多的时间，损失了很多逆反、捣蛋、纯粹享受青春的时光。"60分万岁是个好哲学"，是我在很多年后才慢慢悟到的。

2. 谷歌让我看到人一夜暴富带来的副作用。好像佛教里面讲，得多少财是要有对应的福报的，没有足够的福报得了意外之财可能未必是好事。因为瞬间有了太多的钱，很多人失去了工作的动力，开始去寻找新的乐趣和事业，但是往往那些新的东西，他其实不擅长也未必喜欢（开飞机未必行，搞望远镜搞不来，创业不适合做老板，但又在了老板的位置上）。

3. 谷歌的"Do no evil"（不作恶），我觉得是深入到谷歌基因里的，不是随便说说的。谷歌是真的把mission（使命）、价值观放在利润之前的，如《基业长青》里描述的优秀公司，谷歌的利润是随着做正确的事带来的副产品。同时"Do no evil"其实也是谷歌对自身可作恶能力的一种警醒。越深入谷歌内部，越能意识到谷歌有很强的通过作恶来牟利的能力，所以向所有的人申明不作恶，让大家一起来监督是很智慧的。

4. 我们这个团队可能跟阿里团队差了20年，我觉得我们也许有机会在新的流量分布形式、新的用户交互形式和新的国际化的情况下，能够做出一个不一样的阿里，当然这句话可能当前看起来有点太大了，但是一步一步走过去，也不见得没有机会。

5. 总之，感觉从我识字开始，好像我就是在不停地给自己设立目标，然后找优化路径去实现这个目标以及我理解的人生大目标。直到很久以后，我已经创业几年了以后，我才开始意识到目标达成和幸福未必是同一件事。我对幸福的思考、理解和探索是非常晚的。

6. 我跟我团队打的比方是说，人生是个过程，然后呢，我们就好像农民工进上海打工，我一开始水平差，我就搬砖头，到后来洗碗，洗碗过了之后做厨师，厨师做好了之后就开饭店，我们的过程是这样的，并不意味着说我之前的事情跟现在没有关系，甚至有一天我开了餐厅之后，我回过头去，我也会去洗碗，我也会去做厨师，整个东西就串起来了。所以你看我们今天这个团队，看起来拼好货是个新公司，但是你看都是老人，创业好多年了。

本质 II
增长的本质

7. 读完《幸福之路》，我自己的总结大概就是下面几句话：

（1）要有勇气去面对常识，用常识做理性的判断，用理性的意念指引自己的行动。

（2）要把对成就一个无限完美的自己的兴趣，转移为对外部客观事物的兴趣。

（3）对不可改变、不可能征服的事要会放弃。

8. 如果一个业务特别容易做，也不需要付出大的代价，往往不是长期带来大量现金流的好业务。好的决定往往是艰难的，需要付出痛的代价的。一个好的公司应该去花力气解决／克服那些正确又难的问题，而不是四处捡一大堆芝麻（四处捡芝麻的心态往往是连芝麻都捡不到的，这和积小胜为大胜完全是两码事）。

9. 巴菲特说他见过很多一般的人，在金融行业赚了不少钱，也见过很多很聪明优秀的人在不好的行业里苦苦挣扎。在创业的路上很多时候也如投资，选择比努力重要。在正确的道路上前行哪怕慢一点，犹如投资中的复利，连续 20 年 20% 的年回报是很厉害的，远比今年涨 100% 明年跌 50% 来得收益高。

10. 一种商业和格局能否持续，本质上要看是否有利于消费者，是否有利于劳动者和价值创造者，是否能创造出不可替代的价值，是否恪守本分尽了社会责任。

03 新消费
拼多多：新时代的新电商

▶▶▶新时代的新电商

作者　黄峥　拼多多创始人、董事长＊

＊2021年3月17日，在拼多多2020年财报公布之际，黄峥辞任拼多多董事长，自称即将开启新的事业。

▶导读

在新一代企业家中，黄峥、张一鸣与王兴三人，比较擅长对外阐述自己的价值理念。不同的是，黄峥的很多思考，更追求商业模式的内在逻辑自洽性，话语更具人文情怀。2020年《致股东的信》，以"今夕复何夕（What time？）"开篇，颇有历史沧桑感，全文主题是纵论时间观，仿佛一位行吟诗人对后疫情时代的预言式独白，几乎没有提到商业有关的字眼，最后引用的诗句也很有哲学味，他表示将以谦卑、平静、感恩与担当，来迎接新世界的到来。

此信写于2020年4月20日，7月1日黄峥给员工的公开信中，宣布辞去CEO职务，留任董事长，"我将花更多的时间和董事会制定公司中长期战略"，并把约占公司总股数7.74%的个人股份（截至当年4月13日公开数据，黄峥持股为43.3%，拥有88.4%的投票权；腾讯为第二大股东，持股为16.5%，仅拥有3.4%的投票权）捐给拼多多合伙人集体，用于对未来管理层的补充激励，其中一部分用于公益基金会，资助长期基础研究和社会公益。

"就像我在前面两封致股东信中解释'拼多多的诞生'时所述，新物种将会以和从前完全不一样的样子在新的土壤中孕育和生长。"2018年上市致股东信与2019年致股东公开信，主题都是新物种拼多多的诞生记，从内容上来说，2018年更多是回应质疑，2019年则更加从容，系统阐述了关于拼多多的哲学思考，即新电商的时代特质，如普惠性、人为先、更开放。

本质 II
增长的本质

黄峥在文中明确表示了对"二选一"恶性竞争的态度，他认为现状不会持续太久，应当摒弃零和竞争的帝国式思维，拥抱创造用户价值的增量思维。2020年底的反垄断风暴，间接证实了他的预见。2020年，拼多多与国美合作，建立自营物流，在页面增加自家支付通道，集中发力社区团购等，很多动作似乎试图补齐成为帝国的某些短板。

黄峥2020年选择退居二线，或许在思考如何破解互联网经济的"创新者悖论"，类似腾讯、阿里这样的巨头，初创时是夹缝求存的挑战者，成功之后肆意挥霍垄断红利，倾向于压制新的创新。2021年3月17日，黄峥在致股东的信中，表达了他的最新思考："行业竞争的日益激烈甚至异化让我意识到，这种传统的、以规模和效率为主要导向的竞争，是有其不可避免的问题的。要改变就必须在更底层、更根本的问题上采取行动，要在核心科技和其基础理论上寻找答案。"

高速增长的拼多多，在未来5年是否也将不可避免地走向垄断呢？未有定论。以下是2019年黄峥致股东公开信的原文，笔者做了部分删节。

致股东：

这是一个有意思的时代，世界正以前所未有的速度改变着。好的坏的都在发生，很多是不曾预期的，有些甚至让人惊讶或者紧张。旧力量的惯性依然很强，产生的问题依然存在；新的力量、新的思维、新的方法又在竞相萌发。如狄更斯在《双城记》里所写，"这是一个相信的年代，这是一个怀疑的年代……"但无论你信仰还是质疑、主动或是被动，我们与世界都正以近乎冲刺的速度进入到一个新的时代。

一、新时代的新电商

在新的时代，就我们这个局部来说，我们倡导的新电商意味着什么？和传统的电商前辈的关系又是什么？

首先我想新电商的最大特征是"普惠"，这是由它出生的时代决定的。20年前互联网刚在中国起步时，使用者是知识经济水平较为靠前的小部分人。20年后拼多多出现时，不论乡村还是城市，教授还是农民，移动互联网已经平等地进入到了普通人的生活中。这个时候出现的新平台，它的历史使命就是服务最广大的普通人。从第一天起，我们就沿着这个使命前行，希望通过农产品上行为农户增加收入，为城市居民提供实惠，这成了当时平台成长的最强劲动力。之后，通过工厂C2M（用户直连制造）直销提高商品的性价比，给普通人提供买得起的升级生活用品，又让平台向这个方向迈进了一步。

新电商的第二个特征是"人为先"，这是由它的基因决定的。拼多多诞生于移动互联网，摒弃了PC搜索购物年代的"物为先"。新电商不再把活生生的人当成流量，把商业模式做成流量批发；它试图理解每个点击背后人的温度，试图通过人和人的连接和信任来汇聚同质需求。只有服务好人和对人足够尊重，人群才能聚集成力量，我们才能将长周期零散需求汇聚为短周期批量需求，出现柔性定制生产的可能性，提升供应链效率，让价值回归劳动者和创造者。新电商也希望通过人和人的互动，让用户更开心，类似多多果园这样的产品虽然只是初步尝试，但验证了一种可行性。

新电商的第三个特征是"更开放"，这是它的战略主动选择，更是时代进步的要求。我们的策略不是从打破一个垄断到创造一个新的垄断，而是从打破一个垄断到提供一个新的选择。拼多多的快速增长，也是行业里的每个公司争取长期生存权的必然结果。以快递行业为例，我们在物流领域的基础很薄弱，但拼多多推出的电子面单系统能在短时间内成为中国乃至世界第二大电子面单系统，靠的不是我们，而是人心。大家从内心深处都不希望被强迫，虽然阻力重重，但为长期生存权而争取一个新选择的愿望和力量是强大的。

虽然其他主流电子面单系统到现在都要求自身体系商户只能使用其唯一指定面单，但我们依然允许商户选择其他的电子面单系统。我们希望身体力行促进产业走向开放，将力量从争取垄断与反对垄断的局部利益斗争中解放出来，投入到更值得我们全力比赛的——例如农产品上行的物流效率提升这样的更有利于社会和大多数消费者和劳动者的难事上来。

从现在来看，这样的策略对于物流行业的好处是明显的。

除了物流，在云服务上，我们现有的体量可以自建也可以只用一家，我们依然选择了所有主流云计算平台。在支付上，我们接入了所有主流支付平台，坚持把多种选择留给消费者。

关于新旧关系，很多人习惯用"你死我活"的战争思维来看待，好比对于整日围坐于古罗马角斗场的人来说，非此即彼就是全部的世界。也许角斗画面能带来一些感官刺激，但大自然多样生态共生迭代才是持久的真实。

新电商是后来者，又是开创者。既是后生，各方面不完善，弱的一方；又是新生力量，充满了活力和希望，代表了先进的方向。拼多多在一个特殊机遇期通过商业模式和技术创新，突破了既有格局，开创出了一个新的购物场景，我们希望可以通过自身努力，引导生态向着更普惠、更有温度、更开放的方向不断迭代。

▶ 二、拼多多当前的状态

1. 拼多多依然是一家创业公司。

虽然拼多多成长很快，也有了一定的规模，但它从成立到现在仅有 4 年时间，依然是一家创业公司。就好比是刚读小学的 YAO，个头虽高但依然只是个小学生。在这个阶段，需要的是充足的营养和适当的磨炼。虽然偶尔也会被推上球场，与

03 新消费
拼多多：新时代的新电商

大块头成年球员较量较量，这里就特别需要裁判和教练关注场上对抗是否合理，"小大人"是会在皮肉青紫中成长，还是会韧带断裂半月板受伤。我们相信大家愿意看到越来越多的优秀球员涌现，贡献精彩比赛，而不是赛场互殴。

作为监护人，如果想要培养他向善和自立，周末让他去做做公益，去餐厅做做临时工赚点钱也许不错。但督促他把赚来的钱都存在罐里，每周数数存了多少，这恐怕不是一个聪明的投资，用这笔钱给他买双心爱的篮球鞋也许应该更好吧。

因为进入了赛场，这个"小大人"随时具备了产生收入和随时赚钱的能力。同样地，现在的拼多多也具备了产生大额营收的能力，当前的短期开销和营收只有很弱的关联。账面上的短期费用（我们认为相当一部分是具有价值的投资）也有极强的随时可调性。我想，拿"储蓄罐"里的钱去存定期恐怕不是一个好主意。我们在相当长的一段时间内将不会改变现在的经营策略，将持续聚焦在企业内生价值上，积极寻找对长期公司价值有利的投入机会，即使这些投入按照会计准则会被记为大额短期费用。

2. 当前面临的空前"二选一"会持续一段时间，但固有的藩篱必将被打破，形成以创新和增量为导向的竞合是必然。

拼多多的出现初步打破了既有电商格局，自然会让其他平台有所反应，这种反应有时甚至是夸张的。但所有的这些行为并不产生消费者价值，也不为品牌商、生产者创造价值，甚至大多数是以伤害生态相关主体及消费者利益为代价的。这种为了争取或维持某种垄断而进行的消耗与伤害有时是"杀敌一千，自损两百"，有时是"杀敌一千，自损两千"，如果不能维持长期的"独家排他"，那终将只是消耗而无所得。

而"长期独家排他"是必然会被打破的。一方面，一时的许诺放在一两年的长度，和商家、消费者的全体来看，是必然不可持续的，甚至是要反向加倍奉还的。另一方面，假设长期没有一个像拼多多这样体量的新电商存在，那整个产业上下游、品牌商、资金流、物流都将只能在实际上唯一可选的体系内流转，那是不可想象的，也不符合商业逻辑和自然规律。恐怕连自身认为获益的当事方都会逐渐意识到这是个灾难。所以大体量的新电商是必然会出现的，不是现在的拼多多，就是未来的"Costco + Disney（好市多 + 迪士尼）"。

长期看旧的格局能否维持，不是看"追求独家垄断性的竞争"能分给周边多少利益，也不是看有多少违背自身利益和意愿的被迫表态。有时恰恰相反，每一次被强迫背后都是一次内心深处反抗力量的增长。

一种商业和格局能否持续，本质上要看是否有利于消费者，是否有利于劳动者和价值创造者，是否能创造出不可替代的价值，是否恪守本分尽了社会责任。

▶ 三、下一步的策略

关于下一步的策略，我想主要还是下面 4 点：

1. 坚持消费者导向，创造性地解决存量问题，为社会做增量贡献。

2. 从生存的高度，理解履行社会责任是应尽的本分。保护知识产权，持续高压"双打"，全力扶贫助农。以钉钉子的精神，扎扎实实一个一个地解决实际问题。

3. 专注于长期企业内生价值，立足长远，勇于投资未来。

4. 进化组织，一步一个脚印走向更包容、更透明、更国际化的成熟公众机构。时代的洪流浩浩荡荡，方向难以阻挡。

拼多多在短短 3 年多的高速发展过程中经历了各种曲折，是一个个老百姓用自己的真金白银投票支持了她。在森林里，每一个局部树和树的竞争是激烈的，不同局部的较量是异常丰富、曲折变化的。但如果我们看整个森林，最终所有树的方向又是一致的，那就是向着阳光的方向。向着阳光的力量是异常强大的，它将改造很多事物，或为改造事物开辟道路。拼多多的出现和发展并不是因为我们有多厉害的能力、平台有多完善，甚至都不是我们有多用功，而是因为她生长在

03 新消费
拼多多：新时代的新电商

阳光充足的方向，这个方向就是普惠、以人为先和更加开放。摒弃零和竞争的帝国式思维，转变为以持续创新为基础，为消费者和社会创造增量价值的思维，这就是我们看到的阳光。

不论我们的作用有多大或有多微小，我们这一代人终将被这个时代急速的洪流推向一个属于我们的不一样的新时代。

感谢选择相信我们，加入我们创造新电商这一美妙旅程的投资人。让我们一起向着早晨七八点钟太阳的方向前进，因为那才是新生的方向。

>>> 美团：互联网下半场的2B机会 >>>

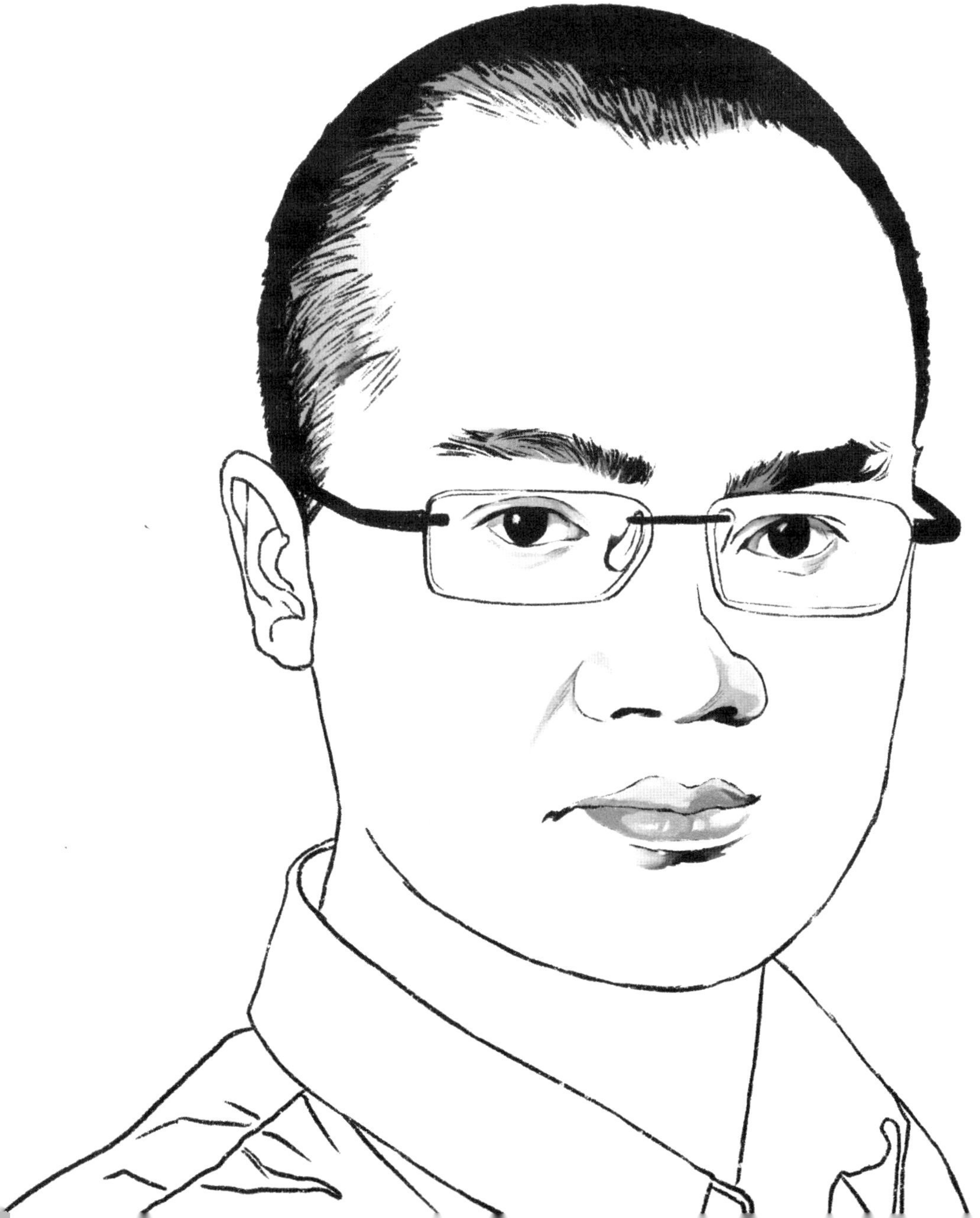

本质 II
增长的本质

▶ 企业简况

龙岩是福建的地级市，地处闽粤赣三省交界。当地有两大特点：其一，所辖7个县区均在原中央苏区，也是全国赢得"红旗不倒"光荣赞誉仅有的两个地方之一。著名的古田会议所在地就在龙岩。其二，龙岩也是享誉海内外的客家祖地，75%以上人口是客家人。当地长期的红色文化基因，对王兴、张一鸣潜移默化的影响，或许让他们对吸收我党我军的战略智慧没有多少违和感。一般认为，客家人有三大特质：勤俭性，为生存肯吃苦；思辨性，好学深思；近儒性，有文化传承意识。王兴、张一鸣两人，确是这三大特质的真实写照。

出生于1979年的王兴，与张一鸣一样都是福建龙岩人，两者曾有不少交集。张一鸣离开微软之后，曾加入饭否担任技术合伙人，两人共事时间一年左右。王兴比张一鸣年长4岁，创业也早了几年。在张一鸣心中，王兴带有一点大哥的气质。接受《财经》采访时，张一鸣谈起两人的异同点，两人"都比较有好奇心，也都爱信息"。在张一鸣看来，王兴身上的技术色彩并不浓烈，更多的是胸怀天下的企业家气质，"他对什么事都关心"，思考也更系统。

据张一鸣介绍，在饭否的时候，王兴很早就有意识地学习世界级企业家的智慧，比如稻盛和夫、韦尔奇、贝索斯等人，他定期给团队推荐图书，有时候会开出一串书单。

在知识图谱上，王兴与张一鸣有类似的探索路线。一鸣专注些，从技术路线到管理者的轨迹更清晰；作为连续创业者，王兴几乎没有专门干过技术岗位，视

03 新消费
美团：互联网下半场的 2B 机会

野更开阔些。这决定了美团与字节跳动在企业文化上的基本差异，字节跳动类似腾讯，美团更近于阿里，以战略布局见长，以高效运营胜出。

在过去的 2020 年，后疫情时代互联网行业进入快速发展期，作为国内主力外卖平台之一，美团市值持续攀升，刷新纪录。2020 年 5 月 26 日，美团市值超 8093 亿港元，成为中国市值第三的互联网公司；8 月 24 日，美团市值达到约 1.56 万亿港元；2021 年 1 月 20 日，美团市值突破 2.1 万亿港元，再度超过拼多多，成为中国第三大互联网公司；同时也是国内市值第四大公司，仅次于腾讯、阿里、茅台。

2021 年 4 月国家市场监督管理总局宣布对美团进行反垄断调查，善于分析宏观环境的王兴，或许正在思考新的企业战略。毕竟，美团是连续创业者王兴的第 5 次创业了，也是他自己所说的干得最长的一次。

纵情向前

1997 年的清华开学典礼上，校领导的发言让王兴记忆犹新。这位领导是清华校友，回想自己当年入学的情景，"眼前是一望无际的田野，背后是一排排的厂房，我们的生活就是这样，永远战斗着奔向前方"。在大一新生王兴的内心，这句话引起了长久的波澜，以至于他后来回母校的演讲中，复述这句话，并且表示，"现在时代不一样，我们眼前没有田野，我们生活也不需要厂房，因为第三产业已经比第一产业、第二产业更加重要，但是我们生活依然要如此，要既往不恋，纵情向前"。是的，时代变化了，进取型的人生观依然值得。

与早期清华人服从组织安排不同，在这个创业的大时代，很多清华学子选择创业来实现人生理想。王兴曾是清华大学科技创业者协会的活跃分子，推动他很早迈出了创业的步子。

"既往不恋"一语最早出自晚清名臣曾国藩，"未来不迎，当下不杂，既往不

本质 II
增长的本质

恋"。美团取其对过去的决绝之意,更重要在于"纵情向前",因为"创业对我来说是改变世界的方式,我希望活在一个更希望生活的世界里,但我等不及让别人去打造这个世界"。

其实,王兴是拼多多的黄峥口中优秀富二代那一类。

王兴的父亲王苗,出身知识分子家庭。"文革"期间家庭遭遇变故,掉入社会底层。"文革"后王苗先做泥瓦匠,接着是包工头,后来与朋友合伙办水泥厂。2003年,他再次与朋友一起投资6亿元的水泥厂,年产量达到200万吨。与别的老板不同,王苗喜欢读书,家里买了大量的书,"我认识的很多有钱人,家里什么豪华家具、家电、车都有,就是没有书,很糟糕"。让王苗自豪的是,两个孩子先后入读清华,"儿女都是理科生,但人文素养都还可以"。家境富裕的王兴,是龙岩市最早拥有电脑的一批孩子中的一个,1995年在邮电局的亲戚给他演示过网上浏览新闻,《数字化生存》是他中学时期的启蒙读物。

2002年,社交网站在美国兴起,2004年年初王兴毅然中断美国的博士学业,回国创业。将近一年时间里,王兴尝试了10个项目,平均两个月一次,终于在2005年选定了大学生社交方向,创办校内网,2006年用户突破100万,后因资金困难,不得已卖给千橡资本,后更名为人人网。2007年,王兴仿效推特,创立国内第一家提供微型博客的网站饭否,后因敏感事件被迫关闭。2010年,他再次复制美国团购模式,创立美团至今。

企业家的人生观往往决定了经营观。1997年,刚入学的王兴在迎新同乡会上,很认真地向学长们提了个问题:"你们觉得人生的意义是什么?"很多人当时都惊了。王兴很早就有意识地思考类似的严肃问题。

王兴曾在演讲中提到一个美籍韩裔球手。他在职业生涯中取得了辉煌的成绩,记者采访时问他:"你过去职业生涯一直是向上的,可能到了一定年龄段体力会下降,你怎么看待这个事情?"他的回答很简洁:"对我来说重要的事情不是一定向上或者向下,关键是持续向前。"

03 新消费
美团：互联网下半场的 2B 机会

人生的起伏、事业的成败，在某种程度上都是常态、是普遍的，关键是人的心态，是否保持昂扬的斗志，屡败屡战，一路向前。这正是连续创业者王兴的人生写照。

市面上有一本王兴的传记，名叫《九败一胜：美团创始人王兴创业十年》。书名取自日本优衣库的创始人柳井正的自传《一胜九败》，书名代表了他的人生感悟："在一般世人的眼里，我似乎是成功者，但我自己却不这样认为。正如在这本书中叙述的那样，我这'一胜九败'的人生，胜的概率只有一成。"

对于创业者来说，失败是大概率事件，重要的不是失败本身，而是人们对待失败的态度，"你可以九败一胜，但不容许一蹶不振的失败"。如王兴所言："我的生活态度是：不犹豫，不后悔。"

王兴眼中的企业家精神。某一天的半夜十二点，猫眼电影创始员工、产品总监徐梧找王兴陈述业务遇到的困难，王兴沉默了一会儿，用他一贯的风格回应说："你知道什么是真正的 entrepreneur（企业家）精神吗？知道自己的目标是什么，想着如何实现目标，不管自己现在拥有什么，哪怕手上什么都没有。"

2014 年王兴在接受采访时，反思校内网被迫出售，阐述了对企业家精神的认知，"企业家精神本质是对机会的追求，暂时无视自己控制了多少资源。我们认为校内网是很大的机会，当前没有控制足够的资源。光有企业家精神还不够，还得学会沟通与容忍"。

"我们所做的事情的价值，取决于我们为用户创造了多少价值，而不取决于投资人怎么看，更不取决于媒体和行业评论家们怎么说。"王兴的一路向前，带有某种不妥协。与张一鸣相比，王兴的表达方式更具有激情色彩。

"有本书对我蛮有影响的，叫作《有限与无限的游戏》。有限游戏在边界内玩，无限游戏却是在和边界，也就是和'规则'玩，探索改变边界本身。实际上只有一个无限游戏，那就是你的人生，死亡是不可逾越的边界。与之相比，其他的边界并不是那么重要了。"受此书启发，结合小时候玩游戏的体验，"越来越意识到

本质 II
增长的本质

小时候玩过的游戏《文明》，对我世界观的影响"，王兴主张不设限竞争，持续拓展业务边界。

如果说"纵情向前"是一种保持进击的心态，"无限游戏"则是对商业可持续的理性思考。詹姆斯·卡斯的《有限与无限的游戏》，描述了世界上的两种类型"游戏"："有限的游戏"和"无限的游戏"。有限的游戏，参与者的目的在于赢得胜利；无限的游戏，旨在让游戏永远进行下去。有限的游戏按照既定的规则与边界来玩，无限的游戏则具有不断拓展新边界的可能性。用博弈论的观点，有限游戏类似于零和博弈，无限游戏则是正和博弈。

在某种意义上，"无限游戏"论是"长期主义"思维的另一种表达，也是王兴关于"互联网下半场"的底层逻辑，更是美团"food +platform（餐饮 + 平台）"战略的底气所在。

深度学习机器

在今日资本创始人徐新的心中，王兴可以与世界级企业家相提并论。她建议创业者，如果想提升认知能力，最快的办法就是熟悉4—5位企业家的经营思路，阅读他们的年报和演讲，比如王兴与贝索斯、黄峥、任正非等人。

很多人认为王兴是一台"深度学习的机器"。今日资本创始人徐新在公开演讲中多次表示赞赏，"（他）有很深的好奇心与追求真理的冲动"。

"Stay hungry, stay foolish.（保持进取，保持初心。）"是乔布斯推崇的人生信条，王兴也有类似的特质，徐新对此印象深刻，"他在跟人聊天的时候总是瞪着个大眼睛，很好奇地看着你，比较愿意听你讲。所以，跟他聊的人都恨不得把自己20年学到的东西用2个小时就给他讲光"。

财经作家李志刚印象中的王兴，一张娃娃脸，有个超大的脑门，但是他认为如果说王兴聪明，不如说王兴勤奋好学。基于快速学习与高效执行，美团在很

03 新消费
美团：互联网下半场的 2B 机会

多新赛道上经常后发先至，"他们（美团）常常不是第一个进入赛道，但学得快，挖得深，执行力更强，关键战略能选对"。美团初期的竞争战略是所谓的"T"形战略，以团购为入口，不断进入垂直细分领域，如餐饮、共享单车、酒店旅行、票务销售、本地生活服务与社区团购等。

美团进入外卖市场，把原先的霸主饿了么打败。徐新总结，当时王兴的得力干将王慧文只用了 6 个月就了解了门道，在饿了么还没有加速下沉到三线城市的窗口期，美团快速发起百城攻势，一下子赶超了饿了么。团购市场的大众点评的落败，很大程度上也是因为下沉市场动作缓慢。在外卖上，美团学习百度，但执行力过之。

作为连续创业者，王兴还有一个鲜明标签——"Copy to China（复制到中国）"。从校内网到饭否，再到美团，王兴 2004 年回国创业的项目，几乎都是美国新商业的中国翻版。在中学同学、美团联合创始人赖斌强眼中，"他发掘能力很强"，常常一个浏览器打开数十个国外网站，第一时间获取最新科技动态；而且不像科技博主只是评论，王兴有动手能力，马上就去做。

王兴在一次演讲中，建议创业者通过学习来提升自己的脑力、体力和心力，"从一切地方学习，从书本里学习，从身边的人学习，从比你年长的人那里学习，从比你年幼的人那里学习，从你过去的成功经验和失败教训里学习，或者更好的、成本更低的，从别人的成功经验或失败教训里面学习"。

"在 1911 年 12 月之前，没有哪个地球人到过南极点，所以这是一百年前所有最伟大的探险者、所有最有探险精神的人最想做到的事情。而在这个过程中有很有趣的故事，他们的故事和我们将要进行的事情有几分相似，他们的教训、他们的经验对我们来讲有借鉴意义。"

王兴 2012 年的一次演讲，讲述了人类征服南极的故事。当时拉手网上市失败，团购市场鏖战正酣之时，他的主题是《如何度过行业寒冬时间》。

这是人类探险史上的经典故事，竞争主要是在挪威的阿蒙森团队与英国的斯

本质 II
增长的本质

科特团队之间展开。因为认真分析了南极的自然环境，策略对路、物资充分，只有 5 个人的阿蒙森团队，比斯科特团队早了一个月到达南极点。而斯科特团队有 17 个人，人数是前者 3 倍；但是两次选错交通工具，一次是马拉雪橇，一次是雪地摩托，表面上都很高大上，实用性和稳定性大大低于狗拉雪橇（阿蒙森团队的策略）；加上物资准备不足，最终未能到达极点，而且整个团队无人生还。两支团队几乎同时出发，结局截然不同，原因在于团队领袖的决策差异。

"这是一个很重要的区别，在同一个环境下面，目标大致相同，你选择什么样的路径，你用什么样的方法，你做什么样的准备，最后很有可能，不光是成功与失败的区别，而是生与死的差别。"用王兴的话来说，为了执行上的懒惰，愿意做战略上的任何勤奋。

南极探险的故事，给了王兴另一个重要启示，是对团队精神的思考。阿蒙森团队有一个极好的策略，或者说自律机制，即不管天气好坏，阿蒙森团队坚持每天前进 30 公里。而斯科特团队则是一个随心所欲的团队，天气好，就走得远；天气不好，就睡在帐篷里诅咒恶劣的天气。"这是很自然的反应，很多人容易有这样的想法，容易的时候多搞点儿，不容易的时候，季节不好、天气不好、市场环境不好，就歇一歇。但事后总结，这两种做法很可能是他们最大的区别。"

很多优秀的职业作家也是如此，如村上春树，每天规定自己要完成一定的写作工作量，持续数十年，累积的成果非常惊人，更重要的是确保伟大的计划没有半途而废。

当然，更重要的是，向行业内外可能的对手学习，"我们要重视每一个对手，他们有许多可取之处。我们可以从阿里学习很多东西，但是最终我们一定要超过阿里。我们要向任何一个对手学习，任何一个同行学习，但我们最后目标应该是超越它们，这是整个公司的目标，也应该是每个人的目标，不管你在哪个岗位上，总有办法可以做得更好，学习新的东西，目标是超过它们"。

"学贵在自得。"王兴善于学习，更懂得灵活应用，这得益于他的独立思考。

03 新消费
美团：互联网下半场的 2B 机会

"我一向喜欢跳出问题回答问题",王兴是典型的求异思维(think different)。与别人交流时,他一般不会直接回答问题,而是从别的角度提出问题。

有人质疑,对中小商家来说,美团模式到底是营销还是销售?王兴引用物理学中关于光到底是波还是粒子的经典讨论,当时物理学家分为两派展开激烈论辩,争论了上百年没有定论,最后爱因斯坦终结了辩论,他认为光既是波,也是粒子,这就是著名的波粒二象性。王兴认为美团同时满足了预算少的商家对品牌建设与当期销售的双重需求,堪称是完美的商业模式。

王兴喜欢独立思考,他往往能对人们熟悉的术语或观点,提出令人耳目一新的解读或解决方案。比如,关于创新,他认为"创新很难直接鼓励,只能鼓励尝试,甚至鼓励失败"。这两年笔者也在研究营商环境,发现政府很重视推动双创环境,甚至不惜亲自下场来推动,但是一些地方成效不大,原因可能在于,对鼓励创新的理解过于正面,忽视了市场主体的创新意识往往受制于一些不可见的障碍,比如创新风险过大,相关损失没有社会化的分担机制。

王兴有一个与张一鸣类似的习惯,喜欢推敲一些日常俗语的新解,"我习惯花很长时间思考很多问题。比如,一个人想做到 TOP,就要理解 TOP 这个词:TOP = talent + opportunity + patience;这个人需要有天分、有才能,要有合适的机会,同时还有长期的耐心"。

王兴经常给高管推荐管理书籍,如《领导力梯队》《格鲁夫给经理人的第一课》等,并且带动高管快速运用书中的原理;他在内部会议上就会说:"我们用的是《领导力梯队》第三章第二节有关某某问题的解决方法来处理这个问题。"

美团技术团队创始成员潘魏增表示,整个创始团队都非常善于学习、思考和总结,并身体力行去分享、去鼓励大家这么做。记得有一次聚会,王兴聊天时说到各地的方言,还帮忙给大家各自的方言做归类,聊到兴致起来,还拿出一本厚厚的语言书,证明他说的都有理有据。王兴推荐了一本关于地缘视角看世界的书,潘魏增看完之后,觉得对世界格局有了全新的认识。

本质 II
增长的本质

笔者撰写本书的一个初衷，"唯有学习值得学习，才是可以复制的经验"。作为中学保送清华的学霸级人物，王兴本人在学习上花费了最多的时间，看书、在网上查找资料，与人交流，学习同行、学习国外先进做法，等等。在王兴带领下，美团已成为一家不折不扣的学习型组织。在某种程度上，这正是本书选入王兴的最大价值所在。

保持耐心

"对未来越有信心，对现在越有耐心。"王兴的这句话为人熟知。打开美团官网的团队介绍页面，映入眼帘的是banner图（页面横幅广告）的一行大字——"以客户为中心，长期有耐心"。王兴讲过一个小故事。一位摄影师在比赛中得了金奖，有人问他得奖照片拍摄花了多长时间。他说，按下快门只需要0.001秒，但是为了找到这个机会，他整整花了10年。

对正确的事的信心，是保持耐心的前提。"我的耐心比多数创业者要更多一点，这是我连续创业的体会，也和我的信念有关。'杀人放火金腰带，修桥补路无尸骸。'有没有这种情况存在？有。你是要当反派杀人放火，还是要当正义的一方修桥补路，哪怕最后死无全尸？这是信念问题。"

财经作家李志刚对此颇有感触，"他内心信仰科技改变世界。很多创业者也说相信科技改变世界，但当更好的机会来了，就不相信了，而王兴从骨子里信仰着"。

2018年美团上市前夕，王兴在内部信中说："上市后需要更多耐心。我们经常说，要长期有耐心，对未来越有信心，对现在越有耐心。上市并不意味着耐心的结束，而是真正考验耐心的开始……资本市场会有起伏，大家不需要太多关心短期的股价涨跌，而要时时刻刻致力于把自己的工作做好，为客户创造更大价值。长期来看，我们所创造的价值最终会体现在我们的股价上。"在王兴这里，"耐心"

03 新消费
美团：互联网下半场的 2B 机会

的含义类似于"战略定力"，与张一鸣推崇的"延迟满足感"很接近。

保持耐心的重要表现是审慎决策，特别是战略决策。徐新很推崇王兴的决策风格，"决策不要做得太多，重大的决策，反复思考，不断求证，一旦看定，长期 all in（全力持有）"。

在以快制胜的互联网丛林中，生存周期长短，并不完全取决于技术迭代快慢，更重要的是企业战略的机会成本、时间成本。简单来说，就是少决策、慢决策。"我做决策非常慢，光是'eat better, live better（吃得更好，生活更好）'这句话就整整花了一年才想出来。"

民以食为天，"吃得更好是所有人的需求"，美团以"吃"为核心，聚焦"food +platform"战略，从营销、配送、IT 系统、供应链等多角度全方位服务餐饮行业。2019 年，王兴在乌镇互联网大会的演讲主题是供给侧的数字化。2014 年他已经意识到，"B 端的 IT 能力会越来越强，各种服务资源都会被量化"。

"当有一个大的机会的时候，没有可能只有你看到了，基本是差不多时候有一帮人也看到了，这跟其他无数的场合竞争都很像，一个真正有吸引力的机会，会在差不多同一时间有不止一个团队、不止一个公司或者不止一个人参与，一定会有激烈的竞争。"美团所在的团购市场，虽机会极大，也一度竞争白热化。

红杉于 2010 年成为美团的 A 轮投资人，也是唯一的投资人。2018 年美团上市，沈南鹏发了一封公开信，表示投资美团可能是红杉中国十几年投资历程中最重要的一个决定。他对王兴不吝赞美之词，在竞争激烈的本地生活领域，经历千团大战与 O2O 一拨拨企业跌宕起伏后，"在这场混战中，王兴带领团队越战越勇，硬是在白热化的竞争中杀出一条血路"。

阅读广泛的王兴，对战争规律也有思考。"《孙子兵法》还有一句话：胜可知，而不可为。你做得足够好，使自己立于不败之地，但这不代表你能胜，只有当你的对手做了愚蠢的事情，你才能胜。"他认为，去哪儿网失败的原因在于，不够耐心，急躁冒进以致犯错。

本质 II
增长的本质

商场如战场，胜败有时候并不取决于实力本身，而是比对手少犯错。著名的"滑铁卢之战"就是典型例子。拿破仑率领的法军与惠灵顿的反法联军对垒，经过长时间交战消耗很大，都在等待援军。拿破仑派出的部分法军，因主将对形势判断失误，对普鲁士军队紧追不舍，未能返回主战场；而这支普鲁士军队成功甩开法军，在关键时刻及时增援联军。法军自此溃败，拿破仑重振法兰西帝国的愿望化为泡影。

每一个互联网头部企业，都要经历一些生死之战，特别是一些战略转折点，比如美团从"千团大战"的胜出。"很多事情，不是我们打赢的。不是我们打倒了对手，是他们自己绊倒的。美团点评的几场关键战役，我们都有积极的耐心。"

回顾一下十年前著名的"团购大战"。2011年5月，国内团购网站超过5000家，在数月"千团大战"后，剩下不到1000家；有人统计这场大战总计烧了70亿元人民币。2015年，美团与大众点评合并，确定了团购市场新美大一家独大的格局。在这场大战中，资金实力并不占优的美团最终胜出的关键在于，当对手们专注一二线城市的烧钱营销时，美团冷静判断，选择下沉到三四线城市，保持了相对充足的粮草，笑到了最后。

2014年，王兴对此战的点评是："有一段时间拉手和窝窝是跑得比美团更快的，他们在非常高速地成长，最后他们在2011年的下半年到接近年底的时候，就基本迅速地垮掉了，那个事情并不是说，因为美团做了什么事情、他们出了问题，是他们跑得太快了。"

美团对Groupon（高朋网）的复制与超越，主要体现在商业模式的本地化。王兴认为Groupon模式其实是一种奢侈的方式，为此他提出"三高三低"论。首先在价值排序上，Groupon是商家第一，消费者第二；王兴认为消费者和商家都是公司的客户，但是消费者应该放在第一位，"如果没有消费者，商户是不会用我们的"。消费者的诉求很简单，永远是低价格、高品质。如何做到低价格，要

03 新消费

美团：互联网下半场的2B机会

求平台要高效率、低成本；而提高效率不能光靠加班，最终要依靠IT系统技术来提升管理效率，需要高科技。苹果是典型的高科技、高毛利，但是高科技企业不一定是高毛利，这就需要找准巨大规模的目标市场，这样即使是低毛利，也有巨大的商业价值，"亚马逊证明了这件事"。

今日资本创始人徐新认为市场变局中最大的变化是年轻消费者，"80后""90后"不做饭，成就了外卖的巨大市场。王兴预测，2025年美团外卖将日过1亿单，徐新认为是有可能的。

诚然，美团后发先至式的成功，并非从0到1的创新，这与互联网经济前10年，腾讯QQ对OICQ的复制与超越，阿里巴巴淘宝对e-Bay的复制与超越，在基本逻辑上是一致的，都是基于用户需求与市场场景的创新。这正是过去20年，中国式创新在互联网产业的主要体现，人们不必为此沮丧。对中国这样超大规模且极不均衡的市场来说，商业创新本应是一个多元形态的生态系统，既有技术原创型，也有市场原创型，既有一二线城市市场，更有三四线低端市场。在这个意义上，王兴所说的创业机会永远存在，对创业者很有启发性。

在沈南鹏眼中，"王兴是少有的对野蛮生长的中国互联网格局有着清晰认知的思考者，是将思辨精神运用到企业管理中最好的企业家之一，这或许也是美团不断越过山丘，获得更大成功的原因"。

坊间传闻，某年3月王兴第一次见马云。王兴问，你最强的是什么？马云说，你觉得呢？王兴说，战略和忽悠。马云说，其实我最强是管理。王兴说，我相信。尽管王兴在公开场合经常会怼马云，但两人本质上是同一个物种。

创业15年，王兴有过很多代表性观点，如"四纵三横""互联网进入下半场"等，与张一鸣相比，王兴为人高调些，经常发表产业预测的各类演讲，敢于提出新理念，敢于做出惊人预言，比如2019年是未来10年最好的一年等，也和马云颇为类似。

本质 II
增长的本质

▶ 主要理念

1. 四纵三横

在技术引发商业快速迭代的互联网经济，机会永远都是有的；关键是在特定时间选好切入点。连续创业、好学深思的王兴，总结了一个判断创业机会的思考框架，这就是"四纵三横"的理论。彼时，他用一张表给团队分析了美国刚刚兴起的团购模式。

"2009 年我第二次创业，突然被关闭了，我们考虑将来要做什么事情，可做的事情无外乎 4 类。'四纵'为娱乐、信息、通信、商务，在每一个大类里面，很多具体的应用出来，而'三横'是每 5 年左右，会有一个大的技术变革，逐渐影响这 4 个领域，这四纵三横成为一个焦点。"当时，王兴判断，团购模式正是方兴未艾的"社交＋商务"，具体如下表所示。

	资讯	交流	娱乐	商务
Web1.0 search	百度	腾讯	盛大游戏	阿里巴巴
Web2.0 social	新浪微博	人人网	开心网	美团！！
Web3.0 mobile	？	美团！！	？	？

新产业机遇巨大却难以把握，主要原因是两大变量的相互交互——用户需求与技术变革；"四纵三横"就是以这两大变量构成一个矩阵。从用户需求来看，20 年来互联网用户的基本需求是：通信、信息、娱乐与商务。从技术变革来看，互联网工具每隔 3—5 年进入新阶段，过去 20 年经过了 3 个阶段：搜索（web1.0）、社交（web2.0）与移动（web3.0）。前几年王兴增加了一个预测，即"物联网"，也就是产业互联网的应用，这样就成了"四纵四横"。

矩阵中的各个纵横交叉点，就是互联网经济的不同赛道。以这个框架来看互

03 新消费
美团：互联网下半场的 2B 机会

联网经济 20 年，第一波是三大门户网站，主要满足信息需求；其后是 BAT，全面覆盖信息、通信、娱乐与商务；2010 年以后，移动互联网兴起，从上表的左上角到右下角，从 PC 到手机，满足用户需求的广度与深度空前拓展，细分赛道的数量增加一倍。客观来说，那些可能对现有互联网巨头产生颠覆效应的新创科技公司，恰恰瞄准的是这些纵横交叉点。

2014 年王兴在极客公园创新大会的演讲，对"四纵三横"理论做了升级。

创办美团不久，王兴发现美团并不是社交和商务结合的最典型代表，后来出现的美丽说、蘑菇街是更典型的社交和商务的结合。在移动互联网初起的美团转向了移动和社交的结合，2011 年就开发了安卓版的移动客户端，到 2014 年移动端有 6000 万用户，交易量约占 65%。移动互联网的兴起，在娱乐领域的最大机会是手游，很多创业公司冒出来，例如疯狂的小鸟、植物大战僵尸。

在美团创办的前 5 年中，业务战略基本成形。2010 年美团网创立，2012 年推出电影票线上预订服务，2013 年推出酒店预订及餐饮外卖服务，2014 年推出旅游门票预订服务。2015 年，美团与大众点评进行战略性交易，更好地扩展到店餐饮及生活服务品质。

如果按每隔 5 年一次技术变革来推断，王兴认为智能硬件可能是下一波浪潮，如可穿戴设备、智能家居等；王兴特别提到 2014 年 CES 大展（国际消费电子展）上与智能汽车相关的创新，这或许为 5 年后王兴投资理想汽车埋下了伏笔。

但是，王兴认为，物联网比智能硬件更能概括这波大潮，"我需要再加一横，第四横是物联网，有一个例子是 Dopam，这个摄像头不需要连电脑了，本身有处理器，只要连上 Wi-Fi 之后可以自己工作，时时刻刻来拍，在安卓上面只要能够联网就可以打开应用"。随着 2019 年 5G 正式商用，物联网的这"一横"将更快地成为现实。

2. 互联网下半场

"'下半场'这个词是 2016 年上半年提出来的，而且这个词提出来之后，在整个行业，包括国家产生了比较大的反响。"在王兴提出的一系列新理念中，他本人对此最为自豪。

2015 年，美团与大众点评完成合并，餐饮团购竞争暂告一个段落。喜欢研究的王兴，观察到一些影响互联网经济的大趋势，"之前中国互联网的发展，在很大程度上靠的是人口红利。但是现在这个时代已经过去了，智能手机的年销量已经不增长了，总体网民的增长也大幅趋缓"。他大胆断言，互联网经济即将进入下半场。

具体来看，"下半场是几个层面，一个是我们美团点评这家公司要进入下半场，一个是互联网和移动互联网这个行业我们认为要进入下半场，一个是中国的产业、中国的经济要进入下半场，全球的经济和政治，我们认为也要进入下半场"。

可见，王兴的视野与格局超越常人，他从全球政经大势的变化，去看中国经济与产业的方位与困境，再由此推导出所处赛道与本企业的定位与战略。

如何应对下半场呢？王兴做了一个大胆判断：纯互联网创业的黄金时代已经过去，"互联网+"这个更大的机会正在到来，这就是"互联网+各个行业"的服务模式。对企业家来说，王兴的建议是"少谈一点颠覆，多谈一点创新"。王兴认为，当企业谈颠覆，不要想着颠覆别人，主要是关注可能会被别人颠覆；应该把更大的注意力放在创新上，降低行业运作成本，提高行业运作效率，提升用户体验。

王兴认为，互联网上半场模式中，主要是猛抓用户、猛接商户，然后做"营销交易"这比较薄的一层。与此相比，下半场需要新的能力，"因为绝大部分互联网公司目前也没有这个能力，尤其是一些互联网巨头，他们也没有这方面的能力",对美团等后起之秀来说更是机遇。下半场的主要趋势是,各个行业从上游到下游的产业互联网化,不是仅仅停留在最末端做营销、做交易那一小段,而是真正能够用互联网、用IT全面提升整个行业的效率。所以,"2016年,我们要开始构建开放合作的能力"。

王兴2017年4月在新经济100人年会上,对"互联网下半场"做了宏观解读,概括起来是一句话:上天入地全球化(相关内容已收入《本质》)。"上天"是指从商业模式创新到科技创新,"入地"是要深入B端与产业链,"全球化"主要是指中美竞争,数字经济领域尤为激烈。

2017年,在美团内部大会上王兴发表了长篇演讲,系统地阐述了"下半场"的由来,详细还原了大势研判的思维过程,详见选文。

2017年12月1日,王兴通过内部信宣布了公司最新的组织升级:聚焦到店、到家、旅行、出行四大LBS(基于位置的服务)场景业务,构建新到店事业群、大零售事业群、酒店旅游事业群以及出行事业部四大业务体系。"没有中场休息,美团点评已经迅速绘出在互联网下半场的四大LBS场景。"

3. 修齐治平

在2014年源码资本的首届"码会"上,王兴做了一个特别演讲,谈了对儒家人生路径的理解。他认为,"修身、齐家、治国、平天下"对创业者的自我修养是一个极好的建议。

在王兴眼中,"从某个角度来讲,孔子就是2500年前的创业者,他从鲁国起家,有自己一套idea(理念),然后有一套business plan(商业计划),他希望怎么治国,但他需要获得支持,在本地没有得到支持他就到处游走,去募资,去获取资源,希望能够把他的idea变成现实去改变世界,这是孔子一生的故事"。

王兴的解读逻辑与传统视角相反,他先从"平天下"谈起,接着是"治

本质 II
增长的本质

国""齐家",最后是"修身",带有明显的结果导向。

"平天下对创业者的解读就是,你要dominate(主导),你要有market(市场),你要彻底占领这个市场,'天下'就是你的目标市场,你怎么定义你要干、能干的事非常重要。你要选择正确的目标市场,而且有足够的规模,足够的价值。"

王兴提到彼得·蒂尔的《从0到1》,特别表示创业者选定目标市场后,要快速形成某种垄断性,以结束竞争,前提是解决问题足够大,创造价值足够大。

"治国"就是"要设计好、治理好整个企业以及相关的生态体系",他认为理想的企业就是BAT和小米这样的生态系统型企业。"齐家",就是管理好核心团队。"对创业者而言,家就是你的直接下属,因为不管公司规模多大,CEO能直接管的人都是有限的,也就7个左右。"王兴对"齐家"的理解,首先是配齐团队,其次是管理团队,再次是队伍看齐,很类似于柳传志的三要素思想。

"作为CEO,你就是公司的支柱,也是公司的天花板,如果你不能不断提升自己,那么整个团队和整个公司是不可能提升的,整个事情也不可能做大。"王兴认为,设定目标、建立组织、管理团队,实现这三大任务的关键在于创始人。创始人要做的自我修炼:"要吾日三省吾身,不停地反省,不停地学习,不停地想办法提升。"因为创业很辛苦,要"又猛又持久",创始人需要持续提升脑力、体力和心力。核心办法只有学习,"从一切地方学习,从书本里学习,从身边的人学习,从比你年长的人那里学习,从比你年幼的人那里学习,从你过去的成功经验和失败教训里学习,或者更好的、成本更低的,从别人的成功经验或失败教训里面学习"。

王兴对修齐治平的解读,基于一种中西比较的框架,这也是张一鸣的思维方式。"很有趣的一种做法是你去读《大学》英文版",他认为有时候我们太熟悉自己的语言了,很多东西已经不言而喻,但是老外在翻译的时候,需要把它搞明白,选择最准确的翻译,反而能给我们新的启发。"在英文里翻译,'齐'用了一个词是regulate,即规律监管,听起来有点奇怪,但很有道理。"

事实上，很多企业家把儒家的修齐治平用于指导企业经营，比如复星集团的价值观是"修身、齐家、治国、助天下"。王兴从创业公司语境来读古书，从修齐治平来看企业家修为，因为老祖宗的大道理包含了应对变化的智慧，"这个听起来比较虚，但是越是快速变化的环境，越是要抓住那些可能不变的东西"。作为一个海归、理工男，王兴对中华传统文化的浓厚兴趣令人玩味，这也是中华商道得以孕育的新空间。

金句 10 条

1. 有些人总是念念不忘自己失去了什么，而忘记自己得到了什么。我不是那种人。我对生活充满了好奇和激情，"纵情向前"才是我的态度。

2. 机会永远有，尤其是在中国。很多人觉得谷歌直到 1998 年才做搜索已经太晚了，后来的发展大家都看到了。关键是想明白一个问题：你给什么人提供什么服务？这个问题别人没法替你回答。

3. 紧张工作之余我有时会稍作遐想，如果早出生一百万年，作为一个男人，此刻我应该正在狩猎。我应该围着兽皮裙，手持标枪，正在捕捉山羊野鹿，也可能正和虎豹豺狼大狗熊做生死之搏。如果我干不好，我就会被咬死，我的家人族人就会饿死。每想到这里，我就决定集中精力，回到中国互联网这个现实丛林中来。

4. 突然没来由地想起 2 年前 dacode 做过的一件饭否主题 T-shirt（T 恤衫）："你必须很努力，才能做到看起来毫不费力。"

5. 很多事情表面上是一夜成功，其实背后有很长时间的积累。我很喜欢的 TED 会议（technology, entertainment, design，即技术、娱乐、设计大会）似乎是

本质 II
增长的本质

前几年突然走红的,可它实际上创办于 1984 年。

6. 创业并不简单,但也并不痛苦,除非你干的事情很不适合你。对有些人来说跑步或举重是需要用巨大毅力才能做下去的痛苦的事,但对另一些人来说这些活动本身就充满乐趣。

7. 你看马拉松比赛,不会看多少已经退出比赛了的,最后几名现在情况怎么样,大家永远只会关注最前面几个。我认为团购的竞争跟马拉松比赛一样,大家只会看前面,后面发生的事情,可能即将发生,可能已经发生,没有人会知道。对未来越有信心,对现在就越有耐心。

8. 我希望享受每一天,因为我认为这个生命是一段过程,而不是终点,终点只有一个。这个过程的话,我希望是时刻都充满激情的,我们总共只有不到三万天的时间,我不希望浪费任何一天。然后能和自己愿意相处的人,一起做一些事情,很简单的。

9. 其实创业者不应该把自己想得过于强大,不是我们改变市场,是市场改变我们,我们每个人作为用户是市场的一部分,这才是根本性的力量。

10. 宏观一小点点的波动,其实对于微观,对于我们每个生存的实体、我们的人类、我们的企业都是致命的打击、致命的伤害,所以我们这家企业是极度关注宏观的一家企业。

▶▶▶互联网下半场的 2B 机会

作者　王兴　美团联合创始人、董事长兼 CEO

▶导读

与马云一样，王兴喜欢定期抛出一些产业思考。他在 2018 年内部讲话中更是做了一个惊人预言，"2019 年是过去 10 年最坏的一年，但可能是未来 10 年最好的一年"。在若干预判中，王兴本人最得意的是关于"互联网下半场"的提法。2016 年，王兴在内部讲话中首次提出这一概念，在 2017 年美团年会上再次做了详细阐述，从宏观形势到产业分析，为思考产业互联网提供了一个具体角度。

王兴对 2B 服务的观察，起于 RMS（餐厅管理系统）。2013 年，美团开始小规模地试验，当时绝大多数餐馆甚至没有接入互联网，更谈不上运用管理软件提升效率，后因美团聚焦外卖布局而暂停。2016 年美团外卖确立了领先地位，再次启动 RMS，在 2018 年美团财报中有抢眼表现。由此，王兴确定了帮助 B 端商家完成数字化的战略目标，这与美团公司的"food+platform"大战略高度匹配。从外卖开始，倒推餐馆，再推至上游供应链，正是由需求端推动的供给侧改革。

从产业趋势来说，2016 年互联网渗透率超过 50%，新用户增速放缓，业内共识是互联网红利即将耗尽；从宏观背景来说，2016 年提出"供给侧结构性改革"总体方针，拼多多创始人黄峥当时也有一些相关思考。

从"互联网+"，到产业互联网，很多互联网企业领袖都提出了未来互联网经济的一些构想，但王兴较早明确断言了"下半场"的产业前景。选入本书的这篇演讲，从宏观环境变化谈起，王兴分享了对中美 2B 产业差距的观察，并预判产业互联网的新机会，为创业者提供了操作性启示。未来 10 年将是产业互联网深入发展的时代，这篇演讲或许还将引起一些回响。本文题目及文中小标题为笔者所加，原文较长，做了部分删节。

首先我先讲"下半场"的意思，我估计大部分人应该对于下半场是什么意思是缺少概念的。"下半场"这个词是去年上半年提出来的，而且这个词提出来之后，在整个行业，包括国家产生了比较大的反响。下半场到底是什么意思，为什么会有下半场这个说法？这个下半场是几个层面，一个是我们美团点评这家公司要进入下半场，一个是互联网和移动互联网这个行业我们认为要进入下半场，一个是中国的产业、中国的经济要进入下半场，全球的经济和政治，我们认为也要进入下半场。

▶ 宏观环境变化决定企业生死

我先从全球讲起。我们这家公司虽然是一个只有35000人的公司，是只有一千来亿人民币的市值的公司，但是我们极度关注宏观，宏观是极其重要的。我举一个例子，你们就知道宏观有多重要了。

人在这个地球上已经生存很多年了，但是在人的生存环境里面有很多东西是非常根本性的东西，只不过在地球上这么多年没怎么变，所以，大家不觉得。比如说空气，比如说水，还有一个比较重要的就是温度。

温度有多根本呢？或者多关键呢？我告诉你们，人对生存、对温度有多敏感呢？就是人的大脑，温度上限是42摄氏度，如果大脑的温度超过42摄氏度，里面的用来思考记忆的那一部分蛋白质就发生化学反应了。一旦发生化学反应，就永远不可逆，就变成了一个没有生命力的固态物体，就变成痴呆。

现在很少人看到这种情况，要年纪稍微大一点的人，可能有人说这个人发烧，烧痴呆了，发烧烧痴呆了就是大脑超过42摄氏度以后，那部分蛋白质发生了化学反应。所以，这是大脑的温度上限。心脏对温度也比较敏感，心脏的温度下限

03 新消费
美团：互联网下半场的 2B 机会

据我了解应该是 35 摄氏度，心脏如果低于 35 摄氏度，就停了，就不泵血了。

所以，人生存的那个温度带其实非常窄，那这个窄的温度带在整个宇宙里面大概是一个什么水平呢？就是地球离太阳的距离如果变近 1%，如果变远了 1%，1% 的变化就会导致环境超出那个温度带了，人就没了，整个人类社会就没了。

我为什么讲这个例子，就是告诉大家宏观是极其重要的。宏观一小点点的波动，其实对于微观，对于我们每个生存的实体、我们的人类、我们的企业都是致命的打击、致命的伤害，所以我们这家企业是极度关注宏观的一家企业。

最近一段时间，整个宏观在发生非常大的变化，发生极其大的变化。比如特朗普上台这件事情，特朗普这个人我个人认为是没有什么太大的问题，虽然看起来那么古怪的一个人，但是这个人我觉得问题不大。但是这个事情所标志的意义就大了，特朗普应该是美国历史上的一个特殊存在。

美国这个国家，长期以来从二战以后基本上就标榜自己是全球的价值观标杆、道德楷模，倡导平等、自由、包容这些理念，倡导民主、科学，但是特朗普上台之后，美国在这些他们被认为做得非常好的普世价值观践行上产生了巨大的撕裂。

一个是科技业有个大佬叫彼得·蒂尔，英文名叫 Peter Thiel。这个人非常牛，是 PayPal 的创始人，PayPal 就是美国的支付宝，是 Facebook 的天使投资人，Facebook 非常非常小的时候，投了 Facebook 50 万美元。

去年彼得·蒂尔出了一本书流行到中国来，叫《从 0 到 1》，在整个的互联网科技圈影响非常大。（蒂尔）这个人的长处就是独立思考。当特朗普竞选的时候，整个硅谷的精英们都是反对特朗普的，只有这个人支持特朗普。

在过去的美国，他支持特朗普也没有什么大事。美国人有一点很有意思，比如说美国两个邻居在打官司，两家产生纠纷在打官司。两家一边打官司，也并不太影响这两家其他交往。他们认为打官司只是他们生活的一部分，所以他们继续交往。

但是，这次发生了什么，Peter Thiel 因为支持特朗普导致 Facebook 董事会要把 Peter Thiel 赶出去，在美国这是一个非常痛苦的事情。

第二个案例是咱们有一个小同行叫 GrubHub，美国的送餐网站，他们很小，一天只有 20 来万单。这个网站在前一段时间特朗普上台之后，内部发了一个邮件，邮件的内容是这次大选竞选的时候，投票投了特朗普的那些员工请离职。

这在过去的美国是完全不可能的，还有很多其他的事件，这个国家过去这一年突然走了相反的方向。过去一直包容：我们多个民族，不管是哪个肤色，哪个国家，只要你在美国出生，你就是美国人；只要你是美国人，我们就公平对待，人人生而平等；只要认可我们的普世价值观，你就是我们其中的一员。在今年，他们完全背离了过去的他们所强调的价值观。

再回到中国来。今年应该是年中吧，某主流媒体上以一个著名的权威人士的口气发了一个社论。社论说我们中国经济要进行 L 形走势，大写 L，L 形走势就是下一个台阶之后是横着的。

过去这是从来没有过的，从 1978 年改革开放以来，这是第一次出现了一个叫 L 形走势的提法，过去我们一直都是一个高歌猛进的经济体。那为什么出现一个 L 型走势这个事情呢？我把时间再稍微往回拉一点，回到 2012 年，2012 年是中国经济标志性的一年。

▶ O2O 为什么这么火爆

2013 年的时候，我当时把我负责的事情交给我们其他的同事了，我去探索新的业务，我那时候正好有点时间研究。因为我认为我们是做 O2O 的，所以我们就看一看美国 O2O 市场发展的情况，以及美国人对 O2O 的未来怎么看待。那个时候，也就是 2013 年的时候，O2O 这个词在中国是火得一塌糊涂。当时有两个概念非常火，一个是 O2O，一个是互联网思维。这两个词都火得一塌糊涂，非

03 新消费
美团：互联网下半场的 2B 机会

常巧的是，我在那个时间点去美国搜索 O2O 和互联网思维的相关资料，发现一个让我非常震惊的事情，这两个词都是中国人造出来的。

当时在美国的 Wikipedia（维基百科）上——基本上很多人关注的关键词，在 Wikipedia 上都可以搜到，但在 2013 年 Wikipedia 上找不到 O2O 和互联网思维这两个概念。这说明什么呢？这说明这两个词在英文世界上没有被广泛使用，或者说这个词是中国人造出来的。中国人创新能力还挺强，中国人创新的事，中国人不知道自己在创新。美国人真正知道 O2O 这个词是怎么知道的呢？是李彦宏说他要花 200 亿美元进入 O2O 这个市场，然后美国资本市场就问，什么是 O2O，怎么就出现了一个 O2O 的东西，李彦宏要花 200 亿？美国人完全蒙了：突然出来一个叫 O2O 的东西，然后一个市值五六百亿美元的公司说要花一半的资金干这个事情，这到底是一个什么事情？

当时李彦宏花了大量的时间跟他们解释什么是 O2O。所以，我们在国内搞了很长时间的 O2O，真正把 O2O 出口到美国的主要就是 Robin。

之前，比如说美团也好、点评也好，我们去融资，找美国投资人融资，说我们是中国最大的 O2O 企业。他们说什么是 O2O，没人知道，而且也没时间听我们讲。因为我们江湖地位不够，说你们一帮傻帽儿搞一个名词来骗我们，直到 Robin 说 O2O 的时候大家才重视起来，说连他都想做，好像这是个事。

所以 O2O 这个词是中国传播到美国去的，是中国人在教育美国人。我们在世界科技领域的创新里面第一次领先全世界了。那为什么 O2O 这个词在 2013 年会那么火呢？我当时发现这个现象以后，非常惊讶，我就回来观察中国的情况。我发现了一个让我非常震惊的事情，O2O 这个词不仅是在互联网圈内，在投资界、媒体火，而且出现了一个新现象，在传统行业非常火；而且在传统行业比在互联网科技和媒体圈还火，这是中国互联网上的第一次。

中国互联网历史上所有的新概念，新名词的传播规律都是什么？都是投资圈、媒体圈、互联网圈和创业圈先火，火完了之后，然后才是传统行业有选择地

本质 II
增长的本质

跟进。也就是传播过去一直是这样一个路径，但是在 O2O 这个词火的时候，路径反过来了，传统行业这帮人比我们还热衷。在 O2O 之前，我去参加所有的互联网会议，很少见到传统行业的人来参加。即便来参加，他们也说是来学习的。O2O 这个词火了之后，发现很多传统行业的人来参加，而且他们也在大谈 O2O，说 O2O 怎么着。而且很有意思的是，我们说到底什么是 O2O，他给我解释半天，发现两个人说得还不太一样。

这就是 2012 年、2013 年发生在中国的一个非常奇葩的事情。到底是什么导致 O2O 这个词在中国这么火，在中国传统行业这么火呢？其实原因非常简单，回想 2012 年发生的事情，2012 年中国的自有服装品牌都出现了大规模的、整个全行业的库存积压。服装行业的库存积压是非常恐怖的，基本上出不了就倒闭。服装这个行业是什么？是春天做夏天的衣服，夏天做秋天的衣服。所以，库存积压意味着什么？是春天做完这批衣服之后，到夏天没卖出去，到夏天快过去的时候，发现我库存积压了。他没卖出去，钱就回不来，而且这些积压的库存，夏装到明年夏天才能卖。

糟糕的是，大家都是买流行时装的，到了明年夏天，去年的款式就没人买了。服装这个行业里面一旦出现库存积压，贬值速度是非常快的。它跟矿泉水、快消品不一样，积压一年不要紧，主要是仓库的成本，明年还能卖，服装明年就不能卖了。所以，基本上服装行业出现积压，就是倒闭前的信号。那服装行业为什么在 2012 年出现库存积压呢？这个事要往前说，中国的服装品牌基本上都是在 20 世纪 90 年代成立的，在过去的这些年，他们活得太滋润了，他们活的方法太简单了。我给你讲一下做服装企业有多简单，跟他们比，咱们做 O2O 实在是太难了。

服装企业基本上就做几件事，这个公司就能成。第一，在央视打广告。而且这个广告不需要非常巧妙的广告设计，不需要特别高端的广告市场人员。非常简单，比如说你能记住某些服装公司他们的广告差别吗？你记不住，他们打的是完全没有品位的、无差别广告，这是第一，这是他们过去的市场营销策略。

03 新消费
美团：互联网下半场的 2B 机会

第二，扩张发展是开店。从一线城市开到二线城市，二线城市开到三线城市，三线城市开到四线城市，现在都开到我家镇上去了，总不能开到村上去吧。所以，市场渗透到头了。但是变化出现了。当新一代的"90 后"成为消费主体的时候，"90 后"的经济水平，他们的文化，他们的个人追求跟我们这一代，不是你们这一代，是我这一代的人不太一样了。我告诉你不太一样，不仅仅是不一样，而是走到了完全相反的方向。

比如说，在我初中的时候，我周围的同学如果买一件衣服的话，不敢自己买。就是几个同学比较好，大家买同样的衣服，以确保我是主流的。明白吧？确保我是主流的，所以能出现一种情况，就是会有一个款式的衣服，一个学校里面 1/3 的人在穿。这就是大家每个人不自信，这是经济发展、社会发展、文化发展不自信。

因为不自信，就有羊群效应，大家追求统一化。"90 后"现在是什么情况呢？他的信息输入、经济情况，包括学校的教育，他们都有个性，自主独立，他生怕跟别人一样，他觉得要跟别人一样就太丢人了。所以，他们开始追求个性化，追求自己的标签，所以整个消费的追求走向走到了与过去完全相反的方向去。

如果这个时候你的服装还打一个完全没有差别化的广告的话，他们的广告其实不管怎么打，就打一个意思，就是说我是一个大品牌。但糟糕的是，当大家足够个性化，足够追求自我的时候，大家不喜欢大品牌了。大家都生怕自己穿一件衣服的时候在街上撞衫了，大家知道"撞衫"这个词吧。这个时候，你那个打广告的方法已经跟你的消费者完全相反了。

互联网的发展导致营销渠道、营销成本发生变化。消费者的注意力从电视里走出，看电视的时间越来越少，玩游戏，在网上看小说，在网上看视频。所以，传播消费者消费的注意力的平台发生了变化。消费注意力发生了变化，你在央视打广告就不太管用了。这个原因导致过去的营销平台不管用了，新媒体出现了，服装行业又没有及时学会新媒体营销怎么做。几个要素放在一起导致什么呢？导

本质 II
增长的本质

致 2012 年他们的路走到头了。

我只是举服装行业为例，在 2012 年，中国的传统行业全都是这样子的。现在 2012 年之后，我不知道你们有没有注意一个事情，就是互联网公司终于可以在 A 股上市了。在过去互联网圈里面，整个主流互联网根本看不起的这些公司，在 A 股上市之后鸡犬升天。

比如说暴风影音等企业，全都鸡犬升天，估值高得一塌糊涂。比如乐视，乐视上市的时候，整个互联网圈说绝对是一个骗局。原因非常简单，整个主流互联网没有人知道乐视的存在。乐视上市的市值竟然比优酷、土豆、爱奇艺还高。所以，整个主流互联网就说，A 股股民太好骗了。是 A 股股民好骗吗？其实不是 A 股股民好骗。

2013 年左右，当时还有一波科技股在美国上市，有人觉得那些公司不咋地。怎么出现这种情况？你可以解释为 A 股股民、中国股民不会炒股，不知道该值多少钱，所以乱定价乱炒股。美股是比较理性的，仍然出现了互联网公司上市之后估值高于我们认为的客观估值。我当时就问了投行的人，估值怎么这么高呢？投行的人给了一个答复，我认为这个答案是非常深刻的。他说你觉得估值高对不对，那我问你一个问题，你去看一下传统企业他们的增长评估。

比如说美国某著名连锁餐饮品牌的增长率是多少，你知道吗？2%，2% 是什么意思？2% 的意思就是说买这个公司的股票还不如把钱存银行拿利息，每年只涨 2%。所以，这是整个传统行业出现的情况，大家不涨。整个传统行业都走到头了，当整个传统行业走到头的时候，还有很多人手上有钱没地方投，尤其是中国 4 万亿，这导致什么，导致资本市场钱非常多。

资本市场有非常多的钱，但是传统行业又不涨，所以钱没有地方可去了。怎么办？钱没有地方可去的时候，就是有个人跟他讲一个可能性，他都愿意去掏钱。因为传统行业是没有可能性了，是注定死亡，所以钱就不会去了。

钱可投资的标的变少了。最近欧洲还出现另外一个事情。欧洲多个经济体出

03 新消费
美团：互联网下半场的 2B 机会

现了负利率，你们知道负利率吗？负利率是你把钱存到银行里面，比如说今天存1万块钱，明年这个时间点你要给银行交 300 块钱，不是银行给你 300 块钱，是你要给银行交 300 块钱，这就是负利率。为什么会出现负利率？就是你把钱存到银行，银行放贷都放不出去，没人贷款。

今年还发生了企业债务负利率，银行现在是很安全的，起码不是赔了。企业债务负利率了，你说我们美团点评发一个企业债。发 10 亿人民币的企业债，发了企业债过一段时间我把钱还给你，就像我借你的钱而已，但是这笔钱是负利率的。就是你借美团点评 1 万块钱，1 年之后你要再给我 300 块钱，这就是负利率。

这会导致什么呢？导致整个互联网在 A 股被炒上天了。某企业的老板跟我说他完全没有想到他能上市，他感觉这家公司都快倒闭了，他在 A 股上市是 700 亿元人民币，对应 100 亿美元。

这是中国 2012 年、2013 年发生的事情，整个中国传统经济走到 2012 年、2013 年的时候，掉入了一个非常深的坑。其实在那之后会出现互联网的泡沫，2014 年、2015 年出现了非常大的互联网泡沫，原因非常简单。

那就是当整个传统经济都不涨的时候，钱没有地方可去，所以他们就开始投互联网。大家不懂市场，大家都不懂，网民、投资人都不懂互联网市场。因为钱没有地方可去，这时候看互联网公司都做得很好，就投资互联网。一开始在二级市场买股票，就在 A 股买股票。

后来发现在 A 股买股票，股票没啥买，就不去 A 股买了，咱们去买没上市公司的股票。所以，他们组基金，人民币组基金，买没上市公司的股票。没上市公司的股票过了一段价格也搞上去了，公司融资是天使 ABCDE 轮，然后一直往下，最后上市。他们最开始买上市公司的股票，公司很快涨上去了。所以他们去买前面一轮，因为上市之后，可以涨 10 倍、20 倍，买前面一轮就买 F 轮、G 轮、E 轮的，买即将上市的。过一段时间这个也涨上去了，那么多人买 D 轮的，过几天 D 轮也涨上去了。然后说我们就买 C 轮的，买 B 轮的，买 A 轮的，最后就天

本质 II
增长的本质

使涨上去了。所以，就会出现一个公司还什么都没有，刚起一个团队，估值就2亿美元了。光一个团队刚开始就2亿美元了。

这是整个中国经济走到2012—2016年这个周期里，大家终于从最开始的开始寻找出路，到最后这4年里接受了说我们经济要走L形走势。所以这个时间点，大家对O2O这么热衷、这么向往很像什么？

历史上出现过这种情况，只不过大家可能没有认识到这个情况。大家对O2O这么热衷，对新概念这么热衷，这个情况在人类历史上是出现过的，什么时候呢？就是春秋末期，大家知道中国历史上非常重要的一段是春秋战国，春秋末期，中国有一个叫百家争鸣，什么孔子、老子、墨子都是那个时间出现的，出现了很多流派理论，什么儒家、法家、道家、墨家，出现很多流派，每个流派都提出自己的主张，认为这个世界向何处去。那时候出现什么情况？大家认为世界末日了，过去的路都走不通了，都提出这个世界要向哪里走的主张。

所以在2012—2016年这个过程中，就是中国经济，其实准确来说是世界经济过去的路走不通了，大家纷纷也去问中国经济和世界经济要向哪里走，就是这样一个过程。在这个时间点，O2O和互联网思维被提出来，认为是中国经济的出路。所以这是中国经济+互联网。

互联网从大概20世纪90年代末进入中国到现在20年左右，过去的20年是互联网的黄金时代，从收入上看，在过去的20年中国只有3个行业是值得去从业的，互联网、金融、房地产，其他行业都是"入错行"。在过去的20年，整个中国互联网飞速发展，现在整个中国互联网加起来市值大概有1万亿，从零起步大概20年时间，发展速度非常快。尤其到2010年左右移动互联网普及的时候，又一波新的浪潮，出现了很多新的公司。

03 新消费
美团：互联网下半场的 2B 机会

▶ 红利耗尽，拐点出现

走到 2015 年到 2016 年，整个互联网和移动互联网出现了新的症状、新的情况。新的情况是什么呢？第一，从互联网到移动互联网的转型基本完成了。移动互联网的驱动力是智能手机，也就是智能手机用户量不怎么增加了，原因非常简单，过去没手机的都有了，有手机的用户上一代都换成智能手机了，连我妈哪儿也不去、不工作，只跟家哄孩子，都搞一个手机，没有人没有智能手机了，所以这个市场红利就完了。

大家看到小米今年不断下调它的销售目标，就是因为用户已经有智能手机了，用户换手机的意愿下降了。事实上，整个移动互联网的体量就是几个数乘起来的，一是手机数，二是手机上的 APP 数，三是每个 APP 的使用时长，就这几个数乘出来的。

所以最大的第一个数手机数没了，停了，这是第一，手机数增长停滞。第二，我们观察到了一种非常可怕的现象，用户在手机上，过去一段时间里是不断地装 APP，现在不断地删 APP。可以回忆一下，你们过去有没有删过什么 APP，或者你换下一个手机的时候只装了几个。

我们给非常牛的投资人做了非常广泛的调研，调研之后说只有 11 个 APP 能稳定地留在消费者手机上，只有 11 个 APP。这意味着什么？意味着大量的 APP 没了，事实上我们观察今年 Q3 Questmobile（贵土移动）出的数据看，不少 APP 的量都在跌。当然，还有很多在涨，涨的主要是体量大的，体量小的在减，这件事情是很恐怖的。

所以最近一段时间，风投都不投钱了，因为没有新兴公司出来能拿到钱。还有一个非常恐怖的，在互联网时代是浏览器模式使用网站，所以用浏览器打开一个网站的时候，从一个网站跳转到另外一个网站的门槛是非常低的，很多时候你都不知道你跳到另外一个网站，随便一点链接就跳过去了，这是其一。

本质 II
增长的本质

其二，有搜索引擎这么奇葩的东西，可以把用户的流量分发到各个网站上去。但是到了移动互联网时代，想从一个 APP 跳到另外一个 APP，门槛是非常高的，大量的 APP 之间是不支持跳转的。因为不支持跳转，导致用户都被留在一个 APP 上去了，因为没有这种搜索引擎的分布式、去中心化的流量分发渠道，现在移动互联网上的流量分发渠道，只有两个途径，一是买电子市场排名，二是买手机厂商预装。只有这两个选择，这两个渠道能推的量非常非常少，所以马太效应非常强。

所以我们观察美国互联网，再观察中国互联网，两个国家的互联网出现了同一种情况，过去这些年互联网整个行业的市值在快速上升，但是这个市值分布有一个非常恐怖的现象，美国互联网的市值主体都被三大互联网公司占了，其他公司都是很小很小的，三大互联网公司就是 Facebook、亚马逊、谷歌，除了它们之外，其他互联网公司很小，小两个数量级，中国也这样，都变成腾讯和阿里的了。

还有一个事情，过去手机厂商因为业务快速增长了，所以商户的利润、毛利空间也比较大，对利润追求也非常强烈，他们不涨的时候就要赚钱，赚钱怎么赚呢？因为消费者买了手机，手机就那么贵，他赚钱的方式就是向预装和电子市场要做推广的人收费，而且每年涨得非常厉害。

我们估测 2017 年预装费和电子市场费用会比 2016 年涨 30%，这些要素加在一起，对移动互联网公司来说是非常恐怖的。第一，手机数不涨了；第二，消费者的卸载；第三，推广费用涨 30%。所以，整个中国移动互联网在 2016 年我认为就是一个分水岭，未来中国的移动互联网会非常惨烈，很多你们想象不到的公司会死掉。当然了，我们美团点评应该会更强。

我绕了这么远的路，讲全球经济、政治，中国的经济，传统行业和互联网、移动互联网，其实本质上都是同一件事，可以按照企业发展三段论来看。

企业发展是 3 个阶段，市场驱动发展、领导力驱动发展和创新驱动发展。市场驱动发展是什么意思呢？就是市场本身在快速增长，所以企业变得大了。领导

03 新消费
美团：互联网下半场的 2B 机会

力发展，就是企业通过管理、组织结构这些事情做得很好，所以在市场上能够抢到更多市场份额。创新驱动发展是说原先的市场不一样了，企业开创新业务、新服务，通过创新提供更低成本的服务、更高的效率。所以如果以这三段论来分析全球、中国的互联网的话，全球经济、中国经济和互联网经济都是同一个问题，就是市场驱动的发展结束了。

市场驱动的发展，有另外一个词叫"红利"，红利来自外部，结束了。全球经济体在过去这些年的红利就是全球化，因为全球化让整个成本降低、效率提升，全球化让全球的分工合作更精密、更复杂，导致效率上升，这是第一个。第二个是科技，准确来说就是互联网与电脑，信息科技的发展使整个全球的效能大幅上升。

这两个要素是整个全球经济的主要增长引擎。但糟糕的是，从 2012 年到现在为止，这两个引擎熄火了，科技已经很久没有突破了，如果科技在未来的 10 年里没有突破，未来的 20 年就一定会有战争。

刚才提到的 Peter Thiel，在二零零几年的时候就说到了一句非常经典的定义，他应该对世界的发展花了很多时间思考，他说科技很久没有突破了，要出问题了。现在来看的话，在生物科技和新能源以及人工智能这 3 个方向里面，看起来有苗头，但是还没有形成真正的可以产业化的突破，这是全球经济。

中国经济在过去一段时间，市场红利是什么呢？第一是人口红利，就是人口成本低，人口基数大，在全球化的浪潮里面成为一个生产工厂，所以出口是第一大增长驱动力。第二是房地产，第三是消费。因为经济增长，消费必然形成新的驱动力。糟糕的是，这三个驱动力都没了，因为房地产老涨，出口的红利没了，人口红利没了。现在人口老龄化非常严重，人口红利没了，劳动力在飞快地减少。

房地产成为最后一个，只要它涨就会伤害整个国家的未来，不让它涨经济就停摆，为什么房地产老涨，原因就在这儿，涨了大家很难接受就在这儿，这是最后一步，这个红利已经明显消耗光了，现在也在过度消耗，所以国家压力很大。

互联网也是一样，过去这些年，全都是网民增长，靠 CPU 速度变快。互联网的第一大红利是网民增长，第二大增长是摩尔定律。摩尔定律是说，每过 18 个月，CPU 的速度上升一倍，就靠这个涨。现在呢？网民增长到头了，所以市场红利全都结束了，红利期结束。这是整个全球经济、中国经济和互联网经济面临的问题。

▶ 供给侧改革是唯一解药

如果按照企业发展三段论的话，应该从市场驱动切换到领导力驱动和创新驱动，如果用领导力驱动和创新驱动这两个解药的话，再去看全球经济、中国经济和互联网经济，我们发现在领导力驱动和创新驱动这两个方案里面，欧洲都已经用过了。领导力驱动这件事情，他们的管理科学已经非常发达了，创新这个也没了，高端制造也没人家发达，所以欧洲是无解了。美国还有几年，因为美国没有把它自己的牌拿过来，特朗普上台就是要改变经济政策，把过去保留的牌打出去。

我们中国经济还有解，中国经济还有解在哪里呢？我国是有高人的，其实今年《人民日报》的一篇社论说"供给侧改革"，谁是供给侧？整个产业都是两部分，一部分是需求侧，一部分是供给侧，需求侧就是消费者和市场，供给侧就是企业和供应商，就是商家。

供给侧改革的意思是说，过去靠消费者增长的路已经走到头了，如果企业自己不变的话就死了。需要做哪些变化呢？效率提升，成本降低，创新业务，提升用户体验。这是中央给整个国家经济开出的药方，这个药方从我个人角度看是非常牛的。我不知道中国的企业到现在为止，对供给侧改革有多深的认知，但从我的角度看，这基本是中国经济发展走出这几个困境里面的唯一解药。

我在 2013 年的时候做了一个事。美国科技界或者互联网圈的资本市场、科技业和互联网信息产业，美国的上市公司，我拉了一个名单，中国也拉一个名单，

03 新消费
美团：互联网下半场的 2B 机会

事实上中国从总体上来说发展是跟着美国走的，美国可能是先遇到了，很多创新技术先到了，所以我当时看哪些产业在美国已经产生了很牛的公司，在中国还没被真正做起来，而且这个产业将来如果时机具备的话，也会在中国是很牛的公司。

这个方法论非常简单，我就把美国拉一个名单，把中国拉一个名单来对比。对比完了之后发现一个让我非常震惊的事。美国很牛的互联网公司，比如Facebook、谷歌、亚马逊，都是非常牛的，但是美国上市的科技公司里还有另外一派，也非常牛，只不过这一派曝光没有那么多，名气没那么大。

这一派其实都很挣钱，比如说 Salesforce，比如说 Workday，基本占据科技业的另外一半。科技业的一半是 to C 的公司，占了一半的市值，2012 年、2013 年的时候，to B 的这些公司占了另外一半市值，比如说 Oracle（甲骨文），所以其实还有很多很牛的公司。但是我们发现中国 to C 的公司都很牛，最大的是阿里，然后是腾讯、百度，to B 的公司居然找不到，基本上找不到，有活着的，但是活得很惨。

为什么中国这些 to B 的企业活这么惨呢？为什么美国能产生这么大的 to B 的企业，中国产生不了呢？我就很纳闷，找了一些我认为比较有真知灼见的人交流，其中有一个人还是比较牛的，给了我一个答案，我认为这个答案是比较真实的。他说，你看这些美国的 to B 科技企业做出来的，都是给企业或者给商家提供解决方案的。

我刚才说的 Salesforce 是销售团队管理解决方案，Workday 是 HR 解决方案，都是给企业和商家提供解决方案的。为什么这些提供解决方案的公司在美国活得很好，在中国活得不好呢？原因非常简单，就是美国这个国家商业周期非常长，因为商业周期长，所以任何一个企业所有能用来竞争和发展的东西基本上都用光了，发展出现瓶颈了，当出现瓶颈的时候，就开始搞内部提高效率、降低成本、创新服务。

而搞内部提高效率、降低成本、创新服务的时候，企业没有这些技术支持做不了。说白了就是，美国的企业在过去这些年率先遇到了市场红利枯竭的状态，因为遇到市场红利枯竭，就要寻求自己的效率成本和创新；要寻求自身的效率成本和创新的时候，就对各种新式的能提高效率降低成本的工具开始产生兴趣。

而中国过去这些年是什么情况呢？好像傻帽儿经营一个企业都能赚钱，这么说好像我们比傻帽儿还不如，我们还亏钱呢，我们是战略性亏损。我这么说，你们可能说我言过其实，但中国过去这些年实在是赚钱太容易了，当然了，大部分人存在的问题是不具备可能知道这个事情很容易赚钱的认知，或者不具备进入这个行业的资本，其实中国过去很多行业是极其赚钱的，非常多。

这样的原因会导致什么呢？某个企业搞得很好，发展很好，赚钱很好，为什么要冒风险去用新产品呢？为什么要冒险使用一个 Salesforce 呢？Salesforce 是一个很难用的产品，虽然这个公司非常非常值钱，但是一个非常非常难用的产品，而且非常非常贵。

所以为什么要冒这个险呢？没必要，因为企业发展很好。这是根本原因，也就是说因为过去这些年整个中国市场、中国企业的发展特别容易，靠市场红利驱动就能发展，就能赚钱，所以对于新工具、新方法的采用意愿特别特别低。

走到今天，我认为这个事情发生变化了，所有的企业、所有的商家的经营因为遇到障碍了，当销售额不涨、利润不涨的时候，就要想办法提高效率，创新服务，想法降低成本，而它自己没有办法。

▶ 2B 企业的机会来了

最近一段时间，下一波中国互联网如果想回暖的话，一个非常重要的方向是供应链和 to B 行业的创新，这就是供给侧。如果要做改革的话，可能有哪些变化，有哪些变化能实现创新、实现效率成本改变？

第一是管理差。其实中国企业的管理水平是非常非常差的，你们难以想象。

03 新消费
美团：互联网下半场的 2B 机会

我原来也挺自卑的，觉得我们互联网企业，因为发展速度太快了，管理很差，而且很多传统企业的 HR，那些大牌公司的 HR，一问我们互联网企业的情况都面露鄙夷之态，你们互联网企业太糟糕了。所以，我内心一直对互联网企业的管理包括美团点评的管理非常自卑，但是过去的几年，我对这个问题的看法有一个极大的变化。

第二是战略差。跟很多传统企业的老板交流，问他们说公司战略是什么，大概有一半回答不出来；回答出那个战略的，90% 陈述方式明显不清晰，剩下的 10% 里面，也不是一个可行战略，中国企业的战略能力太差了。

第三是营销太差，都是无差别营销，都是效率极低的营销。

第四是经营水平太差，账算不清。我们这个行业应该见过很多餐饮商家，有几个能够把他的账算清的？我认为在餐饮行业里能够把账算清楚的商家不超过 1%，很多商家莫名其妙地倒闭了，而且看起来很牛的品牌，你跟他聊聊，他连账都算不清，经营水平太差了。

第五是技术理解能力、技术应用太差了。过去这些商家根本就没有科技意识，为什么到互联网来的时候，电商把零售全部打惨了？美国虽然零售业压力很大，但是沃尔玛和亚马逊打了很多年，原因非常简单，沃尔玛这些传统企业技术实力是非常强的。

亚马逊现在公认是一个科技企业，亚马逊的第一个 CTO 是沃尔玛的 CIO。贝索斯作为一个横跨科技业与互联网的人，他在成立亚马逊的时候第一想到的不是去微软招人，也不是去雅虎招人，第一想到的是去沃尔玛招人，可见沃尔玛的技术有多强。沃尔玛的技术有多强，讲一个例子就知道了，沃尔玛这家公司是有自己的卫星的，技术够强了吧。

在美国任何行业都是科技业，开超市的这么一个公司都做科技，也是一个科技公司，这就是美国和中国的差别。中国有渠道公司、营销公司、零售公司、培训公司，但是渠道公司就是渠道公司，零售公司就是零售公司，销售公司就是销

本质 II
增长的本质

售公司，培训公司就是培训公司；在美国所有公司都是科技公司，中国对于科技的应用太差了。

第六是供应链产业的结构太差了。供应链产业结构是什么呢？比如说中国，任何一个餐厅，从哪儿进货，没有专业的供应商，在欧美都是有专业公司的，所以效率极高。

这些都是整个供给侧现在存在的巨大问题。跟我们有什么关系呢？关系巨大。我国提出要搞供给侧改革，我们所面临的商家本质上就是供给侧，但是问题在于是否有可能自我革命、自我提升呢？不可能，这是不可能的。

对于我们来说，是有希望通过我们的努力来帮助整个产业实现这次供给侧改革的。而这次供给侧改革的非常重要的驱动力就是，让整个中国的产业供给侧实现互联网化、数据化，在这个基础上提供更多的解决方案，通过这些解决方案实现让整个产业的供给侧商家经营再上一个台阶，通过效率提升、成本改善、服务创新，让消费者享受更好的服务，推动整个产业发展。

大家不要格局太低，把做的事情理解为我们这个公司要怎样，要从产业角度出发来看我们这个产业要向哪里去。我有一个判断，整个中国的餐饮行业的成本和效率有25%左右的改善空间，这是一个非常恐怖的空间，因为大家知道它的净利润也没多少。我的判断根据我过去一段时间对整个产业的了解和经营情况，各种经营如果改进，我的判断是有25%左右的改善空间。而这25%左右的改善空间，等它来是不可能的，必须我们来驱动它，所以这是美团点评这家公司，在整个中国服务业里面，在当前的国际国内经济形势下所承担的使命，我们要通过互联网和科技改造，为整个中国服务业的供给侧改革这次升级提供驱动力，推动整个中国的服务业率先完成供给侧改革，完成国家交给我们的工作。

〉〉〉京东：京东是谁 〉〉〉

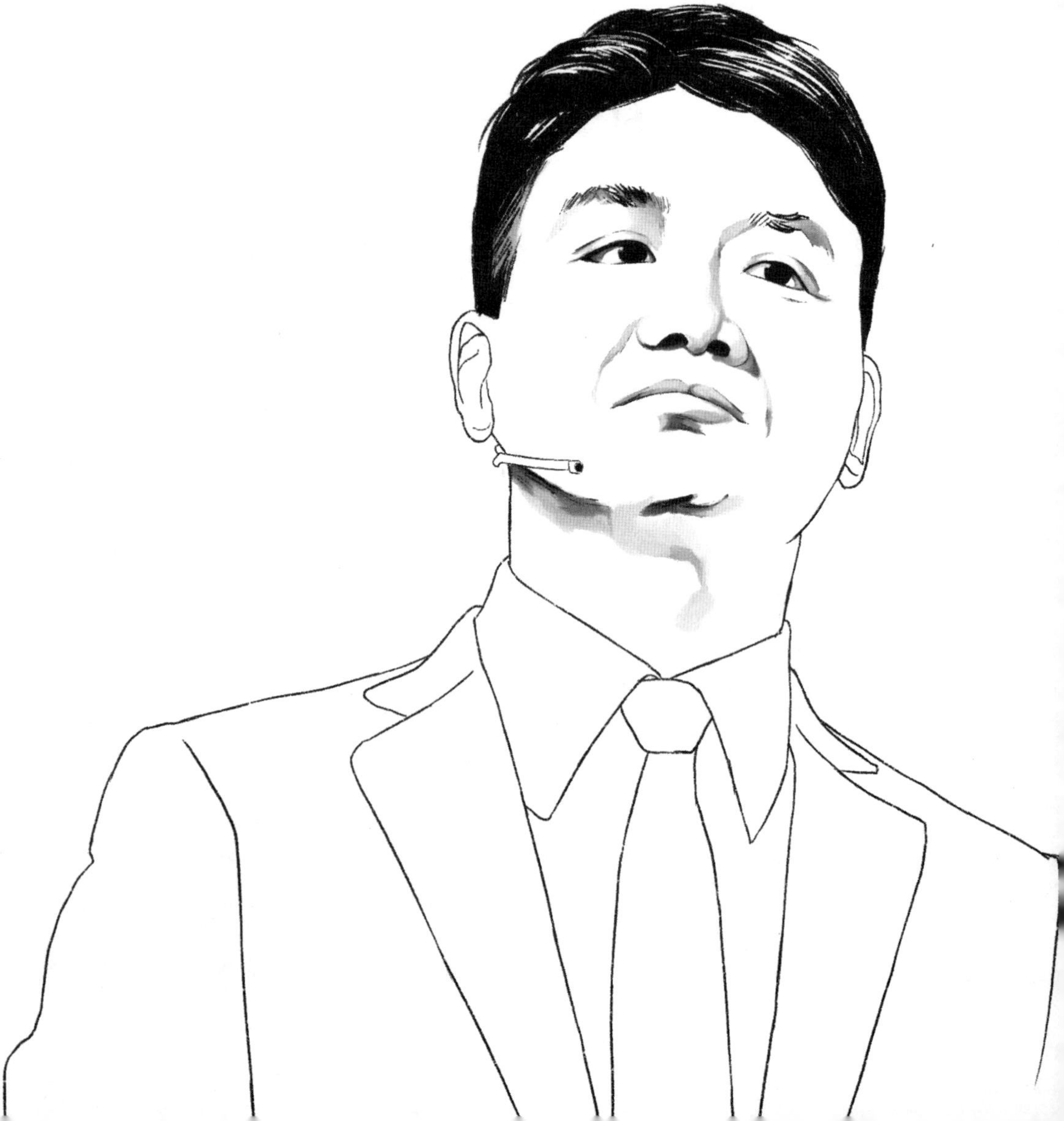

03 新消费
京东：京东是谁

▶ 企业简况

2020年是京东集团的丰收之年，也是刘强东一洗前耻之年。

2020年6月，京东在香港二次上市，募集近300亿元；2020年美股市值高达1300亿美元，港股突破万亿大关。据当年Q3财报，京东拥有高达775亿元人民币的现金储备，处于历史最高位。2019年以来开启的买买买模式，下注线下重资产，先后投资五星电器、国美零售、迪信通、联想来酷等企业；2020年更是加快了节奏，8月战略投资物流巨头香港利丰集团与见福连锁便利店，旗下京东物流斥资30亿元收购跨越速运。2020年京东牵手携程与快手，进一步构建"无界零售"的生态系统。

2019年10月以来，社交电商"京喜"等下沉策略成效显著，2020年二季度京东新增用户3000万人，创下过去3年新高，用户总数突破4亿大关。这是2018年用户增长陷入停滞，甚至负增长之后的逆转，表明京东已经彻底走出了2018年的"至暗时刻"。

电商业务的市值虽被拼多多赶超，但是旗下的多个业务已枝繁叶茂。京东集团现有核心业务为零售、数字科技、物流、技术服务四大板块。2016年4月，"京东到家"与众包物流平台"达达"合并，成立新达达，京东拥有新公司47%的股份并成为单一最大股东。2020年6月5日，达达在纳斯达克上市。2020年12月，京东健康在香港上市，市值一度超过阿里健康，成为"在线医疗第一股"。

2020年还是京东的战略调整之年。12月21日，京东数科整合集团旗下的云

本质 II
增长的本质

与 AI 业务，意在淡化金融属性。12 月 7 日，"京喜"从零售集团下属事业部升级为独立事业群，有分析称，"这可能成为该公司的下一个收入引擎"。12 月 11 日，京东公众号主动公布 7 亿美元入股兴盛优选的决定，参与社区团购大战。

刘强东的创业动因，与改革开放初期的很多企业家类似，是穷则思变的结果。

"70 后"刘强东出生在江苏宿迁的农村，"18 岁以前就是农民"。父母是跑船的，家境贫寒，他在姥姥家长大，"姥姥不识字，从小到大一直都是自己做主"。1992 年，刘强东考入中国人民大学，带着亲戚们凑的 500 元生活费来到北京。为了不向家里再要一分钱，大一开始频繁兼职。大二时帮忙打扫电脑机房，这使他有机会在夜间使用电脑。自学了编程后，刘强东做了两套管理软件，赚到了人生的第一桶金。大三时，他拥有了"大哥大"，还购买了"人大第一台学生机（电脑）"。大四时，刘强东用 20 万元现金盘下学校附近的餐厅，梦想开办"餐饮连锁店"。他给员工发手表、涨工资，改善居住条件，但是很快发现，员工在采购食材等环节合伙贪钱，最后不得不关闭餐馆。

这次创业失败后，刘强东只得再次向父母、亲戚伸手借钱。那段日子成了他最难熬的时光，"我最困难的时候，刚毕业欠债 24 万，很多人认为我这一辈子就完了，当时 24 万怎么还得起？朋友出车祸，我四处借钱；生日那天，我就吃榨菜泡面；大年三十，我只能喝稀饭……但我一直没觉得很苦，没怨天尤人，我相信自己一定会东山再起"。

人大毕业后，刘强东在日企待了两年。1998 年还清了创业债务，刘强东用 1.2 万元在中关村租了一个小柜台，售卖刻录机和光碟，名叫"京东多媒体"，这是"京东商城"的前身。京东的一个字取自女友名字，但是堂堂人大毕业生放弃外企工作，跑去摆摊，在当时很难被主流人士接纳，这间接导致了与女友的分手。凭着诚信经营，2001 年京东已经成为当时国内最大的光磁产品代理商，全国有 10 多家分公司。刘强东当时对京东定位是传统渠道商，他计划复制国美、苏宁的连锁经营模式。

03 新消费

京东：京东是谁

2003年"非典"疫情下，京东的线下门店暂时关闭。有人建议在网上卖货，2004年1月1日，京东多媒体网站正式上线，全面转型电商业务；2007年获得第一笔融资，更名为"京东商城"，这一年，刘强东不顾投资人与高管的反对，做了两大战略决策：一是全品类扩张，从3C产品扩展为生活消费的一站式购物平台；二是自建仓配一体的物流体系。这两大关键决策确立了京东模式的发展根基。2010年，京东成为国内首家销售额超百亿的网络零售企业。

2014年3月10日，京东与腾讯电商业务宣布合并，腾讯入股京东，成为主要股东之一。2014年5月22日，京东在纳斯达克挂牌交易。在上市公开信中，刘强东总结了京东的成功经验，"过去的10年，我们成功地做成了3件事"，即重新塑造了中国电子商务的"信任"，重新定义了中国电子商务的"体验"，重新诠释了中国电子商务的"价值"。

上市一年半后的2015年，京东还亏损9亿元人民币；2016年，按非美国通用会计准则计算，净利润实现10亿元人民币。创业12年，连续11年亏损，京东终于扭亏为盈。

外界一直质疑京东的赢利能力，刘强东曾对媒体表示，"七八年以来，典型的皇帝不急太监急，我也搞不懂为什么。2016年第二季度，电商业务早已经赢利了，但是整个集团还在亏损，因为金融、O2O、新的业务还是要大力投入"。他认为，对京东这样一个平台型企业，现金流比赢利更重要，"因为有净利润的企业可能会死掉倒闭，但是现金流很好的企业不会死掉。"

《创京东》作者李志刚认为，京东不是刘强东一个人做起来的，但京东的战略绝对是刘强东一个人做出的。从总体布局来看，京东的确是一家创始人驱动的公司，但是电商以外的多项新业务在各自领域均保持领先，实现了某种均衡。

2013年刘强东做了一个重要决策，每年京东必须投资一个大的新业务，而且是重大投资，投资预期在3—5年以后才能为集团创造收入，也就是说做好新业务5年内连续亏损的准备。在此方针指导下，京东开启了多元化拓新，如2013

本质 II
增长的本质

年的京东金融，2014 年接受腾讯的拍拍网等，刘强东坚信，"单一的模式不能为我们的用户提供全方位的服务，今天不为我们明天进行投资，不为我们 5 年后进行投资，5 年之后这家公司不再是令人骄傲、激动的公司"。

最早的投资人徐新认为刘强东特别善于学习，投资京东 8 年后她发现，刘强东早已不是 8 年前那个刘强东，他具备了产业领袖的特质。"如果有一天我真的失去了对京东的控制权，那我会直接把它卖掉，彻底退出，拿钱走人。这是我从京东一开始成立就定下来的底线。"在保持控制权的底线下，刘强东也很懂得规则与放权的智慧。2013 年，他到哥伦比亚大学游学一年，刻意为高管们独立决策创造新的空间。2020 年以来，刘强东加快退居幕后，先后退任旗下 50 多家公司的法人代表。除了坚持内部培养干部外，京东也大手笔地引入外部高人，比如长江商学院副院长廖建文 2017 年起担任京东首席战略官，百度副总裁沈皓瑜 2011 年入职 COO，后升任京东商城 CEO。

"创始人要有杀手的直觉，要看到别人看不到的东西。"在京东投资人徐新眼中，刘强东正是这样的创始人。今日资本早期投资京东，正因为刘强东想要自建物流，而当时电商普遍采用轻资产运营的第三方物流。

两人第一次见面，刘强东的 3 个细节给徐新留下了很深印象。第一，他的电脑屏幕上写着一句话，"只有第一，没有第二"（只当第一，后来成为京东的三大价值观之一）；第二，刘强东直接打开 ERP（企业资源计划）系统给徐新看，在没有花钱打广告的情况下，京东销售额已经是 5000 万元，且每月增长 10%；第三，京东当时人很少，每天坚持开例会，复盘当天业务。

刘强东当时的资金需求是 200 万美元，徐新认为这笔生意前期投入很大，给了 1000 万美元；其后数年她牵头对接了京东的后续投资 3000 万美元。徐新不仅给钱，还帮助引入高管，2007 年，她给刘强东推荐了两员大将，一是徐雷，担任京东的营销顾问，徐现在是京东集团 CEO；另一位是陈生强，时任财务总监，后来一手组建京东金融业务，2020 年底刚从京东数科 CEO 转岗到京东数科副董事长、京东集团幕僚长。

2015年，徐新聊起投资京东的体会，"好公司一定要拿的时间长。伟大的公司本来不多，如果运气好，找到好的公司，一定要坚持持有，让复合增长的力量帮你赚大钱。这就是我最大的经验"。今日资本进入之时，京东营收只有6000万元人民币；9年之后在京东上市后仍未赢利的情况下，徐新坚持保有投资的多数股权。

如果说今日资本助推了京东的早期腾飞，高瓴资本则在规模扩张阶段给予了更大支撑。张磊对此做了两个贡献：一是投资3亿美元，支持京东自建物流。刘强东原计划融资7500万美元，了解亚马逊发展轨迹的张磊，决定下更大赌注，"要投就投3亿美元，否则不投"。假以时日，京东模式将是"亚马逊+UPS"合体，具有极大的增值空间。张磊算了一笔账：只是几个大城市自建物流，至少也要25亿美元，7500万美元连实验都做不了！

二是助推京东与腾讯的战略合作。张磊的及时救场，促成了这次关乎京东未来兴衰的关键交易。2014年，张磊正在法国滑雪，某一天连续接到刘强东的7个电话："师兄，你这事儿不能搞了一半就撂挑子了。赶紧回来，要不就黄了。"去法国之前，张磊撮合京东和腾讯的电商业务进行合并，但是双方谈判不久即陷入僵局。张磊当天坐私人飞机回国，强烈提议双方只留下核心决策层8人谈判，当天必须谈完。最终双方在4小时内解决了35个问题，完成了中国互联网历史上最大的一笔并购案。

2013年的亚布力年会，张磊谈及投资京东的两大原因，首先是双方对产业趋势有共识，他与刘强东都希望重塑中国的供应链；其次他看中刘强东身上的一个重要特点——真实，"刚开始双方可能都非常严厉，但是说的都是实话，我很喜欢说实话，真诚坦诚地、把所有的东西都晾在桌面上的这种感觉"。

"一个同学告诫我说少在微博谈公司和行业的事情，避免被攻击；另一个同学告诫我别在微博上谈社会，小心被整；还有一个朋友告诫我别在微博上谈论风

本质 II
增长的本质

花雪月，影响形象；昨日又一个朋友告诫我别在微博谈诸如做菜等生活之事了，不像个企业家；今日我要告诫我自己：做个真实的自己，想说什么就说什么！"

客观来说，刘强东在京东上市前后，一度成了风头人物。2015年前后与"奶茶妹妹"的婚恋及相关新闻，所谓的"不识妻美"，多次引发舆论热议；他经常公开猛怼马云，有时候还高谈阔论，2016年底接受秦朔访谈，谈及京东的技术布局，刘强东突发感慨道，共产主义在这一代人可以实现云云。再有2018年的明尼苏达事件，险些让刘强东雄鹰折翅。正值改革开放40年，多位民企代表受到表彰，他一度被边缘化。《本质》原计划收录他的文章，也只好中途撤稿。

如果用一个词来形容刘强东，那就是"本色"。本色是一个人与生俱来的气质，也是早期人生的塑型。"我想大家都把我想得太复杂了，其实不是这样的。我是一个随性的人。"作为商界强者，刘强东身上的人性弱点同样突出。2012年，他入选《财富》中文版"40岁以下40人"，2014年京东上市后，年纪轻轻拥有巨富，一时间也开始放纵了私欲。中国历史上很多帝王，功业既成后开始贪图享乐。春秋时九合诸侯的齐桓公就是一个例子，管仲去世后，齐桓公沉湎口腹声色，最终导致身死国乱。这也许正是人性的真实所在。

本色更体现在不忘根本的平民情怀。刘强东重视念旧感恩，先后给宿迁中学、人大、清华捐款数亿元，在宿迁建立呼叫中心与电商产业园助力家乡脱贫。他还循着中国成功人士的惯例，到湖南湘潭寻根认祖，在当地大手笔捐赠。他热衷衣锦还乡，专门准备了满满一车的现金，分发给帮助过他的乡亲们。宿迁是西楚霸王项羽的老家，但刘强东的个性更近于刘邦，有着《大风歌》一样的豪气。

他出身底层，在内部讲话或信件中，对基层员工常常兄弟相称，这种与生俱来的同理心魅力，类似于拿破仑在法国士兵心中"永远的小伍长"形象。多年来，刘强东坚持每年选择一天，亲自当一回快递员，重温创业艰辛，体会一线员工的真切感受。

2018年跌入尘埃的刘强东，完成了脱胎换骨的人生蜕变。在2020年的一封内部信中,刘强东完成了一次精神的回归,在内心深处追问与重构"我是谁"的人生命题。

▶ 主要理念

1. 无界零售

2017年以来,刘强东围绕"无界零售"主题做过多次演讲。2017年7月,刘强东发表署名文章《第四次零售革命》,认为下一个10年到20年,零售业将迎来第四次零售革命。"这场革命改变的不是零售,而是零售的基础设施。零售的基础设施将变得极其可塑化、智能化和协同化,推动'无界零售'时代的到来,实现成本、效率、体验的升级。"

刘强东强调,零售不存在新与旧。零售的本质一直都是成本、效率和体验,这一点从来没有变过,意在对马云的"新零售"直接做出回应。

2016年10月,马云在云栖大会首次提出"五新"战略,包括新零售、新金融、新制造、新技术、新能源。首当其冲的正是"新零售",马云认为未来10年、20年,传统的电商时代将逐渐被淘汰,而全新的新零售将会抢占市场。与此同时,苏宁的张近东把新零售称为"智能零售"。

什么是"无界零售"?一言以蔽之,"场景无限、货物无边、人企无间"。

京东计划通过积木模块对外赋能,以开放、共生、互生、再生的理念开展产业布局,积极向"零售+零售基础设施的服务商"转型,致力于与合作伙伴一起,在"知人""知场""知货"的基础上重新定义成本、效率、体验。

据统计,2016年开始,我国社会化供应链成本占GDP比例从18%下降到14.6%左右,仍然远远高于发达国家,如欧美是7%—8%,日本只有5%—6%。物流成本涉及人力、仓储、运输、流通、加工、资金等方面。对比欧美国家,中

本质 II
增长的本质

国物流业人力成本总体偏低,但仓储、运输、流通、加工 4 个环节成本高。其中,运输成本占比最高。

低效的供应链导致超高的物流成本,直接挤压了实体企业的利润率,导致一些行业盈利如刀片般稀薄。2018 年 5 月 29 日,刘强东在"2018 中国电子商务大会"上发表了主题为"无界零售"的演讲。他提出,"无界零售第一个核心诉求就是把整个中国社会化的物流成本再降到 5% 以内,才能够真正把价值发挥到最大化"。刘强东在牛津大学演讲时表示,京东未来将把零售综合费用率降到 7% 以内,物流成本降到 3% 以内。

2004 年确定全面转型电商,刘强东在内部达成共识,京东不只是一个电商公司,而是一个用技术来打造供应链服务的公司,用技术为品牌商提供供应链服务。正因为如此,京东自 2007 年起,用 10 多年时间耗费巨资去建设物流体系。

刘强东曾经针对消费品行业提出"十节甘蔗"论,可以看作"无界零售"的理念前奏。"十节甘蔗",即零售、消费品行业的价值链分为创意、设计、研发、制造、定价、营销、交易、仓储、配送、售后等 10 个环节,其中前 5 个归品牌商,后 5 个环节则归零售商。在吃掉后 5 节甘蔗上加大投入,京东要努力"吃掉更多的甘蔗节数",即不只是做交易平台,还要将业务延伸至仓储、配送、售后、营销等其他环节,致力于为整体产业链提供价值。

刘强东认为,互联网的上半场只是整个零售数字化进程的序幕,下半场——物联网和智能化——对行业的改变会更加深刻、彻底。随着物流技术的日渐成熟,刘强东预测未来所有零售行业的边界都将会消失。在此背景下,京东的无界零售,核心之一是把多年来在技术、物流、金融等各方面积累的能力开放出去,成为社会基础设施服务的提供商。

在 2020 年 11 月全球科技探索者大会上,京东系统阐释了"京东数智化社会供应链",2021 年 1 月 21 日,京东集团技术委员会发布《技术重构社会供应链——未来科技趋势白皮书》。白皮书阐述了人工智能、物联网、区块链、自主系统及下一代计算等五大技术趋势,以数智化技术连接和优化社会生产、流通、服务的各个环节,意在构建新型基础设施,作为实现无界零售的具体路径。

2. 正道成功

2014 年在京东上市公开信中,刘强东把重塑了电子商务的信任作为京东的第一个成绩,"从创业的第一天起,我们就坚守着'正品行货,不卖假货'的底线,这条底线的背后是对商业伦理的敬畏和对消费者价值的尊重"。

正品、行货与服务是京东多媒体时期的制胜三宝。2003 年"非典"期间,京东拓展在线客户。曾经的业余编程员刘强东在各类论坛发广告帖,但回应很少。某一天有人回复,"京东我知道,这是唯一一个我在中关村买了三年光盘没有买到假货的公司"。这个回帖,当天给京东带来 6 单生意,刘强东由此对在线经营生出信心。这成了京东商城的核心经营理念"正品行货"的源头。

2013 年,京东内部提出圆形价值观,以"客户为先"是圆心,诚信、团队、激情、创新分别占据圆环的 1/4。2018 年 3 月 30 日,刘强东发布全员信并正式宣布,京东的价值观全面升级为"T 型文化"——"正道成功""客户为先"和"只做第一",概括了京东最本源的基因、最鲜明的气质和最内核的 DNA。"在升级的价值观中,坚守正道成功决定了京东事业的高度,秉持客户为先决定了京东事业的温度,践行只做第一决定了京东事业的厚度。""正道成功"是经营纲领,"客户为先"与"只做第一",分别对应于零售业的 3 项本质:体验、成本与效率。

刘强东在信中写道:"正道成功是整个价值观体系中的基石,也是京东基业长青的价值信仰。"在刘强东看来,正道成功不只是取之有道,合法依规地取得商业上的成功,更重要的是京东的自我期许,要成为行业中的价值典范。这个更高的自我要求,被刘强东后来表述为京东立志做一家"国民企业"的重要内涵。

2020 年,京东更新的价值观为"客户为先、诚信、协作、感恩、拼搏、担当",

重新回归了 2009 年前的"五星自我管理法"的关键词，如拼搏、诚信、感恩等，更聚焦对团队行为的规范要求。与此同时，京东提出"技术为本，致力于更高效和可持续的世界"的新使命。因为强烈的独善其身色彩，"只做第一"的提法与无界零售的新定位略有违和，被直接删除。而"正道成功"沉淀为京东价值观的基石，不再放在表层，在京东官网保留了一段阐述，"坚守正道成功，以为社会创造价值为己任"。

2021 年 1 月，京东旗下网贷平台的借贷短视频广告，因价值观混乱遭到质疑，京东为此公开道歉。2021 年京东数科管理层调整，财务出身的 CEO，由集团首席合规官取代，或许是因应国内对互联网加强监管的一种策略。

从长远来看，"正道成功"不仅侧重于企业的社会责任，在特定时期还需要在内部重新定义。

3. 自建物流

"当今天京东遍布全国的仓配体系使得'最后一公里'已然成为决定用户体验最重要的能力的时候，当初那些对我们的讥讽和嘲笑还犹然在耳。可是，我们就是用'傻'和'执着'换来了消费者的'爽'和'痛快'。"在刘强东看来，京东的成功之一是重新定义了中国电子商务的"体验"，这个改变源于自建物流的抉择。

关于京东自建物流的评论，外界非议不少，以马云的评论最著名、最尖刻："中国 10 年之后，可能每天就会有 3 亿个包裹，那这么一算下来，京东需要聘 100 万人来完成这样一个快递的交接，光这 100 万人就得让你管个够、就得让你睡不着觉！而且它的 60% 收入是在中关村，它自己网上不可能这么大量。所以，我在公司一再告诉大家，千万不要去碰京东。别到时候自己死了赖上我们。"

京东自建物流的原因，是刘强东基于行业痛点的洞察。京东最初也采用第三方物流，很多用户投诉到货慢、货物损坏，加上物流公司账期长、回款慢，为了提供更好的客户体验，刘强东认为改变行业很难，直接自己动手干。"这一次我们同样没有做过专业和系统化的成本测算，白手起家，我们甚至一开始不知道怎么算。"刘强东在董事会上提出自建物流需要 10 亿美元时，当时京东募集的资金还未超过 3000 万美元，遭遇了投资人与高管团队的一致反对。徐新看好刘强东的为人与商业直觉，最终没有坚持反对。

2014 年 10 月，京东首个"亚洲一号"现代化物流中心正式投入运营，自营物流的重资产模式，彻底打破了此前的广泛质疑，获得了新的发展契机。2018 年，菜鸟物流旗下悄然成立新品牌"喵递"，被外界视为阿里在试水自建物流。

自营＋京东物流前期投资巨大，而且极度重资产，导致了京东多年亏损。但京东借此确立了"又快又好"的品牌印象，2020 年，这项重资产更发挥了极大的优势。新冠肺炎疫情防控期间，京东凭借自营商品和自营物流，保障了极端环境下的持续经营，当年 Q1 将毛利率提升至 15.4%，Q2 毛利率稳定在 14.2%，显著高于市场预期的 13.9%，还收获了用户口碑，大力推动用户总规模突破 4 亿人。

作为多年亏损的独角兽，京东物流预计将于 2021 年 5 月赴港上市，成为京东旗下第 3 家上市子公司，估值超过 4000 亿元人民币，与顺丰实力接近。

4. 管培生

为了保证业务增长的干部需要，京东建立了多层次人才培养体系，比如总监以上有"EMBA 进修方案"，中低层管理人员有"管理干部培训班"，底层员工比如配送员有"十百千培训工程"，新毕业大学生有"管理培训生项目"。"这些培训对员工都是免费的，而且没有锁定期！培训结束离开京东无须任何费用补偿。在快速发展中，京东不完美，但我们会继续努力！"其中让刘强东投入最多、最得意的是管培生项目，名为"管培生京鹰"。

本质 II
增长的本质

在京东人事管理的8项规定中,有一条重要原则是"七上八下原则"。京东内部强制性规定,80%的管理者必须内部培养与提拔,只从市场招聘20%。员工的能力和经验,包括管培生,被上级管理者认为有了"七分熟",可以内部提拔为部门管理者。

2007年,今日资本投资京东,徐新给了刘强东两条建议:一是引进牛人做高管,二是招募管培生。刘强东对此全部采纳。据有关资料,京东上市前10年,招收管培生共计444名,其中有两人成为副总裁,20多人晋升到总监,成为后备干部的快车道,据京东官方数据,同样职级下管培生比普通员工平均年轻4—5岁。

刘强东的前女友庄佳是2007年的"黄埔一期",投资者关系总监李瑞玉是"黄埔三期",京东物流CEO余睿是"黄埔二期",担任京东旗下多家公司法人的张雱则是"黄埔五期"。2013年10月,京东启动国际管培生计划(IMT),HR耗时一个多月走访沃顿商学院、斯隆商学院、伦敦商学院等6所名校,花费70万元,最终招聘6名国际管培生。刘强东甚至专门建立了一个微信群,只有自己与6名管培生,以便直接听取他们的想法。两年后,群里有了京东金融白条总监洪洁、京东全球购总监邱煌。

2013年管培生第六期以前,刘强东本人全程参与。首先是亲自面试申请人,选拔标准像是寻找年轻时的自己,"如果家庭条件比较好,小时候没有怎么吃过苦,这样的人我基本不会要。相比较而言,我们更希望管培生是来自一般家庭或者贫困家庭的孩子,更希望他们是一些简单平实、吃苦耐劳、愿意奉献自己的汗水和智慧的人"。

入职后最初3个月,刘强东与京东高管亲自上课,"我会亲自给管培生讲很多东西,从最基础的讲起,甚至连怎么走路、怎么吃饭、怎么敬酒都会一一告知,事无巨细,面面俱到"。每周两百封管培生邮件,刘强东都一一查看。刘强东还轮流带管培生出席商务宴会,亲自指导年轻人的礼仪着装谈吐应对;甚至邀请管培生去他纽约的家中做客。

管培生待遇优厚，享有邮件直通刘强东的特权。曾有员工抱怨："凭什么他们发邮件就可以直接抄送刘强东，而我还要一级一级向老板们汇报？干的都是一样的活，凭什么他们拿的钱就是我的两倍？"

2010年，管培生机制基本成型，比如制定了管培生从主管、副经理到经理的3年培养计划。如果没有达标，安排专人指导；副总裁和总监级别的管理人员担任精神导师，每人带1—3个管培生，定期吃饭；制定淘汰制度，入职两个月后进行考试，淘汰后可以选择成为普通员工，也可以离职。目前京东有专门的管培生招聘委员会，5个副总裁亲自把关选人，每个人关注点不一样，综合判断；招进来从基层开始培养。有应届生在网上分享过京东管培生苛刻的录取条件，除了要通过重重笔试与面试，还有潜在的加分项，比如近期不结婚、家里别太有钱，等等。

在给第七届管培生的信中，刘强东回顾了前三届学员的成长情况。"第一届管培生只有两人，很简单，公司没有任何培训流程。第二届管培生去库房报到，当时的库房经理就是一句话：立即干活儿去！11月、12月是年终促销，天天爆仓。他们每天都要从早上7、8点干到夜里10、11点。没有带队老师，没人给他们安排宿舍，没有人管他们的交通，连吃饭都没人管。这是公司最没人管的一届、没人照顾的一届，也是今天成功率最高、最为优秀的一届。"到基层锻炼的轮岗制，是京东管培生培养的主要方式之一。

"我花了这么多时间、精力在管培生身上，不仅希望培养出京东的优秀人才，让我们取得更大的成功，还希望他们把我的价值观带到他们的生活中去，教育好他们的子女，教育好他们未来的下属、员工、部门或者一家公司。这就是我们的社会责任。"刘强东着实用心良苦。

本质 II
增长的本质

金句 10 条

1. 我们要做一个事情的出发原点就是 3 条：能不能提升行业效率、能不能降低行业成本和能不能提升用户体验。如果答案是肯定的，那就坚持做下去，而且做最苦、最难的部分，因为这个部分做得越多，形成的竞争壁垒就越高，就越有长期价值，当然，得到的回报也就会越大。

2. 此前我们做了 6 年传统商业，带着对传统商业的思考进入了互联网。做了 12 年，我发现互联网并不是和传统行业无关，我认为传统商业的价值和经济规律完全适用于互联网。

3. 临近年底的时候，非常热闹，4 个字，媒体称之为"国家企业"，我觉得国家企业不够自豪，一个真正能够尊敬和自豪的企业应该叫"国民企业"，既属于这个国家，又属于这个国家的全体人民的，"国民企业"。

4. 京东综合价值观和能力量化标准，把员工分为 5 类：（1）钢：能力、业绩不错，价值观也匹配，这样的员工要占 80%；（2）金子：价值观很匹配，业绩能力也很好，这样的应占 20%，有可能是管理者，也有可能是技术员；（3）铁：价值观匹配，但是能力稍差，这种我们至少给一次机会，给他培训，或者看他是否有别的喜好和才能，进而提供转岗机会；（4）废铁：能力不行，价值观不匹配，这种我们不会用；（5）铁锈：能力很强，价值观不匹配的。最后一种人，很多老板都拿不定主意，但这种人是我第一时间要干掉的。铁锈比废铁还糟糕，应该手快一点，抡起大锤砸铁锈。

5. 2018 年京东来到了"至暗时刻"，内外问题的集中爆发将京东推上了风口浪尖，士气一度非常低下。但这也正是自我认知、去芜存菁的契机。我们没有时间哭泣，唯有沉着、冷静、埋头苦干才能走出困境。

6. 我坚持认为：企业管理方式没有好坏、对错之分，民主式、家族式、职业经理人式、现代国际式、农民式，都可以获得成功，关键是你的企业是否形成了特定管理文化氛围！你的团队是否都理解并接受了某种管理方式，"理解和接受你的管理方式"才是关键！

7. 很多人都感慨中国电商人才匮乏！一些传统行业同人见面更是向我抱怨找不到电商人才，我真不明白啥叫"电商人才"。今天早会看了一下我们公司高管入职前的经历，92%没做过电商，84%没有互联网从业经验，只要懂商业、懂用户就足够了。所谓电商人才只是一个传说而已！

8. 我们有一个基本的商业信念，只要我们能把成本控制到极致、效率运用到极致，只要让我们的用户满意了，那么我们就具备了源源不断获取新用户的能力，而我们的业务将会非常快速并持续地发展下去。早晚有一天，我们将获取应该获取的、比传统连锁渠道更高的利益，因为我们为整个社会、为用户、为供应链创造的价值更多、更大。

9. 我花了这么多时间、精力在管培生身上，不仅希望培养出京东的优秀人才，让我们取得更大的成功，还希望他们把我的价值观带到他们的生活中去，教育好他们的子女，教育好他们未来的下属、员工、部门或者一家公司。这就是我们的社会责任。

10. 未来京东的成功失败，与竞争者、媒体、投资人都没关系，都是团队的原因。如果公司成功了，99%的功劳属于我们的团队，我只占1%；如果公司失败了，99%的责任在我，团队只占1%。

本质 II
增长的本质

▶▶▶ 京东是谁

作者　刘强东　京东集团创始人、董事局主席兼 CEO

▶ 导读

2020年5月19日是京东集团的第5个老员工日，刘强东发了一封内部全员信。在信中，刘强东围绕"京东是谁"这个命题，把京东描述成一个青春少年，经历了2018年的至暗时刻，完成了浪子回头的洗心革面。这可以视为京东集团的成人礼，更是刘强东的人生观升华的脚注。

刘强东在信中表现了非同寻常的谦逊与坦诚，他直面外界质疑，坦陈上市后的京东逐渐迷失了自己。2018年的京东，内外问题的集中爆发，士气一度低下。但这也给了京东与刘强东升华自我认知的难得契机，"我们没有时间哭泣，唯有沉着、冷静、埋头苦干才能走出困境"。

《周易》第四十七卦是困卦，讲的是君子应对困境之道。卦辞为："困，亨。贞，大人吉，无咎。有言不信。"朱熹的解读是，"处困求通，在于修德，非用言以免困"。一个人身处困境，有客观原因（形势变化），更有主观因素；关键是回归初心，坚守正道，必能脱困入亨，迎来更大的辉煌。

有趣的是，困卦的前一卦是升卦，是指人生顺势而为，处于上升阶段；升卦之后紧接着就是困卦，说明一件事或一个人上升越快，也会越快陷入困境。2015年，小米手机销量跌出了前五，公司陷入空前危机；而此前的2014年的小米，成立4年估值从2.5亿美元飙升至450亿美元，翻了180倍。其后，经过痛苦的反思，雷军亲自上阵，带领小米走出了困境。

2018年小米上市之际，雷军发了一封公开信，题目是《小米是谁，为什么而奋斗》，开启了新商业的"时代之问"。这一问石破天惊，也激发了企业家群体的反思浪潮。

行文至此，笔者发现刘强东与雷军的某种相似，走出困境之后，两人都写了一封信，以创始人身份叩问公司这个人格体："我是谁？"他俩的这一段轨迹，验证了由升到困两卦的变化，与由困到亨的格局跃升。读者诸君可以找出雷军的那封信参照来读，细细品鉴企业家人生起伏的况味。以下是内部信的全文，笔者未做任何删节。

▶ 京东是谁？

兄弟们，2020 年的开端不同于往常。出于疫情的原因，我们线下的管理大会不得不取消。一年以来，京东发生了很多变化，背后也沉淀了很多思考。在今天"519 老员工日"这个特殊的日子，我还是希望以内部信的方式和大家进行一次沟通：关于京东是谁，京东从何而来，京东去向哪里，以及我们的使命和价值。

今年的新冠肺炎疫情牵动着所有人的心，需要全世界人民紧紧团结在一起相互支持，对抗疫情。京东也在其中贡献了一份力量，除了在第一时间捐赠物资外，始终坚持保障民生，担负起社会物资保障的重要使命，为消费者的日常生活保驾护航。

这一幕让我想起了 2003 年，那一年北京非典肆虐，还在中关村的线下店卖光磁产品的京东不得不关闭实体商铺。为了应对生意的困难，万般无奈下，2004 年，京东转型进入了电商领域，多媒体网正式开通。

从 2004 年算起到今天，京东即将进入 17 岁了。京东从一个在疫情下弱不禁风、被动转型的创业公司，成长为能够在困难时向国家主动贡献力量的企业公民；从一个只有几十个人的小微型企业，变成了拥有 26 万兄弟和完善供应链体系、能够第一时间向疫区输送关键物资的世界 500 强；从一个行业里不起眼的后进入者，成长为能够影响供应商和品牌商，在疫情防控期间共同稳定价格、保障民生的号召人。近 17 年里，京东的成长显而易见。

但是成长不应该仅仅体现在规模、体量上，更是在认知上。对一个人来说，17 岁是人生观、世界观、价值观初步形成的年纪。对于企业来说，在一路狂奔 17 年后，也到了时候需要深入地思考和定义"我们是谁"。

"我们是谁"很重要，只有知道了"我们是谁"，公司才会找到存在的价值锚点，兄弟们才会有源源不断的奋斗动力。只有知道了"我们是谁"，京东才算是完成了成人礼，也才有可能实现从"大"到"伟大"的蜕变。

▶ 少年的初心（2014 年前）

"山舞银蛇，原驰蜡象，欲与天公试比高。"——《沁园春·雪》

要回答京东是谁，一定需要回到创业时期寻找初心。

初创时的京东谈不上有多大的梦想。京东从中关村的一个柜台走到线上平台，更多是迫于形势的无奈之举。但是，从第一天起，京东就是"敢想""敢做"的。

"敢想"是敢于挑战常规，做非常之事。记得在中关村站柜台时，当时几乎所有的商家做生意都是一个模式——一台两万五的笔记本想办法用三万五卖出去，甚至还有中关村十大"招术"教商家如何欺骗顾客。但是京东坚持做好两件事：一是明码标价，薄利多销；二是做好服务。这样，逐渐积累起了口碑和回头客。这两件事情在今天看来再普通不过，但在那个年代，京东的做法就和整个市场格格不入，因为我相信当时那样混乱的市场氛围一定会有所改变。2007 年，在获得首轮融资后，我们决定投资自建物流。物流的投入是巨大的，当时几乎所有的媒体、同行都不看好互联网公司做物流，质疑声不断。但是京东没有犹豫，在所有人的反对中坚持"烧钱"，"烧"出了用户体验，"烧"出了核心竞争力。今天，京东的口碑和优势，无论是正品行货还是物流与服务体验，都和当初的"敢于打破常规"密不可分。

"敢做"是拼搏精神，做最苦、最脏、最累的事情。京东从第一天起就不是高利润的生意。物流是最苦最累的活儿，零售行业的利润也是比纸还薄。要把这样的事情做好，必须依靠拼搏精神，高度自律地把各个环节的成本、效率、体验做到极致。在创业初期，为了省钱，我舍不得租房子，每天晚上就在办公室铺上铺盖睡觉。为了保障24小时服务的承诺，就在耳边放上一个老式的闹钟，每隔两小时叫醒一次，看看有没有什么问题。这样的状态一直持续了4年。2007年，我和全体员工搬完库房，凌晨5点回到办公室，前台同事把钥匙丢在库房，我和大家直接睡在了银丰大厦门前的马路边。正是和兄弟们一起有这样的拼搏精神，我们才能在当时上千家电商公司的竞争中活下来，并且逐渐壮大。

到今天还有很多人说京东有点"土"、太"实在"了，我认为这些都是对我们的赞美。它代表了我们从基因里就带着的东西：理想主义、坚持、无所畏惧。正是有了这些，才有了一个独一无二的京东。我想京东是幸运的，尽管有曲折波澜，我们的理想主义、坚持、无所畏惧得到了市场的认可，业务以高速的增长一路狂奔，得以在资本市场上市。

▶ 青春期的烦恼（2014—2018年）

"乱花渐欲迷人眼，浅草才能没马蹄。"——《钱塘湖春行》

2014年5月，京东在美国纳斯达克证券交易所挂牌上市。这标志着京东正式走过创业期，迈入了一个新的发展阶段：规模更大、业务更丰富，同时内外部关系也更加复杂。

外界有这样一个评价："京东鼎盛的时期是2014—2015年刚刚上市时，是行业惧怕的对象……但忽然之间大家发现：京东开始跟在别人背后，什么都学竞争对手。京东开始迷失了自己。"这个评价非常犀利，却不失中肯。对于年轻的

本质 II
增长的本质

京东来说，上市之后确实经历了相当长一段迷茫和挣扎的时期。今天既然要定义"京东是谁"，要回答那个迷失了的"自己"是谁，就必须直面这段迷茫期的问题。无法逃避，也无须逃避。

业务上，一度欲望代替了逻辑。我们被太多机会所吸引，什么都想做，但能力却未必支撑，甚至有时候商业逻辑还没有想清楚就迫不及待地跳了进去。例如我们在创新业务上走得太急太猛，回过头来看才发现并没有创造什么价值——客户的体验没有提升，行业的成本效率也没有优化。我们投资了很多项目，最终发现自己并不具备"点石成金"的能力。我们也没有做好准备去开放，很大程度上仍旧是一体化的思维，习惯于自己做、强控制。很多投后的融合并不成功。同时，对许多新业务（如：农村推广员、拍拍等）却没有给予持续的投入和关注，缺乏耐心，最后浅尝辄止。业务上的蜻蜓点水、缺乏聚焦让我们失去了战略的一贯性。

管理上，京东也遭遇了内部瓶颈。在公司规模急剧扩张的同时，管理、文化体系的搭建和更新并没有跟上。大企业病、傲慢、山头主义等问题开始出现，整个公司失去了活力，腐蚀了我们的竞争基础。

2018 年京东来到了"至暗时刻"，内外问题的集中爆发将京东推上了风口浪尖，士气一度非常低下。但这也正是自我认知、去芜存菁的契机。我们没有时间哭泣，唯有沉着、冷静、埋头苦干才能走出困境。集团迅速成立了战略决策委员会（SDC）、战略执行委员会（SEC）、HR 委员会（HRC）、财务委员会 (FC)、技术委员会（TC），并且用了一年多的时间按照战略、组织、机制、人才、文化、业务 6 条线进行了梳理。面向新的环境，提出了 Bigboss 管理体系。今天，无论是集团战略还是各个业务条线战略变得逐渐清晰、明了、聚焦；组织按照积木化组织进行打造，重点是协同和创新；机制层面围绕决策机制、激励机制与淘汰机制展开；人才层面按照京东未来需要的 Bigboss 人才，提出了新时期京东用人标准，淘汰了不符合要求的 10% 以上高管；文化上逐步重新梳理了公司新的定位，新版使命和新的价值观；业务上全面授权给业务领导人，并且逐步达成有质量增长的共识。

挫折并不可怕，重要的是从中可以获得什么。如果说京东的初创期像是一个初生牛犊不怕虎的少年，那么在经历了青春期的阵痛后，他的人生观、世界观、价值观得以在动摇中得到重构。我非常庆幸和兄弟们一起经历了这段成长的烦恼，这帮助我们认清了我们是什么、不是什么，变得更加成熟。

谁在青春期没有叛逆的时候，浪子回头金不换，我们无怨无悔！

▸ 成年的京东是谁？（2019 年以后）

"大足以容众；德足以怀远。"——《淮南子》

所以，京东是谁？

人们可能会说，京东是中国最大的 B2C（B to C，企业对消费者）电商平台，是纳斯达克上市公司，是世界 500 强之一，是要转型技术的民营企业……但这些都会随着时间、环境的变化而改变，无法定义内在的京东。回顾从创业、经历挫折到走出至暗时刻的这段历史，我更清晰什么是京东不变的东西，什么是京东与众不同的东西，这些即使在未来面临更大危机时也不会改变的、刻在骨子里的 DNA，定义了京东是谁。

▸ 京东是逐梦者

从中关村开始，京东就是一个逐梦者。

回想中关村时的梦其实很小，对于事业是什么样的，几乎一无所知。但梦想会随着见识、知识、眼界的拓展，一点点开阔。刚开始时，京东的梦想是抵御中关村的商业乱象，用走正道、树诚信的方式获得成功。后来梦想的是减少搬货次数，给消费者提供最好的电商服务体验。正是这些最朴实的、放在当时环境下会

本质 II
增长的本质

被嘲笑的梦想，带领京东一步步走到今天。

今天京东的梦想是什么？

3年多前我在集团的年会上喊出"技术、技术、技术"的时候，很多人都在嘲笑我们：怎么京东一个干苦活累活的公司想摇身一变去做高大上的技术了？直到今天，很多人依然怀疑京东做技术能不能行。但是京东的梦想哪一次不是在嘲笑和怀疑中实现的？2019年，京东体系所属上市及非上市企业合计研发投入179亿元人民币，成为对技术投入最多的中国企业之一。过去6年里，京东的研发投入更是远超收入增速。这是因为我们太清楚技术对于前端客户体验、对后端供应链效率，以及对一线员工福祉的提升能起到多么大的作用了。我们的无人机、智慧供应链、云计算与AI业务等，都是为着这些目标而研发的。而从我们业务场景中沉淀下来的技术能力只有应用到更大的范围——降低社会供应链的成本、提升全人类的生活质量，才会发挥最大的价值。未来10年，技术的进步会比过去100年的都来得更猛烈。我们也会坚定不移地转型成为一家技术驱动的供应链服务公司。

我们还有一个梦想，是成为一家国际化的公司。京东的愿景是：成为全球最值得信赖的企业。其实一直以来，我们在不断布局国际业务：2015年进入印尼市场。2017年开拓泰国市场。同时，积极发展全球购、全球售、国际物流、国际支付等业务。在人才、制度、流程的建设上因地制宜，逐渐搭建国际化的管理体系。去年，我们明确了在集团层面，要把国际业务作为未来3—5年的战略重点，步子迈得更大、更坚决些。如果说，互联网的上半场是"全球到中国（copy to China）"的话，下半场则有了更多"从中国到全球（from China to the world）"的机会。我们有信心把自身在零售基础设施上的积累，从物流，到供应链、技术等能力带到全世界。我们在海外市场做铺路架桥的事情，路修好了，桥盖好了，去帮助中国品牌在海外成功，使客户、商家、合作伙伴都受益，在海外再造一个京东。

随着京东的成长，在每个阶段都有不同的梦想。要实现技术和国际化的梦想，需要比过去付出数十倍的艰辛。但无论什么时候，京东都是那个有梦、敢于追梦的人。比起为梦想头破血流，更可怕的是不敢去想。

▶ 京东是坚守者

如果说京东一直都是"逐梦者"的话，那么"坚守"是我们曾经一度失去、又找回来的珍宝。青春期的迷失和成长之痛又重新教会了京东坚守。

首先是对商业价值的坚守。早期京东投资建物流，很多人觉得是疯狂。但其实那时是坚信商业价值。在京东以前，平均要搬 5—7 次货，才能到达消费者的手中。货物每搬一次并没有为社会创造价值。所以京东通过建设仓配体系，减少搬货次数，极大地提升了速度和体验。我们坚信一个不能够创造价值的商业活动是不对的，这是京东的商业理念。但是在之前的一段时间，我们在对标中失去了自己，也失去了对这一理念的坚守。在经过一年多的反思和讨论后，有一点更加清晰了：京东的任何一个产品服务都必须为行业创造价值——要么是为合作伙伴降低成本、提升效率；要么是为用户带来更好的体验。一个不能解决行业痛点的产品或服务是没有商业价值的，是风口过后最先掉下来的那头猪。

其次是对长期主义的坚守。京东是互联网的长跑者。从一开始，我们就是一体化的模式，自营商品、自建物流，逐渐建立起供应链能力的基础。未来一体化开放的道路同样漫长，需要时间和耐心去和合作伙伴共建商业生态。我们的增速虽慢，但建立的壁垒更高。长期主义意味着我们是跑马拉松的，这和百米短跑选手的肌肉结构完全不同。但是只要方向对了，路就不会太远。但是我们一定要对长期价值抱有信仰。

还有对于挑战自我的坚守。过去我们挑战的是对手，今天我们面临的最大挑战来源于自己：从自营走到平台，我们面临模式转变的挑战；从零售走到技术和服务，我们面临新业务的挑战；从一体化走到一体化的开放，我们面临意识和组织的挑战……这要求我们有归零的心态。我们不是什么行业的领先者，用谦卑的心态看待自己。我们是零售行业的挑战者，更是技术服务行业的学习者。保持创业之心，最大的超越是超越自己。

坚守是定力，也是"结硬寨、打呆仗"的智慧。我们总是很容易担心错过了什么机会，但比错过机会更可怕的是机会主义。经过前几年的起伏和反思，京东最大的收获是达成共识，重新找回了"坚守"的基因。

▶ 京东是众行者

一直以来，京东都是遵守商业底线、担当社会责任的众行者。

遵守商业道德是京东的底线：京东从没有做任何一件坑蒙拐骗的事情，所有卖出的商品都开发票，没有卖过假货水货，没有逃税漏税，不行贿受贿。这看起来不是什么值得炫耀的事情，但从第一天起、从超微型企业做起来，就始终如一。这是京东的 DNA。它带给无数年轻人希望：看到在中国创业完全可以用合法合规的方式获得成功。

我们对商业生态塑造也常怀律己之心。记得 2006 年京东刚进入家电品类的时候，家电行业整体的净利率不到 1%，而线下家电零售的净利率却可以高达 6%，库存周转 87 天，账期高达 180 天。效率低下的零售环节反而成了价值获取的高地，整个行业严重畸形，这也给了京东进入的机会。两年前，我们就在公司要求了家电的净利率要维持在一个相对低和稳定的状态，即便我们有能力获取更多的利润，也要把利润让给用户和合作伙伴。这是维护行业的健康，也是保护各方都能够在一个相对合理的空间内可持续地发展。京东的这个经营理念不仅仅是在家电。今天我们开放很多基础设施服务，一直相信更大的价值不是来源于自己不断地膨胀和吞噬，而是打开自己，连接外部。我们甚至都不是连接器的中心，而是积极地融入到世界中去，成为别人的一部分，共生、互生、再生。

至于社会与环境责任，我们更愿意把它当作日常的点滴工作去履行。这次疫情，媒体报道了我们捐赠口罩等物资的行动，而我们同样重视的是借助供应链体系的能力去支持各地政府抗疫期间的菜篮子工程、借助平台的影响力和供应商一同稳定价格。我们始终相信，企业对社会和环境最大的贡献不仅仅是捐赠，而是在商业活动的各个环节同环境和平相处（如青流计划、电子发票），用商业模式来解决社会问题（如产业扶贫、数字农贷），和利益相关者一起塑造可持续发展（如有责任的消费倡议）。

独行者疾，众行者远。京东是一家有责任的公司，对家人，对员工，对行业，对社会。我们永远和大家走在一起，用真挚维护商业、环境、社会之风。

京东是谁？是逐梦者，是坚守者，是众行者。无论外部的环境、我们自己的业务发生什么样的变化，这都是在京东骨子里不变的底色。

▶ 我们的使命和未来

"技术为本，致力于更高效和可持续的世界。"

在京东即将迈入17岁之际，我们对自己有了更深刻的认知，也就能够更从容地面对内外部的变化。

今天，外部环境的变化正处于一个结构性的拐点上。在过去十几年里，移动互联网时代给消费侧带来了天翻地覆的改变，也诞生了许多新的商业模式。但是移动互联网时代已近尾声。未来，随着云、AI、5G等技术的融合，以及智能时代的到来，将会给供给侧带来更多降本增效、焕然一新的机会。技术将会在产业互联网、工业互联网等领域发挥巨大的作用。

京东作为连接产、消两端的互联网公司，拥有扎实的供应链体系和数据基础，有机会也有责任积极主动地拥抱下一个智能时代。今年，我们已经正式更新了京

本质 II
增长的本质

东集团的战略定位：我们是一家"以供应链为基础的技术与服务企业"，代表了我们要将供应链的优势发挥放大，并应用于产业的场景中，和合作伙伴一起降低行业成本，提升社会效率。

在这样的内外部背景下，在过去的几个月里，从集团战略决策委员会、战略执行委员会，到各业务单元的管理者，对于集团使命进行了多轮研讨和反复推敲。我们希望新的使命能够承载京东未来在产业互联网可能发挥的价值，也将京东对社会的责任定义得更加清晰。最终，从多个方向中确定了京东集团的新使命："技术为本，致力于更高效和可持续的世界。"

新使命突出了3个关键词：技术、高效、可持续。"技术"代表了我们作为逐梦者的目标：对内，以价值创造为导向，用技术降本增效，提升产品服务的体验；对外，以技术能力输出为起点，推动行业不断升级。"高效"代表了我们作为坚守者的标尺：衡量我们商业模式成功与否的唯一标准是我们是否提升了行业、社会的效率，创造了真正的价值。过去，通过减少搬货次数和中间环节，我们提升了零售和物流行业的效率。未来，通过连接人与企业、企业与企业，基于技术的网络协同会带来更大的效率提升空间。"可持续"则代表了我们作为众行者的愿望：对合作伙伴，共享商业成功；对员工，提供公平发展的舞台；对环境，维护生态平衡；对社会，做心存感恩、责任担当的企业公民，实现人、环境、利润（people，planet，profit）的平衡，为世界的可持续发展尽一份应尽之力。

展望未来，京东的业务发展以技术为基石，继续为消费者带来极致体验的同时，开放自身的能力，成为基础设施，携手伙伴，降低行业成本，提升社会效率，以追求最大的社会价值为目标，秉持长期主义共创可持续发展的世界。

使命的更新，代表京东正式迈入新的发展阶段。京东是谁？已经不是那个初生牛犊，也不再是一个躁动的叛逆者。而是心有敬畏，仍勇往直前；是不疾不徐，但坚定不移；是放下小我，却融入汪洋的——17岁的京东。

04 新服务
CHAPTER FOUR
服务的最高境界是没有服务

>>> **滴滴：敬畏一切** >>>

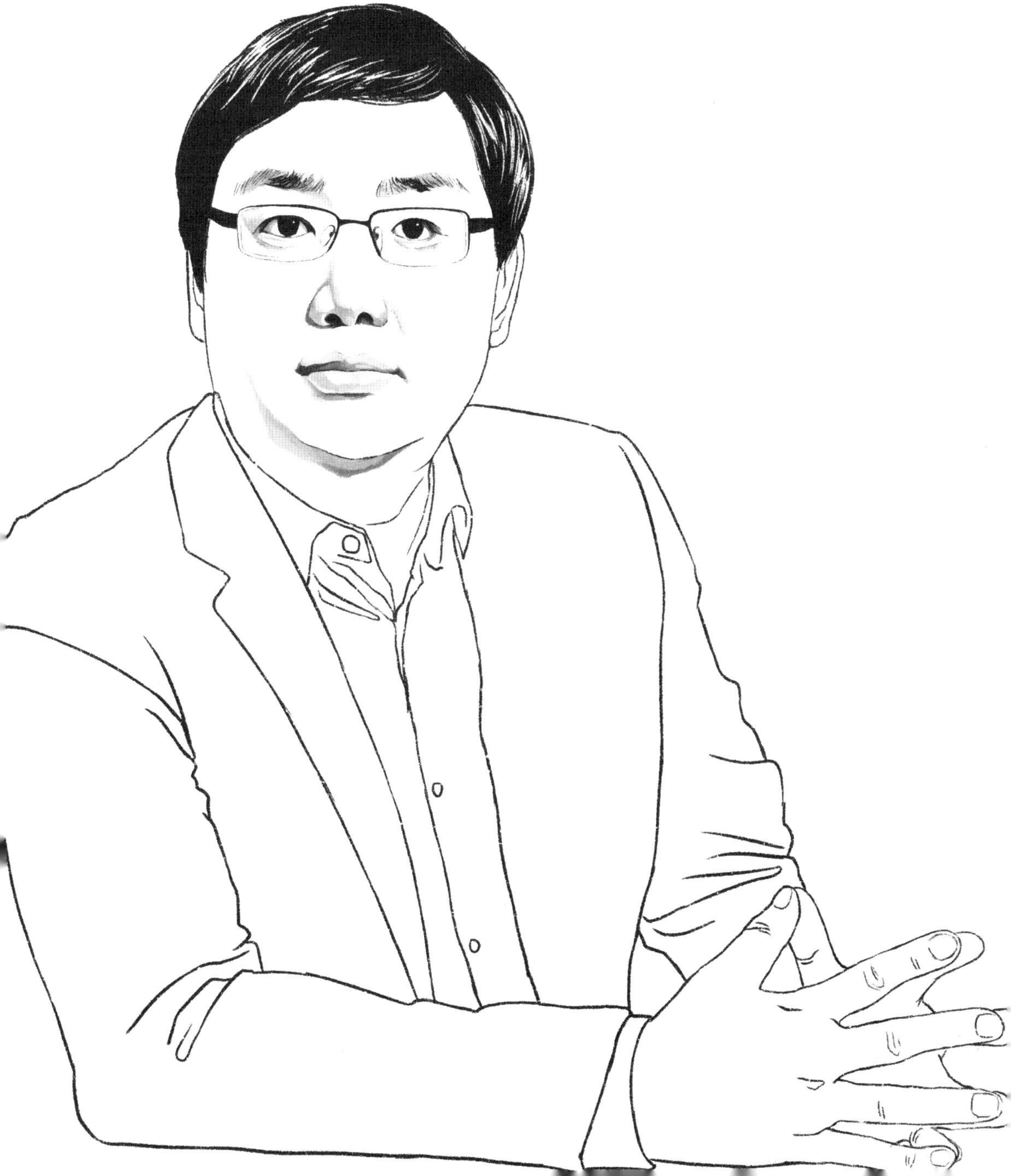

本质 II
增长的本质

▶ 企业简况

"TMD"的说法，最初是对 2015 年互联网并购潮的一个总结。那一年，滴滴快的合并，美团点评整合，头条如日中天，坊间出现了与 BAT 相对应的一个词 TMD。在 BAT 之外，这 3 家公司硬是开辟出新的赛道，以后浪之姿来势迅猛，成为新的颠覆者。

随着抖音强势崛起，头条增长遇到天花板，外界更多关注其母公司字节跳动；美团在外卖之外纵横捭阖，业务去外卖化，更名为"美团"；而 2018 年的网约车安全事件，让滴滴在其后两年停滞不前，迟迟未能上市。

2016 年是滴滴的高光时刻，合并 Uber（优步）中国后，滴滴占据国内网约车市场的 9 成份额，在 TMD 中估值最高。根据科技部火炬中心的数据，滴滴估值达 338 亿美元，美团点评为 180 亿美元，头条仅有 92 亿美元。截至 2021 年 2 月，美团市值超过 2500 亿美元，字节跳动估值可达 3 万亿元人民币（按快手市值 1.3 万亿元推算），约合 4600 亿美元；相比之下，滴滴估值最低，仅为 800 亿美元。5 年后，BAT 中 B 已然掉队，TMD 实力此消彼长，换了位次；TMD 的说法正在淡出舆论。

BAT 创始人私交一般，但 TMD 三人交情不浅。2000—2010 年，PC 互联网市场大局已定，TMD 夹缝中求生，自然倾向于抱团取暖。三人之中，王兴创业最早，颇有带头大哥的派头；张一鸣 2007 年还在酷讯就结识王兴，后来曾是饭否的技术合伙人；程维 2011 年负责支付宝商户业务时认识王兴，与张一鸣认识

04 新服务
滴滴：敬畏一切

稍晚，两人 2015 年在一次行业会议上见面。张一鸣早期与王兴交流很多，包括读书、稻盛和夫等话题；程维则视王兴为高参，滴滴最早 APP 是外包做的，王兴的反馈是用户注册流程复杂，"很垃圾"，程维据此做了相应修改。后来，程维多次公开表示对王兴的赞赏，认为王兴"绝顶聪明却不善言辞"，美团的早期团队"依稀有阿里味道"。专访过他们的《财经》杂志记者宋玮总结，"如果说王兴的关键词是战斗与思考，张一鸣是平和与成长，程维可能就是格局与关系了"。

2016 年乌镇互联网峰会的欢聚，是三人友情的巅峰。在媒体牵线的乌镇三人谈中，程维说过一个观点。他认为，与 BAT 时代差异化竞争相比，互联网进入下半场的时期，打法同质化，竞争更多是"短兵相接"。其后 TMD 陆续切入各自的赛道，部分验证了他的预言。美团 2017 年在南京试点打车业务，滴滴外卖 2018 年 3 月在 9 个城市同时上线；2018 年滴滴投资摩拜单车，而美团豪掷 27 亿美元收购之；2020 年美团、滴滴都加码社区团购，王兴与程维更成了直接竞争者；2020 年 12 月字节跳动成立专门的本地化服务团队，员工规模超 1 万名，2021 年 3 月抖音团购在京沪杭三地上线。

外界曾经评价滴滴成功有三大因素：阿里的人、百度的技术、腾讯的钱。

行政管理专业毕业的程维，卖过保险，在足疗店帮过忙，在阿里做过 8 年销售，在 TMD 三人中最少技术背景，也最有江湖气。受到此前的职业经历，以及阿里打造铁军的影响，生存与竞争是程维最关心的命题。程维办公室的墙上，挂着一幅字"日拱一卒"，揭示了优秀销售人员的心态与决心。程维很少谈论产品和技术，接受采访提得最多的词语，是战争。他看了很多战争的书，研究打胜仗的方法论。谈及美团涉足打车业务，程维引用了成吉思汗的一句名言，"尔要战，便战"。这造就了滴滴的强悍执行文化，成为与快的、Uber 等激烈较量中胜出的关键，与干嘉伟为美团打造的执行力类似。

腾讯的钱支撑了滴滴的前期生存，补贴大战中马化腾甚至亲自坐镇幕后。不过，其后滴滴的高效融资得益于柳青的加入。作为一家创业公司，滴滴或许是有

本质 II
增长的本质

史以来得到最多大佬支持的，坊间传言滴滴的股东名单，长到一张 A4 纸都写不下，而且非常多元化，既有 BAT 等互联网巨头，也有苹果、富士康等传统霸主等。

虽是柳传志的小女儿，柳青凭借个人奋斗，拥有了骄人的学历与投资背景，曾是高盛亚洲最年轻的董事总经理，也曾得到苹果 CEO 库克推荐，入选美国《时代》杂志全球百人榜。2014 年 7 月柳青出任滴滴 COO，12 月即为滴滴拿到当时非上市公司最大一笔的 7 亿美元融资，投资方是国际知名投资机构淡马锡、DST（俄罗斯投资基金）和腾讯；2015 年 2 月升任总裁，7 月推动滴滴完成 20 亿美元的巨额融资。2016 年 5 月，滴滴获得苹果 10 亿美元投资，这也是创业以来获得的最大单笔投资，这项投资始于 4 月 20 日柳青到苹果总部拜访库克。2016 年 8 月，滴滴宣布收购 Uber 中国，柳青则是主导者，此次并购也把滴滴的声望与业务推上了新的高度。

作为著名国际投行的高层，投身滴滴这样草根创业、业务并不光鲜的公司，一方面因为柳青本人的勇气，她接受《查理·罗斯访谈》时表示，加入滴滴是一种内心的召唤，她希望像父亲柳传志一样，置身战场挥洒热情，而不是作为旁观者评价企业。另一方面也是被程维的苦苦追求所打动。

2015 年 11 月，《财富》杂志公布 2015 年"中国 40 位 40 岁以下的商界精英"榜单，柳青与程维同时上榜，且并列榜首。如今程维、柳青俨然一对明星级商界 CP（人物配对），两人高度默契、优势互补，成就了一段类似马云招揽蔡崇信的佳话。

两人合作意向，始于 2014 年 6 月的一次晚餐。当时柳青第三次代表高盛，希望投资滴滴，结果仍然被拒。柳青佯装愠怒，开了一句玩笑："不让我投，我就给你打工吧！"听者有意，程维开始大胆行动，主动追求。

据说，两人深度沟通多次，每次长达 10 多个小时，程维甚至专门安排了一次高管团队与柳青去西藏的团建；车到喜马拉雅山脚下时，程维哭了；他对伙伴说，这一路如同创业路，把命交给了兄弟们。大家都哭了，柳青也哭了。程维打开手机，播放了一首歌《夜空中最亮的星》，当晚柳青下定了决心。

雄关漫道

2012年6月，29岁的程维从支付宝离职，来到北京创业。7月，他与核心骨干跑了100多家出租公司，没有任何回应；8月，北京昌平区只有200辆出租车的银山公司，成为第一家合作公司。程维在司机例会上介绍产品，100个在场的司机，只有20个有智能手机。9月9日，"滴滴打车"上线；11月，第一次出现100辆出租车同时在线，完成A轮融资——来自金沙江创投的300万美元。其后，滴滴开启了高速增长之路。

2017年年底，程维接受《财经》杂志采访，谈到滴滴的新计划，"网约车竞争在2016年就结束了，2017年滴滴的重点是修炼内功，2018年我们会全面出击"。

但是，"很多东西在这一轮快速增长之后都要去补课"。事实上，2018年是程维第三个本命年，接连的安全事件，地方政府的监管，让这一年成为滴滴国内业务增长趋缓的转折之年。

对滴滴超速发展中的隐忧，程维也早有反思。2016年乌镇TMD三人谈，他表示，"如果你今天德不配位，如果你今天真的有这个服务能力，但是你并没有实际的这些底层的能力，迟早有一天你会跌回来的"。2018年，乐清事件发生后，程维的内部公开信写道，"好胜心盖过了初心，狂奔的发展模式早已种下隐患。内部体系提升跟不上规模扩张，就像灵魂跟不上脚步"。其后两年，滴滴高度聚焦安全问题，成立专门的安全小组，程维担任组长，并提出"All-in"安全的战略。

2018年以来，国内业务扩张受阻，滴滴加快实施国际化战略。客观来说，滴滴早期的国际化是为了国内业务的生存，"我们是被迫国际化的"。2014—2015年，滴滴在国内市场与Uber进行了艰苦对决。为了在全球市场更多牵制Uber，

本质 II
增长的本质

滴滴采取迂回包抄的斗争策略，同时投资北美、印度、东南亚、中东与欧洲等地的 Uber 对手们。

"原来我们以为滴滴与快的之间就是决赛，后来我们意识到这只是亚洲区的小组赛，在中国最强大的团队走到一起后我们要完成后面的使命，就是迎接全球最后的挑战。不仅仅是我们，一代一代的中国互联网公司都面对过这样的挑战。"目前滴滴已在日本、巴西等 9 个国家开展出行、外卖和同城配送等业务，2020 年 8 月，滴滴正式进入俄罗斯。程维曾经对外透露，2019 年是滴滴国际化业务突破的一年，截至 2020 年年初，滴滴海外累计服务超过 10 亿出行订单。作为滴滴未来 3 年战略的重要一环，国际化为滴滴整体发展提供了新的增长空间。

出行业务的特性决定了护城河天然不高，滴滴在国内市场始终面临巨头与新锐的觊觎，近年来不断拓展业务的新边界。2018 年滴滴年会上，程维提出了业务的太极战略，他以左半球来比喻围绕乘客的一站式出行平台，右半球代表围绕着车主的一站式服务平台；2020 年在太极战略基础上，滴滴积极探索新赛道，如当时酝酿中的社区团购。

2020 年 11 月 3 日，在滴滴内部全员会上，程维强烈表示，"滴滴对橙心优选的投入不设上限，全力拿下市场第一名"。当年 4 月，橙心优选在成都试水，日订单量很快突破 280 万，势头迅猛。

但是，时代风向变了，2020 年下半年中央定调，"强化反垄断和防止资本无序扩张"。巨头惯用的补贴换用户的竞争方式，在社区团购领域遭遇监管部门的强力警告。2020 年 12 月 22 日，市场监管总局联合商务部召开规范社区团购秩序行政指导会，阿里巴巴、腾讯、京东、美团、拼多多、滴滴等 6 家企业参加。2021 年 3 月 4 日，市场监管总局对上述 6 家的社区团购业务进行处罚。在相关文件中，官方的措辞相当严厉，如"扰乱市场价格秩序""诱骗消费者与其进行交易"等。

2020 年 4 月，滴滴设立新的职能部门"用户增长部"。为了争夺更多的年轻

04 新服务
滴滴：敬畏一切

消费者，滴滴2020年陆续推出主打下沉市场的新品牌"花小猪""青菜拼车"。3月，花小猪在遵义、临沂等低线城市测试，8月，在天津、南京等地陆续被约谈、叫停；2021年2月，交通运输部表示，在订单量超100万单的网约车平台中，花小猪的双合规订单率最低；这一新业务未来或将面临更加严峻的监管风险。

2020年4月16日，程维公布了滴滴未来3年的战略目标，简称"0188"：安全是滴滴发展的基石，没有安全一切归零；3年内实现全球每天服务1亿单（2020年年初的日订单为2400万单）；国内全出行渗透率8%；全球服务用户MAU超8亿。2018年的顺风车安全事故后，滴滴曾表示整个公司要"All in"安全，"0188"目标的发布，试图向外界传递滴滴重新恢复增长的决心。2020年8月25日，滴滴的全球日订单突破5000万单，"0188"战略目标已完成过半。

"任何变革的本质都是技术的变革，我们希望滴滴未来是一家技术领先，能够不断地引领尖端技术创新探索的公司。"

2016年4月，滴滴研究院成立，致力于人工智能技术在交通领域的基础研发；2020年6月，滴滴首次对外开放无人驾驶技术。

"我们相信未来不需要每个人都拥有汽车，汽车可以因为互联网和智能调度的出现被共享使用，从而减少拥堵，促进绿色、低碳的可持续发展。"2017年，程维出席联合国总部举行的"建设全球能源互联网，助推联合国2030可持续发展"论坛。他披露滴滴携手全球能源互联网发展合作组织（GEIDCO）合资成立全球新能源汽车服务公司，构建充换电体系、储电、电池再利用等配套支持服务产业等。

"滴滴文化里面有一句话，叫Always Day 1（永远是创业第一天），D1也承载着滴滴Always Day 1的精神。"2020年11月16日，滴滴发布全球首款定制网约车D1，这个名称是致敬亚马逊创始人贝索斯（"Always D1"正是他的口头禅）。程维表示，定制车计划每18个月迭代一个版本，2025年将搭载自动驾驶系统。

2020年，滴滴公布1.0版本的组织战略，对程维担心的快速成长后的组织建设补上了一课。2021 年 2 月 23 日，滴滴宣布组织架构调整，增设首席人才官 CPO，由柳青兼任。

柳青曾经表示，滴滴虽很年轻，但已经多次经历并穿越周期，"现在依然还在穿越周期的过程中"。2021 年 3 月 5 日，滴滴最大对手 Uber 的市值回升至 1032 亿美元，让计划当年上市的滴滴看到了新的希望。据最新消息，2021 年 6 月 30 日滴滴已在美国上市。

▶ 主要理念

1. 快公司

关于公司的发展模式，一直以来有两种论调，做长还是做大。

"你是追求企业时间够长，还是追求它发展的绝对值够高，更灿烂？"在程维看来，这是个价值观的问题，就看创始人有什么样的追求。欧洲很多小企业是隐形冠军，不追求规模无限扩张，希望做成百年老店。

滴滴 2012 年创立，短短数年占据国内出行市场 90% 的市场份额，仅用 4 年，一跃而为全球独角兽企业的第三名，成长速度惊人。程维认为，从根本上说，这是时代特征决定的，"它的背景、它的规则是要求企业快的"。以快打慢，在发展中解决问题，快公司是这个时代的商业规律。在 BAT 创业的 PC 互联网时代，市场竞争也很激烈，但是"有点像拉力赛，80 迈的速度开 3 天"；TMD 崛起的时代不同，"现在有点像 F1，200 迈的速度 3 圈，直接决定胜负"。

同时，市场有很多热钱，资本的推波助澜，让企业竞争类似 F1 比赛里的直道竞速赛，"油门踩得狠"，如果企业跟不上节奏，迅速被淘汰出局。企业跟不上的原因，可能是多方面，比如技术、团队、组织、资金，等等。

当然，产业环境也在变化，有时候会遇到弯道，企业竞争不再是谁的油门踩

04 新服务
滴滴：敬畏一切

得狠，"你可以把一辆拉力车直接踩到200迈，这是可以的，但你可能要进检修站，不然你永远踩下去，总有个地方轮子会飞出去"。快公司的责任意识与担当能力，也会滞后于业务规模的增长。2018年，3个月里发生两起安全事件，程维在内部公开信中表示，"滴滴不再以规模和增长作为公司发展的衡量尺度，而是以安全作为核心的考核指标"，正是程维所说的"进检修站"。

快公司需要承受更多的外部压力。"创业者要有一颗钢铁一般的心脏"，在程维看来，新创企业免不了外部批评，要区分两类：一、创新者必然引发争议，"你的事情改变了一些利益格局"；二、自身的问题，"你确实有做得不足或者沟通不到位的地方"。2018年以来，程维与柳青加强了与各界沟通，比如举办司机开放日，柳青也经常在微博发声，等等。

作为一个系统，企业在某些方面可以很快，比如融资和规模，但有些东西很难很快成长，比如团队和技术。程维表示，这两样都不能直接花钱买到，"有很多东西在这一轮快速增长之后都要去补课"。事实上，2016年以后，滴滴在技术方面的布局，既是补课，也是为未来的再次冲刺蓄能。

在程维眼中，快公司意味着对环境的灵活适应与快速决策。"最近我们在思考2016年组织变革的时候，我们依然还是只需要聊15分钟就可以做决定。"

更重要的还是执行。"整个滴滴的发展历程就是一个极致执行的经典案例。"2016年公司年会上，程维对滴滴4年成长过程进行了复盘，得出的一个基本经验就是"极致执行"。短短8年历史，滴滴团队极致执行的案例数不胜数。如同很多互联网公司，滴滴早期也是靠地推方式来获客，一个冬天就在北京西客站拉到了一万个司机；在与快的补贴大战中，技术部门七天七夜不眠不休，市场团队3个月内开拓了100个城市，"我们的同学就像一把利刃一样进入到每个市场，所向披靡"。

2015年春节前，滴滴仅用22天完成与快的合并所有谈判，并签署全部法律文件，创造了互联网公司并购的一个奇迹。2015年，滴滴完成了互联网史上最大一笔融资，直接负责只有一个人，他单枪匹马，仅用 30 天融到 30 亿美元，打破了全球未上市公司融资的纪录。在传统投行，类似案子一般是 30 个人，花费半年的时间才能完成。

"外面觉得滴滴是一个奇迹，但我知道这是大家一步一步极致的拼搏，才克服了每一场硬仗。如果不能够坚守阵地，就没有未来，我们一直是没有退路做到的今天。"的确，只有强悍的执行力，才能支撑起程维的快公司哲学。

2. 下半场竞争

"我们一路碰到了太多对手，美团肯定不是最弱的，但也未必是最强的。"程维自称滴滴可能是有史以来世界上竞争最惨烈的公司，从快的到 Uber，干掉很多对手才活下来。程维熟悉军事史，在激烈竞争中杀出重围的创业经历，让他对互联网下半场的竞争态势有独到理解。在程维看来，BAT 时代的 PC 互联网竞争，更像是围棋布局，各方跑马圈地；赛道不同，策略可以差异化，比如阿里和 eBay 的打法截然不同。但是在下半场很多竞争是无差异化的，往往是短兵相接。

首先，互联网上半场形成了免费模式，到下半场更进一步，不只是免费而且要现金补贴才能快速获取用户。所谓烧钱模式的规模和广度远超以前，快速大量地融资，成了产品之外的主要竞争力。"到我们创业的时候，这个零门槛已经没有作用了，它是负门槛，就是你来吧，不但不收你钱，我还给你 5 块钱。"同时，随着政府对数字经济认识的深化，监管政策更趋细化与刚性，滴滴这样的企业面临比其他企业更艰难的环境。

其次是技术驱动。2016 年乌镇 TMD 三人谈，程维总结过滴滴上、下半场的策略变化，"上半场的主要工作是连接所有交通工具和人出行的需求"，"下半场就是在云端构建一个人工智能的交通引擎，DiDi Brain（滴滴大脑）"。他表示，无人车将是滴滴未来的一个战略方向。

04 新服务
滴滴：敬畏一切

当时，程维还谈到滴滴在未来 5 年的目标：打造一家世界级科技公司。TMD 三位创始人交流过对技术驱动的看法，三方观点类似于当年 BAT 三人关于云计算的讨论。张一鸣接近于李彦宏，把技术看作是生产要素之一；王兴更像马化腾，从综合的角度看待技术潜力；而程维的立场与马云惊人地相似，他认为技术对竞争的影响"无与伦比地重要"。

在程维看来，公司大致分为 3 类：营销驱动、产品驱动（比如苹果公司）和技术驱动。雅虎创始人杨致远是滴滴的顾问，他曾对程维说，中国公司大多是营销成功的公司，这让程维很惊讶，也很难堪，"我一分钟也没说上话来，他有这种模模糊糊的感觉和概念，然后我们就讨论了一个小时"。如果说此前中国企业在技术上更多是拿来主义，程维认为未来会出现更多的产品驱动与技术驱动的公司。2016 年的百度，在移动互联网领域颓势已现，但程维仍然对致力于技术创新的百度表示了敬意。

事实上，滴滴对人工智能的预期，也与百度如出一辙。在 2016 年国家行政学院的演讲中，程维表示，互联网上半场是"端的发展和人的链接"，下半场主要是人工智能。滴滴在海量数据沉淀之后，正在大力优化算法与提升算力。

滴滴的首席技术官张博曾在百度任职，2012 年下半年作为合伙人加入滴滴。在他的带领下，尚在市场激烈拼杀中的滴滴积极布局人工智能。2015 年 5 月，滴滴成立"机器学习研究院"，展开全球科学家招募计划。2016 年 4 月，升级为滴滴研究院，推动移动出行领域技术突破。2017 年 1 月，滴滴与密歇根大学达成战略合作；2018 年 1 月，滴滴交通大脑正式发布，搭建支撑类脑推理的核心算法模型，加强了滴滴的运力预测、调配能力。2018 年 1 月，滴滴 AI Labs（人工智能实验室）成立；同年 2 月，滴滴确立科技战略 AI For Transportation（人工智能交通）。2019 年 8 月，凭借多年的技术积累，滴滴的自动驾驶部门升级为独立公司，专注自动驾驶研发、产品应用及相关业务拓展，CTO 张博兼任公司 CEO。当年 10 月，滴滴与清华大学成立"未来出行联合研究中心"。2020 年 6 月 27 日，滴滴在上海首次面向公众开放自动驾驶服务。

2016年元旦，程维应邀在某平台进行了一场跨年演讲，作为2015年网约车大战的赢家，他表示，"我们希望从O2O大战中走出来的企业，不要仅仅成为营销层面的创新企业。未来哪怕在最激烈的竞争当中，我们也能推出新的产品和模式，也能够成为技术型的创新企业"。

第一次见到孙正义，程维提了一个问题：为什么日本有了索尼、松下、软银等企业以后，年轻的企业很少出现了？孙正义对此没有考虑过，而程维自己的答案是，只要有持续的技术进步，中国就会像美国一样，会有一代一代的企业创业，并持续推动整个国家的发展。

金句10条

1. 滴滴可能是有史以来世界上竞争最惨烈的公司，从快的到优步，竞争上我们PK掉了无数对手；资本层面，一家成立5年的公司要去协调BAT、协调全世界的资本；政策层面，国家对互联网+虽表示"鼓励创新、审慎包容"，但我们仍远比任何一个创业公司都要艰难。滴滴第一天就是在这样的环境下成长起来的。所以，我们已经习惯了。

2. 创业是孤独的，我每天都在问自己，这个事能不能做成，不停地问自己，不停地磨砺自己，这就是创业的第一关。

3. 我们已经连接了各种各样的交通工具，连接了一千多万辆车、连接了几亿用户的时候，我们就在想，就永远这么连接下去吗？什么时候是边界，什么时候是尽头？像人一样，我觉得他的上半场，就是人的早期是长身体，越来越大，但是20岁以后，身体就不会再越来越大了，但是你的智慧、你的心智，你会越来越成熟。

4.一个企业的资本可以很快成长，规模可以很快成长，但有些东西是很难很快成长的。比如说团队，不是说花钱买一些人，就可以变成一个好的团队，这里面人成长需要的规律一定要经过的。比如说技术，它也不是简单可以买过来的，有很多东西在这一轮快速增长之后都要去补课。

5.这是一个企业价值观的问题，你是追求企业时间够长，还是追求它发展的绝对值够高，更灿烂？欧洲很多小企业，它是隐形冠军，它并不追求规模无限扩张，它并不做多元化，并不吸纳投资，但它要的是久，要的是一百年以后还有竞争力。这个再往后其实是企业价值观、哲学的问题，但我觉得我们生在这个时代，它的背景、它的规则是要求企业快的。

6.更长期看，我觉得先把自己的事情做好，然后去承担社会责任。我现在觉得因为互联网平台公司，它的社会责任是比我们想象的要重得多的。就是你对于整个社会的影响，你承担了很多责任，因为你集中资源的能力都远远大于10年前、20年前的传统公司了。

7.既然你要往前走，那（对舆论）就要有心理准备，这都是这条路上肯定会经历的事情。除非你维持现状，那就没有人讨论；第二种确实是你不完善，我觉得这是要反思的。任何外面适当的监督、适当的刺激对企业未必是坏事。

8.我深刻地看到在一个一个的行业里面，互联网作为这个时代最先进的生产力，不断地去改造每一个垂直的行业，一切改造的目的是以提高整个行业的生产效率、提高用户的消费体验、降低整体成本为目的的。

9.创业第一天，我问身边所有最聪明的人，打车软件靠不靠谱。他们都告诉我说，这条路走不下去，因为出租车司机没有智能手机，因为中国没有诚信环境，你叫到了车，车也不一定来，车来了你也未必等它。当时，没有移动支付的习惯，我们最多只能做成一个信息平台，没有商业价值。这条路有政策上的阻碍，挑战非常大，最聪明的人都告诉我不可能。但是，我们还是选择了义无反顾地走下去。

10. 拥抱变化、独立思考，想清楚以后极致执行，我们还能灵活地根据环境调整，这是滴滴最重要的能力。

▶▶▶敬畏一切

作者　程维　滴滴创始人、董事长兼CEO

▶导读

2018年8月9日，在中关村论坛系列活动之"我们的时代——联想之星十周年大会"上，滴滴出行创始人、CEO程维发表演讲。2018年是滴滴的转折之年，3个月里两起恶性安全事件，让滴滴这辆极品飞车突然被踩了刹车。正是这次演讲两周后发生了浙江乐清事件，其后两年滴滴的主题是反思与调整，增长受挫，估值下滑。

程维认为，创业者是最不容易的一群人，创业注定是充满挑战的，但是创业者是最不应该抱怨的一群人，因为这是自己选择的这样一条路。值得一提的是，程维这篇演讲中提到了滴滴的对标企业，比如小米、苹果，特别是海底捞的服务哲学对滴滴的专车服务的启发。

他还表示，创业者除了无畏和乐观，内心更要保持敬畏，"敬畏用户，敬畏传统行业，敬畏一切，你才可能走得远"。听上去，不仅仅是给台下联想之星创业者的善意提醒，也是他本人某种直觉的反映，成了很快被证实的预言，令人唏嘘。本文题目为笔者所加，原文较长，做了部分删节。

04 新服务

滴滴：敬畏一切

2012年，我创办了滴滴，那个时候我住在朝阳。但是一想到要创业，我想该来中关村，来海淀。所以那个时候是沿着北四环，不愿意请中介，我们一个楼一个楼地打听，看有没有适合的办公室。因为我们只有80万元人民币，最后就在海龙E世界C980房间租到大概一百平方米的房间，它是楼下卖场的一个仓库。那个时候特别便宜，没有中介费就租给了我们，开始了创业。

很遗憾，联想之星没有投资我们，但是柳青来到了滴滴。相信柳青来滴滴可能是比财务投资更慎重的投资。

滴滴是一家成立只有六年的企业，我们非常尊敬联想这样穿越30多年岁月、在一个又一个巨大的浪潮里不断向着理想奋斗的企业。柳总或者说联想在不断奋斗拼搏的过程之中通过资本的输出，经验的输出，价值观的输出，人才的输出，由一棵大树变成了一片沃土，变成了一群企业。

今天的主题是《我们的时代》。我们到底处于一个什么样的时代？我创办滴滴的时候29岁，是第一次创业。可以说，第一天起面对的所有问题和挑战都是新的，很难靠存量的知识解决未来的问题。但是还是有机会让一群年轻人因为有理想，因为你敢奋斗就可以一点一点地去改变一个行业，甚至去改变全世界，这可能就是最好的时代。

天时、地利、人和。在中国不是时时刻刻都有这样的技术进步，我们有机会通过技术进步，通过模式创新的探索去解决用户的问题。现在有地利，同样的时代如果去日本，如果去欧洲，年轻人也不是有机会像我们这样子成百上千地试错，我们在思考着怎么样去让这个世界更美好一点点。

能在每一个细分的角落里去做探索，并且在经验、在技术、在资本的很多维度流动，去形成互相学习和一种势能，像这样的沃土也并不多，所以创业者无论如何还是要坚信，我们所处的就是最好的时代、最好的区域。我们也要感恩，我

本质 II
增长的本质

们如果有所成绩，那么是需要感恩时代的，需要感恩前人铺垫的市场，给我们贡献的土壤，我们才可以那么迅速地去做出一些事情。

创业者是最不容易的一群人，他就像推开一扇门，外面是漆黑一片，那条路是不清晰的，要时时刻刻一边摸索，一边认知，一边修正。不确定性是应该的，所以你必须是一个乐观的人，你必须是一个有一点无畏的人，因为你是在做没有人做过的事情。

但你必须又是一个充满敬畏之心的人。因为仅仅有无畏和乐观必然倒在路上，你内心还要敬畏，敬畏用户，敬畏传统行业，敬畏一切，你才可能走得远。我们都在这样一条道路上面。

就像哥伦布航海，并不知道远方一定有彼岸。你有可能只是驶向了迷雾，驶向了黑暗之中，也没有说一个港口，一个 IPO，或者说市值一万亿，它就到了一个终点，可能永远没有终点，都是里程碑。

滴滴 6 年的时间，我们的使命是让出行更美好。我们把原来线下散乱的交通工具线上化。用户的需求和这些交通工具连接起来，不管是出租车、私家车，不管是单车、公交车，所有的物理世界都会被线上化。过去 20 年，所有的互联网创业者都在干以连接为主的、构建平台模式为主线的物理世界线上化的工作。

今天我们还在努力把交通的互联网、一站式的出行平台拓展到全球去。全球化、国际化是中国互联网公司未来很重要的一个命题。如果说在电子商务，在搜索引擎，中国互联网前 20 年并非是全球领先的，但是到了 O2O，到了本地的服务，中国很多领域的创新模式已经走到了全球前列。

可能只有中国有顺风车。海外的共享单车还很早，中国的外卖规模是全球规模加在一起的 10 倍都不止。其实就像中国制造一样，中国在很多领域已经有了全球化的基础，只是我们还不习惯，那条航路还没有真正被开出来。

我看到像美国最近很火的共享电单车，其实就是中国人创办的，开始基于中国的创新，中国的经验和华人的组织开始在全世界复制。我也看到像有一家印度

04 新服务
滴滴：敬畏一切

企业叫 OYO，小伙子 1994 年的，23 岁，公司可能创办才两年时间，他已经来到中国了，去美国硅谷我们看到很多，但是印度公司来中国看到不多。我问他为什么要来中国，你在印度做好不行吗？他说我们是一家全球的公司，我们看到了一个新的市场，一个新的机会，为什么我只做印度？他们在创业两年的时候来到中国，在中国一年时间招了两千人。所以像这样的眼光，这样的格局，其实跟硅谷一样的，他们第一时间想的不仅仅是解决中国的问题，而是全球的问题，通过技术改变这个世界。我内心是向 OYO 学习的。

所以，滴滴在思考怎么样从中国走出去，非常不容易，碰到很多挑战和挫折。如果整个团队，像 20 年前中国制造一样，我们就应该有竞争力，就应该走向全世界，无非原来靠的是巨轮，现在靠的是我们的技术、运营、经验，一样可以走出去。

6 年的时间，我们内部有二三十个业务单元在往前运作，有很多成功的经验，有很多失败的教训。柳总说，希望能够分享一些滴滴过去比较关键的方法论、教训。我们也思考了很多，到底有什么是我们走过这么长时间——如果业务成功了，或者如果业务失败了——最关键的底层的逻辑是什么？

想了又想，可能最重要的事情还是最简单的，叫"用户价值"。我们内部有一个"三棱镜"，最核心的就是用户价值，还有两个是商业价值和组织建设。我们总是在不断思考用户还有哪些需求没有被满足，不管是通过技术的进步还是模式的探索，怎么样能够创造性地解决用户的问题，满足用户的需求。最终，这个市场衡量所有企业价值的这把尺子就是你创造的用户价值，滴滴的价值本质上是帮助大家出行节约了时间，提供了服务的增值。商业价值永远是你用户价值很小的一部分，根本在于你是否能够创造巨大的用户价值。

滴滴早期的用户价值核心是出行的确定性。最早我们出发的时候，2012 年，那个时候如果打一辆出租车，大多数城市的路边大概有 50% 的机会 3 分钟能等到一辆车，所以大家焦虑，大家会付出很长的时间。但是，打车软件出现以后，

本质 II
增长的本质

你在屋子里面 3 分钟以内能够叫到一辆车的概率迅速提升到 70% 以上，多出来的 20% 的确定性是我们创造价值的全部，因为价值是一样的，上车以后的服务也是一样的。但是，因为这 20% 的确定性创造了巨大的价值，滴滴开始有了用户，还没有商业价值，但是已经开始有用户价值了。

网约车的出现，开始把这个确定性从 70% 提到了 90%。因为司机不再可以挑单了，司机只能被指派，背后会有 AI 的算法和引擎，基于过去的经验和需求供应的情况去做全局的最优算法。所以，滴滴使得在绝大多数城市的应答率达到了 90%。正是因为确定性的不断进步，线下开始往线上转移，开始创造了巨大的用户价值。

但是，用户是分层的，所以你会发现淘宝让什么都可以方便购买、都可以很便宜以后，还是有很多用户要的不是便宜，他要的是快，所以就会有京东，还有拼多多。

中国是一个巨大的市场，每一个细分的用户需求背后都是一个庞大的市场，出行也是一样。我们发现不是所有用户都要确定性的，有很多顺风车的用户要的是便宜，可以等一个小时约一辆车，但是如果是约到了，师傅接我去了，可能只要出租车的 4 折左右；拼车牺牲了确定性，但是价格变到了 7 折左右。所以，这些细分市场用户要的便宜的需求，你通过很多对闲置资源的整理——闲置资源就是如果叫一个快车，边上的座位再卖出去可以打 7 折，顺风车有两个空的座位卖出去可以打 4 折，这个成本降低创造了巨大的用户价值。如果让他填了 40%，你出 5% 这是合理的，这是用户价值和商业价值之间的平衡。还有人要服务，所以就有专车。专车的消费者要的不是最便宜，用户价值最核心的是我上车以后能不能干净、有没有水、司机的服务能不能让我愉悦。

所以，正是长时间地在用户价值的思考和用户价值的创造上面，积累我们的核心能力。我见过最让我印象深刻的案例就是海底捞。我问过海底捞的创始人张勇大哥，到底海底捞最核心的逻辑、最核心的用户价值是什么？他说我并不指望

04 新服务
滴滴：敬畏一切

我的东西一定是最好吃的，因为中国饮食已经进化了几千年，怎么能够保证我的东西比别人多好吃，且在目前的知识产权保护下能够持续地更好吃，这是很难的，你也不能保证很便宜。所以，只能靠服务，他很早就已经形成了他的核心逻辑，跟专车一样，核心是服务到最好。

但是，怎么样定义好服务的核心指标，和基于这些指标体系建设你背后的核心能力，这背后之复杂，花了10—20年的时间。像专车一样，车也不在身边，你怎么知道车的服务是好的、是稳定的，他不会在你看不见的时候伤害用户、伤害体验？这背后需要核心能力。

海底捞怎么解决这个问题？首先设计一套KPI体系。但是，那个KPI体系，一开始无非是干净程度、用户满意度等很多个指标，任何KPI推动的指标体系都有作弊空间，本质上是中央的管理层和每个店长之间的博弈。后来发现，他要求就做得好，不要求就做得差，怎么办？最后他们学习的是米其林餐厅的这套管理体系，米其林餐厅没有任何的明确KPI，干净、服务等，它唯一的KPI是感性的，就是看不见的一群神秘访客，这些人的品位、水准是总部认定过的，他悄悄去全世界每一个餐厅吃饭，他觉得你好就是好，他觉得你不够就是不够，没有明确的标准。所以，海底捞用了一套感性的标准。

今年的滴滴专车也是一样，我们请神秘访客随机在附近打车，他评价你的服务是不是好，是不是做到了。慢慢地想清楚了你的核心价值。海底捞想清楚了是服务好，所以把指标体系树立好，背后整个体系建设做到了极致，所以它今天变成了中国餐饮的第一名。麦当劳和真功夫要的是快，今天我的东西必须得快。所以，我去真功夫点完菜有一个沙漏，60秒如果沙漏漏完菜没上来就免单。麦当劳也是一样的，快到了极致，它背后整个的组织能力和核心能力就是围绕快做的标准化、流程化。

苹果的核心价值创造是极致的人机交互体验，所以从触屏到很多的工业设计都是很极致的，是牺牲掉便宜这个维度。小米就是要极致的性价比，并不追求某个维度最极致。所以，最重要的事情还是定位好我们核心的用户价值创造，定义好怎么去衡量你的创造。

看清楚你需要的新体验。我们内部有一个产品同学，原来是百度的，也叫俞军，是我们产品的负责人，他有一个经典的公式，用户价值＝新体验－旧体验－替换成本。比如说，今天通过按摩去解决糖尿病和其他的旧体验之间那个差值是不是足够大。像苹果的东西和你所有的旧体验有这么大的差距，你会排着队买，如果根本没有创造价值，用户即使过来，用完以后也会回去，这是最朴素的逻辑。

所以，基本上只要思考用户价值就足够了，绝大多数最成功的商业、产品在用户价值上面都是思考得很到位的，且做得很极致的。这几年商业价值，或者商业竞争在一定程度上扭曲了用户价值。主要是因为互联网早期连接构建平台的这种互联网打法已经比较成熟了。大家的方法论都差不多，同质化竞争严重，所以资本开始在扭曲用户价值。比如说小蓝单车，它就是最好骑的，从创业第一天起就是最好骑的，但是并没有活到最后，是因为有人免费。

打车软件也是一样，如果你补了 10 块钱，哪怕别人差一点，这 10 块钱的价值也是很大的。所以，本质上还是通过技术创新的模式、产品，背后整个商业模式的设计一定需要 deliver（触达）。

组织能力也是为此而生的。所以互联网公司没有一套简单的可复制的组织能力，是因为你要 deliver 客户的服务不一样。你要做流程必须约束个体，要做快，必须像餐厅一样标准化、流程化。所以这些在我看来，如果在底层要抽象，可能这些是滴滴的一些经验和方法。我们在座的可能有几百个创业者，滴滴也是创业者，我们也在做新的业务。在墨西哥，我们所有的问题就是我们和当地用户所用的旧企业在用户价值上到底有什么差别，如果讲不清楚，失败是迟早的；如果是笃定的，我们早在一两个城市做的，成功只是时间问题。

滴滴发展的 6 年时间，它是一家年轻的创业公司，很高兴能够来到今天这样

04 新服务
滴滴：敬畏一切

一个场合去分享滴滴的一些经验。还是回到一开始的主题《我们的时代》。创业注定是充满挑战的，但是创业者是最不应该抱怨的一群人，因为是我们自己选择的这样一条路。

>>> 顺丰：信仰、文化与道德 >>>

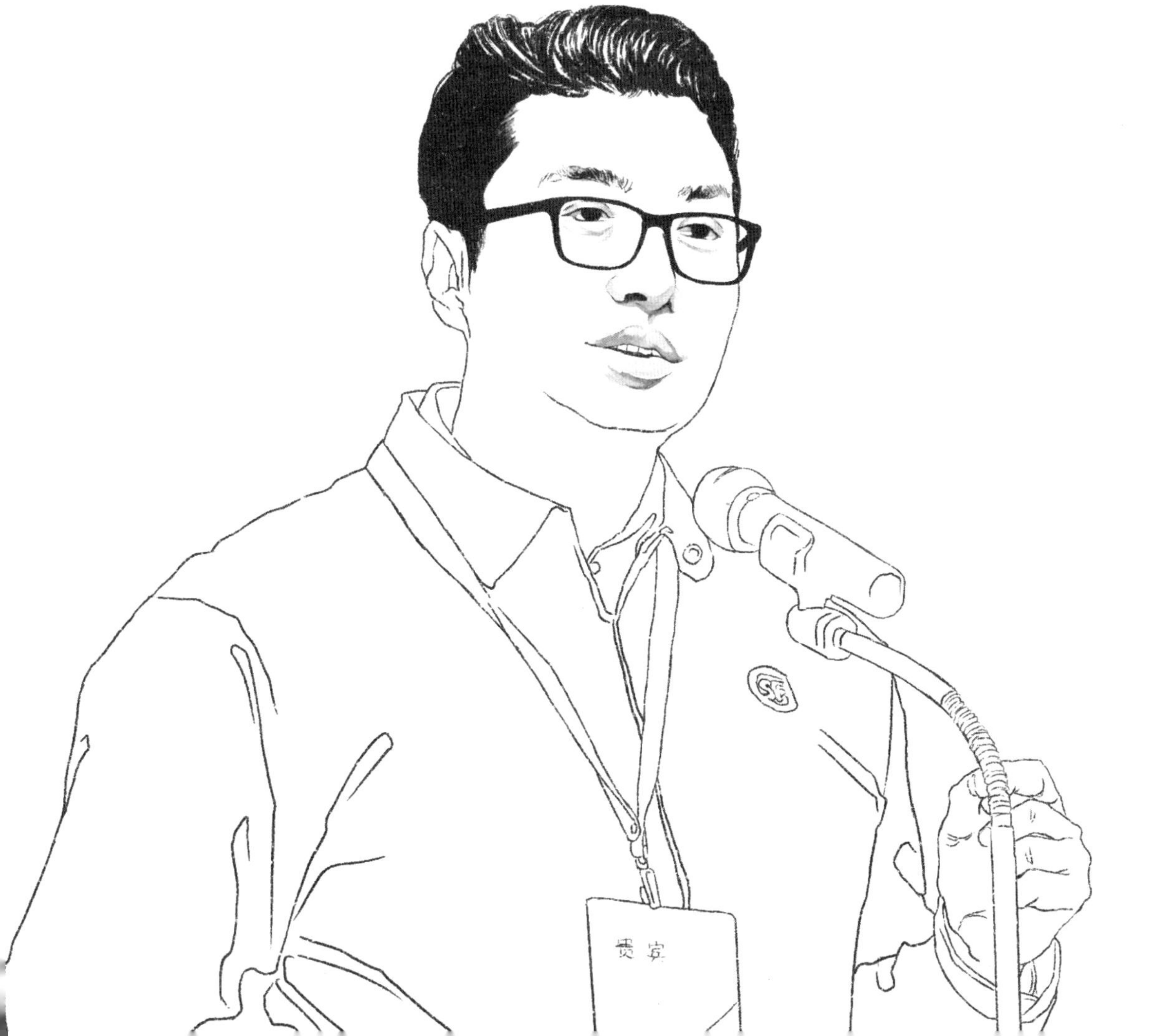
贵宾

本质 II
增长的本质

▶ 企业简况

2021 年 2 月 9 日,顺丰公告宣布多项重大举措,拟定增加发债 400 亿元,筹划设立房地产投资信托基金,同时耗资 175 亿元收购嘉里物流 51.8% 的股份。2 月 10 日,顺丰市值突破 5000 亿元人民币,有机构预测,2025 年顺丰市值将跨入万亿行列。(注:因 2020 投资支出递延计算,2021 年顺丰 Q1 财报预亏 10 亿元,股价连续大跌;截至 4 月 9 日的股价,顺丰市值为 3313.4 亿元,蒸发近 2000 亿元。)

顺丰牵手嘉里物流,将形成较强的协同效应。目前,顺丰坐拥中国最大的航空货运机队,建设中的湖北鄂州机场将成为亚洲最大货运机场,与嘉里物流的国际货代业务叠加;而嘉里物流的 B 端服务能力,将助力顺丰 C 端客户与 B 端用户的融通。

在 2020 年抗疫战役中,顺丰展示了物流业龙头企业的担当,动用了所有的物流资源,包括全方位调动飞机,尽管飞机舱位不满的成本很高;还及时向员工发放抗疫现金补贴,鼓励大家留守疫区。王卫表示,"这些都取决于你觉得自己应不应该这么做,以及是否敢于这么做,来为社会提供价值"。

顺丰 1993 年创立于香港,2019 年营收突破 1000 亿元,2020 年营收 1539.87 亿元,已成为国内民营物流业的头号巨头,2017 年 2 月在深圳上市(截至 2020 年 10 月,年化股东总回报达到 16%),市值与全球物流巨头比肩。顺丰的定位是一体化综合物流解决方案,同时也是智能物流运营商,2009 年起,连续 11 年蝉联国家邮政局"快递企业总体满意度"榜首。

经过多年发展，顺丰确立了快递主业与航空货运业务的基础布局。近年来在生鲜领域、同城快递等的尝试虽不成功，但是通过并购、合资等方式拓展业务领域，顺丰正加快从快递企业转型为综合物流商，传统业务稳健增长，快运、冷运、国际业务等新业务进入各自领域的第一梯队。

王卫总结过顺丰的3条成功经验，头一条是"选对路"，从传统快递业果断转型，"2017年开始转型，投资科技、做智慧供应链"；其次是顺丰的组织模式、企业文化等；第三是孵化了丰巢、顺丰快运、顺丰同城、顺丰地图等一批企业和骨干。

王卫曾表示2015年是顺丰的至暗时刻，"顺丰在组织变革中遇到阻力、进入'生死边缘'"。顺丰陷入了多元化公司常见的发展误区：实行事业部制(BU/BG)，导致各业务相互争夺资源、忽视共享，导致运营成本上升，整体效益锐减。2017年，果断调整组织架构，"实行战略合、经营分、资源共享"，由集团统管战略与融资，建立类似前—中—后台的机制，畅通资源配置比如人才、信息与科技等，"最终从深渊中爬出来，反而造就了新的能力"。

这次转型被王卫称为企业变革过程中的"遗憾"，他反思的主因是"一把手能力或性格的不完整"，次因是领导人的知识能力更新不足，不了解企业"未来科技发展需要什么"。

在中国商界，王卫是那个"熟悉的陌生人"，有同行调侃，"即使王卫18年绝缘媒体，也并不妨碍顺丰成为中国快递业的孤独求败"。很长一段时间里，除了一家行业杂志，以及2011年接受《人民日报》采访外，王卫谢绝了一切媒体采访，顺丰内刊《沟通》从未出现过其正面照，刊登过他的照片多为背影或侧面照。

2018年8月，顺丰与夏晖（第三方物流，客户包括麦当劳等）成立合作公司的仪式，也成了王卫的媒体首秀，"我很少露面参加这种活动，印象中顺丰的

本质 II
增长的本质

发布会我是第一次参加。原因是我是一个做事的人,不是说话的人,我不会说话"。

自称不会说话的他,2017 年应邀参加首届粤港澳大湾区论坛,被马化腾评价为,"很有创意,估计吓大家一跳,以后要多见媒体"。

王卫是拼多多的天使投资人,他与黄峥的初次见面颇有戏剧性。早在经营乐其电商时,黄峥经顺丰高管引荐认识了王卫。两人一见如故,从电商话题聊起,延伸到香港问题、宗教问题,最后聊到了电商。王卫对电商很有热情,黄峥却给他泼了一盆冷水:"你们做电商肯定做不成,你见过哪家快递公司做电商做成的?"据说当时的王卫很不服气。

果不其然,据 2017 年上市时披露信息,顺丰 2014 年集中铺设线下门店,截至 2016 年底亏损 16 亿元,只得放弃 O2O 业务。深谙电商逻辑的黄峥,准确预言了顺丰电商业务的惨淡前景。缺乏电商基因的顺丰,2015—2016 年也错过了电商件的大潮,2017 年市场份额跌出前五名,股价接近腰斩。

王卫很重视互联网巨头"三流合一"的冲击,即在商流、物流、现金流的全方位考验。当然,顺丰也是巨头们心中的"最严峻对手",坊间传闻马云曾表示对王卫的欣赏;2017 年年底,刘强东接受央视采访表示,"能在未来立足国内的物流可能只有京东和顺丰",物流业的未来终极之战将是京东与顺丰的两强之争。

在国内大循环背景下,从供应链布局与数字化升级来看,顺丰与京东都将对中国的供应链产生巨大影响,两者已经开始短兵相接的竞争。

在人生经历与商业思维方面,王卫与刘强东差异很大,也有两大共同特质:一、都经历过家庭的贫穷,憋着一股向上的劲头;二、都当过或体验过快递员,与一线员工情同手足。两人都与马云关系违和,和马化腾相交甚笃。据说马化腾曾忍着腰疼,飞去澳大利亚参加刘强东与"奶茶妹妹"的世纪婚礼;在小马哥力邀下,王卫才"砸了自己低调的牌坊",破天荒地出席粤港澳大湾区这样的公开论坛。

04 新服务
顺丰：信仰、文化与道德

2008年底，金融危机对物流业影响很大，加上跨国公司打价格战，国内很多物流公司亏损倒闭，或卖身外企。在名为《用生命捍卫价值观》的内部讲话中，王卫说了一段极其悲壮的话，表明坚持到底的决心。

"我们要让大家看到的是：在中国的速递行业中，曾经有这样一批人……曾经有一家叫顺丰的民营企业，能从心底让对手感到可怕更可敬！人可以输，但不能输掉尊严！死随时都可以，但要死得有价值！——战死，好过做俘虏。"若是身处其境，想必刘强东会心有戚戚焉。

两人还有一个相同点。每年王卫都会挑一周时间，亲自体验一线员工的工作，骑着电瓶车边随收派员派送，同时了解物料使用与劳动强度、待遇等情况，这也是整个顺丰管理层每年的固定功课。

出世心与世间法

国学大师冯友兰曾经说，人生的高级境界是"即世间而出世间"。王卫是一个有信仰的人；作为中国最大的民营物流企业，顺丰多年的风格是战略前瞻大胆、市场攻势凌厉。如果说信佛是修炼一颗出世心，营商则须遵循世间法。"我没有条条框框，一切都回归到'面临什么问题，需要什么东西'。"王卫坚守信仰，又与时偕行，在变与不变中保持动态平衡，近于《华严经》中"理事无碍"的状态。

与任正非一样，王卫一度排斥上市，认为企业成为赚钱机器，受股市波动的影响，管理层会变得浮躁。随着快递业黄金10年结束，毛利率下降，竞争对手"三通一达"纷纷上市，中通赴美IPO，圆通、韵达和申通都是借壳上市。2017年2月24日，顺丰控股在深交所正式登陆A股，成为继圆通、申通、韵达之后，第四家登陆A股的快递公司。当天上午，顺丰控股总市值达2310亿元，一举超越万科A和美的，成为深市第一大市值公司。从2016年5月公告借壳上市到正式敲钟更名，仅仅用了9个月。

王卫的"不融资"原则也早被打破。2013年8月，苏州元禾控股、招商局及中信资本联合向顺丰注资，据报道投资总额"近80亿元，总计获得不超过25%的股权"。这3个投资者无一例外带有国资背景。作为快递业的头部企业，选择引入国有PE（私募股权投资），有基于政企沟通的务实意图。某VC（风险投资）接受媒体采访时分析，"顺丰作为一家领先的快递企业，有些业务，如果政府没有明文规定，需要做很多沟通和解释的工作，股东有国有背景的话会更好一些"。

新的《邮政法》2009年10月1日实施，其中规定：外商不得投资经营信件业务，这一块业务是顺丰的主营业务。因此，2010年下半年，顺丰把创业17年以来的港资身份变更为内资，王卫从此成了深圳市民。

在经营理念上，王卫具有务实圆融的特点。在积极对标全球巨头的同时，王卫对西方管理模式并不盲从，他用环境与物种的关系来比喻，不赞成简单、静态地比较中西管理模式，"如果企业要走全球化，一定要因地制宜地结合当地特点才能做好、做大、做强"。

中西管理比较中还有一个争论，即人治vs法治的问题。王卫主张根据企业的发展阶段具体分析，人治和法治都应该有一点，"我也期望尽可能把企业做成管理机制，但最终这些管理机制还是需要人来遵守，否则也是形同虚设"。也与中国思想中"徒法不足以自行"的观点很类似。

实际上，顺丰的管理理论体系，更多采用了中国文化的因素。顺丰梳理了经营五元素："质量、品牌、市场占有率、利润与抗风险。"王卫表示，"犹如金木水火土是双生双克的关系，必须保持平衡，在某一环节上投入过多就会打破平衡"。

王卫认为，顺丰管理理论体系只是企业管理的外功，还得有心法，防止走火入魔。他总结了心法四诀：(1) 有爱心，与员工有同理心；(2) 有舍心，与员工慷慨分享；(3) 有狠心，出于爱与舍对员工严格要求；(4) 有恒心，长期坚持这样做下去。

04 新服务
顺丰：信仰、文化与道德

▶ 主要理念

1. 有信仰的商业

2017年1月顺丰年会上，王卫发表主题为"感恩"的演讲，激动之余泪洒当场。

为什么顺丰会跟其他的一些公司不一样？王卫自问自答，"我认为第一个，顺丰是一个有信仰的企业"。与很多企业不同，如果在赚钱与信仰之间二选一，顺丰会选择后者。

王卫心中的信仰是什么？概括起来就是五个字，"爱、真、直、平、狠"。与很多公司号召"爱客户"完全不同，王卫讲的是把员工当作自己的孩子，给予大家庭的爱。第二个字，"真"，首先是指对员工、客户的真诚。"直"，王卫强调企业内部的直接互动、坦诚沟通。"平"，是指公司一视同仁，要让员工有公平感。"狠"，对组织中的害群之马毫不留情、坚决干掉。

价值创造是成功企业的衡量标准，"现在有些企业有很多创新或颠覆，但其实是在损耗和破坏价值"，王卫很强调价值链背后的因果关系，在他看来，企业发展、社会认可和市值提升是"果"，"如果一味追求'果'，忽略'因'，那就会徒劳"。事实上，很多企业在创造商业价值的同时，把成本转嫁给了社会，甚至破坏了下一代的可持续发展价值。

知情人士透露，王卫的办公室摆放着佛像，经常弥漫着焚香。他的作息比较规律，开的是普通 SUV（运动型多用途汽车），牛仔裤穿得最多，西装很难得，打领带更少。信仰体现在王卫个人的行事风格上，推动了顺丰的正道经营理念。快递业咨询人士表示，"王卫把服务质量、客户看得很重，一切都让位于这两个"。

王卫希望，通过自己的努力种下一些善因，通过顺丰的发展成就一些功德。一是给六七万员工提供一份好工作、有前途的工作，二是引导大家有一个正面的

本质 II
增长的本质

人生态度，不要通过不正常的行为便捷地去获利。这也是王卫对顺丰公司使命的某种诠释。比如，顺丰从做香港快件起家，往来香港与内地的业务量一度占到公司业务的七八成。顺丰在清关环节一直很规范，不会拉拢海关官员蒙混过关，"顺丰不愿意偷鸡摸狗，因为一旦有违禁品就被停掉清关资格，这也是为何规范的企业会选择长期和顺丰合作"。

佛教中有句话，菩萨心肠，霹雳手段。顺丰在2002—2003年开展了一次全国性的大补税行动，整个集团大约补了1000万元税款。王卫曾坦率地与媒体讲述了补税的起因。随着业务规模扩大，顺丰对分公司进行调整，相当于"削藩"，部分员工以快递业普遍存在的漏开发票现象来勒索总部。在王卫看来，偷税、漏税的行为本非自己的意愿，更不是公司主导的行为，没有所谓的"过关"，更不会花钱来堵某些员工的嘴。王卫选择全面补税，并依法处理了那些人。

2. 前瞻布局

生活中"佛系"的王卫，战略布局上往往"胆大包天"。王卫17岁离开学校，做过搬运工、清洁工，23岁创办顺丰。据说创业以来，他曾先后9次抵押过家产。

2002年，王卫强势收权，顺丰从加盟制转为直营制，在深圳设立总部，定位于高端小件快递，与国际巨头差异化竞争。2003年暴发"非典"疫情，航空公司生意萧条，顺丰顺势与扬子江快运签下包机5架的协议，一举奠定了顺丰的江湖地位。2009年底，国家开放民营航空，顺丰申请建立航空公司，一次性购买两架飞机，再次开创民营快递业的先河。直营模式、高端定位与航空运输，也成了顺丰早期成功的三大战略。

对物流业两大趋势即重资产与智能化，王卫早已了然。极具前瞻性的布局，让顺丰拥有全国物流行业最独特的庞大网络资源，"天网+地网+信息网"三网合一，构筑了未来的护城河。天网方面，截至2021年1月18日，顺丰自有飞机

04 新服务
顺丰：信仰、文化与道德

63 架、包机 13 架，共 76 架，运力堪比一家中型航空公司，顺丰航空件约占国内航空货邮总运量的 24.8%。湖北鄂州机场建成后，将在 1.5 小时内覆盖 GDP 约占全国九成的城市。在跨境物流上，顺丰 2021 年正式联手拥有横跨全球六大洲网络的嘉里物流。

地网方面，顺丰拥有近 1.8 万个自营网点，覆盖全国 335 个地级市；国际标快覆盖 71 个国家；国际小包业务覆盖 225 个国家。目前还在加快物流基础设施投资。2021 年 2 月募资 220 亿元，其中 60 亿元用于速运设备自动化升级，50 亿元用于新建鄂州民用机场转运中心，20 亿元用于陆运运力提升，20 亿元用于航材购置维修。

德勤预测，供应链物流市场规模至 2025 年将达到 3 万亿元，是快递市场的 4 倍。2018 年，顺丰收购德国敦豪集团在华供应链业务，2020 年上半年，顺丰供应链业务同比增长 60%。中金预测，冷链行业市场规模 2023 年将达 9150 亿元。2018 年，顺丰并购夏辉，切入麦当劳物流商，顺丰生鲜成为唯一拥有 C 端配送能力的物流商。

虽然学历不高，王卫高度重视研发投入，特别是信息化。

外资公司 2000 年对一线进行"巴枪"管理（类似 PDA，即掌上电脑）。2003 年顺丰率先给快递员配备"巴枪"，最初从韩国进口，每台 7000 多元；后来顺丰研发部门自主研发，持续升级，如今已是第 4 代产品，成本只有 3000 多元。2019 年，顺丰在电子设备上的投入达到了 12.6 亿元。

近年来，顺丰自主研发了一套完整的智慧网平台，覆盖各个业务环节和场景，打造顺丰"智慧大脑"。为确保一线收派员 1 小时内到达所属区域内任何地点，顺丰根据数学模型计算出不同客户数量与不同商业流通频率下的服务半径，比如二线城市市区的服务半径一般是 7 公里。按照最优拓扑结构，结合街区的房租成本，进行合理选址。

2018 年 9 月，顺丰联合 8 家企业共同成立超级大数据公司"数程科技"，王

本质 II
增长的本质

卫表示，"对物流行业能够走入下一个时代很有意义，能够推动更多高科技企业参与进来很有意义，通过大数据推动不同产业升级改造很有意义，这是一个多赢的局面"。数程科技组织了全球大数据大赛，来自硅谷的氢云信息与DataBeyond分获冠、亚军，将与数程科技展开合作。

王卫明确要求，顺丰每年营收的2%—3%投入研发。2019年，顺丰研发投入36.68亿元，占营业收入的3.3%，数倍于通达系；2015—2019年，研发投入的复合增速为56.8%。2021年新募集资金中，30亿元将用于数字化供应链系统解决方案；这意味着，作为一家快递公司，顺丰研发投入超过了宁德时代、科大讯飞等科技企业！

顺丰的专利持有量在国内快递行业排名第一，在大数据、人工智能及应用、精准地图平台、智能化设备、智慧硬件、综合物流解决方案等方面表现突出，还入选2019年《麻省理工科技评论》全球"50家聪明公司"等。

除了超越联邦快递等快递巨头，王卫开始对标互联网企业，"顺丰主要的竞争对手是谷歌这样的科技企业"。

3. 把员工当孩子

"我们真正爱自己的员工，不是出于忽悠的爱。我经常跟我们同事说，我不要用'投递员'去称呼他们，经常用'孩子'。"从快递员起步的王卫，与刘强东一样，对待一线员工时有一种别样的情感。在顺丰文化中有一种特色，王卫在各类场合把员工称为"孩子"，他反躬自问，员工是别人的孩子，"如果换是我自己的孩子，你是不是一样这样爱？"

"我前两天看到我们在外面的一个孩子，怎么冒着雪在外面吃便当呢。我马上去打电话问为什么。"王卫当时的直接感受，是公司对员工照顾不周，经过了解才知道下雪是新疆常见的天气，快递员经常在户外就餐，经常如此。

04 新服务
顺丰：信仰、文化与道德

低调平和的王卫，曾经有过两次高调。一次是冲冠一怒，竟是因为快递员被人欺辱。2016年4月，北京顺丰的一名快递员在派送过程中，与一辆小轿车发生轻微碰撞。小轿车上的中年男子下车后，连抽了快递员几个耳光并破口大骂。当天晚上，王卫破天荒地在自己的微信朋友圈发出狠话："我王卫向着所有的朋友声明！如果我这事不追究到底！我不再配做顺丰总裁！"很快，肇事司机受到应有的处罚。2017年2月24日顺丰上市，那个快递员特地被请到现场，与王卫一起敲钟。

另一次高调是给员工发红包。顺丰上市当天，王卫豪掷10多亿元给员工发红包，单个红包金额最高超万元，在快递员圈子里引发"羡慕嫉妒没有恨"。

"这个行业是要用心来经营的行业，绝对不是仅仅有钱就可以搞定的。"王卫对服务业的竞争规律有独特洞察，他经常提醒管理层不仅要研究市场，应该去研究一线员工的工作场景，有什么实际困难，"如果你把一线、二线的问题都解决了，客户的问题也就迎刃而解，发展的问题也就解决了大半"。

顺丰快递员工资高、待遇好，早已是业内公开的秘密。这增加了经营成本，但是王卫认为，"这样我们的销售价格才有说服力，客户才会更放心地使用我们的产品，按照这样的良性循环，我坚信，利润肯定会回来的"。因人员成本高，顺丰在电商件的竞争中一直处于下风，未能抓住电商大发展的机会。

2010年春节前，顺丰快递员月收入1.5万元的帖子在网上引起热议。宅急送原总裁陈平说，"顺丰的收派员和企业是分配关系，不是劳务上下级关系"。顺丰设计了灵活的薪酬机制，采用承包+计件工资两套制度，让快递员成为公司里的个体户，真正实现多劳多得。顺丰近年来拓展的一些新业务，如电商、嘿客，既有战略创新的因素，也有为老员工提供新机会的考虑。

2019年4月初，一批知名互联网公司的程序员在GitHub上建立了项目"996.ICU"，抗议公司的"996工作制"。"996"话题一度很热，4月11日，马云在阿里内部交流中提出"996福报论"，激起舆论反弹。4月12日晚，王卫也就此在

本质 II
增长的本质

"丰声"发表感言,讲述顺丰上市后的心路历程。

"有员工说我变了,我在自我反省,也反省了很长一段时间,我有了结论,不是我变心了,只是我是上市还没有适应过来,太看短期了,没有坚定我对员工和客户的初心,可能这就是根本原因,我绝对没有因为上市后我变王老板了!"

王卫表示,上市后公司内部的氛围都变了,"更急功近利了";在员工眼中自己差点也成了以投资人为第一的"王老板"。王卫公开承诺,顺丰将坚持对的事,"员工的幸福才是我王卫长期努力的方向","我还是顺丰的王卫!还是你的总裁!"

2020年8月,顺丰给全员每人发放888元慰问金,表彰大家在疫情防控期间的努力,红包总金额接近5亿元,一时间王卫又成了"别人家的老板"。2021年春节前,顺丰推出一系列员工关怀及福利措施,包括节前春节大礼包、节中特殊激励、节后返岗激励等。春节值班人员除了2.5亿元加班工资外,还将得到3.7亿元春节激励;而且王卫为部分员工准备了2500万元的暖心红包。

"我真正的财富是来自我员工的幸福感。"这是王卫的由衷之言。

金句10条

1. 如果只有一个忠告的话,我认为是"用良心去经营"。

2. 为社会创造价值,为员工创造价值,为客户创造价值。只有回归到本质的价值创造(即"因"),企业才能获得长期发展、社会认可以及市值提升(即"果")。如果一味追求"果",忽略"因",那就会徒劳。

3. (企业变革过程中)任何有"遗憾"的地方,如果能够加强和提升,把它变成强项,就会是未来最大的爆发点所在。如果当初不掉进"深渊",我们就永

04 新服务
顺丰：信仰、文化与道德

远没有办法长出这种能力。

4. 什么环境长出什么样的动物和植物，为什么它能够在这个环境中成功，是因为它具备克服这个环境客观条件的能力，但这不代表它在另一个环境中也能成功。在西方成功的企业家不一定能在中国成功，用在中国一样的模式去西方也不一定能成功。因此，如果企业要走全球化，一定要因地制宜地结合当地特点才能做好、做大、做强。

5. 为什么顺丰会跟其他的一些公司不一样？我认为第一个，顺丰是一个有信仰的企业。很多企业都是为了赚钱，第二个赚钱，第三个也是赚钱，顺丰肯定也需要赚钱，因为赚钱是去解决我们生活上的问题，发展上的问题，但是我认为赚钱只是一个手段，我们还是有信仰的一个企业。在赚钱跟信仰当中，我们可能更选择信仰，不选择赚钱，赚钱是排第二的。

6. 我只是一个财富的支配者，我绝对不是一个财富的拥有者，我真正的财富是来自我员工的幸福感。员工真正觉得成就感越来越多，孩子越来越长大，真正认识爱、真、直、平、狠，人生达到另外一个境界。那个时候，我认为才是顺丰、才是真正我王卫的成就。

7. 企业应该为员工建立正确的企业文化，学会将心比心，用年轻人熟悉的语气、方式去和他平等地对话，让其真正融入整个团队，找到归属感，获得荣誉感。

8. 我没有条条框框，一切都回归到"面临什么问题，需要什么东西"。有时我们学了某个框架就想套用，因为不理解设计初衷总会有不匹配。20年我一直在寻找适合的框架。

9. 人生有99%的东西你都控制不了，只有1个百分点你可以掌控，那就是做事的态度。

10. 威不是建立在金钱或权力的基础之上，而是建立在道德的基础之上。一个人可以昂首挺胸地走在路上，并且收获的都是尊敬且乐于亲近（而不是羡慕嫉妒恨）的眼神，这才叫威。

▶▶▶信仰、文化与道德

作者　王卫　顺丰集团创始人、董事局主席兼CEO

▸ **导读**

生在知识分子家庭，王卫很早跟随父母来到香港。但是父母在港发展艰难、家境贫穷，王卫只得早早进入社会打拼。受益于珠三角与香港的繁荣贸易，从香港起家的快件生意很红火，顺丰一度垄断了粤港快件业务，王卫个人财富暴涨，因此过了一段暴发户的日子。

作为底层出身的草根英雄，王卫没有条条框框，碰到什么问题解决什么问题。随着企业规模的扩大，他也在寻找管理工具与方法，"20年我一直在寻找适合的框架，最终是佛学让我很开窍"。

佛学智慧不仅重塑了王卫的财富观，也影响了他的经营观。2020年王卫接受采访时，被问及如何定义企业家的成功与失败。他谈到了价值创造，认为很多企业的创新或颠覆，其实是在损耗、破坏价值；很多企业家追求的目标如企业的长期发展、社会认可与市值提升等都是"果"，为社会、员工、客户创造价值才是"因"。王卫认为，因果律是企业价值创造的底层逻辑。

虽然刘强东毕业于中国人民大学，但是他与王卫有着很多相似之处，比如重视江湖义气，比如强调正道经营，再比如内心强悍、领袖气质等，更重要的是两人都深刻洞悉了物流业的本质规律，敢于在重资产与高科技两方面前瞻布局。笔

04 新服务

顺丰：信仰、文化与道德

者发现，王卫与刘强东都拥有与生俱来的商业直觉，在多年管理实践中各自形成了相对完整的经营哲学，都带有中华商道的独特气质。

以下是王卫演讲的全文，笔者略做整理。

之前谈了不少关于创新、变革、服务等方面的内容，现在我想和大家谈谈与之配套的软环境——信仰、文化和道德。

▶ 态度决定一切

很多同事都知道我是有宗教信仰的人——信仰佛教。为什么会有这个信仰，这个信仰给我带来了什么，了解了这些之后，相信大家对我王卫和顺丰的所作所为，以及顺丰未来的发展会有更好的理解。

首先，我简单地描述一下我自己的成长经历。我 22 岁开始创办顺丰，25 岁公司初具规模，算是赚得了第一桶金。可能有人会说王卫很难得，年轻得志，却没有头脑发热变成"土豪"。其实，我 25 岁的时候也曾经是一副标准的暴发户做派。不过这一切都是有背景和原因的：我们全家 1976 年从内地移居香港，当时面临的境况是一穷二白，一切都要重新开始。我父母之前在内地是大学教授，但是去到香港学历不被承认，就只能去做工人，收入微薄。所以我穷过，相当清楚贫穷和被人歧视的滋味。后来当我 25 岁赚到人生第一桶金之后，有点目空一切的感觉，恨不得告诉全世界，我王卫再也不是从前那个样子了，我也是有钱人了！

所幸，这个过程没有持续多久，主要原因有三：

第一，随着事业不断迈上新台阶，个人的眼界和心胸不一样了；

第二，得感谢我的太太，她在我得意忘形的时候，不断泼我冷水，让我保持清醒和冷静；

第三，是找到了精神依托，信了佛教。

佛教让人内心平静，并且读懂了里面的因果关系能够让人醍醐灌顶。人生有99%的东西你都控制不了，只有1个百分点你可以掌控，那就是做事的态度。这个态度都有两面，究竟是采取积极的态度还是消极的态度，是接受正念还是邪念，由你自己来决定。如果你在这方面做出了正确的选择，就会把这一个点又放大成100个点，弥补很多其他方面的不足。

为什么要讲这个呢？因为在企业的发展过程中，我越来越意识到，我今天的所谓成功，所谓的本事不本事，只是天时地利人和集合到一起的一个结果。坦白说，我不太相信偶然，为什么会有偶然，因为无知才会相信偶然，突然中了大奖，不知道为什么，就会觉得是偶然，当所有的因果都集中到一起后，你再去比对，你会知道这是必然。我们现在要做的，就是利用顺丰这个不错的平台，把未来很多不确定的看似偶然的东西变成必然。

正知、正念、正行

中华传统文化中有很多故事，这些故事的宗旨都是帮助世人树立"正知、正念、正行"，虽然是形而上的道理，但是能够给人一个"正念"，一个积极的人生观、价值观，同时还能够通过接受者的一言一行传播开来。这比直接授人以鱼、予人钱财，功德更大。而企业文化做得好，也具有这样的功能。

现在每年公司都有很多人进进出出。为什么有些员工满怀憧憬地进入公司，过一段时间却走掉了？原因很简单，要么是受到了不公平待遇，要么是不能满足他的需求（包括物质的，也包括职业发展的）。但这里面可能存在一个问题：那就是很多离职员工所需要的东西并非公司给不了，而是公司并不知道他想要什么。这就很可怕。人留在公司，才可以做企业文化，才能有针对性地培养，人来了两三个月就走了，再对一个新来的人讲企业文化，如此恶性循环，是没有用的。

这就好比我们培养自己的孩子，当他两三岁的时候你跟他说要爱爸爸妈妈，要好好学习，他才懒得理你，就知道伸手要吃的；然后他进入青春期了，就学会了反叛。我有3个孩子，现在老大十四五岁，开始"造反"，老二看见老大"造反"很痛快，自己也跃跃欲试。这很正常，我们小时候也这样。在这个过程中我们必须有耐心，关心他、包容他，等他到了十七八岁，慢慢成熟了，就会知道家庭的温暖，再等到他结婚有了孩子之后，就更能体会父母的伟大了。

任何人的成长都有这么一个过程，对于企业员工也是一样。首先你要让他能在企业待得下去，然后才能通过企业文化、制度、培训、激励等方式方法，让他真正融入整个团队，找到归属感，获得荣誉感。

同时，在这一过程中，我们针对不同的人群，在不同的时期，也要提供不一样的东西。打个比方，在管理上我们针对不同年龄段的人，就应该讲不同的话。年轻人、"90后"，你跟他讲太多枯燥的大道理，他根本听不进去，有时候可能还会适得其反。我们每个人都曾经年轻过，大家想想自己年轻时的心态——在想些什么、想要些什么、最反感什么……因此我们应该学会将心比心，用年轻人熟悉的语气、方式去和他平等地对话，不要有居高临下，不要有颐指气使，更不要有太多命令指责。

除了不同年龄段，不同级别的人需要的东西也不一样——有一定物质基础的人和完全要解决生存的人，追求不一样，日常的需求和着眼点也不一样。对待公司高层要以什么样的方式，对待刚进公司一年的同事要采取什么样的方式，对待服务公司超过10年的老员工要以什么样的方式……不同级别、不同年龄、不同工龄，甚至不同性别都要有不同的应对之策。在这里千万不要采取所谓的以不变应万变，眉毛胡子一把抓，工作必须做细，方式方法必须系统科学。

本质 II
增长的本质

▶ 有德才有威

最后我想讲讲关于个人修养，也就是"德"的问题。

今天这个社会，经济大发展了，但人心却更浮躁了，很多人有意无意地都在追求"威"（广东话"威水"的简称，意指炫耀、傲慢）。但是，在什么基础上才可以去威，威的基础是什么，很多人都没有搞清楚。有人觉得有钱有权就威，我认为这个观念是完全错误的。威不是建立在金钱或权力的基础之上，而是建立在道德的基础之上。一个人可以昂首挺胸地走在路上，并且收获的都是尊敬且乐于亲近（而不是羡慕嫉妒恨）的眼神，这才叫威。

在这里我想告诉我们所有的顺丰同事，要正确理解威的内涵，关于社会上对它的"迷信"一定要彻底打破。很多人喜欢在穷人面前炫富，在平民老百姓面前炫耀权力，在我看来这是一种很幼稚的表现，他们错误理解了财富和权力的含义，同时还缺乏一样很重要的东西。

这几年报章媒体都在讨论，说我们的国人出国被外界歧视，是因为现在中国人有钱了，他们妒忌，心理不平衡。对此我想说的是，这方面的原因不能说没有，但更多的恐怕还是看不惯我们种种愚昧以及缺乏教养或素质的行为。一个人所拥有的财富和他的品格、素养不成正比的话，是一件相当可悲的事。

我们走出去后，要想别人尊重我们，首先我们自己必须有道德有修养，并且学会尊重别人。怎样才算尊重别人呢？首先你要尊重人家的环境，不随地吐痰，不乱扔垃圾；其次你要尊重人家的生活习惯，公共场所不大声喧哗，乘车购物时自觉排队；最后要尊重人家的文化，不同的宗教信仰，不同的制度法规你得了解，避免在日常行为中构成挑衅或冒犯……如果这些你都毫不在意，就凭着自己的感觉和习惯在异国他乡"为所欲为"，被人鄙视也就纯属自找了。现在顺丰海外网点越开越多，内部员工中出国旅游的人也越来越多，我希望大家千万不要沾染上这种种恶习。

04 新服务
顺丰：信仰、文化与道德

关于尊重，我还有一个自己的衡量标准，那就是要让为你提供服务的人也因为服务你而感到开心。去饭店吃饭，上至经理下至服务员，我都会主动跟他们打招呼，服务过我的服务员，也都很享受服务我用餐的工作过程，因为我会很礼貌很平和地去跟他交流，我要让这个服务员因为服务我而感到很开心，这叫尊重。相反，有些人一进到饭店就是一副不可一世的做派，对服务员呼呼喝喝，态度相当恶劣，这样的人是很难收获真正的尊重的。

而作为服务行业的从业者，你想你服务的客户是什么样的人，首先你自己就得是什么样的人。这叫德、这叫威，而不是开豪车住豪宅、出手阔绰、每天鱼翅漱口叫威。如果大家都能这么想，那我们这个社会也就离大同社会不远了。

谢谢大家！

〉〉〉 贝壳找房：贝壳的 7 面旗帜 〉〉〉

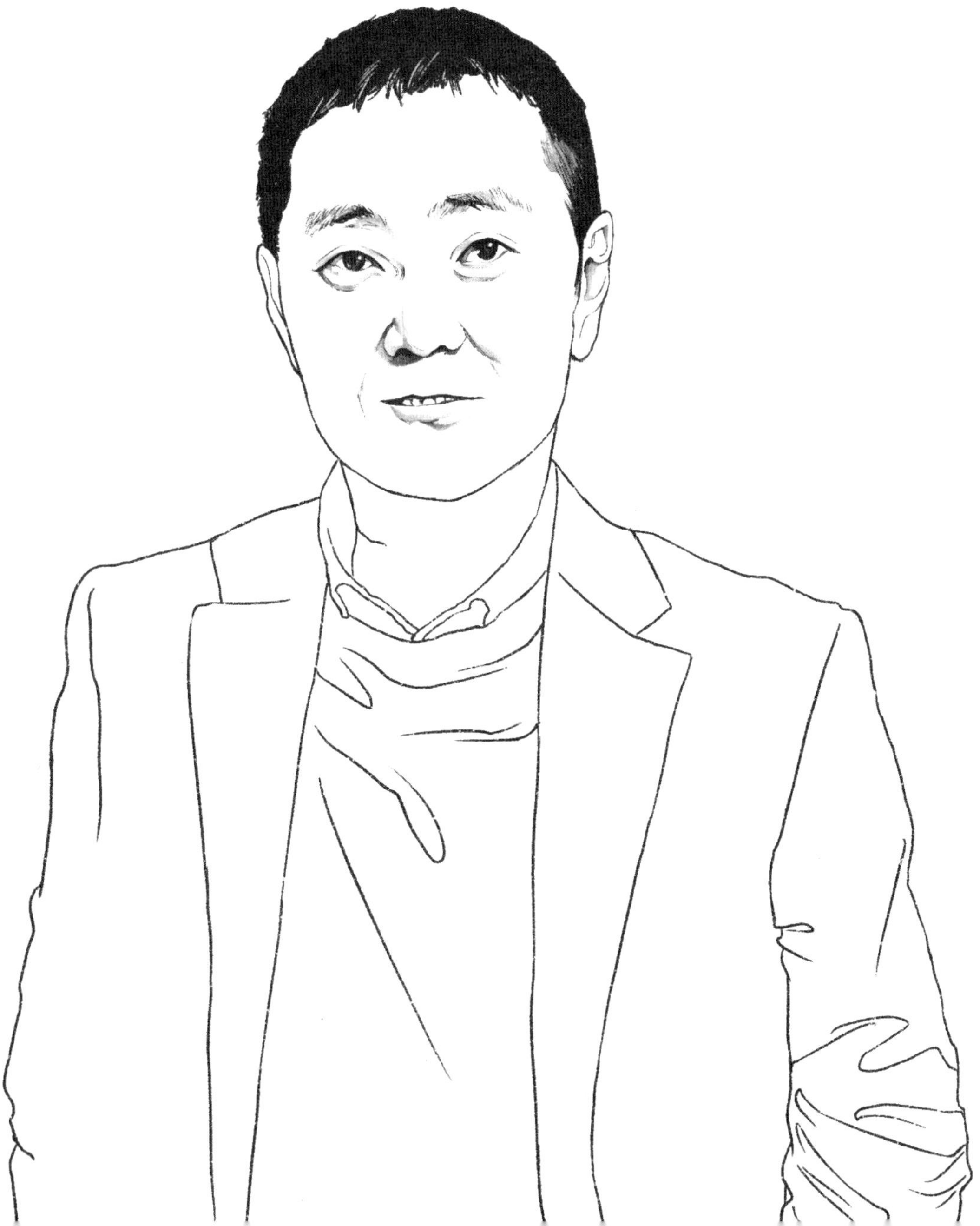

本质 II
增长的本质

▶ **企业简况**

2020 年 8 月 13 日，贝壳找房在美国纽交所上市，当天暴涨 87.2%，达到 421.95 亿美元，12 月 23 日市值为 801.22 亿美元，大致相当于 2.6 个恒大、1.5 个万科，目前是市值最大的房地产类公司，也超过了网易、百度、携程等互联网头部企业。

上市前半年，贝壳找房完成了 D+ 轮超 24 亿美元的融资，估值已达 140 亿美元；软银集团是投资者之一，以高达 10 亿美元的投资金额成为领投方。贝壳上市大涨，这是孙正义继阿里之后，再次押注中国企业的新硕果。

2001 年链家创办，2008 年链家网成立，2018 年贝壳找房创立，2020 年在纽约交易所挂牌上市。用了整整 20 年时间，链家从一个不足 20 平米的门脸房，发展成为一个年交易量万亿、遍布全国的房产中介帝国，左晖感慨，这是一条长期主义的道路。

2000—2009 年，在奥运会等因素的推动下，北京每年新增 15 万常住人口，购房市场增长迅猛。靠着承诺不吃中间差价，到 2009 年底，链家在全国的门店数量达到 520 家，员工数量达到 1 万人，成为北京房产中介市场的霸主。2015 年，链家全线出击，并购伊诚地产、德佑地产、易家、中联（地产）集团等房产中介，进入成都、上海、深圳、广州、重庆等一二线城市。

招股书显示，2017 年到 2019 年，贝壳找房的总收入分别为 255 亿元、286

04 新服务
贝壳找房：贝壳的 7 面旗帜

亿元、460 亿元，增长快速，3 年内总营收接近翻番。招股书显示，2017 年到 2019 年，贝壳找房的总收入分别为 255 亿元、286 亿元、460 亿元，增长快速，3 年内总营收接近翻番。据最新财报，贝壳 2020 年营业收入为 705 亿元，同比增长 53.2%，首次实现美国通用会计准则（USGAAP）下全年赢利；经调整后净利润达 57.20 亿元人民币，同比大增 245.4%。

数据还显示，2019 年全年贝壳的平台房产及租赁交易总额（GTV）高达约 2.13 万亿元，2020 年全年 GTV 达 3.50 万亿元，同比增长 64.5%。截至 2020 年 12 月 31 日，贝壳平台连接的经纪门店数已超过 4.69 万家，连接的经纪人超过 49 万，同比增长 37.9%。据第三方研究，预计到 2024 年，中国住房市场的经纪服务渗透率将从 2019 年的 47.1% 增长到 2024 年的 62.2%，贝壳的未来增长可期。

在《致股东的一封信》中，左晖表示，这是一个 18 年（链家）和 2 年（贝壳）的组织的结合体。房地产服务业作为一个"前工业化"的行业，一旦被互联网和大数据深度重构，将释放极大的价值空间。链家的 18 年，完成了对行业标准化和线上化的彻底改造，"以数字化手段重塑居住产业互联网"，成为贝壳找房 2019 年 4 月设定的发展战略。

贝壳找房的模式，被左晖概括为既服务客户（2C）又服务行业（2B）的"平台双打"模式，贝壳未来要成为开发商全价值链数字合作伙伴。房价持续几十年的高速增长掩盖了很多问题，凭借链家多年积累的线下资源与在线服务，聚焦解决整个行业的深层共性问题，贝壳一跃而为产业互联网的先锋企业。

在 CEO 彭永东看来，贝壳模式是先竖着做深、再横着做平台的路径，未必是产业互联网的唯一路径，却是目前可行的路径，该模式的本质是价值观的生意。

▶ 主要理念

1. 产业操作系统

贝壳找房高级副总裁、贝壳研究院院长李文杰在世界互联网大会上说道："房地产行业是一个高度非标准的行业，要在其中实现数字化、智能化，第一步先要做到标准化。"

与消费互联网的产品逻辑不同，产业互联网是平台赋能逻辑，不仅是单纯的连接，更是对交易流程与规则的重新定义，需要通过技术实现产业的"熵减"，提升整体产出效率。

"为什么要做贝壳，该怎么做贝壳"是2017年、2018年这两年左晖聊得最多的两个问题。作为房地产市场的头部玩家，从以线下门店与人员密集为主的业态，大步走向完全互联网化的贝壳找房，基因是否具备？对链家内部来说，创办贝壳找房是"搬起石头砸自己的脚"，把自己的运作一切公之于众了。而新模式的重心是线上房产模式的改造，和长远的产业生态规划，短期内很难为C端用户带来直接感受。

早在2009年，链家内部就讨论过互联网的冲击，"当时想的就是谁最有可能颠覆掉链家"。

链家采取的行动是线下线上的两端融合。从最早的链家在线到后来的链家网，再到现在的贝壳，左晖一直在主动自我转型，他认为贝壳找房为行业打造了新的操作系统。"大家都是蛮荒的，无序的。我的东西已经做好了，为什么不让更多的人来用呢？"

在链家的品牌和产业基地之上，贝壳找房自身的"店家、ACN（经纪人合作网络）、用户"的良性闭环正在逐步形成，由此带来的是回馈"周期"的加速。贝壳找房平台2019年GTV（成交总额）为21280亿元人民币，总共促成了超过

220万笔住房交易。目前入驻店家基本上6个月以后会慢慢由亏转盈，12个月后会大幅增长。越来越多的店家选择入驻贝壳找房，整个体系中第三方房源占到了七成。从之前的各自为政，到共生共赢，房地产市场的"正循环"效应正在凸显。

2. 做难而正确的事

在腾讯顾问杨国安眼中，"贝壳是一个非常特别的案例，它从链家，一个自营变成一个加盟，再加上开放的生态平台，整个过程转型很大"。因为，链家是中国公司中少有的、管理着10万人团队的公司之一，难度巨大。用华兴资本包凡的话来说，"重构行业规则非常困难，需要经历一段'无产出期'，甚至还要面对非常多外界的争议和质疑"。

做难而正确的事，正是左晖的商业信条。

左晖认为，很多行业都有3件事情同时发生：行业非常复杂且基础很差，效率极低；从业者和消费者体验都很不好；行业有着巨大的市场规模和增长速度。这种情况下，所有从业者都会面对短期"大"机会的巨大诱惑，即不对行业效率和客户体验做任何改善也能获得可观的增长。

本世纪前10年的北京地产市场，普遍存在中介吃差价的现象。2004年，链家率先承诺禁止经纪人吃差价，由此找到了一条突围之道。2008年，链家重点推出"楼盘字典"，将线下楼盘线上化，减少"假房源"乱象。2010年，链家斥资5000万元聘请IBM做线上化升级改造（左晖称为不计投入的项目），于是有了今天覆盖国内2.3亿套房源资料的巨大优势。其后，2011年倡议做"真房源"，2012年推出行业服务承诺，链家牢牢占据了行业领导者的地位，做"难而正确"的事情，也成为链家团队的一种机构记忆力。

在线上业务成熟的前提下，左晖打磨出新的ACN模式，改变经纪人之间的"零和博弈"状态。贝壳将一个完整的交易分为不同步骤，允许多个经纪人跨品

本质 II
增长的本质

牌、跨店面，在一次交易中合作，根据其角色分配佣金。在一次交易中，参与的经纪人包括房源录入者、维护人、推荐人、成交人、金融顾问等多个角色。通过协作，经纪人的利益链条被捋顺，房源信息、成交信息、房价、活动量、业主动态等信息全部可见，卖房、买房的 C 端用户有了更好感知。

目前，贝壳平均每 10 单交易有 7 单是跨店成交；1 单交易最多由 13 个经纪人协作完成；最远一笔跨城交易相距 3000 公里；每个经纪人平均每年服务 16 个家庭。

同时，贝壳找房提升了整个行业的专业水准，"我们想让（经纪人）这份职业周期延长，变成几年，甚至是终身，人们能更有'尊严'地去从事这个职业"。由于经纪人之间的竞争关系，加上购房的低频，以签单为目的的粗放服务模式是行业通病，很多经纪人从业时间低于 6 个月，行为短期化。贝壳专门设计了贝壳分、贝壳币、信用分等多个机制，倒逼经纪人为 C 端客户提供更专业的服务。

金句 10 条

1. 做难而正确的事，是我们理解并相信的成功之道。而最困难的就是，一个"正确"的决定往往带来的不是收益的增长而是下降，当然这种下降是阶段性的，过了这个阶段自然会进入长期增长的通道，但是就是这个下降的阶段使得组织面对大量的考验，我们称为"无产出期"。

2. 我认为我们是一家用很酷的理念和很酷的手段，对传统的、沉重的、又脏又累的商业，垂直地进行大刀阔斧的改造和升级的组织，我们是一家帮助传统的行业重生、昂首从旧世界迈进新世界的组织，我们会是在面对未来的认知中更酷的企业。

3. 我们会不断思考 5 年后的 B 点（B 点是指股票交易的买入点，此处是指商业价值实现的时点），并排除掉到达这个 B 点最容易的那些路径，来倒逼组织成长；我们会对消费者做出大量承诺并为此付出巨大代价，来倒逼组织成长；我们会不断进入产业新的领域并选择"又脏又累"而一旦成功就有巨大机会的方向，来倒逼组织成长；我们会用 online（线上）倒逼 offline（线下）的服务者成长，也会用 offline 的服务者倒逼 online 的工程师深入产业。

4. 这个生意本身就是一个激励人的生意。比如说我们今天在北京，有将近 7000 个在社区里服务了 5 年以上的经纪人，这些人违约成本非常高，失信的成本非常高。因为他们在社区里运营了这么长时间，保持了良好的口碑，在未来可见的时间里面获得的回报，要远远超过他当下失信而获得的那一点点回报。所以这个生意最本质的是，它是一个看长期的生意。它实际上是激励人用正向的良好的服务去满足消费者，然后再得到回报，从消费者那里得到激励的生意。

5. 我觉得战略是一个确定地点的事情，首先你要知道 A 在哪儿。很多人描述不清楚 A 在哪儿，就是今天你到底在哪儿是不知道的，当然就说不清楚 B 了。确定了地点之后，有无数条路可以过去。在选择路径的时候，有容易的路，有难的路，我们往往选择难的路。

6. 建立正循环：通过运营机制（链家和贝壳的 ACN）的推动（push）和绩效奖励的拉动（pull）让员工通过合作完成任务来建立对于公司使命愿景的信念（belief）和员工之间的信任（trust）。通过阶段性地完成组织来形成业绩和信念＋信任的正循环。

7. 我们不太会做什么事情对冲周期，但是我们会做一些事情去对冲长期主义带来的风险。所谓的长期主义是说，我做好了准备，做的这些事情今天得不到回报、明天得不到回报，可能后天、大后天才能得到一点回报。而所谓做好准备的核心在于钱要足够厚。我们一直以来是一个在财务上非常小心的组织，这种小心某种程度上也帮助我们去对抗所谓的周期性。当周期来临的时候，好像也没什么大问题。

8. 理论上来讲，做商业最终都是为了快速成长，所以慢和快我觉得是一个辩证的关系。我们的逻辑是，慢就是快。

9. 我们多年来一直将经纪人作为我们的用户和产品，我们一方面鼓励和支持他们用专业和有操守的方式服务消费者，另一方面我们不断地培养和支持这个群体进行知识升级，并着力保护他们的利益。我们希望这些服务者能够拥有职业尊严——有尊严的服务者（我们的使命之二），有尊严的服务者才会为消费者提供有价值的服务。

10. 链家管理层的IT（信息技术）背景是非常深的，我们历史上花的最大一笔钱是2008—2009年找IBM做管理咨询，当时把我们赚的钱全都给他们了，最后的好处是我们把做项目的人都挖过来。我们希望用技术的手段去解决交易难的问题。其中，让我们的管理方差保持在一个低值上，是我们的终极目标。

▶▶▶贝壳的7面旗帜

作者　左晖　链家创始人、贝壳找房董事长

▶导读

左晖说，链家的3个愿景：第一，希望交易不再难；第二，希望经纪人有尊严；第三，希望成为全世界非常优秀的数据科技企业。愿景需要务实可行的路径来实现。

洞悉行业本质是长期主义的前提。本文是左晖2018年11月在"新经纪·源

04 新服务
贝壳找房：贝壳的 7 面旗帜

动力——2018贝壳公开课"上的演讲，首次全方位解码了贝壳新产业生态，集中阐述了创办贝壳找房的本质思考与核心理念，"这不只是我们的价值观，更是对待所有人、事的基本原则"。

此文提到的"7面旗帜"，前两条是贝壳平台上的两大主体客户，第二条"经纪人主权"是第一条"消费者至上"的基本支撑，针对地产中介行业的积弊而发，左晖指出了行业升级的路径。第三条"平凡人的协作"与第四条"科学管理"（数字化管理），明确点出房产中介业的产业互联网的基本特性。第五、六、七这3条，则关于从业人员素质与职业伦理。以下为演讲精编。

▶ 一、品质正循环——从"成交为王"到"消费者至上"

目前，这个行业像一个搏杀的丛林，消费者和经纪人互不信任。如果不做根本性改变，我们的事业便不可持续。因此，构建品质的正循环是行业存在的基础，而消费者的激励，是正循环的源泉。

我们必须从"成交为王"进化为"消费者至上"。片面的"成交为王"是打着满足消费者利益的幌子，满足企业获利的目的。而消费者需要真实、准确、丰富、及时的物件信息，需要专业、诚实、努力、友善的经纪人，需要可体验、可评价、可衡量的服务标准。满足这3个条件的成交才能说是"消费者至上"。为此，我们鼓励经纪人在确定可以交易的房屋、可以允诺的交易条件之前，更需要披露不能交易的房屋、不能承诺的交易条件以及交易中的风险。

但任何正确的事做起来都不太容易，包括真房源在内的各种服务承诺。尤其当消费者不信时，就更难做，甚至会流失客户。

这时，我们如何度过无回报期？需要两种力量。一是相信的力量，坚信品质正循环的努力方向是正确的，坚持做下去消费者一定会回来；二是激励的力量，经纪人做了正确的事情就会得到消费者的激励，消费者的激励可以促进经纪人更深地根植于行业，保持更好的职业操守，努力提升自我专业素养，并为消费者提供更好的服务，从而形成正循环。

二、经纪人主权——核心资产，而非易耗品

今年，我与美国五大行之一的高层交流，他们刚从美国最大的私人银行富国银行挖来一个商业不动产的明星团队，所以他们说，"只要这个团队在这儿，这个生意肯定没问题"。

这个例子说明，未来是经纪人主权的时代。我们真正需要关注的是3—5年内萌生在房产中介的变化。坦率地说，今天同行有些后知后觉。经纪人应该是核心资产，但现实却是易耗品，全中国有150万—200万经纪人，平均从业时间却只有8个月。近两年，全行业招聘越来越难，很多"90后""95后"进入职场，宁可做外卖骑手、快递员，都不想做房产中介。我很疑惑，这个行业的专业门槛更高、成长性更好，还有不错的收入，为什么招不来、留不住人？曾有人形容，"经纪人就像毛巾，拧干一条再换一条"，倒是形象地描述了经纪人的状态。

一个经纪人进到体系来，其职业规划到底是怎样的？如果我们把这件事想清楚，我们所有的举措和思考都是围绕让经纪人能更好发展，能安身立命，能因为进入平台而使自己家庭和家族发生不一样的变化，那么，这个平台想做不好都难。

在保护消费者的权益前提下，经纪人有权利选择最尊严的方式执业，有权利不被窃取在一个服务中所付出的努力，有权利选择最符合自身的工作时间。我们的核心指标之一是经纪人行业从业时长，我们以此指标的持续改善作为经纪人职业化程度的度量标准。

▶ 三、平凡人的协作——协作是我们的信仰

协作不是成功的唯一路径，只是我们相信的路径。行业的供应链就是经纪人，很长时间以来，经纪人的基础背景都是以社会中最普通的毕业生、基础服务者构成，大多数人缺乏城市中的人脉网络，需要帮助和互相帮助。而房地产交易是典型的多边网络效应，是个典型的多边角色的协同服务增效模型，交易服务中每一个环节的数据电子化并有规则有效率的分享，都会极大地提升服务效率。

因此，协作的基础是科学严谨的规则之上的私权的伸张。我们鼓励利他，但首先我们保护对服务与客户做出贡献的人的利益。规则是我们的信仰，合作规则是神圣的。

我们建立平台的价值就是保护每一个正向行为的权益，平台建立的基础是一笔交易中每一个角色（边）的高效协作，这种协作是跨越品牌、跨越门店组织边界。同时，经纪行业的复杂性，要求除了经纪人群体之外，还需要和产业链的其他岗位共同参与协作来服务消费者。

我们确信，ACN的基础是整体最优大于个体最优，个体最优长期看和整体最优是高度吻合的。我们保护私权的伸张，私权伸张的基础是平台的规则。协作依赖信任，信任依赖规则和承诺。这里有superstar（明星），但更多的是有一批相信寻找到拥有共同价值观的伙伴、一起合作才能赢的平凡人。

我们鼓励培养人才，也鼓励人才跨组织的流动，鼓励人才不断追逐更大的事业。平台的机制是让培养与输出人才的人得到合理回报。

▶ 四、科学管理——提升效率就是数据改进的过程

科学管理的精神和能力，是行业提升效率的唯一手段，提升效率就是数据改进的过程。房地产交易，尤其是二手房交易，是一个供需双方的交易意愿和交易

条件双不确定的、C2C（个人对个人）的居间服务，交易难度大，商机不确定性高，商机的转化效率低。越是这样的行业，提升效率水平尤其重要。提升效率的手段，就是科学管理。科学管理就是用数据而非感觉说话，就是将服务全流程数据化和电子化，构建人、物、服务的标准，并针对薄弱环节持续改善和优化。

科学管理就是我们承认，任何一个效率水平的提升都不是突变而是渐变，我们不追求药到病除，我们信奉日拱一卒，功不唐捐，耐心和坚持是我们最好的工具。科学管理最终是以满足消费者利益，是以服务好经纪人为基础的。

▶ 五、中性的市场观——追涨杀跌的反作用力

长期稳定发展的市场是符合消费者、符合政府管理和行业的根本利益的，所以我们秉持中性的市场观。

从长期来看，市场的交易量和城市人口的关系基本是个常数。未来，中国每年的房产交易量将达到 1500 万套，而且二手房交易会越来越多，这些都是确定的。行业的长期利益建立在交易量和价格的平稳而非波动，越平稳交易越可持续，经纪人价值越得到彰显。

事实上，任何高速增长的市场本身就埋藏着下行的风险，持续下行的市场中，本身也孕育着复苏的机会。职业经纪人是追涨杀跌的反作用力，职业经纪人应该不跟风、不忽悠、不炒作，客观、多维度、理性地评价市场，为消费者做出专业建议。在市场旺盛的时候，要看到下行的隐忧；在市场低迷的时候，要看到复苏的状况。

▶ 六、信用与尊严——经纪人群体的职业追求

经纪行业本质上是个信用联盟，行业口碑提升则每一位从业者都受益，行业

04 新服务

贝壳找房：贝壳的 7 面旗帜

口碑降低则每一位从业者都受损。每一个经纪人都应该自觉做到努力为行业信用增值，绝不恶意诋毁同业。

在行业多年，我一直非常痛恨两件事，第一是经纪人忽悠消费者，很多经纪人靠制造消费者紧张氛围促成交易，但事实也证明，所有勇于把交易中的问题、风险告知给消费者的经纪人都成功了。每一个资产都有它的价值，我们应该客观、公正地评估，并传达给消费者。

我痛恨的另一件事是消费者不尊重经纪人。第一件事，我能想办法让组织和经纪人向好的方向变化，但第二件事，我感觉自己无能为力。

在链家的一次管理者晋升活动上，一个店长提到，"客户到门店里闹，我很好地处理了"。我问他怎么处理的，他说，"我给客户跪下了"，换来的评价是，"这个店长挺实在"。当时我就在想，如果我们无法赢得职业尊严，这项事业就没有意义。

经纪人的尊严是靠我们自己争取的，争取的最佳方式是让自己配得上被尊重。配得上的基本标准就是不骗人，言之有据。我们打造的贝壳分体系，体现的是经纪人信用情况和某一类经纪人合集（门店或品牌）的信用情况，是消费者选择经纪人的基本参考，也是经纪人选择合作经纪人的基本参考。

信用是长期收益，信用是通过放弃不当的短期收益换来的。有信用的人，在网络中得到最大的长期收益，信用差的人将会寸步难行。经纪人和消费者人格上是平等的，既不应该有任何经纪人对消费者不尊重的表现，也不应该允许消费者对经纪人有任何不尊重的表现。行业应该远离不靠谱的"鸡汤"和令人厌倦的"鸡血"，同时也不应该晒苦情，博同情，一个正常化的服务者就足够体面并值得尊重。职业经纪人要随时保持良好的职业形象，遵守公共场所的公共道德，有礼貌，随手带走垃圾，遵守交通规则。

保护经纪人的职业尊严，是行业所有人不可推卸的责任。

▶ 七、社区友好——前提是提供价值

我们从事的是社区服务行业，一个社区友好的形象有助于我们的事业。经纪人及门店是社区服务体系的重要组成部分，应该是社区里最积极、最热心、最友好的成员。经纪人的价值来自在社区居民中的口碑，这种口碑带来了信任。

除了标准的不动产服务之外，我们应该利用我们的场所及人力提供力所能及的社区服务，即便是投入一定的成本。我们应该是社区公约的遵守者和践行者，成为社区居民的好邻居。

经纪人的价值来自社区黏性，社区黏性来自信任的建立，信任是由长期服务、热情友善、专业操守、适当投入带来的。

05 新人类
CHAPTER FIVE
好的社区能够分辨善恶美丑

> > > **小红书：小红书是座城** > > >

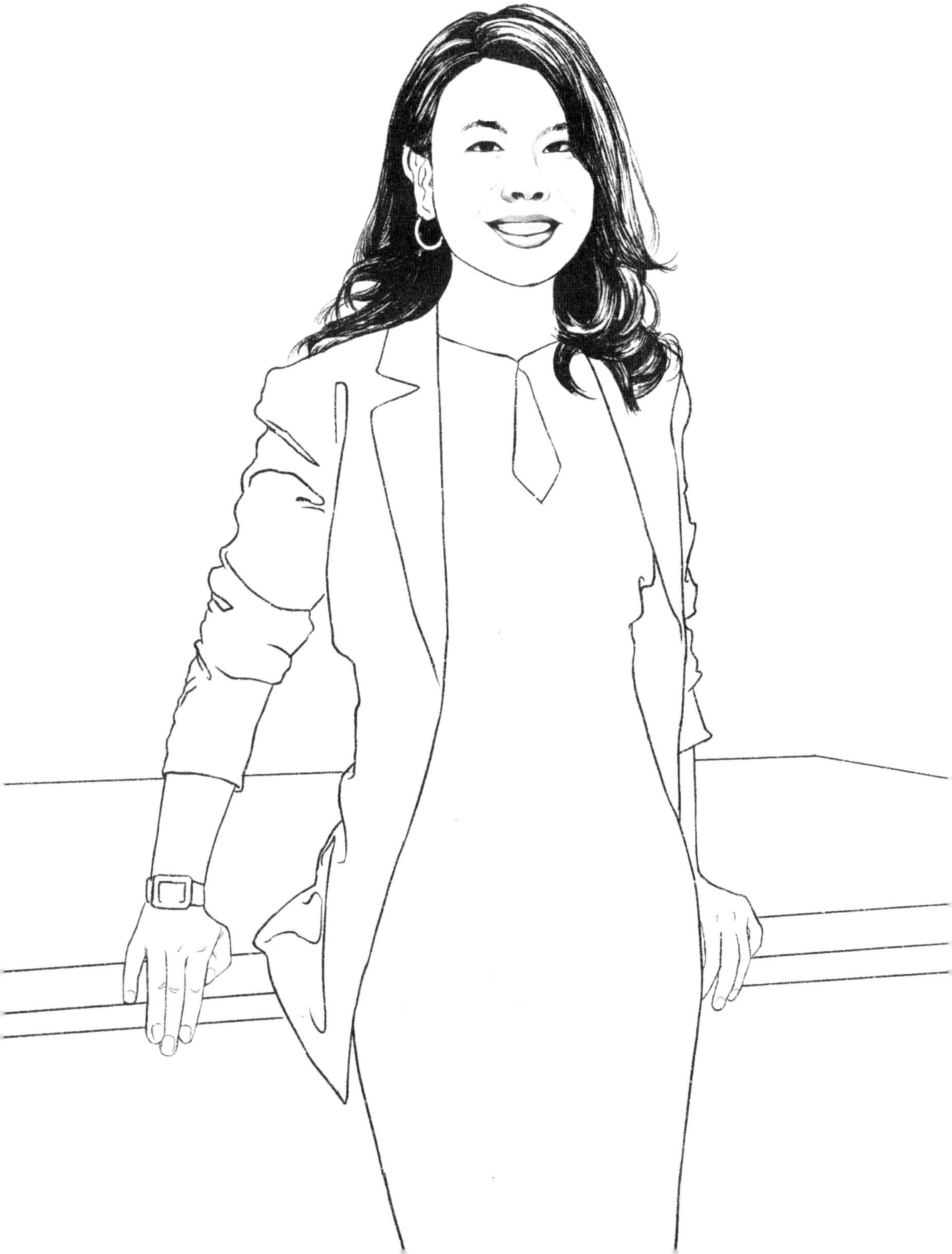

本质 II
增长的本质

▶ 企业简况

2020年新冠肺炎疫情防控期间，滴滴总裁柳青成了小红书的粉丝，居家期间她跟着小红书上的视频学做饭。2020年的中企领袖年会上，小红书创始人瞿芳透露，目前小红书的70%内容是短视频，疫情防控期间美食视频一度成为小红书中排名第一的品类。

2013年，"爱剁手"的瞿芳辞掉外企白领工作，与"爱旅行"的毛文超共同创立小红书，聚焦海外购物信息分享。经过7年成长，小红书已经是国内最具代表性的生活方式平台，特别是年轻人消费指南。2019年7月，用户数突破3亿，月活突破1亿，70%以上用户是"90后"，用户通过短视频、图文等形式记录与分享生活，每天产生超过80亿次的笔记曝光。作为阿里与腾讯联合投资的少数公司，小红书的最新估值超过60亿美元。

小红书一直在探索商业化之路。2015年，小红书发力跨境电商，2017年5月，《人民日报》在头版专题报道中，称赞小红书已成为"全球最大的社区电商平台"，2018年上线品牌广告，2019年被设定为"用户增长和商业化的关键年"。但是从卷入"烟草门"开始，到笔记被爆造假，以及品牌合作人升级事件，小红书遭遇诸多质疑，口碑下滑。2019年10月，小红书APP重新恢复上架。

经过多年的摸索，小红书形成了独特的商业模式：B2K2C（从企业到推手到消费者）模式。得益于小红书的社区属性和KOC（关键意见消费者）的分享习惯，基于社区、电商两种业务形态，构建连接品牌、KOC、消费者的影响力闭环。一个用户通过线上分享消费体验,引发社区互动,推动其他用户在现实生活中消费,这些用户会进行更多的线上分享,最终形成正循环。过去数年,包括完美日记、小仙炖、钟薛高等的一批新国货品牌在小红书上成长起来。

2020年1月,小红书上线直播带货,经过大半年运营,有"三高一低"的数据表现,即高转化率、高客单价、高复购率和低退货率。4月,推出100亿流量向上计划,对视频创作者、直播创作者以及泛知识、泛娱乐品类创作者做定向扶持。8月15日正式上线视频号,对创作者予以包括百亿流量扶持在内的多项扶持权益。同时进行平台净化工作,9月小红书宣布启动"啄木鸟"计划,地毯式排查低质内容和"接私单"推广,涉及全站笔记,当月就对7383个账号进行断流处罚,处罚笔记数量超过21.3万篇。

与其他平台纯线上"种草"不同,小红书积极赋能线下实体经济。"探店"笔记是小红书的一大特色,2020年9月下旬,探店笔记数量近220万篇,不到半年实现翻倍。

2020年8月,小红书宣布,进入全员二次创业阶段,将围绕以视频化驱动的社区2.0升级、以技术为基础设施链接的"城市建设"和深化拓展多元生态3个方面进行。

▶ 主要理念

1. 发现美好生活

小红书是国民级的"种草社区","小红书非常鼓励大家回到线下,回到生活,而我们种草也包括线上和线下的同步种草"。

"发现美好生活"是瞿芳经常挂在嘴边的话。瞿芳认为,每个时代都有记录生活的方式,小红书或许就是这个时代的清明上河图。不同的是,这幅图不是某位名家的画作，而由亿万用户联手绘就。

从"做海外商品真实口碑平台"，到"上小红书，找到你想要的生活"，再到2020年的"标记你的生活"，自2013年APP上线以来，小红书的价值定位经过了多次迭代。

总结2020年小红书的变化，瞿芳提到了两个词："烟火味"与"人情味"。"过去一年，不管是在我自己身上还是在平台身上，大家都在通过各种方式表达情感，变得越来越有人情味。因为大家从特别快的生活，回到有烟火气的生活、有人情味的生活。我觉得这是2020年整个大环境这么艰难的背景下，我们看到的真正的力量。"

"生活方式是一种价值主张。大家愿意来到小红书之城住下来，是因为他们认同这座城市的理想态度和价值主张。"小红书2021年的主题词是"爱和创造"，这是瞿芳心中美好生活的新境界。

回归商业的本质，创造用户价值的最终目标，就是为人们创造更美好的生活，这应该成为所有企业家的人生追求。

2. 社区是人的集合

瞿芳认为，社区有三大关键词：认同感、参与感和归属感。"当我们仔细地回溯，做了哪些事情让小红书坚持到今天仍然能保持高速的增长时，我觉得内心最重要的一句话是：社区是人的集合，我们在运营的是里面的人，而不是内容。"瞿芳在各种场合的演讲，最集中的主题是"小红薯"们的多彩生活，很少涉及商业本身。

当社交平台不断同质化，小红书另辟蹊径，致力于打造一个"美好、真实、多元"的虚拟城市。所谓城市，就是用户在这里分享生活、社交互动及消费，三者一体，周而复始、生生不息。

05 新人类
小红书：小红书是座城

小红书上的很多博主散发着令人动容的人性光辉。瞿芳特别喜欢一位博主"一颗柔软的胖妞"，她经常分享一些跳舞视频。在常人印象里，爱跳舞的都是高挑、纤瘦的女孩子，但这个博主是个"很圆润的女孩子"，特别自信，特别有活力，舞姿很动人。瞿芳经常追她的更新，被她身上洋溢的那种满足、自信和美好打动，甚至受她感染，想要尝试一下纵情舞蹈的感觉。

小红书的团队文化也是社区化的，比如署名文化。因为署名是社区 ID——社区里你想要成为的人的映射。小红书每个员工都有一个自己的署名，有点类似于阿里的花名制。

"我的英文名叫 Miranda。当你在叫我'Miranda'，在叫我'瞿芳'，在叫我'木兰'的时候其实是非常不一样的人设。而且我觉得这些映射会慢慢地改变你，因为你每天都被叫到这个称号。""木兰身上有很多品质是我希望得到的。"

金句 10 条

1. 我经常在餐厅听到别人说到，这个餐厅、口红就是我在小红书上发现的。这是一种强烈的认同感，他们因为自己是小红书用户而骄傲，他们在认同小红书里的这群人。

2. 作为创业团队，凌晨 3 点的上海和北京，我们都很熟悉。那些深沉夜色或微亮天光里陪伴和鼓励我们的，正是世界各地的小红薯们在小红书记录下的生活，那里有吃穿玩乐买，有喜怒哀乐和很多很多的爱。

3. 从七月份迈入创业的第 6 年开始，我就默默地改掉了自己的签名，把"小红书创始人"改成了"小红书写手，如果说过去的 5 年，我幸运地和一群最可爱的人一起创立了小红书，那么未来的每一天，我们会和更多人，不仅仅是团队，

本质 II
增长的本质

还有用户、合作伙伴、媒体和所有关注我们的人,一起来写这本小红书"。

4. 当我特别累的时候,和别人一样,我也想放弃。我问他(合伙人),如果我不做小红书,是不是我的生活就会不一样?是不是就和别的女孩子一样,结婚生子,朝九晚五,过最朴素的生活?"你怎么会对自己有这么大的误解?就算你不做小红书,你也会做小蓝书、小绿书,你就是这么一个爱折腾的人。"

5. 创业初期,有一次出差,我都累到直接想睡过去了,他(合伙人)突然问我:"你觉得,我们想做一家什么样的公司?"当时我又崩溃了。这么累,这么突然的一个直击灵魂的问题,我想都没想地说:"我想做一家伟大的公司。"

6. 创办小红书至今,有无数人问过我,小红书到底是什么?我一直尝试用不同的角度去阐释。直到前几天,我的一位好友给了我一句话,让我觉得没错,就是这个!他说:小红书给我的感觉就是,你终将拥有的美好生活。

7. 现在的年轻人实在是太孤独了。尤其是在大城市里,你可能不知道同事私下的爱好是什么,在一个地方住了几年,你可能不知道你的邻居是谁。小红书其实就是一个年轻人的虚拟城市。它提供了一种稳定而温暖的陪伴。每次打开小红书之前,你都能确定,你将会看到的是各种各样的美好,陪伴你,启发你。

8. 生活中发生的变化都是潜移默化的,小红书这样的平台,其实永远是在捕捉并且给这样的变化赋能。我们每个人看到的世界都极小,但是小红书一直怀着非常不一样的态度,我们希望大家看完小小屏幕之后,能再回到大大的生活里。

9. 过去两年,我们在平台上观察得到了未来消费的两个关键词,"中国市场"和"年轻人",消费市场的未来一定是属于年轻人的。

10. 对于一个创业者和创业公司来说,我们永远都是在不确定的环境下,不断地认清现实、拥抱现实,并且寻找机会。看似容易,实则很难,正因为不确定性,你需要不断地调整你的认识。过去两年,整个社会在不断发生变迁,对小红书来说可贵的是,我们已经锻炼出了非常坚实的能力,即认清现实和拥抱现实。

▶▶▶小红书是座城

作者　瞿芳　小红书创始人

▶ 导读

这是瞿芳 2019 年的一次演讲实录，原题为《生活方式的聚集地》，本篇题目为编者所加。作为最大的生活方式社区，小红书一直在努力拓展商业化的空间；但作为素人创业者，瞿芳的演讲主题大多是关乎用户生活的点滴感动，或者是创业以来自己的成长，较少涉及商业本身。

作为女性创始人，她愿意向公众分享心路历程。在这篇演讲中，她较为系统地阐述了小红书作为商业平台的价值主张，给出了关于"生活方式"的新定义，生活不只是要活下来，更要有追求与创造的能量，"有很多我要去做的事情，有很多的生活方式灵感需要被点燃"。

小红书用户中七成是"90 后"，且一半是"95 后"；"80 后"的瞿芳敏感地意识到年轻人的生活状态与价值表达的细微变化，比如咖啡与奶茶消费背后的心理感受。她把小红书比作一座城，年轻人共建与喜爱的生活之城，她说这座城市有活的灵魂，那就是"美好、真实、多元"所代表的人群，希望小红书能一直陪伴一代人的成长。

关注年轻人的生活方式与价值选择，走进年轻人的精神家园，或许是企业家在思考内需市场时，最为紧迫、最为重要的课题。这篇演讲将推动你走近更多年轻人的内心。

每个人心目中都有一本小红书，大家在不同的阶段接触到我们，有的朋友可能甚至是非常早就了解了小红书。现在，小红书已经默默地发生了很多变化。我想先请大家猜一下，现在小红书社区，最近热度上升最快的词是什么？

苏大强。大家知道苏大强是谁吗？对，苏大强是前不久热播的电视剧《都挺好》里面的父亲。他在最后一集里面，在他失忆的情况下，仍然会去书店给他女儿买一本习题集，弥补当年的遗憾，感动了很多人。所以这是小红书最近热度上升最快的词。

▶ 2.2 亿用户在小红书分享生活方式

我也想用这个例子来告诉大家，在小红书上，已经有 2.2 亿用户在这里分享他们的生活方式，所以任何社会上的热点都会变成小红书上的热词，不再只是大家心目中口红的趋势，或者是在跨境买买买这些场景。

现在，小红书每天有超过 30 亿次的笔记曝光。这些笔记都是在讲些什么？以上视频剪辑中的内容，全部是来自小红书上真实的笔记、图文、视频。每天有这么多人在小红书上分享他们的生活方式。但作为一个没有什么生活方式的创业者，我常常在想：生活方式到底是什么？

刚才大家看到那些笔记对我来说只是一篇篇的笔记，我可能也只能在零散的时间和睡前刷刷自己家的 APP，然后畅想一下自己已经在世界各地旅行，随时都可以去健身。我们一直在问自己：到底什么是生活方式，它跟生活的区别是什么？

▶ 生活 vs 生活方式 =Life vs Life style

生活是 Life，生活方式的英文 Life style。life+style，其实是有风格的生活。先有生活，后有生活方式，但生活方式永远来源于生活，高于生活。

为了帮助我们更好地理解生活方式这个概念，我又找到两个词：生存和生活。我们常常把生活想象成一种生存状态，那么生活方式其实是一个更漂亮的词：发展。为了更好地辅助，我也找到了两个英文单词来讲述小红书上这样一群人的状态，分别是 survive 和 thrive。

这两个词很有意思，前者是我要活下来，努力地满足自己的日常需求；后者在我心目中，是繁荣，有很多我要去做的事情，有很多的生活方式灵感需要被点燃。当我找到从生活到生活方式、从生存到发展的需求的时候，大家就能解释为什么每天有几千万的人会不断地回来小红书，在这里去点燃他们生活中的激情。有很多朋友，甚至是很多做金融的朋友，平时白天都很累，经常会有人跟我说，他每天最大的休闲娱乐，是睡前刷刷小红书。睡前刷一下，好像这些生活方式就已经到达了他们身边。

当我们不断地在这个象限上去深挖，回答生活方式是什么的问题，我们又找到一句话：生活方式并不是衣食住行、买买买，它是一种价值主张。由个人的兴趣爱好和价值取向所决定。如果生活方式是一种价值主张，它就远远超过了我们心目中的物质消费以及精神消费。那么它是由什么决定的？人。

▶ 年轻人的生活方式：咖啡和奶茶

下面我想举两个生活方式的例子，让大家感受一下。

第一个例子是咖啡。我在小红书上看到一个词，说咖啡是"年轻人的茶"。其实很多我们的父辈，包括我自己现在仍然喝茶，就是觉得茶里面有咖啡因，可以提神，和咖啡的作用没有本质区别。但现在对于很多年轻人来说，喝咖啡已经变成了一种生活方式。你很难想象 5 年前、10 年前，在国内可能去咖啡厅还是一种聚会的方式。而现在，尤其在一二线城市，大家都会匆匆拿着一杯咖啡，或者外卖叫一杯咖啡，变成每天早上的一种仪式感，以至于我现在出差，如果看到房间没有咖啡喝，都会有一种绝望感。

本质 II
增长的本质

在小红书上,有超过 70 万篇笔记在讨论咖啡这种生活方式。我们来看看关于咖啡排名前五的关键词:速溶,减肥,星巴克,挂耳,瑞幸。这是我们后台调取的数字。我相信那速溶、减肥、挂耳这些都是咖啡的一些属性;而其中有两个品牌:星巴克和瑞幸。星巴克是成立于 1971 年的一家公司,而瑞幸是在它 46 年之后才成立的;星巴克 1999 年在中国开了第一家门店,到现在可能是 4000 家的规模,去年,星巴克的单店销售额首次出现了下滑。是中国人不爱喝咖啡了吗?并不是。我们越来越爱喝咖啡了,而且变成了越来越多人的生活方式,所以出现了新的品牌,新的竞争者。

正是生活方式的变迁,带来了新的市场增长,带来了更多的机会。瑞幸在 2018 年 12 月已经宣布开出 2000 家门店,并且很快在开店数量和销售上在国内超过星巴克,所以这是我们在平台端见证的生活方式改变的趋势。

接下来,我们再谈谈茶,另外一种茶:奶茶。我们把奶茶定义为有幸福感的茶。在小红书上有超过 6000 篇笔记,在提到奶茶的时候讲到了幸福感。有朋友说,奶茶哪里有幸福感?难道不就是糖加满满的脂肪卡路里吗?其实所谓的幸福感,都是这些糖带来的这种心理暗示。我有个创业的朋友,平时很喜欢喝喜茶。他说,每天只要开 10 个会,就奖励自己一杯喜茶,最近我存了两杯,我今天要一次性把它喝完。

这里也有一个数字。喜茶在 2015 年才正式地走入了大家的视野,现在,小红书上有超过 6 万篇的笔记在讨论喜茶。大家可能会觉得,一个奶茶品牌有什么好讨论的?但大家如果点进去看,就会发现有很多隐藏菜单,喝喜茶时的幸福感,以及哪些地方新开了喜茶店,怎么点单最快速,方方面面的内容都变成了小红书上的生活方式。

所以咖啡和茶、咖啡和奶茶其实是过去 10 年我们生活方式变迁的一个缩影,也是小红书上每天正在发生通过人影响人的一些案例。

▶ 小红书：生活方式变迁的见证者与引领者

还有一些消费趋势，在过去几年曾影响着我们。在 2013 年，中国的出境游数字首次跃居全球首位，而小红书正是在 2013 年创立，我们第一个 slogan 叫"找到国外的好东西"，其实是生活方式变迁的折射。

2015 年被称为跨境电商的元年，国务院发布新的政策，鼓励消费的回流。小红书也是在那一年开设了保税仓，只用了半年时间，做到了 100 倍的增长。

中国国家统计局 2018 年初的时候发了一份报告：2017 年我国居民在服装食品类消费占比有所下降。出境游第一次超过了 1.29 亿人次，有 50% 的健身人群。而 2018 年，小红书上的旅行类笔记增长了 5 倍，健身类笔记增长了 12 倍，我们现在已经是生活方式的见证者跟引领者，而不仅仅是晒一些好物和买买买。

作为一个普通的用户和消费者，我如何被小红书上所呈现的这些消费和生活趋势所影响呢？举个例子，当大家在小红书上搜索"北京民宿"，会出来很多内容。比如，一个用户会分享自己在四合院办生日 party（聚会）的经验，下面有很多用户评论：好玩吗？多少钱？点进这个用户，你会发现他不只是在分享北京的民宿，也分享穿搭、生活、泡澡，是一个非常真实鲜活的形象。我们的生活方式正是被这样身边的人所影响。

再看个人，例如，Sumansoul 二姐是小红书上现在非常火的一个健身博主。她不仅自己健身，也有一个小的工作室，带更多的女性一起健身，她把这些内容发布到小红书上，让更多的人感知。

最后，是李冰冰分享的百香果，这也是我自己的生活最近发生的最大改变。我可能先看到了李冰冰的笔记，然后在小红书上搜索，会发现大量内容是关于百香果、柠檬、蜂蜜的。我平时很忙，但回家之后也做了这么一罐，觉得是生活仪式感和幸福感很重要的体现。

本质 II
增长的本质

▶ 内容组织形式不再是专业媒体，而是真实的人

有很多人问我，大家到底在小红书上看什么？是明星、KOL 的头部内容，还是在被身边的人所影响？

我们现在 UGC 的发布占比仍然高达 97%，绝大多数小红书上的内容是由普通用户产生的。在我们每天产生的 30 亿次曝光当中，UGC 曝光的占比仍然高达 70%。这就是说：大家看到的绝大多数的笔记，并不是头部明星发布的东西，而是身边的人所谓的口碑。这是小红书的基底，也是小红书能够成为大家不断回来的最重要的理由。

现在，内容的组织形式已经不再是专业的媒体。如果大家还记得刚才北京民宿的例子，你可能是从这样的一条线索和一个需求场景点进去，但你看到的是一个真实的人，看到的是他的生活。

所以，内容组织形式已经不再是专业的媒体，而是真实的人。真实的人背后是复杂的、是多元的，他的生活方式是方方面面的。只要你认同了他的情趣、爱好、价值、主张，你可能就会关注他的方方面面。正是这样内容的组织形式的突破，让我们更快速地打破边界，去年一年，我们整体的内容实现了 7.2 倍的增长。

科技数码、养生、婚庆、家居、宠物、音乐，去年它们在小红书上基本上都出现了 10 倍速的增长。这并不是小红书整体在变化，而是因为我们内容组织的形式是人，人就会有方方面面的需求。我们的内容现在早已打破了垂直的疆域，实现了更快的生长。

▶ 社区 = 人的集合

我们常常问自己，社区到底是什么？我们找到一个答案：社区不是内容的集合，是人的集合。小红书上每一个鲜活的用户，正在改变越来越多人的生活方式。

人的集合，具备很高的成长性。去年一年我们的月度活跃用户数涨了 3.6 倍。三四线城市的活跃用户增长 4.3 倍，我们的男性活跃用户增长了 6 倍。现在男性消费市场也是一个大家讨论得非常多的话题，我们看到越来越多很有意思的趋势："90 后""95 后"的男性已经越来越中性化了。小红书很火的一款产品，叫男性 BB 霜，我们公司有很多男同事甚至工程师，早上不涂 BB 霜是没有办法来上班的。

那么，我们到底如何把社区这个产品形式做得更好？我们找到了 3 个关键词：第一个词，认同感。为自己在这个社区中而骄傲。那这个词很有意思。我经常在餐厅听到别人说到，这个餐厅、口红就是我在小红书上发现的。这是一种强烈的认同感，他们因为自己是小红书用户而骄傲，他们在认同小红书里的这群人。

第二个词，参与感。我们每个月会产生 1.5 亿的关注，1.7 亿的笔记点赞，两亿次的笔记收藏，这些数字，都是用户在用他的时间和手在投票：我到底喜不喜欢这些内容，我喜不喜欢内容背后的人？

最后一个词，归属感。这是一个很神圣的词。大家可以想一想，归属感这个词对自己意味着什么？你上一次有归属感是什么时候？是去了之后，觉得再也没有办法离开那里，因为那里有一个相互支持的社区。

当我们仔细地回溯，做了哪些事情让小红书坚持到今天仍然能保持高速的增长时，我觉得内心最重要的一句话是：社区是人的集合，我们在运营的是里面的人，而不是内容。小红书可能不擅长做依靠头部运营强大的内容，但我们沉淀下来的内容会变得很有价值、很有意义，不可取代。

▶ 小红书的城市灵魂：美好、真实、多元

人的运营听起来是件很难的事情。每当讲到这个话题，我就想到我们公司现在大概有 2000 人，对我们来说，管理也变成一个日益重要的挑战。不管是在公司，我们讲到使命愿景价值观，还是我们讲到社区的管理和社区的边界，我们一直会

提到 3 个词，也是小红书能够走到今天，最重要的 3 个词：真实、美好、多元。这既是对我们内容的要求，也是对我们人的要求。只有我们不断地去坚持这 3 点，在公司内部对人的要求，对产品的要求，对我们在创造内容的用户也好，在看内容的用户也好，我觉得才是小红书这座城市的灵魂。

去年，我们越来越多地把小红书比作一个线上的城市。在我看来，城市是你最重要的生活方式的选择。我自己是武汉人，现在，武汉、成都在生活上并没有太大的不便利性。你能买到的商品和服务已经非常类似，但你最后选择的城市，事实上是你想要的人的集合。选择了小红书的用户，都是选择了他们心目中的真实、美好、多元。

▶ 陪伴一代人，找到想要的生活

最后，还是想跟大家分享一下我们到底想做一件什么事。它不是一句正式的 slogan，而是我们心目中想要去的方向，我觉得，这是去年，从创业第 5 年开始，我们自己完成的非常重要转变，叫作从初心到使命。我们开始越来越清楚自己在做一件什么事情，我们在什么象限上有核心竞争力，你到底要去往哪个方向。

其实小红书做的事情，是在陪伴一代人，一代人超越了年轻人，超越了性别，而是生活在这个时代的人。我们在陪伴一代人，通过生活方式社区的产品形式，过上他们想要的生活。这是我们未来要去的方向，也请大家一直陪伴和见证我们的成长。

〉〉〉 **哔哩哔哩：B 站还是那个味** 〉〉〉

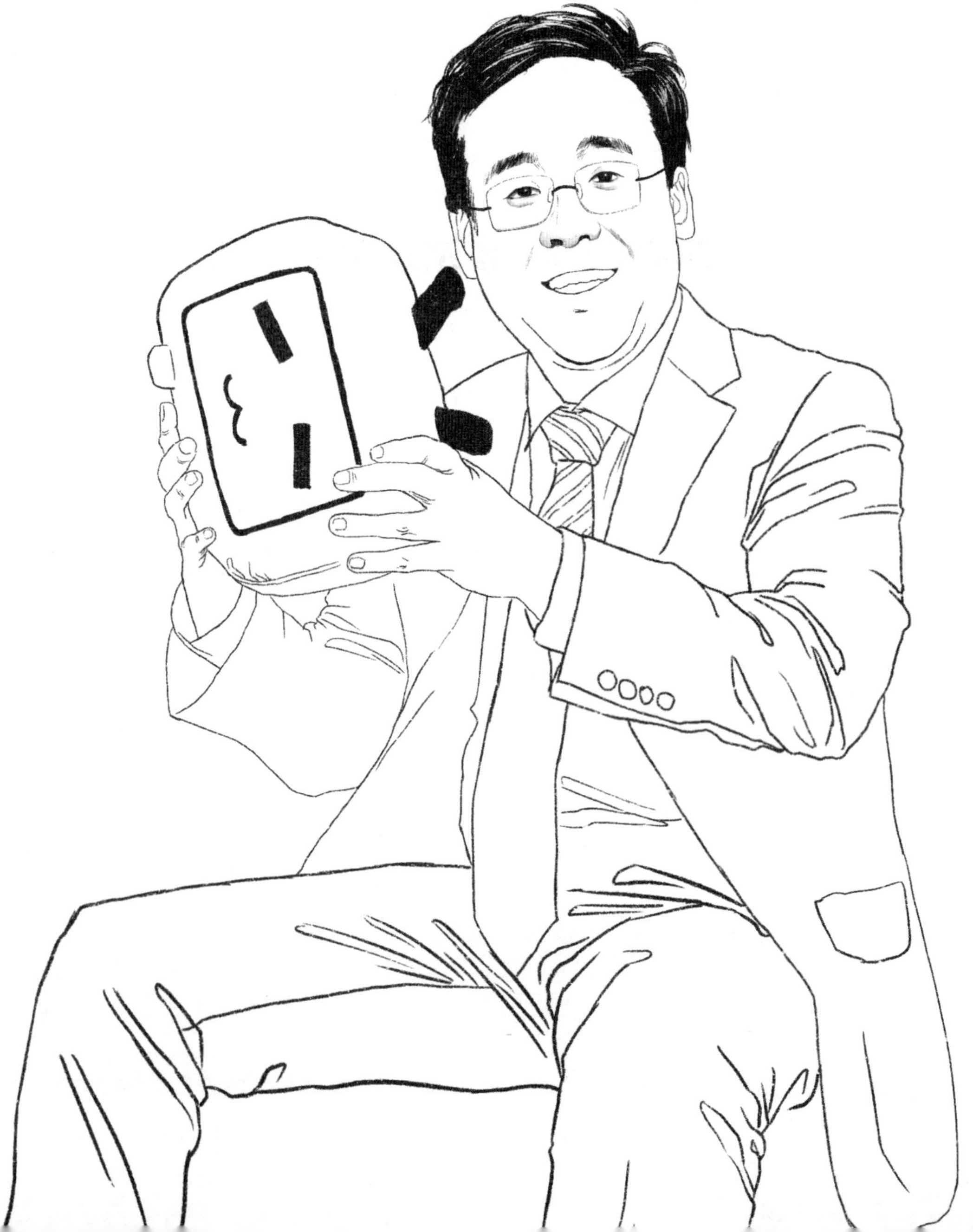

05 新人类
哔哩哔哩：B站还是那个味

▶ 企业简况

从非主流年轻人的"小破站",到Z世代在线生活的新航母,哔哩哔哩（bilibili,以下简称B站）打造了一个新青年的精神家园。与拼多多一样,B站也是从杭州起步,后迁上海的互联网公司后起之秀。

2010—2020年的这10年,中国商业增长的新动能来自两大力量:一是移动互联网,一是Z世代崛起。Z世代通常是指"90后""00后",特别是1995年以后出生的一代人,他们有更鲜明的价值观与生活方式,如喜欢社交、酷爱游戏与音乐、线上学习、重视养生,等等。

B站以"ACG（Animation、Comic、Game,动画、漫画、游戏）"标签凝聚了第一批"90后",目前拥有7000个大类、700余万个细分小类的视频内容,涵盖旅游、数码、体育、财经、教育、游戏等多个领域。

B站还有多个中国之最:中国最大的创作平台之一、中国最大的在线自学平台之一、中国最大的游戏视频平台之一、中国增长最快的Vlog（视频博客）社区,B站的入站考试是目前中国规模最大的考试。

过去3年,B站新增用户的平均年龄为21岁,"B站=年轻人"已是事实与共识。多年来,B站蹚出了一条社群经营的独特之路,成为边缘社区强力破圈、持续主流化的新标杆,B站不只是一个商业新物种,更是一个社会新奇迹。

B站于2009年创办,2018年、2019年、2020年先后获得腾讯、阿里与索尼的战略投资;2018年登陆纳斯达克,2020年5月26日,B站市值超过老牌视

本质 II
增长的本质

频网站爱奇艺；截至 2021 年首个交易日，股价上涨了超 700%。从初创期 40 多人到今天的 3000 人，放弃期权从猎豹移动出走的这几个年轻人，仅用 5 年时间，成就了数百亿美元的平台，前东家猎豹移动的市值只是其零头。

值得一提的是，2020 年元旦以来，B 站积极"破圈"战略已初见成效，全年市值更是增长 3 倍。截至第三季度，月活用户达到 1.97 亿（8 月 MAU 超 2 亿），提前完成用户增长的年度目标。这个数字意味着什么？中国"90 后""00 后"总计有 3.2 亿人，也就是说，每 3 个年轻人，就有两个 B 站用户。

2020 年元旦 B 站跨年晚会曾引爆全网，被网友赞为"最值得一看的时代盛宴"，豆瓣评分高达 9.1 分。2020 年年中，B 站陆续推出 3 波主题视频《后浪》《入海》《喜相逢》，被网友称之为"三部曲"。7 月 11 日，B 站推出海边夏日毕业歌直播演唱会，又一次刷爆了社交媒体。

2020 年 Q3 财报显示，B 站用户中三线及以下城市占比已超 50%，而 2016 年一线城市用户占比 56%，下沉趋势明显。从年龄结构来看，B 站的 Z 世代（"90 后""00 后"）用户占比仍超过 80%，明显高于互联网大盘及头部短视频平台。同时，B 站保持了较好的社区色彩与活跃度，2020 年每个月活用户的日均视频观看量、互动量、使用时长均呈现上升趋势。

B 站正在成为读懂年轻人、品牌年轻化的首选渠道之一。一些主流明星纷纷入驻，"60 后"歌唱家腾格尔在 B 站有超过 40 条投稿，近 60 万粉丝，靠硬核翻唱与年轻人们打成一片。苹果、麦当劳等国际一线品牌，小米、荣耀、华为、OV 等科技品牌将 B 站作为发布会或直播的平台来试水。

2020 年著名的"逗鹅冤"事件，腾讯第一时间选择到 B 站自嘲一把，挽回年轻人中的口碑。2020 年，钉钉在被若干小学生报复性地给了差评后，曾发布《钉钉本钉，在线求饶》的鬼畜视频，在 B 站成功出圈。

如果说，娱乐是 B 站的 A 面，学习就是 B 面，而且越来越闪光。"众所周知，B 站是一个学习 APP。"这是 B 站 11 周年庆的宣传片《喜相逢》中的一句话，正

05 新人类
哔哩哔哩：B站还是那个味

如创始人陈睿所说，视频的重要价值就是传递知识。据悉，2019年全年，B站泛知识内容的用户数突破5000万，学习类UP主数量同比增长151%，学习视频播放量同比增长274%。2020年越来越多的科普、财经、历史、人文领域的专业人士进入B站成为UP主，最典型如"罗翔说刑法"。2020年3月，中国政法大学教授罗翔正式入驻B站，3个月后粉丝数突破600万，创造了B站有史以来涨粉最快的纪录。这位靠着一张讲桌，一只保温杯就可以录制一期视频的政法大学教授，从没想过自己会成为B站流量最高的UP主之一。2020年疫情防控期间，在B站平台收看教育类视频用户规模已经超过了国内在校大学生数量。

创业之初一度被舆论称为"披着游戏外衣"的B站，2020年财报也给出了新的答案。从2020年营收构成来看，非游戏业务收入同比增幅均超过100%；目前增值服务收入占比33%，游戏业务收入29%，广告业务收入、电商及其他业务收入分别占比19%。

另一个事实是，B站仍未实现赢利，2020年净亏损达31亿元，较2019年的亏损13亿元增加138.5%。持续创造原创内容，是巨额亏损的主因。特别是2020年Q3，B站重心向自制内容转移，综艺制作及影视剧版权购买导致了成本上升。"作为年轻人聚集的文化社区，B站是国内少数一直恪守'品质导向'和'创作导向'原则的平台。"B站是全球番剧动画版权最多的平台之一，上市以来，B站在海外动画版权方面持续投入，新增海外动画版权超过1680部作品。

B站也是国内最大的纪录片出品方之一、全国纪录片爱好者的最大聚集地。2016年《我在故宫修文物》一炮而红，B站开始布局纪录片。2018年上线的《人生一串》，首月即超千万播放量，豆瓣评分达9.0。B站的活跃纪录片观众超6500万，上线近800部纪录片，与Discovery、BBC、国家地理、NHK等海外机构展开了深度合作。

B站坚定地支持国创。2016年，陈睿表达了对中国动画的信心，引发了全网的哄笑。2017年3月，B站发起国创扶持计划。2018年年底，B站一口气推出

本质 II
增长的本质

20多部国产动画作品。2019年与三体宇宙一起联合出品《三体》科幻动画。上市以来，B站投资了数十家国内专业内容团队，国产原创动画的投入超过10亿元，出品超过104部作品，成为华语地区最大动画出品方、最大的动画播放平台之一。但是，大部分国产动画都收不回成本，B站2019年亏损13亿元人民币，据2020年Q3财报，2020年累计亏损已超过20亿元。

2021年，B站跨年晚会携手央视频，预约人数超过370万，观看人数一度达2.3亿，接近2019年的两倍。但是晚会结束当天，B站股票大跌10%，一些质疑评论开始起来，两天后B站股票迅速反弹。

B站瞄准"Z世代"用户，凭借独特的弹幕文化、圈层文化、强互动属性的社区文化，拥有很高的用户留存率与停留时长。较高的用户壁垒与迁移成本，形成了B站商业价值的"护城河"。正如"60后""70后"应该对"90后"保持积极态度一样，人们对B站等新物种，应该基于更长远的周期，给予更多的耐心与期待。

2021年年初，因播出《无职转生》动漫，B站被一些UP主和网友指责存在侮辱女性的倾向，比如LexBurner在直播时对该动画展开了一系列恶评，B站随即将该账号封禁。2月7日，B站以技术原因为由下架了《无职转生》。一路走来，B站因内容出位曾多次引发媒体的批评，虽已建立了相应的净化机制，并取得一定成效，但是，近年来互联网平台监管日益趋严，在确保合规健康发展的前提下，B站一方面寻求更大力度的破圈发展，一方面更好平衡好新老用户及更大范围利益相关者的关切，仍将是B站成长之路上的持续挑战。

▶ 主要理念

1. UP 主

"B 站真正的使命不是产出优质的内容,而是我们构建一个产生优质内容的机制,而这个机制的核心,就是我们的 UP 主,我们一直把服务 UP 主作为公司最重要的工作,一直把产出优质的内容作为公司最重要的目标。"所谓 UP 主,即 B 站的内容创作者,UP 源自 upload(上传)一词。B 站发明了这个新名词,相比其他视频网站通常把用户称为某某号,更强调了用户主权的感觉,契合年轻人"我的地盘我做主"的心理需求。实际上很多 UP 主通过 B 站实现了内容变现,似乎有点"企业主"的味道了。

B 站的运营模式,简单来说就是 PUGV(专业用户生成视频)模式。PUGV 是专业生产视频内容的英文缩写,是 UGV(用户生成视频)和 PGV(专业生成视频)结合的内容生产模式,早期由喜马拉雅 FM 提出。UGV 用户自由上传、内容多,但参差不齐;PGV 内容的质量有保证,打通了从领袖网红到广泛用户的上下游,PUGV 采取多数内容免费 + 精品内容付费的模式,兼顾成本与收入的平衡。PUGV 模式已经成为 B 站拓展业务边界、持续长大的内在动力。

B 站目前有 1686 名员工全职为 UP 主服务,而且他们不仅服务知名的 UP 主,更多的工作是扶持中小 UP 主,包括很多不知名的新 UP 主。

2018 年年初,B 站推出"创作者激励计划",粉丝数过千或累计播放量达到 10 万的 UP 主,可获得 B 站提供的补贴。截至 2019 年年底,有 22 万 UP 主获益。2020 年三季度,UP 主创作的视频内容占 B 站播放量的 91%,月均活跃 UP 主突破 180 万,同比增长 146%;月均投稿 560 万,同比增长 79%。

B 站相信,只有让优质的内容得到更多的流量,优质的 UP 主才会越变越多,而优质的 UP 主越变越多,能够产生更多的好内容,平台的流量一定越来越大,这是一个长期的信念。B 站将 70% 的流量分配给中小 UP 主，甚至不知名的 UP 主。过去一年，B 站万粉以上的 UP 主的增长速度是 82%，超过用户增长的数字（70%）。

在陈睿看来，"UP 主和用户像业主，B 站像物业，我们最在乎的，就是让业主们满意，希望创作者在这里尽情施展才华，创作出顶尖作品"。

2. 社区文化

用户参与感是社区生生不息的动力。

5 年前刚刚进入公众视野，B 站聚集了一群痴迷于二次元文化（由动画、漫画、游戏等形式描绘的虚拟世界）的小众群体，是一家用户不停在视频上发文字的古怪网站；现在，大家看不懂的弹幕，已是各大视频网站乃至部分主流电视台的标配。

弹幕文化并非 B 站首创，但 B 站发挥到了极致，成为社区文化的第一标签。弹幕中的高频词，甚至对主流舆论产生了文化溢出效应，比如"前方高能""过于真实""呼唤高能君""你的好友计数君已上线"，以及 2020 年的三大高频词"爷青回""武汉加油""有内味了"等。借助独特的弹幕文化，B 站从一个单向的视频播放平台，变成双向的情感连接平台。

B 站运作的核心观念是社区优先。"社区是我们这家公司的基因，直到现在，我们仍然坚持社区准入的一百题的考试。我相信我们有可能是上亿用户的平台里面唯一还在坚持社区准入制的平台。"为确保高纯度的社区氛围，B 站准入注册机制较为严格，如最初的邀请制，或者答题考试。用户注册时，需要接受一个 100 道题的测试，涉及二次元常识、站内文明行为，满足一定的答题正确率才能注册成功（笔者曾经答过，得了 72 分，一次性通过），竟在一些电商平台催生出类似"付费代答，会员秒过"的服务，截至 2020 年 Q3，通过社区考试的正式会员数量达到 9700 万，比每年通过英语四级、六级考试的人还多。

"在我看来，B 站社区最重要的两条价值观，第一是公正，第二是包容。"所谓公正就是数据真实，B 站持续关注反黑产的投入，也保持自律，陈睿表示，"因为这个自律我们可能会少赚挺多钱"。

至于包容，陈睿相信观念的自由市场原理，他认为 B 站运营方没有当然的权威去评判与挑选内容的优劣，"我们应该把这个权利交给我们的社区成员"。但是，正如物质领域中市场有时也会失灵，观念领域更是难免。在某种意义上，B 站的成长史，也是一部被主流媒体的"点名史"。2018 年 7 月 20 日，因"存在低俗内容"，包括 B 站在内的一众动漫网站和 APP 被央视新闻郑重点名。2019 年 4 月 15 日，B 站又被央视点名"低俗内容泛滥"；但是过了两天，央视网撰文表扬 B 站构建的学习生态，在《知道吗？这届年轻人爱上 B 站搞学习》中，详细罗列了将近 2000 万 Z 世代通过 B 站学习了 146 万小时的数据，并对 B 站涵盖的人工智能、法律、数学、纪录片等内容予以认可。

于是，B 站有了社区的净化机制，目前有 758 名员工全职从事此项事务，每天 B 站有超过 35 万条弹幕和评论被举报。B 站员工会依次审核、判断，其中约 40% 被判定为违规并且被删除。2019 年，弹幕举报量同比下降 60%，用户对 B 站社区氛围的满意度在持续提升。

社区平台如何赢利，向来是个待解的难题。"我们想做一家一直存在的公司。虽然没有很响亮的口号，但我希望我退休的时候它仍在，所以我们不能提前消耗它本身的资源、价值，必须一步一个脚印。"

B 站的很多产品细节，主要基于用户价值感来设计，而不是商业变现。比如，B 站是少有不在视频前加贴片广告的平台；B 站的视频会提供两倍速和三倍速的播放速度，这在其他视频网站可能无法想象，因为播放时长的减少，会影响广告投放；再比如，B 站会在视频中增加翻转功能，为了方便舞蹈区用户能够同步学习视频动作。

本质 II
增长的本质

在 B 站看来，用户与平台的关系类似业主与物业。B 站聚焦提升内容和体验，让"业主们"自愿付费，而不是强迫消费。实际上，用户很支持 B 站赚钱，这一点超出预期。

金句 10 条

1. 俄罗斯方块告诉我们，犯下的错误会累积，获得的成功会消失。

2. 大家看视频的同时，为什么喜欢加上弹幕？因为弹幕是在看这个视频过程中的共鸣，弹幕也代表着观看过程中的交流。在 B 站每个月有超过 14 亿次弹幕和评论的互动，正是这些弹幕的互动带来了心灵和情感的碰撞，它把 B 站从一个单向的视频播放的平台，变成双向的情感连接的平台。

3. 对于 B 站来说，创作者和用户就像社区里面的业主，B 站像是物业，我们所做的事情希望能够让业主们满意。希望让用户们开心快乐，希望创作者能够在这里实战自己的才华，创作出最好的作品。

4. 我们的理想不变。我相信有一天，我们将看到中国原创的动画、游戏，受到世界范围的欢迎；我相信有一天，我们将看到世界各国的网民，为咱们中国人的文化创意赞叹不已。

5. 感谢 UP 主们的坚持，因为在 B 站创立开始的很长一段时间，UP 主创作视频是没有任何的经济收入的，真的叫用爱发电，他们真的用爱坚持到了现在。

6. 我认为未来视频化的趋势不仅仅是娱乐，也不仅仅是内容，我认为它甚至是通信、是场景、是服务。

7. 很多人都不会相信，我做 B 站不是为了让这个世界上多一家成功的公司，是为了能让更多像我一样现实里的少数派，在网上找到一个一起开心的地方。

8. 所有的正确都是时间的函数，所有的正确都是规模的函数，所有的正确都是竞争的函数，但昨天你的成功的原因，也许都将成为你失败的原因，这是一个无解的问题，而作为领导者又必须保持足够自信，带领团队前进，这就很容易失去发现问题的敏感性。

9. B 站可能是这辈子能遇到的最适合我的事，我甚至觉得我就是为做它而生的。

10. 有的时候我们对年轻人确实会有一种偏见，觉得年轻人所喜欢的东西，是不是有一些不是那么妥当，应该按照我们当时所喜欢的东西来重新塑造他们的生活。但是我后来发现还是刚才所说的，每个时代有不同的东西，但是每个时代都有相同的东西，相同的东西就是人类对普遍正义、普遍善恶这些基本词语的认同。

▶▶▶B 站还是那个味

作者　陈睿　B 站董事长兼 CEO

▶ 导读

B 站社区文化的守护者是 3 个人：董事长兼 CEO 陈睿、创始人兼总裁徐逸和副董事长兼 COO 李旎。"他们俩（陈睿和徐逸）的价值观很相像，都很理想主义，做事不是个人成就驱动，也不是金钱驱动。这些说出来可能很容易，但其实是很难的。"李旎认为，"B 站能否成为一家成功的公司并不是最重要的，但是我希望它能成为所有创作者和用户的精神家园，让他们的个性能够在这里发挥，兴趣爱好能够得到大家的赏识。"

本质 11
增长的本质

陈睿是互联网的老兵,担任过雷军金山时期的技术助理,猎豹移动联合创始人,经历了金山软件和猎豹移动两次 IPO,早已实现财务自由。

陈睿也是资深动漫迷。2013 年 B 站用户不足两万,他就做了天使投资;猎豹移动上市后,他追随内心的激情,放弃了亿元期权加入 B 站,"很多人都不会相信,我做 B 站不是为了让这个世界上多一家成功的公司,是为了能让更多像我一样现实里的少数派,在网上找到一个一起开心的地方"。

截至 2020 年 2 月,B 站管理层在董事会掌握近九成的话语权,陈睿持股 15.1%,但持有 45% 的表决权;2018 年投资 B 站 3.2 亿美元的腾讯持股 13.3%,表决权为 4%;淘宝中国表决权仅有 2.2%。创业团队对公司控制权的稳健把握,确保了以用户价值为依归的长期战略。

B 站是广义的金山系,陈睿和李旎都出自金山软件或金山孵化的猎豹移动。B 站上市公开信中的自我追问,和雷军有些神似:"我们一直在问自己:为了什么而努力?为了什么而坚持?"

2009 年 B 站成立,2020 年 B 站成功破圈,从小众到公众,从亚文化到新主流,一跃成为代表未来的年轻人生态圈。11 周年庆典之际,陈睿的演讲,对 B 站的成长史做了梳理,回应了包括用户在内的一些疑惑,宣告 B 站还是大家喜爱的那个"小破站"(这三个字原本是某些主流人士对 B 站的蔑称,现在却成了年轻人的接头暗号),还是那个味儿。

以下是演讲全文,笔者做了部分删节。

从去年的 10 周年庆开始,我计划每年的 6 月 26 日都以这样的形式,与大家做一个交流,汇报 B 站在过去一年的工作。

过去一年是 B 站蓬勃发展的一年,尤其是在跨年晚会之后,B 站的影响力在进一步扩大。

05 新人类
哔哩哔哩：B站还是那个味

比如说我的朋友圈，过去我很少看到与 B 站相关的内容。但现在，我发现有很多与 B 站没有关联的朋友在转发 B 站视频，甚至在讨论 B 站 UP 主。再比如说，两个月前，我的一位高中同学忽然说他也在用 B 站。我很惊讶，问在 B 站上看什么，他说在看开源软件的教程，因为他是在做软件开发的工作。所以，我们明显地感觉到，在过去的一年，有越来越多的人开始喜欢 B 站。

但与此同时，随着越来越多的人进入 B 站，也有一些用户担心 B 站变了——担心内容变了，担心氛围变了，担心 B 站没有那味儿了。

其实我参与 B 站很长时间了。我个人参与 B 站今年是第 10 年，全面管理 B 站是第 7 年。在我的回忆里，从 2012 年起，每年都会有一些用户说 B 站变了。

其实这个变，看怎么理解。B 站成立的时候还没有微信、微博，现在你们喜爱的互联网产品，大部分都没有。11 年过去了，曾经我们的第一批用户，比如说他们 20 岁开始用 B 站，现在也超过 30 岁了。你说没有一点变化，我觉得不可能。

但是，变是一种主观感受。那么到底是什么产生变化了，其实我们团队也很关心。我们也花很多的精力去看，我们是不是内容变得不好了？是不是有些工作变得没有过去做得那么好了？所以在我们内部，会有很多的数据，来指导我们下一个阶段的工作。

今天，我也以数据来向大家说明，B 站到底哪些变化了，哪些没有变。

首先，我们 B 站的用户确实变多了。根据 2020 年第一季度财报，月度活跃用户是 1.72 亿——是 3 年前的 3 倍，5 年前的 10 倍。根据中国 2010 年人口普查报告，中国"90 后""00 后"年轻人的总数大约是 3.2 亿人。在 B 站，青年用户比例大概为 80%。也就是说，目前，40% 年轻人，至少每个月会上一次 B 站。

这个数字，确实已经不是一个小数了。如果我们把这个数字和全世界的国家人口做一个对比，那么 1.72 亿在全世界可以排第 8 名，多于俄罗斯和日本人口。即使从全世界范围来看，B 站已经不是一个小的网站了。

第二个变化是，我们 UP 主数量变多了。2020 年第一季度，我们平均每个月

本质 II
增长的本质

活跃的 UP 主达到了 180 万人。他们每天会创作几十万个视频,投稿 B 站。这些视频涵盖几千个大的品类。此时此地,我可以很有信心地说,中国最会创作视频的人基本都在 B 站,都在 B 站做 UP 主。

过去一年,有很多新的品类的 UP 主活跃在 B 站。比如说著名的罗翔老师,他是中国政法大学的教授,今年三月份入驻 B 站后,创下了 B 站 3 个月内粉丝增长速度最快的纪录,可能这就是知识的力量吧。

再比如说人见人爱的半佛老师,每天对着镜子磕头的硬核男人,他是一个财经类 UP 主,同时也是一个专业的金融风控行业的从业者。

再比如说周六野 Zoey,从数据上来看,她是过去半年 B 站上最受欢迎的女性 UP 主,一位专业的健身教练。我只能猜测可能是因为上半年疫情原因,大家待在家不出门,对于自己的身材产生了很深的焦虑。

再比如说 Z 哥,他是一位球鞋 UP 主。他是 B 站有史以来第一位达到 5000 人舰长规模的 UP 主,口号是 love and share——分享热爱。我相信我们 B 站的用户已经可以感觉到,他对于球鞋、国货的热爱。

这些 UP 主都是我们过去一年在 B 站上面活跃 UP 主的代表。

除了数量的增多,我们发现 UP 主的影响力也越变越大。比如说疫情防控期间,我们的 UP 主起到了宣传先锋队的作用。这次突如其来的疫情改变了几乎我们每一个人的生活。我们的 UP 主,通过他们的创作、第一手真实的资料,把实际的情况,通过视频的方式带给大家。

我们发现我们 UP 主创作的这些视频,包括像林晨同学创作的武汉封城 24 小时的第一个实拍的视频,像郭杰瑞在美国的疫情防控期间,带来的美国疫情相关的一些视频,包括用计算机模拟的疫情传播的一个模型,告诫大家在疫情防控期间少聚集、少出门。这些正向的宣传内容不仅得到了我们 B 站用户的认可,同时也获得了央媒超过 100 次的联合转发,全网观看超过 50 亿次,这也是我们 B 站的 UP 主影响力不断扩大的一个证明。

05 新人类
哔哩哔哩：B 站还是那个味

第三个数据的变化，是我们的内容品类变多了，B 站的内容品类其实在过去的 11 年当中，一直是越变越多，从早期的聚焦在动画、漫画相关的品类，到后面的游戏，到后面的音乐、舞蹈、科技，包括到后面的生活类的内容，品类不断增多。过去一年我们会发现与科技、知识、财经、职场相关的很多新的内容，在 B 站逐步地兴起。

接下来我也用数据来说明 B 站没有变化的一些点。

首先我们的用户属性在过去几年，几乎没有变化。过去 3 年，B 站新增用户的平均年龄均为 21 岁。虽然我们过去三五年用户增长了，但他们平均年龄都是 21 岁，说明 B 站主流的用户仍然是年轻人。

我们的一些用户，在用户增长的时候会有一些担心，是不是 B 站用户变得更低龄化了，因为低龄化可能意味着用户比过去不成熟了，也担心我们的用户变得高龄化了。

但是这些担心从数据上看，并没有发生。通过考试的正式会员，在过去的 8 个季度中，在第 12 个月就是一年之后的留存率均高于 80%。而且这个数字在过去一年，持续上升。这就意味着，新加入的成员，很快适应了社区，进而喜爱我们的社区，进而变成社区的忠实用户。

也有用户说会不会 11 年过去了以后，我们的老用户慢慢地在离开呢？这方面我们也有数据统计。我们发现即使是 11 年前的用户，在现在他们大部分仍然活跃。这里我列出的就是我们创站以后的前 3 年，2009 年、2010 年、2011 年注册的用户，到现在的一个留存率——超过 60% 的 10 年前的用户，现在仍然活跃在我们的社区里面。

第二个没有变化的是什么呢？虽然我们的 UP 主变多了，但是他们的创作品质仍然很高。他们仍然在 B 站上面创作着全网质量最高的视频内容。

这里我列出了 3 个数据的对比，第一个数据，用户的同比增长是 70%。第二个，活跃 UP 主同比增长 146%。第三个是我们去年到今年，用户给 UP 主创

本质 II
增长的本质

作内容点赞的数字同比增长 364%。这 3 个数据说明了什么？说明创作者的增长比我们用户的增长要多，越来越多的 UP 主来我们这创作内容。但是在我们 UP 主变多的同时，他们的内容品质没有降低。相反，他们创作的内容质量越来越高，越来越受到用户的欢迎，用户给他们内容点赞的数字，跟过去一年相比是乘以了 3 倍。数据说明，用户对我们 UP 主的创作是越来越满意的。

第三个不变是什么呢？刚才我提到了我们的内容品类在越变越多，但是在内容品类越变越多的情况下，我们核心内容的优势并没有随着品类的变多而稀释，反而在不断地增强。

过去一年，用户增长 70%，但是我们的核心内容品类，比如番剧动画的观看人数同比增长 87%；UP 主创作的二次元类 ACG 的内容，播放数同比增长 108%。这意味着我们在内容不断拓宽的情况下，我们在原有品类的优势仍然在不断地增强。我们在扩宽阵地的同时，在原有的阵地上也越打越好。

上市以来，我们在海外动画版权方面不断地投入，海外动画版权的新增超过 1680 部作品。很多用户喜欢在 B 站上面看番剧、看动画的氛围。随着大版权时代的来临，为了满足用户的愿望，我们也不断增加我们的版权投入，去购买优质的番剧动画的版权。

目前我可以很有信心地说，B 站是全世界番剧动画版权最多的平台之一，哪怕在日本也很难找到番剧内容这么全的平台。所以刚才我用数据来列出了 B 站在过去几年哪些变化了，而哪些没有变。我们的用户变多了，变到了 1.72 亿；但是我们的用户的属性没有变，他们大部分都是年轻人，而且这些新的用户很快地融入了社区，成为我们社区的成员，成为和各位一样热爱这个社区的成员，并且长期留存了下来。

我们的 UP 主变多了，月均活跃的 UP 主 180 万，但是随着 UP 主的变多，他们的创作质量没有下降，反而在不断地提高。我们 B 站一如既往地维持了高质量的视频内容，用户对于 UP 主创作的作品的满意度也越来越高，这个通过点赞

05 新人类
哔哩哔哩：B 站还是那个味

的数据就可以看得出来。

第三个变化就是我们的内容品类变多了，变得更加丰富了。但是在内容品类越变越多的同时，我们对于核心内容，比如说 ACG 内容的资金投入在不断增加，而且 ACG 内容本身也变得越来越繁荣，无论是用户数还是播放数，都在不断地增长，超过了大盘的增长的比例。所以我们基本上可以得出结论，B 站是有变化，但是变的东西都是越变越好，而不变的是 B 站本身的属性和内容的竞争力。

可能还是有用户会对我说，你说的我都懂，但是我就是想 B 站还跟几年前一样，我就是喜欢当年的感觉，能否完全不要有变化？

我在网络上看大家反馈的时候，看到了一则 UP 主的留言。我们的 UP 主需要更多的观众，如果没有更多的用户，UP 主有可能会因此放弃。我们的用户希望看更多的内容。如果我们没有更多的收入，我们就没有钱买版权，那么自然平台上的内容就会越来越少。

如果 B 站不是向前发展，那么它就一定会越来越衰落，直至灭亡，永远不可能停留在那个大家认为的不大不小刚刚好的阶段。

这就引出了一个新的问题。B 站应该变到什么方向去？它应该发展成为一个什么？什么是 B 站？这个问题仍然是一个主观的问题，它也许也是个复杂的问题。B 站到现在 11 周年，最早用 B 站的那批用户，如果当时 20 岁的话，现在也已经 30 多岁，在过去 10 年里面内容不断在发展，流行的东西也不断在变化，大家的喜好也在与时俱进。

我们每个人的眼中都有一个每个人喜欢的 B 站。B 站到底是什么？我们现在有这么多的 UP 主，我们现在有这么多的内容品类，我们聚在这里的共性是什么？我们在这里看到的内容的共性是什么？我们未来的目标是什么？其实这个问题我在两三年前已经得出了我的答案，我在 B 站上面发表了两个专栏，提出了我认为的 B 站的 3 个使命。

B 站的第一个使命，我认为是：要构建一个属于用户的社区，一个用户感受美好的社区。B 站的第二个使命：要为创作者搭建一个舞台，让优秀的创作者能够在这个舞台上施展自己的才华。B 站的第三个使命：是让中国原创的动画、游戏受到全世界范围的欢迎。

因为 B 站最初是一个由动画爱好者组成的社区，虽然已经过了 11 年，虽然这个社区不断地庞大。越来越多的志同道合的人，喜欢各种各样品类内容的人，聚在了一起。但是从我们的初心来看，我们希望我们能够振兴中国原创的动画和游戏。我们希望能够把我们中国人创作的内容带到全世界去。

接下来的话，我也想和大家分享一下，基于这 3 个使命我们在做出怎样的努力。

第一，社区。我们公司企业文化的第一句话就是社区优先，我们是一个来自爱好者社团的公司。社区是我们这家公司的基因，直到现在我们仍然坚持社区准入的 100 题的考试。我相信我们有可能是上亿用户的平台里面唯一一个还在坚持社区准入制的平台。

截至 2020 年第一季度，我们一共有 8200 万名用户，通过考试成为正式会员。在我们公司有着 758 名员工全职地服务社区、社区成员。每天在 B 站有超过 35 万条弹幕和评论被举报。我们的员工会依次地去审核、判断，其中有 40% 被判定为违规，并且被删除。

我们非常重视社区氛围。每一个社区成员都对社区氛围有着很高的要求，因为我自己也是社区成员之一。在我们这些员工的努力下，弹幕的举报量同比下降了 60%。我们可以从数据上看，在过去的一年，我们的用户对于 B 站社区氛围的满意度是在提升的。

我刚才说到有 8200 万名用户，这是一个很大的数字，相当于德国人口的数量，一个这么大的社区，没有警察、法院、监狱。确实我们有几百名员工在不断地去维护这个社区的治安，但是如果要这个社区达到真正的良性发展，除了社区的规则与秩序维护之外，更重要的我认为是这个社区得有自己的精神和自身的价

05 新人类
哔哩哔哩：B站还是那个味

值观。

在我看来，哔哩哔哩社区最重要的两条价值观，第一是公正，第二是包容。

我先谈公正，为了贯彻公正这个价值观，我们过去11年始终坚持一点——数据真实，我相信如果我们的用户里面有互联网行业的从业者，你们应该知道在中国要坚持数据真实有多难。它不仅意味着我们要在反黑产方面付出持续的投入，而且它也意味着我们要充分地自律，因为这个自律我们可能会少赚挺多钱。

但是这一点我一直坚持，为什么？如果数据不真实，用户如何去相信这个社区？如果数据不真实，UP主的创作，他们的优劣又如何得以体现？如果数据不真实就必然会发生劣币驱逐良币。

第二点是包容，我们B站的老用户应该记得B站最开始的一两年，它只有几个内容品类，与动画相关的。随着B站的不断发展，越来越多的创作者加入到我们的社区，他们创作了越来越多的内容品类，我印象里面从2012年开始，游戏的品类在B站开始繁荣。

2013年我们开创了科技这个品类，2015年我们开创了生活和时尚的品类，到现在我们B站已经是一个拥有几千个大类、数百万个内容标签的一个百花齐放的社区。

其实最开始游戏内容开始繁荣的时候，那个时候也有一些用户担心，我们是不是应该是一个只做动画的网站，包括后面的科技类的内容，包括后面的生活类的内容，也有用户有一些担心，但是我们更多的UP主和更多的用户，他是一种包容的态度。欢迎优质的内容入驻，优质的内容成为了种子，吸引越来越多的同品类的UP主来到这里。不仅是对品类包容，我们的用户对于UP主也包容，UP主只要是认真地在创作内容，只要是有自己的才艺，我们的用户给他的都是发自内心的鼓励。

可以说没有包容，就没有现在B站百花齐放、生生不息的内容生态。

为什么我们要倡导包容？是因为我们有一个自信，我们自信好的社区能够分

本质 II
增长的本质

辨善恶美丑，我认为内容本身它是很难有高低贵贱之分的，我们也很难有一个权威去评判这个内容到底是不是好的内容、高级的内容。我们应该把这个权利交给我们的社区成员，我们相信我们的社区成员有足够的分辨能力，能够让认真创作的 UP 主浮现出来，能够让优质的内容繁荣起来。

我还要讲我们在 UP 主的创作方面，会付出的努力。一直以来，B 站一直遵守尊重创作者、创作优先、内容品质优先的原则。有很多的朋友都曾经问过我一个问题：为什么 UP 主都想来 B 站？因为他们看到 B 站上面有各式各样的充满才华的 UP 主，而且越来越多，他们会问是不是你们给他们钱了？你们怎么做到的？也有人会问为什么 B 站能够源源不断地产出这么多优质的内容，每天都有很多的充满创意的优质的内容产生，你们到底做了什么？你们怎么做到的？

我想说的是，其实这一切都来自我们致力于培养一个健康的内容生态。在我看来，B 站真正的使命不是产出优质的内容，而是我们构建一个产生优质内容的机制，而这个机制的核心，就是我们的 UP 主，我们一直把服务 UP 主作为公司最重要的工作，一直把产出优质的内容作为公司最重要的目标。

在 B 站有 1686 名员工全职为 UP 主服务，而且他们服务的并不仅仅是大家看到的知名的 UP 主，更多的工作内容是给中小 UP 主，甚至是很多不知名的新 UP 主。因为我一直认为我们能够给 UP 主做得最好的服务，是让 UP 主拥有更多的观众，是让优质的内容获得更多的流量，是让优质的 UP 主得到更多的粉丝。

这句话跟之前那句数据真实一样，说起来容易，做起来难，为什么？从平台的角度来讲，平台利益最大化的方式是让平台获得更多的流量。但是我们在短期的利益和对 UP 主的支持之间，我们选择了对 UP 主的支持，我们坚持的是让优质的内容获得更多的流量。从 UP 主的运营方法，到我们内容推荐的智能推荐手段，我们都是为优质的内容服务，我们都是看用户给这个内容的点赞、投币、正反馈，来判定这个内容是否优质，而不是这个内容是否能够得到更多的点击。我们之所以这么做，是因为我们相信只有让优质的内容得到更多的流量，优质的

05 新人类
哔哩哔哩：B 站还是那个味

UP 主才会越变越多，而优质的 UP 主越变越多，它能够产生更多的好内容，自然平台的流量一定越来越大，这是一个长期的信念，也是在我们这样的坚持下，我们 70% 的流量其实都是分配给中小 UP 主，甚至是不知名的 UP 主。

在整个 B 站的内容生态里，成长最快的其实也是我们的新兴 UP 主。所以我们可以看到在过去的一年，B 站万粉以上，UP 主的增长速度是 82%，接近一倍。这个数字是超过了我们用户增长的数字 70%，这意味着越来越多的新兴 UP 主在 B 站成长起来，而这些新的万粉 UP 主就是以后的百万粉 UP 主，就是以后的千万粉 UP 主。我们相信，我们构建的这个产生优质内容的机制，能够让 B 站上面的好内容越来越多。

B 站的第三个使命，是振兴国产的动漫和游戏，这是我们的内容理想，我们也持续在为此而努力。

上市以来，我们对于国产原创动画的投入超过 10 亿元，主导出品和参与出品了超过 104 部作品，包括大家熟悉的《三体》。目前 B 站已经是国产原创动画最大的出品方之一。而且不仅是国产动画，我们也在参与日本的动画番剧的制作委员会，成为日本动画的产业的头部。在过去的几年，我们一共参与了超过 42 个日本动画的制作委员会，包括一些大家很熟悉的作品，像《炎炎消防队》《多罗罗》《小埋》等，这个数量占日本动画总出品量 10% 以上。

B 站最初是一个动画爱好者的社团，我们的愿望就是在 B 站能够开心地看动画。现在我们不仅实现了这个愿望，因为我们已经是全球最大的动画播放平台之一，我们还深入到了日本动画产业的上游，把动画做给全世界的爱好者去看。

在游戏方面，除了大家所熟悉的就是我们会发行流行的网络游戏之外，我们其实也在持续地扶持和推出国产的单机游戏和主机游戏。大家应该了解，单机和主机游戏领域大部分其实是亏损的，但是我们仍然会做，为什么？因为它们是优秀的作品，我认为优秀的国产游戏作品，我们就有义务去支持。

国产动画大部分也是收不回成本的，这也是 B 站去年亏损了 13 亿元人民币

本质 II
增长的本质

的原因之一。但是我们对国产的动画和游戏的支持会一直持续下去。

刚才，我提到了 B 站的 3 个使命，为用户构建美好的社区，为创作者搭建一个舞台，以及我们要出品最好的动画和游戏，这是我们的内容理想。过去 11 年，B 站确实产生了很多变化，但是我认为只要我们团队还在为这 3 个使命而努力，B 站的本质就没有变。

11 年来，我们从一个爱好者的社团发展成为现在一家超过 5000 人的公司，但是我们一直提醒自己，我们始终是一家来自用户的公司，没有用户和创作者的支持，我们无法走到今天。所以请大家放心，我们会始终怀着敬畏之心，倾听用户的声音，我自己就是一位 B 站的用户，我参与 B 站今年是第 10 年，我和我们所有的用户一样，对 B 站充满着感情。所以大家请相信我们的团队，我们会在坚持 B 站使命的前提下，推动 B 站的发展。我们会努力做出对 B 站长期发展最有利的决定。

我希望等到我们 B 站 15 周年、20 周年的时候，等到我们最早的一批用户都到了 40 岁的时候，当他们的孩子问他们什么是 B 站，他能够这样回答：B 站是一个美好的社区，上面有很多有才华的 UP 主，有着各种各样优秀的视频内容。孩子，你感兴趣的视频都在 B 站。

我希望看到那样的一天。今天是哔哩哔哩 11 周岁的生日，最后我想表达的还是感谢。感谢过去 11 年来支持和帮助我们的伙伴，感谢我们的用户，是你们的热情、支持，激励着我们走到今天，感谢我们的 UP 主，感谢你们的才华，你们创造出多姿多彩的内容。感谢所有在 B 站成长过程中喜欢、支持我们的人，谢谢大家。

祝 B 站 11 周岁生日快乐！

哔哩哔哩干杯！

06 新制造

CHAPTER SIX

所有行业都值得重新做一遍

〉〉〉小米：热血沸腾的10年〉〉〉

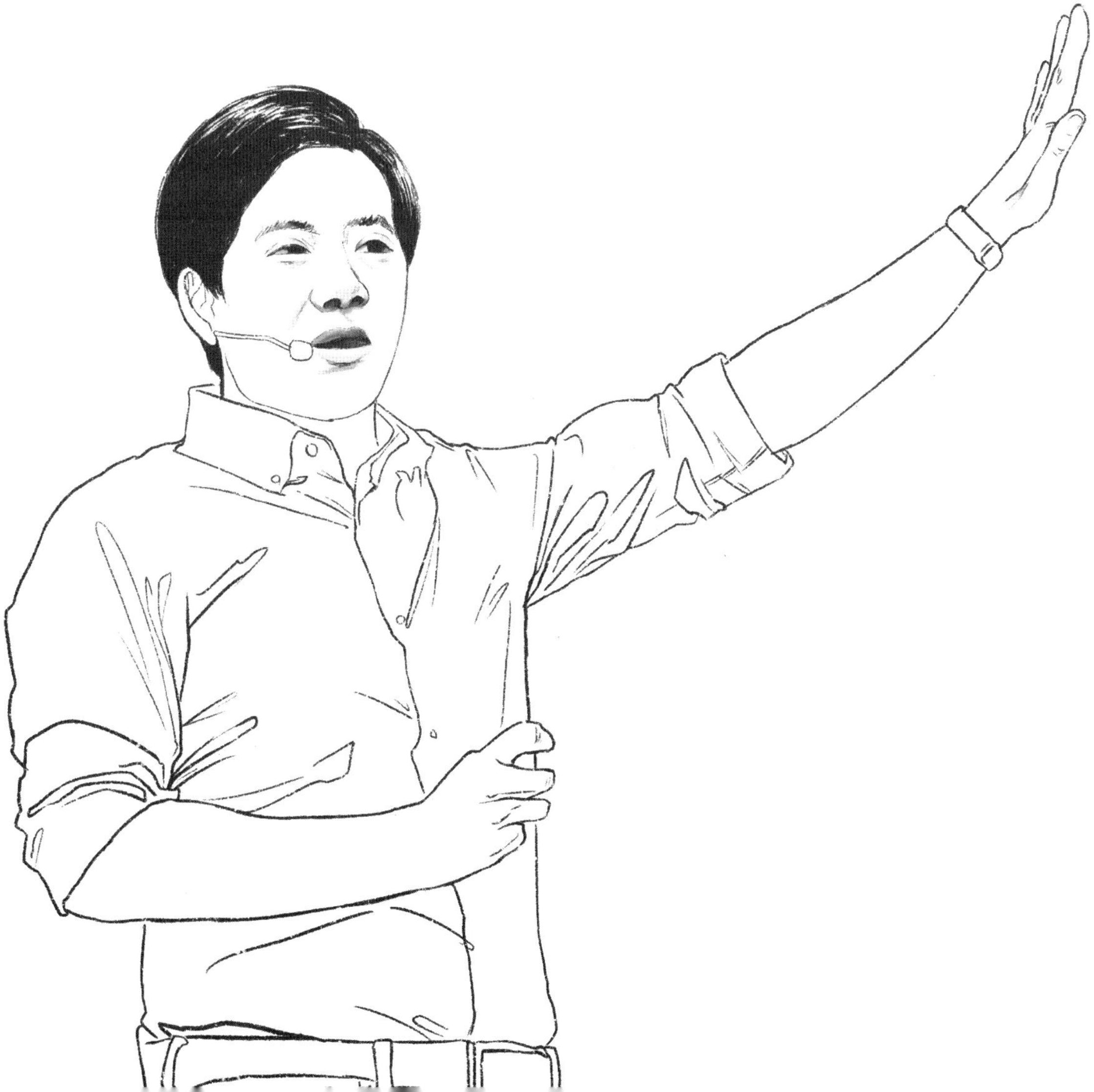

本质 II
增长的本质

▸ 企业简况

"我越来越发现,大家对小米的误解还是挺多的。"小米创业 10 年了,让雷军苦恼的,却是在公众印象中,小米面目依然不够清晰,甚至有些扭曲。

外部争议主要来自两个方面:一是小米有没有核心技术,是不是只能生产中低端产品?二是上市时雷军承诺硬件利润率不超过 5%,小米公司如何获利,有没有更大的增长空间?更深层次的是,雷军的一些理念如"风口上的猪""互联网思维"等,到底是概念炒作,还是触及了互联网经济本质?经历了 2016 年业绩下滑,小米的速成模式面临更多的质疑。(《本质》选择了雷军扭转颓势的总结文章。)

2019 年小米集团营收突破 2000 亿元,经调整后净利润 115 亿元,小米首次进入财富世界 500 强,成为榜单中最年轻的 500 强公司。2020 年更是小米的大年,手机份额重回世界第三,营收高达 2459 亿元,调整后净利润高达 130 亿元,其中智能手机收入 1522 亿元。小米的市值突破千亿美元,雷军在上市时股价翻番的承诺基本兑现。尽管坊间质疑,因华为受到美国打压,小米捡了个漏儿,但是,小米 10 的巨大成功,"是小米第一次真正冲击高端市场",如此剧情反转足以说明小米模式的韧性与雷军的定力。

尽管说了真话的小米高管被劝退,小米给人的印象一度只是"屌丝逆袭"的神话。小米于 2010 年成立,2014 年估值突破 450 亿美元,成为超级独角兽;仅用 3 年时间成为智能手机市场冠军,创业 9 年就冲入财富 500 强。客观来说,小

06 新制造
小米：热血沸腾的10年

米模式的成功，类似于拼多多在电商领域的成功，二者都是在自己的领域，凭借对供应链的高效掌控，赢得了低层次消费者的青睐。尽管二者曾经饱受争议，但用户量和市场份额却在节节攀升。

在雷军看来，小米是一个新物种，很多人其实没看懂，"如果为了方便大家理解，我们可能更愿意用'互联网+制造业'来形容小米，我们的初衷也是要用互联网来帮助制造业转型升级"。在笔者看来，小米与大疆、华为属于一个类别，都是"新制造"，虽然在原创技术上稍逊于这两家，但在营造产业生态系统，赋能新兴制造企业等方面，小米模式具有独一无二的意义。

10周年之际，雷军认为小米的商业模式已经被充分验证，"做最好的手机"的创业初心尚未完成。面对下一个10年，小米早早押注于"5G+AIoT（人工智能物联网）"，并初步取得领先优势，据称小米在已联机的AIoT设备数量是全球第一。2020年"双十一"期间，小米智能家庭产品包揽京东全平台221项冠军。

2009年12月16日，雷军40岁生日。四十不惑的雷军，悟出一个道理：形势比人强。小米官方授权传记《一往无前》的作者表示，金山错过了互联网时代，很大程度上激发了雷军的野心。作为团队主要成员，雷军在金山度过了一段激情燃烧的岁月。与互联网公司相比，金山的市值只是个零头，且增值空间有限。雷军反思的结论是，"金山就像是在盐碱地里种草。为什么不在台风口放风筝呢？站在台风口，猪都能飞上天"。这一次他决定重新创业，瞄准移动互联网的新机会。

2015年的小米，一下子堕入高速成长陷阱。因供应链问题，小米5迟迟没有发布，发布后产能也跟不上。雷军2016年亲自接手手机部，当起了"救火队长"。那段日子很痛苦，雷军经常早上9点上班，凌晨一两点还坐在会议室里，有一天竟然开了23个会。正如达里奥（雷伊·达里奥，世界顶尖投资家、企业家之一，桥水基金总裁）所言，"进步=痛苦+反思"。

"在条件不具备的情况下，如果一味追求高速，就很容易翻船。"回忆这段生

本质 II
增长的本质

死转折，雷军觉得最大收获是团队更加"敬畏制造业"。小米团队年轻气盛，想以互联网思维颠覆传统制造业。2016 年对"制造业的补课"，让小米真正领悟了制造业的本质，加深了团队对制造业的理解与敬畏，"干了 10 年以后，我依然觉得我们低估了制造业的难度"。

小米的创办想要解决当时国货被人看不起、质量差、设计差等问题，尽管小米模式提升了制造业效率，但是部分人士对国货的总体评价并未改观，"但我们干了 10 年以后，有一些朋友还觉得小米做的是中低端，这点让我挺郁闷的"。

为了扭转"小米产品全是代工"的误解，雷军决定在北京亦庄建立一座智能工厂，探索基于制造业本质的理解，以帮助代工厂进一步提升效率。小米智能工厂的自动化高端手机生产线，拥有百人制造—年产百万台机器的实力，效率比目前最先进的代工厂提升 25%。2016 年，小米设立产业基金，布局前沿科技和上下游产业链，聚焦推动中国智能制造，现已投资 100 多家公司。

为了迎接下一个 10 年，小米积极布局物联网，特别是智能家居，在中国智能家居市场占有率排名第一。

"小米有一整套方法论和体系，能帮助企业在一个垂直领域快速获得竞争优势，这也是我们孵化的成功率非常高的原因。"小米生态链的成功，离不开雷军对产业布局的前瞻理念。雷军 2013 年看到 IoT（物联网）领域的巨大机会，采用"投资＋孵化"方式来抓住新风口。2014 年，雷军从各部门抽调几个老员工，组建生态链部门，发现并寻找新制造业潜力明星。

小米生态链模式被称为"竹林生态"，不是靠几棵参天大树，而是成片成带的竹子，形成抵御风雨的竹林。小米产业链的独特优势，在于庞大的粉丝群与手机业务持续的公众热度。小米对大多数成员企业，只持有少数股权，提供流量赋能。基于对小米价值观的认同，小米生态链目前拥有 300 多家成员，其中智能硬件企业超过 100 家。2019 年，生态链成员交易额达到 600 亿元。

雷军被称为"中关村劳模"，他除了是工作狂，热衷于加班，更重要的是他勤于反思，他几乎每天在复盘，不断回顾与修正。

本质上，温文尔雅的雷军身上有一种冒险家的气质。评论人士如吴伯凡认为，雷军是一个矛盾统一体，做人朴实厚道的同时，商业嗅觉敏锐，出手快而准。读书时的雷军就很善于抓住商机。雷军 1987 年考入武汉大学计算机系，两年修完 4 年的课程，其后两年，雷军在武汉知名的"电子一条街"创业，研制出杀毒软件"免疫 90"，该软件获得湖北省大学生科技成果一等奖，3 个月卖出了上万套。

2020 年，金山云在纳斯达克 IPO，雷军迎来继金山软件、小米集团和金山办公后第 4 家控股的上市公司。雷军 2011 年重回金山软件兼任董事长，将云服务作为发展大方向的战略选择，更反映了雷军个人的决策特点。

2010 年深圳 IT 峰会上，马云、马化腾、李彦宏等 BAT 创始人在谈及云服务时，态度大致分为"左""中""右"，马云很激进，李彦宏最保守。虽然没有参与现场讨论，雷军相信云服务将会是信息社会的"煤水电"，金山要"All-in 云服务"。

相比阿里的大投入，雷军的策略务实理性，他确定了两个原则。首先是专注，"我们能不能专注在头部客户，我们能不能走跟阿里云差异化的路线？"金山选择做独立云服务商，与巨头开展合作而不是直接竞争。其次是敢干，根据金山软件的情况，雷军设定的止跌线是 10 亿美元，"我们算了一下家底，我觉得我们最多只能输 10 亿美元"。雷军看到了云服务做新业务的失败风险，但是他更担心因为早期投入不足就放弃，"如果我们干了 10 亿美元还没干成那算我们倒霉，如果干了 9 亿美元不让我们干了就冤大了"。

"我经常说，时间是小米的朋友，你可能需要一点时间、需要一点耐心才能看懂小米。其实这句话也是说给我们自己听的，我们自己也要有耐心，因为改变别人的观念还是挺复杂的一件事情，也需要耐心和时间。"2021 年 3 月 30 日，小米宣布将成立一家智能电动车公司，雷军亲自担任首席执行官，小米目前现金储备高达 1000 亿元人民币，汽车业务首期投资 100 亿元人民币，预计未来 10 年投资 100 亿美元。雷军表示："这是我人生最后一次重大创业项目。我愿意押上人生全部的声誉，亲自带队，为小米汽车而战！"对新 10 年的小米，人们可以给予更大的价值期待。

▶ 主要理念

1. 雷军之问

2018 年是改革开放 40 周年。小米上市之际，作为公司创始人的雷军，循例发了一封致投资人的公开信《小米是谁，小米为什么而奋斗》。上市的公开信很多，雷军这封信却很快刷屏，引起众多企业家的跟进，如复星创始人郭广昌、真格基金创始人徐小平、猎豹创始人傅盛、小鹏汽车创始人何小鹏等，都按雷军的体例做了类似表达，一时成了现象级事件。《人民日报》为此专门发了名为《让奋斗成为企业家底色》的评论。

公开信的内容本是因应外界对小米模式的质疑，雷军的过人之处在于，他从根本处着眼，再次叩问创业初心，将其上升为一个商业哲学的命题。

"雷军之问"是个好问题。既是对小米创业经验的总结，又从更高层面引发企业界的共鸣，促成了改革开放以来，特别是 2008 年金融危机 10 年来，中国商界的一次集体反思。从诸多企业家的回复中，人们看到了企业家群体的精神复盘。高速运转的商业机构，快速增长的物质财富，与整个社会的进步和公众福祉逐渐拉开了距离。商业存在的终极意义在于对社会的整体价值，上市之后推动公司成长的新动力在哪里？企业家如何富而思源、富而思进？

只有重新回到源头，重构商业与社会的关系，才能从创富的旧动能切换到创变的新动能，实现基业长青。从这个意义上说，"雷军之问"是中国商界的一个时代之问。

2. 风口论

"风口论让很多人以为我是机会主义者,但是如果没有厚实的基本功是不行的。"雷军在不同场合都要对"风口论"做出解释,特别是 2015 年小米手机销量下滑之后。

外界对雷军的一些观点往往断章取义,他很苦恼。首先,大家不太关注雷军观点的个人背景。之所以有"风口论",是源于雷军对金山时期的痛苦反思。10 多年兢兢业业在软件领域打拼,金山的商业价值很快被互联网新贵们远远抛在后面,为什么?雷军发现,勤劳致富的规律没错,但是商业战略更要积极顺应时代的新趋势,即风口。其次,早就实现财务自由的雷军,作为圈内知名的天使投资人,从投资人的新视角来看企业的价值创造,比以前站位更高,更了解产业风向是在不断变化的,"我看过了无数的生生死死,因为我是老革命"。其含义与投资界风行的"赛道论"并无二致。

投资人的视野,相比创业者显然是一次认知升维,雷军的风口论,实际上包含了两层含义。其一,形势比人强,时势造英雄。"做了这么多年之后,我觉得不仅要埋头拉车,更要抬头看路,关键问题是要把这两者有效地结合在一起。"雷军认为,创业要做最肥的市场,大市场能造就大企业,小池子养不了大鱼;同时,创业要选择合适的时间点切入,并保持专注。其二,要有像猪一样的底层思维。雷军表示,创业者要有猪的谦卑,要对市场心存敬畏,"我都躺在地板上了,没有人能击败我,做什么事情一定能做成"。

此时的雷军,不仅是舍得花笨功夫的传统劳模,也是洞悉产业变局的新劳模。近年来企业界流行的一句话,不要用战术的勤奋掩盖战略的懒惰,据说也出自雷军之口。

3. 互联网思维

小米是一家创新公司吗？合适的答案，视乎把小米放在什么样的坐标系中。

如果从产品形态来看，大家往往会用华为来对标。其实，华为拥有与生俱来的研发基因，其数十年来在通信技术领域的创新投入，在中国企业中本就无出其右，包括联想、海尔等老牌领袖企业。华为的手机业务，一开始拥有雄厚的平台技术与供应链支撑，并且已有成熟的代工模式；小米基本上没有靠山，只能采取"拿来主义"的集成创新，甚至从零开始去构建供应链。小米的创新之路，从"互联网思维"起步；在10周年演讲中，雷军将之修正为"互联网+制造业"，简单来说，雷军的互联网思维，总体上是基于制造业效率提升的场景来讨论，如果漫无边际地拓展开去，必然会引起误读、走样。

与大疆汪滔式的极客不同，雷军出身软件工程师，却已升级为兼具投资人与企业家的综合型人才，这决定了小米的创新之路具有更强的普适性。

客观来说，小米10年主要做了两个层次的创新。首先是模式创新，"从'铁人三项'商业模式，到通过'生态链'公司集群；从'用户参与'的互联网开发模式，到小米线上线下一体的高效新零售"。其次是设计创新，"从手机工艺、屏幕和芯片等技术的前沿探索，到数年赢得的200多项全球设计大奖"。2020年11月，高瓴资本张磊发起设立的上海创新创意设计研究院，也是基于对中国制造业弊端的类似洞察。

入行很早的雷军，曾自称是被互联网革命掉的第一代。2007年金山上市后，雷军辞去CEO职位，做了几年天使投资。他在帮助20多家公司成长的过程中，逐渐形成了对互联网时代商业的本质认知。小米初创的头几年成长很快，"为了让大家更容易理解互联网，我就把它总结成7个字，'专注、极致、口碑、快'，号称'七字诀'"。在雷军看来，只要按"七字诀"去做，就会事半功倍。他希望更多创业者能从中获益，这是一个天使投资人的朴素想法。

06 新制造

小米：热血沸腾的 10 年

"对互联网企业和新经济企业，我有一个非常大的认知，那就是一定要高速成长。一个高速成长的公司，容易聚集资源，也容易抵御风险。我在做小米的时候，还是推崇要跑得足够快。"尽管"快"放在最后，雷军视之为互联网企业的本性，坚信"天下武功，唯快不破"。快的主要表现是业务成长快，基本面是产品服务的快速迭代。

2004 年卖掉卓越网后，雷军一直在思考：自己在金山软件花了 80% 时间，仅有 20%—30% 成长，作为副业的卓越网却获得了 100% 的增长。问题出在了什么地方？雷军开始追问互联网的本质：到底什么是互联网？在快速变化的时代，企业如何更快地成长？

经过一番苦思，结合投资实践，雷军觉悟了，互联网的本质不是技术，互联网其实是一种观念，是一种成长方法论。

雷军把"专注"列为互联网思维的头一条，"少就是多，大道至简"。这一条直接来自乔布斯，"其实苹果和乔布斯给我们的第一个启发就是专注"。雷军喜欢讲述乔布斯重振苹果的故事。"乔老爷子在一次产品战略会发飙了。他在白板上画了一根横线和一根竖线，画了一个方形四格图，在两列顶端写上'消费级''专业级'，在两行标题写上'台式'和'便携'，'我们的工作就是做 4 个伟大的产品，每格一个'。"苹果每年只出一款手机，辅以不同配置，这影响了小米初期的产品策略。

"专注"才能实现"极致"与"口碑"。极致，简单来说，就是对自己狠一点，在某个用户痛点上，"就是做到你能做得最好，就是做到别人达不到的高度"。口碑，通俗来说，就是对客户好一点，营造超越预期的用户体验，小米高管黎万强写过一本书《参与感》，详细说明了小米粉丝运营的基本逻辑。

雷军不仅是劳模，更是学霸，他善于拓展认知边界，广泛借鉴全球企业在细分市场的创新经验，比如海底捞，图片分享应用 Instagram（已被 Facebook 收购）与鞋子电商公司 Zappos（已被亚马逊收购）。

在雷军的观念中，口碑的养成不是靠砸广告获取的，而是靠产品的品质赢得用户认可与推荐，他竭力主张初创企业要低调，"小米刚刚成立的一年半里，小米极其低调，不做任何广告，也没有任何PR，甚至没有人知道我们做什么"。

MIUI第一个版本只有100个人用，第2周用户翻番，第3周有400个人用；不到一年时间，全球积累了30万用户。"只有不做广告才能真的测试清楚你的产品有没有足够口碑。"这句话与微信创始人张小龙所见略同。

口碑是互联网思维的核心，这两年雷军把口碑追求总结为"感动人心，价格厚道"，"这8个字是一体两面、密不可分的整体，远超用户预期的极致产品"。

4. 下一代超级互联网

面向未来将深入发展的数字经济，雷军认为创新与技术驱动都很关键，融合发展也是重要的驱动因素，小米希望发挥强大的产业生态，抓住"下一代超级互联网"的新风口。

"我们已经明确了'5G+AI+IoT下一代超级互联网'的战略方向。"展望下一个10年，雷军踌躇满志。10周年演讲中，他表示未来5年将至少投入500亿元，彻底确立在智能生活领域的绝对领导地位。

对此，麻省理工学院教授尼葛洛庞帝（尼古拉斯·尼葛洛庞帝，Nicolas Negro-ponte）有个形象说法，"物联网时代的创新应该是往微波炉里放一只鸡，微波炉自己知道如何烹饪这只鸡，而不是可以通过手机打开微波炉的开关"。

从2013年起，小米开始布局IoT，2016年到2019年，小米的IoT以及生活消费品收入，持续保持50%以上的高增速。2019年3月7日，小米宣布成立AIoT战略委员会，由IoT平台部、人工智能部、生态链部、智能硬件部、手机部、电视部等10几个核心业务部门的负责人组成。据称小米已经建成了世界上最大的消费级物联网平台，截至2020年9月30日，小米AIoT平台连接设备数达2.89

亿，其中米家 APP 月活用户达 4310 万，小爱同学月活用户 7840 万。

中信证券预测，AIoT 将成下一轮科技红利最主要驱动力，小米集团大概率成为中国 AIoT 市场的两个重要玩家之一，是万亿家居物联网市场中成功概率最高的公司。

金句 10 条

1. 因为小米一直在践行最严苛的效率准则，既是对极致效率的自我追求，客观上也是一种未雨绸缪：以四季常态过冬天，则冬天亡；以冬天态度过四季，则四季存。

2. 做了这么多年之后，我觉得不仅要埋头拉车，更要抬头看路，关键问题是要把这两者有效地结合在一起。所以我相信，所有成功的企业，其实都是机遇造就的。当你意识到这一点的时候，当你想成就一番大事业的时候，你对大形势的分析判断，对未来趋势的看法，对长期的远景是异常重要的。

3. 我重新思考了小米的模式，性价比的模式本质是高效率，互联网思维很重要的就是用户体验和高效率，性价比背后很重要的就是高效率。在我初步想清楚以后，我认为小米的商业模式不应该是电商，应该是新零售。电商其实是新零售的一种，新零售的本质是用互联网思维重新武装整个零售业，使零售业具备高效率，这是我总结出来的。

4. 我自己拥有最强大的武器是什么？就是互联网思维。为什么说我拥有强大的武器呢？我过去 20 年在做软件业务，最近 10 年做互联网业务，我深知互联网有多恐怖，我们多次被互联网击败，屡战屡败，有一天大梦方醒。今天任何低估互联网的力量，都是很愚蠢的行为。

本质 II
增长的本质

5. 我最烦做创业导师了，创业这件事情没有人能够做导师，大家都是犯了无数的错误。后来我找到了解决方案，就是低调，极其低调。小米在刚开始前一年半的时候，几乎是静悄悄的。

6. 我们早期的创业是为了生存，为了证明自己的能力，为了练本事。今天我们再创业是为了梦想，输了也没有关系，我们试过了。的确可能赔了一笔钱，的确可能没有面子，但是我们心安，我们努力过，我就这么安慰自己。我后来想，输了也没有什么，输了咱们还可以继续做投资，反正有饭碗。

7. 直到40岁生日时，一大群人劝我再干点事，说在硅谷企业家里，40岁还年轻得不得了，不要看国内的互联网业界普遍年轻，其实我还不老。我自己也一直有个遗憾，上大学一年级的时候，我看过一本书叫《硅谷之火》，当时就特别希望以后能办一家世界级的公司。

8. 2016年，我们遇到小米10年中的第一个坎儿，开始大规模补课，主要是补硬件的课。

我们提出要敬畏制造业，实际上是已经充分地认识到，在积累制造业经验的过程中，无论我们团队多优秀多聪明多勤奋，都要为此付出代价，而之前大家低估了这个代价。

9. 成功就是两个要素，第一要勤奋，第二要运气好。我们以前老讲勤奋、努力，误导了无数年轻人，以为勤奋就行。我勤奋了几十年，发现也不怎么样，看到别人不怎么勤奋，还老是成功。其实核心问题是，学校也好，我们也好，没有教大家顺势而为，把握机遇，顺着风向走，把握机会很重要。

10. 优秀的公司赚取利润，伟大的公司赢得人心！如果你们同意，你们拥有的将是一家注定伟大的公司！

▶▶▶热血沸腾的10年

作者　雷军　小米创始人、董事长

▶导读

2020年小米10周年，是雷军人生中新的高光时刻，12月22日，小米股价突破千亿美元，兑现了2018年上市时股价翻番的承诺。

雷军选择以演讲来为小米10周年庆生，这是一次成功的公众沟通。在近3小时的演讲中，雷军讲了20个小故事，充满画面感地还原了小米一路走来的曲折、成长的烦恼与困惑。他以自嘲式表达，回应了近年来外界关于小米的种种争议，如2015年的业绩下滑，与董姐的打赌，逼出来的国际化，误打误撞成了B站明星，等等。雷军的感慨是，"经历过这一系列起伏，就会明白：成功往往不是规划出来的，危机是你想不到的机会"。

雷军是企业家中少有的流量明星，2020年底同时成为两本时尚杂志的封面人物。演讲中的雷军，朴实、诚恳，与部分企业家的居高临下恰成对比。雷军在接受采访时，曾表示创办小米以来，他开始讨厌以前的"创业导师"身份，他认为创业过程的一切都是未定之数，企业家自己要掌握命运，旁观者的指点可能是干扰而非助力。

每次小米产品发布，雷军都会来一次乔布斯式的演讲，舆论一度称之为"雷布斯"。10周年演讲给人的感觉，雷军不只是一个创新模仿者，更是中国式创新的探索者，他不再是乔布斯的中国版，而是中国的雷军。

以下为雷军演讲实录，笔者做了部分删节。

本质 II
增长的本质

2020 年，非同寻常的一年，全球都在面临巨大的挑战。这场全球大变局，深刻影响着我们每一个人的生活。大家都在问："面对这样的局面，我该怎么办？"很多人都很焦虑，其实我也很焦虑。

但焦虑没有用！这个世界有很多事情是我们改变不了的，但我们可以改变的是自己的心态。我们下决心改变自己的心态，才能积极面对这个复杂的世界。

我选择了一种最简单的方式去改变，走路！我定了一个目标：每天走 10 公里，先走一个月吧。这个目标对我来说，还是很夸张，我也很怕自己做不到。

但没关系，向着太阳，一直走，你就会重新感受到内心的平静和温暖的动力。向前每多走一步，热爱和勇气就会多一分。走着走着，上个月，我真的走了 318.11 公里。平均每天走了 1 小时 50 分钟，平均每天走了 10.5 公里。一个不可思议的目标达成了。

今年是小米 10 周年，我们本来打算办一场盛大的庆典活动，但受疫情影响，只能取消了。生活中还是需要一些仪式感，生活更需要积极面对。我决定办一场演讲，来纪念这个重要的日子。同时，也算给所有关心小米的朋友们做一场完整的"总结汇报"吧。

1. 梦想的开端

10 年前，我和一群小伙伴创办了小米。

我们的梦想

当时国内的手机市场，一类是诺基亚、摩托罗拉和三星这样的国际巨头，一类是国产手机"中华酷联"，就是中兴、华为这样的大公司，还有铺天盖地的山寨手机。中国市场主要被国际巨头把持，产品贵得离谱，国产手机做得非常一般。

作为一位手机发烧友，同时，作为一个创业者，我有点不服气。虽然我从来

06 新制造

小米：热血沸腾的10年

没有做过手机，但我们有了这样的梦想："做全球最好的手机，只卖一半的价钱，让每个人都能买得起。"

一个从来没有做过手机的外行，一个从零开始的中关村小公司，要做全球最好的手机，谈何容易。如何实现这个看起来不靠谱的目标？

我有一个"脑洞大开"的想法：这些巨头都是硬件公司，假如我们用互联网模式来做手机呢？把软件、硬件和互联网融为一体，就可以另辟蹊径，"降维攻击"。我也的确找到了一条"捷径"：当时硬件最好的是摩托罗拉，软件最好的是微软，互联网最厉害的是谷歌，假如我能把这3家公司的精英凑在一起，就有机会炼成"铁人三项"！

找人

我找的第一个人是林斌，当时他是谷歌中国研究院的副院长。当时赶巧，他正在考虑出来创业，做个在线音乐公司。我说，别做了，跟我一起干点大事。我在餐巾纸上画了这么一张图（"铁人三项"），他很快就答应了。这样，他成为小米第2号员工。这么顺利的挖角只是一个偶然。

接着我连续找了10个谷歌工程师，一个都没有搞定，真让人绝望，直到第11个。他就是洪锋，谷歌非常出色的工程师。一上来，洪锋就问了我3个问题。第一个问题："你做过手机吗？""没做过。"第二个问题："你认识中国移动老总王建宙吗？""不认识。"第三个问题："你认识郭台铭吗？""郭台铭？我认识他，他不认识我。"

这3个问题下来，我估计没戏了，但出于礼貌，我还是坚持"尬聊"了很久。最后他做了一个总结："这事听起来，不靠谱……不过，可以试试。"一瞬间，我长舒了一口气，终于搞定了！就像中了彩票。这是我搞定的第二个谷歌同学。

一个外行来做手机，大家凭什么相信你？我在面试牛人的时候，牛人也在面试我。在小米创办的第一年，我花了80%的时间在招人。我记得印象最深的一个人，我两个月和他聊了超过 10 次，甚至有几次一聊就是 10 个小时。有很多企业家和创业者请教我，如何找人。我也总听到有人抱怨，找不到人。这是一个非常普遍的问题。

找人肯定不是一件容易的事情，如果找不到人，其实只有一个原因，就是没有花足够的时间！我的建议是：找人不是"三顾茅庐"，找人要"三十次顾茅庐"！只要有足够的决心，花足够的时间，可以组成一个很好的团队。

2. 乘风破浪

MIUI 的故事

4 月 6 日，我们十来个人，一起喝了碗"小米粥"开始闹革命。不懂硬件，没关系，就先从软件开始，先干操作系统吧！没有自己的手机做研发，没关系，就先在别人家的手机上做吧。操作系统很复杂，没关系，先找一套开源系统，在开源系统的基础上干。

那时安卓刚起步，我们就成了国内最早一批做安卓的。但操作系统毕竟是操作系统，工程量相当庞大，不是十来个人的小团队可以搞定的。没关系，我们先把最常用的功能做好就够了。就是打电话、发短信、通讯录，还有桌面。这是智能手机当时最重要的 4 个功能。一个极其复杂的系统工程，就被我们高度简化了。就这样，仅仅两个月时间，MIUI 第 1 版就真的做好了。

我们建了一个论坛，招募志愿者来"刷机"。让我们感动的是，居然有 100 位用户愿意冒着巨大的风险刷 MIUI，也就是我们熟悉的"100 位梦想的赞助商"。为了感谢这 100 位勇敢者，我们用他们的名字做成了启动界面。

2010 年 8 月 16 日，MIUI 第 1 版正式发布了。刚开始，只有 100 人，用户量少得惊人，但口碑超好。我们没有做任何推广，第 2 周翻了一番，200 人，第 3 周再翻一番，400 人，第 4 周再翻一番，800 人。MIUI 真正火起来，是在发布一个月后。9月20日,在国际著名的技术论坛XDA上,有位大神热情推荐了MIUI。

他是这样说的:"这是一个专业团队的作品,令人惊艳……有人听说过这个ROM(只读内存)吗?我这辈子从来没见过这么疯狂的ROM……它运行起来又快又流畅,界面全部重新设计了,这太不可思议了。"看到这个评价,大家就知道,MIUI第1版做到了什么水平。

一个中关村的小团队,用互联网方式,两个月做了一款手机操作系统,受到了非常高的赞誉。这充分说明了:互联网的方法论非常厉害!

从此,MIUI在全球发烧友人群开始火起来了。后来,各个国家都有网友自发建立当地的米粉社区,制作当地语言包,适配各种机型等,形成了一个声势浩大的全球群众运动,从此播下了小米国际化的种子。这就是米粉文化的来源。

我们就是用"专注、极致、口碑、快"互联网"七字诀"来做MIUI的。不到一年时间,MIUI用户量就超过了30万。

做手机的故事

如何搞定夏普屏幕?我们费了九牛二虎之力,搞定了当时能找到的最好的硬件团队,主要来自摩托罗拉,兴高采烈开始做手机了。结果一出门就碰"大钉子",突然发现搞不定供应链。我们要做最好的手机,当然要用最好的供应链。比如屏幕,我们就想用夏普的,但人家根本不理我们。我这才知道,顶级供应链,不是一家创业公司花钱就可以搞得定的。

为了搞定这块心心念念的屏幕,我动员所有关系联系夏普,绕了一个巨大的圈子,通过金山的日本分公司,找到三井商社,再请三井商社高层出面,争取到了和夏普总部沟通的机会。时间定在3月26日。

这中间出了一件大事:2011年3月11日,日本地震,核电厂泄漏,全世界风声鹤唳。咋办?去还是不去?夏普总部在大阪,虽然核辐射的影响不大,毕竟

本质 II
增长的本质

是核辐射，大家还是很恐慌。能见到夏普高层的机会实在难得，我们还是下决心飞大阪，最后我们 3 个创始人一起去的。我们上了飞机，才发现整个机舱只有我们 3 个人。到了夏普，整个大楼空空荡荡的，只有我们一批访客。就这样，我们的诚意打动了夏普！那天我们太紧张，从头到尾基本没拍照。我只找到一张照片，刘德在夏普楼下的留影。

1999 元是这么来的。大家都知道小米手机第一代定价 1999 元。大家不知道的是，我们原本的计划是 1499 元。1999 元就已经"沸腾"，要是 1499 元，不会"炸裂"吗？但是，到了 8 月，团队跟我说了一个吓一跳的消息：成本搞"冒"了，每台手机成本大约 2000 元，超了 500 元。主要原因是，我们找的都是优质供应商，能跟我们合作就不错了，价钱根本没法谈。

如果继续定价 1499 元，我们估计要亏了 2 亿元。怎么办呢？我去和股东们商量，他们劝我说，这就是你一个外行进来玩的门票。但这个门票实在太贵了，我有好几晚上没有睡着觉。能不能把定价调高到 1999 元？大家心里都没底，国产手机均价才 700 元，我们一上来就卖 1999 元，会不会翻车？不管了，我们只能豁出去试试！

发布会定在 2011 年 8 月 16 日。发布会前一天，我们还在担心会不会搞砸了，会不会卖不出去。当天，我到现场，完全没有想到，里三层外三层挤满了人，我自己根本挤不进去了。米粉实在太热情了。最后还是打电话叫了 4 个同事，帮我挤进去的。还有 5 分钟开场，我刚坐下，阿黎跑到我旁边，说："人实在太多了，再挤怕出事，我们马上开始吧？"这是小米第一场发布会，也是小米历史上唯一一次提前 5 分钟开始的发布会。现场长达半分钟的欢呼和尖叫，我悬着的心终于放下了，看来成了！

手机发布后，网友第一次就预定了 30 万台。收到这个订单，我们既激动又烦恼，我们没有足够的资金，也没有足够的生产能力。我们当时是一个小公司，没有账期，需要提前打款才能生产。要一次生产 30 万台，那是一笔天文数字。这样，小米手机实在太火，我们又供应不上，很快就被贴上"饥饿营销"这个标签，真的非常冤。第一代手机，总计销售 700 多万台，这绝对是一个奇迹。

这时，政府主管部门给了我们一个新课题：小米手机这么火，能不能带动一下国内产业链？我们还只是刚刚创办的小公司，这么重的压力，我们扛得住吗？不想那么多，干了再说。2012 年初，我们就制订了"红米计划"。"红米计划"就是，优选国内产业链，做国民手机。

当时的国内产业链还不成熟，我们做的第一代产品，我非常不满意，我决定推倒重来。这下子 4000 万元的研发费用打水漂儿了。大家见到的红米手机第 1 代，其实是我们研发的第 2 代，代号 H2。

2013 年 7 月 31 日，红米手机正式发布。当时，我们借用了金山软件的一间会议室，没有任何装修，只是做了一个背景板。这是小米历史上最简陋的一次发布会。红米手机能量巨大，一发布，就引发业内地震。没想到，第 2 天连金山软件的股价都涨了。第 1 代红米，热度远超过想象，我们就卖了 4460 万台。这 4000 多万台智能手机，在 2013 年，有力带动了国内产业链的发展。

小米的手机业务当初巨大的成功，这背后是无数艰难的抉择：要不要冒着核辐射的风险去日本搞定夏普？要不要把定价从 1499 元改到 1999 元？要不要干掉已经研发好的第 1 代红米，推倒重来？这每一个选择的背后，都是巨大的风险。没有任何一个成功是不冒风险的。直面风险，豁出去干！

全民学小米

小米火了，社会出现一个有意思的现象，很多人拼命学小米。当时出现了很多互联网手机品牌。以前我们不知道他们是如何学的，直到"小辣椒"创始人王晓雁加入了小米，在一场内部讨论会上，他讲了当初他是如何学的。一堆照葫芦画瓢、似是而非的模仿，让我们大家哄堂大笑。尽管只是学个形似，在当时，居然也很管用。

生态链的故事

王晓雁是"自学"的，还有很多创业者、企业家亲自到小米来学习。我们也非常愿意把我们的经验公开，希望推动更多行业的变革。2014 年，我们启动了生态链计划，孵化更多的创业公司。仅仅 6 年时间，我们孵化了 100 多家生态链企业，做了上千种琳琅满目的优质产品。

我们是如何做的呢？我举一个例子：当时，很多中国游客到日本疯狂抢购电饭煲，成了社会现象。我觉得不可思议，中国是世界工厂，怎么都做不好一个电饭煲。于是，我们决定孵化一家创业公司主攻高端电饭煲。研发了一年半时间，我们电饭煲成功发布，引起了很大轰动。

一家日本电视台特意买了几台，跟日本高端电饭煲一起做街头盲测，结果有点不可思议：6∶4，我们胜出了！而我们产品定价仅仅相当于日本同类产品的 1/5。后来，我们的电饭煲卖到了日本，非常受欢迎。

3. 峰回路转

关于董明珠

那是一段阳光灿烂的日子。回想起来，我们也干了不少蠢事，比如和董明珠打赌。

2013 年 12 月 12 日，我入选了央视年度经济人物，这是当时中国企业家能获得的最高荣誉。跟我一起入选的，还有格力的董明珠。在颁奖典礼的后台，编导安排我和董大姐一起上场，并且撺掇我们把气氛弄得热闹一点。编导还特地说，前一年的颁奖晚会上，马云跟王健林打了一个赌，影响特别大。我瞬间就明白了他的想法：格力代表中国传统制造业，有 30 年的历史，小米代表新经济，是一

06 新制造
小米：热血沸腾的 10 年

家成立才 3 年多的小公司，放到一起就特别有话题。

我跟董大姐说，要不咱俩也打个赌吧，赌 1 块钱，赌小米的营收 5 年时间能不能超过格力。我觉得这只是开个玩笑，活跃一下气氛。格力是一个巨无霸，营收 1200 多亿，我们小米营收才 200 个亿，只是人家的一个零头。董大姐想都没想就答应了。结果，一上场董大姐就说，要赌就赌 10 个亿！那瞬间，我有点蒙：剧本可不是这样的！赌 1 块钱，是活跃一下气氛；赌 10 亿，太夸张了吧。

果然，立刻成了社会话题，马上就有网友给我科普："你们这是巨资赌博，涉嫌违法。"我知道这是一个玩笑，所有人也都觉得这是一个玩笑。但董大姐却当真了，各种场合隔三岔五就关心一下我们。

她这么关心我们，我可承受不了啊。大家觉得我应该咋办？之后，只要我和董大姐一起出现，媒体的朋友们就会从各种角度盯着拍。全社会都这么认真，我们不得不认真了。

5 年下来，小米从 200 多亿涨到了 1749 亿，涨了 8 倍，这已经是个奇迹，我非常满意。我们再看看格力，从 1200 亿涨到 1980 亿，涨了 60%，作为一个传统制造企业，表现也非常杰出。拿最后的结果一比，我们还是输了！比较戏剧的是，结束打赌的第 2 年，小米就赢了。

不过，我每次想起来打赌这件事情，都后悔得不得了。我们为啥招惹董大姐，带来那么多烦恼？直到最近，我才想清楚：那个时候我们信心爆棚，的确膨胀了。很快，小米就遭遇了非常多成长的烦恼。

经过这次打赌，我对制造业的理解又加深了一步，同时也更了解格力了。格力的确是中国制造业的典范，值得我们认真学习！

陷入低谷

2015 年底，前期超高速成长，掩盖了非常多的问题，一下子全部爆发了出来。手机行业，从来没有一家公司在销量下滑后，还能成功逆转的。这时的小米处于

本质 11
增长的本质

生死存亡的关头。形势极其严峻,我不得不亲自接管了手机部。

那段时间,苦不堪言。我经常早上 9 点上班,到了凌晨一两点,还在开会。有一天下班的时候,我数了数,一天下来,我居然开了 23 个会,让人无法置信。

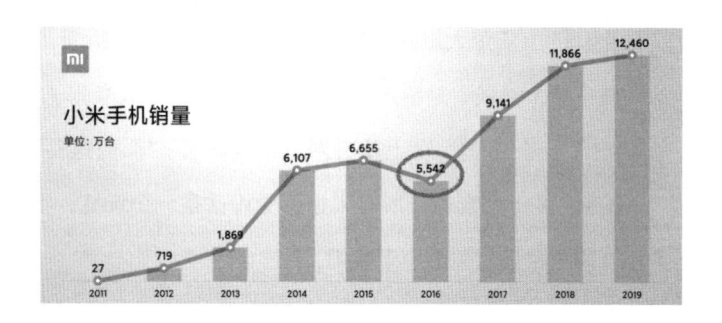

小米手机销量
单位:万台

2011	2012	2013	2014	2015	2016	2017	2018	2019
27	719	1,869	6,107	6,655	5,542	9,141	11,866	12,460

MIX 的故事

2016 年 10 月 25 日,小米 MIX 发布,当 MIX 第一次点亮的瞬间,全面屏震惊了所有人。世界三大设计博物馆也收藏了小米 MIX。芬兰国家设计博物馆馆长评价说:"小米 MIX 指明了未来智能手机的发展方向。"全面屏时代,由小米拉开帷幕。MIX 发布成了小米局势逆转的第一声号角。

MIX 源自 2014 年初小米几个工程师闲聊:"未来的手机是什么样的?"经过反复讨论,大家取得了一致的结论:手机正面全是屏幕。这个想法在当时可谓石破天惊。大家找我商量,我同意直接立项:这是了不起的想法,不要考虑量产性,不要考虑时间和投入,做出来为止。

MIX 的成功源于小米内部浓郁的工程师文化。工程师是小米最重要的资产,为了让工程师创新和探索的火炬越烧越亮,我们设置了小米技术奖。这是小米内部的最高奖项,奖励突破性贡献的技术小组,奖金是价值 100 万美元的股票。在这里我替小米的研发团队打一个招聘广告:只要你热爱技术,只要你技术过硬,欢迎你到小米来实现自己的梦想。

关于质量

性价比是我们最有力的武器，也是我们最脆弱的软肋。中国老百姓有个根深蒂固的观念就是"便宜没好货"，这让我们非常容易被误解，竞争对手也非常容易抹黑我们。小米如何在未来漫长的征程中立于不败呢？我们必须拿出世界品质的好产品！

质量的提升是个漫长、艰巨又枯燥的过程，细节我不讲了。一分耕耘一分收获。2018年，小米获得了"中国质量协会质量技术奖"一等奖，2019年，我自己还获得了"中国年度质量人物"的殊荣。

努力补课的小米从2017年Q2开始了神奇的逆转，重新恢复高速成长。

4. 国际风云

10亿库存

小米很早就开始了国际化，我给大家说说我们国际化的故事。

2014年第三季度，小米手机在中国登顶，仅仅靠中国市场的出货量，就在全球排到第三了。那个时候，投资者都非常看好小米，但提了一个非常尖锐的问题：小米模式能不能在全球复制？2014年6月，我们进入了印度市场，一路势如破竹，很快就成为最耀眼的明星。时间不长，我们很快遇到了麻烦。2014年7月，我们发布了小米4，在中国卖得非常好，一直供不应求。大家还记得"奥氏体304""一块钢板的艺术之旅"吗？

刚组建的印度团队非常乐观，说服我特批了50万台。2015年1月，这款旗舰手机在印度发布了。但谁也没有想到，居然卖不动。事后反复复盘：我们刚进入，品牌和渠道都还没有准备好，就直接定了50万台旗舰机，这太吓人了。高达10亿的库存，这对刚起步的印度业务来说，是个灭顶之灾！我一听到这个消

本质 II
增长的本质

息，有点愣住了！运回国内？但那是 3G 版本的小米 4，国内市场已经完全是 4G 手机的天下，咋办？

我们火速组建了一支"救火队"，到全球去找 3G 市场去消化。刚开始，这个团队只有 3 个人，从东南亚到南美，从欧洲到中东，全球跑了五六十个国家。当时小米在海外知名度还没现在那么高，吃了无数的闭门羹后，我们的同事终于打开了一条路。有 3 类合作伙伴选择了我们：卖石油、卖天然气的贸易商想转行进入手机行业；卖笔记本电脑，现在想卖手机的；还有一批二线代理商，想在我们身上赌一把。就是这群伙伴和我们一起，杀入了全球手机市场。总之，死磕了一年多，这要命的 10 亿库存，虽然损失惨重，但基本消化了。

塞翁失马，焉知非福。这次救火行动带来一个意想不到的回报：开拓出来的渠道成了国际业务的先遣队，大大提速了我们国际化的进度。

R U OK

国际化的路上，有坎坷，也有欢乐。比如，R U OK。

2015 年我们在印度举办的一个发布会，来了很多米粉，热闹得不得了。我们同事临时安排我，出场打个招呼，一激动，脱口而出说了一句"R U OK？"现场气氛一下就炸裂了。没想到，这个视频传回国内，立马上了热搜。

B 站上有位 UP 主还做了个鬼畜视频，让我成了 B 站的知名歌手。我们的市场部同事一开始还有点紧张，但我觉得没啥，大家开心就好。这件事情还是给我带来了不少烦恼，作为武大的杰出校友，从此以后，我要到处解释：武汉大学还是正规大学，是我自己英语没学好，不是武大没教好。

现在，小米进入了全球 90 多个国家和地区，手机业务在 50 个国家和地区中位居前 5。最近两年主攻欧洲市场，今年刚刚传来喜讯：我们在欧洲已经排到第三了，甚至，西班牙已经登顶，法国排到第二！

经历过这一系列起伏，就会明白：成功往往不是规划出来的，危机是你想不到的机会。

5. 高光时刻

3 个难忘的高光时刻

上市

创业 10 年之际，有 3 个难忘的高光时刻。第一当然是上市。在整个上市过程中，最难忘的就是 5% 那件事。

小米 IPO 前夕，2018 年 4 月 25 日，我在武汉大学办了一场发布会，宣布了一项董事会决议：小米硬件综合净利率永远不超过 5%，如有超出的部分，将超出部分全部返还给用户。一个公司马上就要上市了，不好好路演"画大饼"，反而卡自己的利润空间，是不是有毛病呢？

小米上市后，变成了一家公众公司，资本一定会逼着小米创造"超额"的利润。我自信能扛住这样的压力，但我特别担心：如果有一天我不做 CEO 了，小米管理层还能不能继续坚持做"感动人心、价格厚道"的好产品呢？想来想去，只有一个办法：那就是以文件的形式，把这一使命固化下来，永久限制硬件净利率。我把这个想法和团队一说，一起奋斗的兄弟们都特别支持。

但跟股东一提就炸锅了，有各种担心，尤其担心对股价有影响。有人说，"你们是不是疯了，还想不想上市"，有人说，"当初你们可不是这么说的，早知道如此，我就不投了"，还有人说，"来不及了，别折腾了"。我们开了好多次紧急电话会，中间有几次都要聊不下去。

我对他们说：**"优秀的公司赚取利润，伟大的公司赢得人心！如果你们同意，你们拥有的将是一家注定伟大的公司！"**就这样，一锤定音，股东们同意了。当我们公布了这项决议，我的朋友圈被"5%"刷屏了。我们收到了非常多的赞誉，也有不少嘲讽和质疑，但这些已经不重要了。

北漂买房

第二件难忘的事情就是搬家,我们搬到自己的科技园。去年 7 月,小米科技园正式开园,我们第一次拥有了自己的家,心情无比激动。在我们眼里,这个园区漂亮极了,美轮美奂,我们亲切地称之为"清河三里屯"。

我专门发了一条微博。内容是这样的:"北漂,奋斗 9 年多,终于买房了!8 栋楼,34 万平方米,52 亿造价。"这条微博马上就火了,阅读量高达 3300 万。看来,每个北漂心里,都有一个买房的梦!让我万万没想到的是,房产中介居然比我还激动,也在到处转发,说这是"最励志的北漂故事"。

入选 500 强

接着我们入选了世界 500 强。大家可以看一下,这是过去 10 年小米营收的变化,一条多么优美和昂扬向上的曲线。

仅9年时间就成为世界500强
排名第468位
2010 年 小米创办
2012 年 突破 100 亿元收入
2017 年 突破 1000 亿元收入
2019 年 成为最年轻的世界 500 强,排名第 468 位
2019 年 突破 2000 亿元收入

就是因为这样的成绩单,我们入选世界 500 强,排名 468。之前我也没觉得有啥,但真的入选了,还是有点小激动。我在写全员信时,有同事建议咱们要谦虚点,装着不在意。我说,"这次咱们就别装了,我大学一毕业就开始创业,特

06 新制造
小米：热血沸腾的10年

别羡慕林斌他们有机会在500强上班，现在好不容易把自己公司搞成了世界500强，终于可以在500强上班了。我们一定得好好'嘚瑟'一下"。就在昨天，小米再次入选了世界500强。

这一切要感谢这个伟大的时代，还有所有持续奋斗的小米同学们。过去，小米一直被拿来与老牌500强苹果、华为和三星比较，的确有差距。但小米还只是一个10岁的少年，如果用发展的眼光来看，你会发现小米还是有非常多出色的地方，比如：BCG（波士顿咨询公司）2020年全球创新50强，5家中国公司入选，华为、阿里巴巴、腾讯、京东和小米。德温特2020年全球创新百强榜，仅仅3家中国公司入选，分别是华为、小米和腾讯。BrandZ 2020年全球品牌百强榜，这次有17家中国品牌入选，小米也在其中，排名81位。这3个全球权威的榜单，充分说明了小米在创新和品牌方面取得的了不起的成绩。

当然，今天的小米，可能离各位的期望，还有一些距离，但未来成长的速度注定会超过大家的想象。

这10年，小米改变了什么？

小米的10年，就是移动互联网的10年。和这个伟大的时代同行，是我们最大的荣幸。当我们回首过去10年时，我们真正自豪的是什么？

首先，我们和所有同行一起，普及了智能手机，推动了移动互联网的发展。滴滴的创始人程维曾经说：中国移动互联网的创业者可能都要感谢小米，因为小米有力推动了移动互联网的普及。美团、滴滴、字节跳动、快手等，今天你耳熟能详的新一代互联网头部企业，都得益于移动互联网的发展。

第二，我们和志同道合的创业者一起，改变了不少行业，也成就了不少创业者。2015年初，小米生态链投资了昌敬。一个刚刚从大公司出来创业的小伙子。谁也没有想，只用了5年，石头科技就成为扫地机器人行业的领导者，今年2月成功在科创板上市，市值高达400亿元。小米生态模式带动了100多个行业的变革，成就了一大批像昌敬这样的创业者。

除此之外，小米甚至还改变了一些人的人生。Ellyana（艾莉娅娜）住在印度尼西亚的巴淡岛，她是3个孩子的妈妈。几年前丈夫去世后，家里没有经济来源，生活陷入了困境。3年前，小米在印尼设立了生产线。她在小米印尼工厂找到工作，生活发生了巨大变化。有了这份工作，她可以养活一家人，而且还学了很多知识，交了很多朋友，在村子里的地位也大大提升。印尼小米产线上90%的员工都是女性，我们的事业帮助她们从此改变了自己的人生。

小米传

以上就是我为大家解答的第一个问题，"小米从哪里来"。当然，这10年有太多精彩故事，一场演讲肯定说不完。知名传记作家范海涛，撰写了首部官方授权的小米传记，书名就叫《一往无前》。

10岁的小米，正在一步一步长大。今年的研发预算就高达100亿元。正是因为永不止步的创新精神，高达100亿元的研发投入，小米永远有更多更酷的产品诞生。

那么，小米人眼中的小米10年又是什么样的呢？第一个愿望，是小米变成全球最知名的品牌之一。无论我们到哪个国家，大家都知道Xiaomi的发音怎么读。第二个愿望是，不会再有人说雷总是劳模了，因为这个舞台属于小米的年轻人。第三点是，又有一大群了不起的创业公司诞生了，甚至长大了。他们在他们成功的时候说他们受了小米创业故事的激励。我相信小米会走到我们梦想未曾抵达的高度。

6. 小米是谁？小米为什么而奋斗？

今天，我们不仅仅是在发布产品，更是在发表小米面向下一个10年的宣言。

06 新制造

小米：热血沸腾的 10 年

"小米从哪里来，又将往哪里去"，答案其实就在我刚刚发布的几款作品中。

技术为本，在攀登技术的高峰路上永不止步。这就是未来 10 年小米死磕硬核科技的态度。米粉们关心的澎湃芯片，请大家放心，我们还在持续研发。

性价比为纲，性价比是我们和用户交朋友最大的诚意，性价比是我们核心战略。无论是大众产品，还是高端产品，我们都会永远坚持性价比，让所有用户可以闭着眼睛买。

坚持做最酷的产品，才是小米永恒的追求。做用户心中最酷的公司，这就是小米的愿景。我们是一群工程师，做最酷的产品，才是我们对这个世界的爱，才是我们的本分。

这 3 个"超大杯"，代表的是小米永不更改的三大铁律："技术为本、性价比为纲、做最酷的产品。"我们将始终坚持这三大铁律。

今天我们讲了非常多过去 10 年的成绩，我们的确非常自豪。但我们也非常清楚，今天我们面临非常复杂的国际环境，同时面对极其激烈的竞争环境。下一步，我们该怎么办？

要想固守今天的成绩，躺在过去的业绩上过日子，毫无疑问，守不住。要想继续不管不顾、猛冲猛打、粗放成长，毫无疑问，这条路也走不通。这就是我们今天面临的复杂局面。

今天，我们的策略有 3 条：

第一，重新创业。

今天的局面，我们还是需要拿出重新创业的热情，豁出去干！大胆启用创业型人才，大胆使用创业型的激励，大胆把握新的战略机遇。

第二，互联网 + 制造。

我们信仰互联网，我们相信互联网的方法论，我们会坚持用互联网赋能制造业。在继续和代工厂真诚合作的基础上，我们会深度参与制造业。我们已经自研大量高端装备，并已设计完成了全自动化的高端手机生产线。小米产业基金已投

本质 II
增长的本质

资了超过 70 家半导体和智能制造的公司。

这就是小米未来要做的"制造的制造"。

第三，行稳致远。

所有事情，我们都会用 10 年的长度来看。做长期有价值的事情，和时间做朋友。同时，战略上稳打稳扎，不要冒进。

我相信：下一个 10 年，创新之火将会照亮每个疯狂的想法，小米将成为工程师向往的圣地。下一个 10 年，智能生活将彻底影响我们每个人，小米将成为未来生活方式的引领者。下一个 10 年，智能制造将进一步助力中国品牌的崛起，小米将成为中国制造业不可忽视的新兴力量。下一个 10 年，小米将成为一条蜿蜒奔涌的长河，流过全球每个人的美好生活，奔向所有人向往的星辰大海。

在未来的征程里，相信自己，一往无前！

谢谢大家！

华为：打胜仗的逻辑

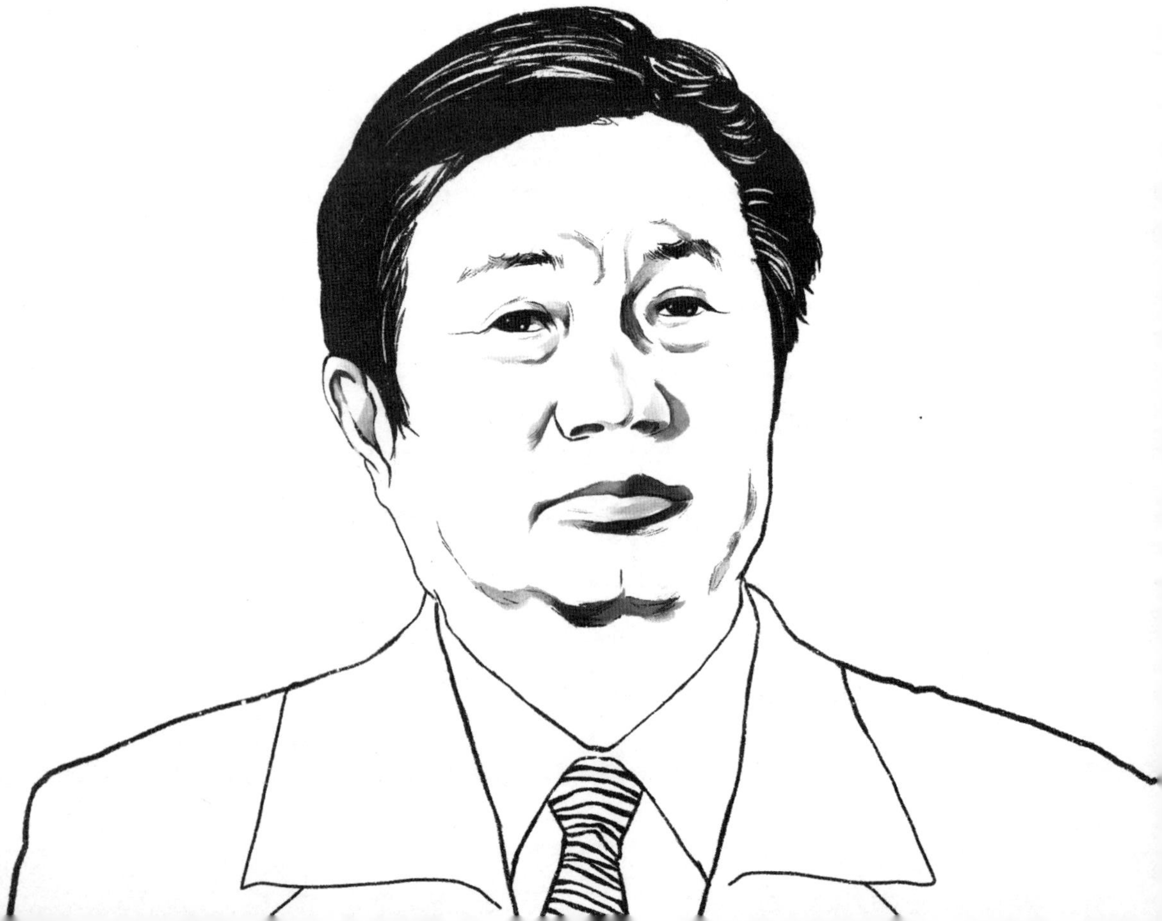

06 新制造
华为：打胜仗的逻辑

▸ 企业简况

"莫愁前路无知己，天下谁人不识君。"任正非在中国商界的影响力无人能比，华为在中国企业界的地位难以撼动。他曾与柳传志、张瑞敏并称为中国企业的三座高峰，他更是一条穿越若干经济周期的历史长河。

1944年生人，1987年创办华为，1988年担任总裁（CEO）至今，77岁的任正非领导华为穿越了多个经济周期，目前仍在一线指挥；虽历尽磨难，但壮心未已，他成就了华为的传奇，也开创了一个惊人的传统。

改革开放以来，华为是中国企业唯一的顶级标杆，是真正意义上的国民企业；华为以不移之志为中国通信产业撑起一片天，更凭一己之力抗衡着西方国家的强力打压。

任正非的精神感染了无数国人，他的思想影响了一批批企业家，比如马化腾、汪滔。他的经营案例早已进入教科书；放眼全球商界，他是有资格入选TOP10的CEO。

企业家从来都是矛盾统一体，任正非尤其如此。多年来他矢志创新，重兵巨资投入研发，引领华为自2015年起在全球专利榜连年夺冠。华为在5G领域的技术储备，引起了西方国家的恐慌；面对封锁与狙击，他依然坚持拥抱世界，深信一杯咖啡能吸收宇宙的能量。面对创业35年来最严峻的冬天，他保持了旺盛的斗志，积极组织打胜仗；尽管他并没有直接提及"长期主义"这个词，他一直在倡导在思想上保持艰苦奋斗的作风，他是中国商界的典范，他活学活用毛泽东思想，我党、我军的组织智慧，他同样重视研究外军的作战思维，特别是美军。

他多年来不公开露面，内部讲话流传广泛；每次发声，都会引来中国商界的屏息聆听，如同管理学界对德鲁克的重视；每个动作，都会引发媒体的重磅解读。他出差不带秘书，排队打车的场景，成为企业家人格魅力的缩影。

变局与布局

"人的一生如负重致远。"这是开创幕府300年基业的德川家康的名言。如果没有2019年以来突发的国际封锁，任正非或许可以盖棺定论了。

"要敢想敢做，要勇于走向孤独。不流俗、不平庸，做世界一流企业，这是生命充实激越起来的根本途径。任何一个国家、任何一个民族，都必须把建设自己祖国的信心建立在信任自己的基础上，只能在独立自主的基础上，才会获得平等与尊重。"在华为身上，人们强烈地感受到什么是企业—国家的命运共同体：同样是自立自强，同样是驾驭变局，同样拥有底气与定力，同样将自我蜕变、走向辉煌。

"过去的一年，我们经历了前所未有的、全方位的严峻考验，客户和伙伴在困难时期一如既往地信任和支持华为，全体华为员工众志成城、艰苦奋战，使我们得以生存下来。"2019年，面对艰难时势，华为保持了稳健增长。华为年报显示，2019年营收为8588亿元人民币，同比增长19.1%；净利润达到627亿元人民币，增长5.6%。区域构成来说，中国市场约占总营收59%，而2018年中国份额为51.6%。

2019年也是华为全面展开与外部沟通的一年，当年共计接待4500多名中外记者、3000多位专家学者和1000多批次政府团组访问公司。任正非本人也高频接受采访或访谈交流。同时，华为对外披露了股权结构、员工持股、治理架构和

06 新制造
华为：打胜仗的逻辑

机制等信息。

近年来关于华为与军方合作、国有股东等传言，是导致华为持续遭遇西方国家管控的重要原因。现在华为官网上赫然写着一句话："华为是一家100%由员工持有的民营企业。华为通过工会实行员工持股计划，参与人数为104,572人，参与人仅为公司员工，没有任何政府部门、机构持有华为股权。"

如果说中美博弈是全体中国人面临的"百年未有之大变局"，欧美政府的围追堵截，则是把华为置之死地的数十年未有之大变局。现在看起来，加拿大扣押孟晚舟只是以美国为首的西方政客的第一步棋。当然，面对前所未有的变局，人们的认知有个逐步成熟的过程，眼光深远如任正非者，自然也未能完全预见在所谓的自由市场经济，仍然存在恶劣的政治捆绑经济的困境。这也从反面验证了一个道理，观念才是真正主宰世界的强大力量。

"危机就是不知道危机在什么地方。"在某种意义上说，孟晚舟事件成为华为的历史分水岭，从此华为不再是从前的华为，而是应对更复杂变局的新华为。

2020年6月，任正非在内部发表题为《星光不问赶路人》的讲话，透露了华为应对变局的战略调整。任正非首次公开表示，华为创业以来的发展基于一个战略假设，这就是"依托全球化平台，聚焦一切力量，攻击一个'城墙口'，实施战略突破"。这也是任正非多次提到美军在朝鲜战场的火力策略——"范弗利特"弹药量的原因。

然而，现在这个假设不复存在了，华为今后很长一段时间面临的残酷现实是，"美国的制裁使我们全球化战略不能完全实施，我们可能依靠不了部分全球化平台，至少最先进的美国平台不支持我们"。

拜登政府上台后，中美经贸合作多了新的可能，比如微信与抖音海外版等出现缓和迹象。美国智库预测，中美虽不是美苏争霸式的军事对抗，但经济领域的竞争日趋激烈，技术脱钩还将继续下去。美国商务部长提名人在参议院听证会上遭到共和党人的质询，暂时否定了把华为、中兴从限制名单剔除的可能性。

本质 II
增长的本质

"现在必须全面靠自己打造产品，这是我们的能力与战略极大的不匹配，是我们最薄弱的环节。"任正非对芯片"卡脖子"问题，比一般人有更全面的产业洞察。他认为，对于芯片问题需要重新认识，华为有很强的芯片设计能力，芯片的制造中国台湾也是世界第一，"主要是制造设备有问题，基础工业有问题，化学制剂也有问题"。说到底，是整个产业链与供应链的问题。中央提出的国内大循环为主，核心在于产业链的重塑，华为将更大力度融入国家战略。

"时代证实了我们过去的战略是偏斜的，是不完全正确的，我们的能力很不符合现实生存与发展的需求。但是，我们有信心、有决心活下来。"2020年12月，任正非在内部讲话谈到华为企业业务进行战略调整，"由卖产品改变为卖云服务"。

2021年2月初，贝索斯宣布将在当年三季度退休，任命AWS（亚马逊云业务）创始人贾西为新总裁，目前云业务全球份额高达45%，约占亚马逊营收总额的52%。国内云服务市场，阿里云份额领先，且在2020年Q3实现盈利，腾讯名列第二，华为正奋力追赶中。任正非强调，不能简单采取阿里、亚马逊的烧钱模式，"我们如何发展，要找出一条路来，而不是简单模仿"。

"传统互联网公司在政企场景下有困难，在新形势下，我们有机会，突破点在哪儿？"任正非认为，华为云不仅是华为的2B产品，未来也是整个公司的运营平台。

除了珠三角之外，华为正在重点融入"长三角一体化"。2021年1月，华为与苏州市签订战略合作协议，将在苏州建设助力数字经济战略的四总部（中国区政企总部、中国区云与计算总部等）与六中心（工业互联网赋能中心、人工智能创新中心、智能网联汽车测试中心等）。据报道，2021年，苏州计划完成智能化改造和数字化转型项目5000个，2023年实现规上工业企业全覆盖，作为GDP超2万亿元的最强地级市，苏州市场意味着产业数字化的巨大机遇。

华为的最新战略是"云优先"，华为任命消费者业务CEO余承东兼任华为云业务总裁，并把智能汽车业务并入消费者BG（事业部）；至此，余承东将同时负责华为终端、汽车、云计算三大业务。任正非在内部放话，谁反对余承东，就是反对他本人。类比亚马逊，作为华为新战略的领军人物，余承东已成为任正非的潜在接班人。

余承东负责的消费者板块，自2018年起成为华为的第一大业务。根据华为年报，华为旗下有三大业务：消费者业务、企业业务与运营商业务。其中，消费者业务2019年约占营收总额54.4%，增速也最快，同比达到34%；2018年约占总营收的48.4%，同比增长45.1%。但受芯片断供影响，手机业务2020年下滑明显，出售荣耀手机也是为了断臂止损。

2020年底，任正非首次提及华为"南泥湾"计划，即生产自救，在煤炭、钢铁、音乐、智慧屏、PC电脑、平板等多领域寻求突破。2021年2月9日，任正非出席华为与山西省联合成立的"智能矿山创新实验室"，据悉华为成立了"煤矿军团"。

华为计划为养猪行业提供技术方案，华为机器视觉总裁段爱国在微头条发布一张"华为智慧养猪解决方案"的图片，并表示："华为机器视觉，为智慧养殖业做贡献。"当好"技术使能者"，推动各行业数字化转型，成为华为融入国内大循环，寻求新增长的主要战略之一。

格局观

芭蕾舞演员的脚、千疮百孔的飞机，这两个鲜明的图景，已成为华为苦练内功、负重前行的精神图腾，早已被中国商界熟知。

多年来无视既有成功，每天充满危机感的任正非，比起台积电创始人张忠谋87岁高龄才退休，至少还有10年时间。按高瓴资本张磊的标准，任正非称得上是一位真正的格局观者。一是长期主义，任正非从创业之初就确定营收10%投入研发，华为数十年如一日坚持创新，"在大机会时代，千万不要机会主义，我们要有战略耐性，一定要坚持自己的战略，坚持自己的价值观，坚持自己已经明晰的道路与方法，稳步地前进"。二是坚持拥抱世界。"我们不要因美国一时打压我们而沮丧，放弃全球化的战略。"任正非不赞成片面地提自主创新，"我们不仅仅要搞好'1—10'的工程设计，让产品又好又便宜，而且要坚定不移地挺进'0—1'的科学研究，不全球化是不行的"。

伟大格局者，往往务实、理性，"华为的战略定位就是一家商业公司，期望商业上能成功，没有其他战略定位。如果做其他方面，没有能力就不可能成功。所以，我们收缩在一个合理的能力面上，在这个面上我们争取能成功"。

任正非表示："不要总想做第一、第二、第三，不要抢登山头，不要有赌博心理，喜马拉雅山顶寒冷得很，不容易活下来，企业的最低和最高战略都是如何活下来！你活得比别人长久，你就是成功者！"

"冬天也是可爱的，并不是可恨的。我们如果不经过一个冬天，我们的队伍一直飘飘然是很危险的，华为千万不能骄傲。所以，冬天并不可怕。我们是能够渡得过去的。" 77岁的任正非，已经拥有一种穿透历史的伟人眼光，他显然很清楚，他自己与华为将会越战越强，直至赢得最后的胜利。

▶ 主要理念

任正非的思想极富原创性，很多观点直击本质，有很强的穿透力、感染力。限于篇幅，笔者舍弃了一些耳熟能详的表述，比如奋斗者为本等，而是精选最基本的三大理念，这些理念是华为经营哲学的基石与管理体系的内核，反映了任正非作为超一流企业家的三大特质——反思力、开放度、权变性（变通性），值得反复玩味。

1. 自我批判

《尚书》有言"格其非心";阳明先生的解读是,"格者,正也"。

或许是受到古人的启发,中学校长任摩逊给长子起名为"正非"。"正非"有正己之非与正人之非两层意思,作为修身的路径,一是要自己改过,二是要与人责善。任正非的名字,本就隐含了华为核心文化基因:自我批判。

自我批判是华为文化的三面旗帜之一,任正非曾经总结了华为成功的三大法宝,"业务聚焦、艰苦奋斗、自我批判"。早在1998年,任正非就有过专门讲话《为什么要自我批判》,他在文中开宗明义,"我们一定要推行以自我批判为中心的组织改造和优化活动。自我批判不是为批判而批判,也不是为全面否定而批判,而是为优化和建设而批判。总的目标是要提升公司整体核心竞争力"。

中华文化讲修齐治平,反省(自我批判)是修身的基本功。《曾国藩日记》是自我批判的经典案例。对企业来说,任正非把自我批判上升为提升核心竞争力的高度,日复一日、年复一年,建立机制、形成文化。批评与自我批评是我党组织建设的优良传统。任正非认为,为了有效管控矛盾,侧重自我管理,华为内部主要提倡自我批判。

浏览任正非的相关文字,总体上说,"自我批判"包括四大观点或原则:

一、自我批判是个人成长、组织进步的主要手段。"通过自我批判,各级骨干要努力塑造自己,逐步走向职业化、走向国际化。"

二、自我批判机制化,高级干部每年有民主生活会,"触及自己的灵魂是最痛苦的。必须自己批判自己"。

三、自我批判是决策纠偏,"自我批判是拯救公司最重要的行为。从'烧不死的鸟是凤凰''从泥坑里爬出的是圣人',我们就开始了自我批判。正是这种自我纠正的行动,使公司这些年健康成长"。

四、自我批判推动技术创新。"我们的2012实验室,就是使用批判的武器,对自己、对今天、对明天批判，以及对批判的批判。他们不仅在研究适应颠覆性技术创新的道路，也在研究把今天的技术延续性创新迎接明天的实现形式。"

"永远不要忘记自我批判，摩尔定律的核心就是自我批判，我们就是要通过自我批判、自我迭代，在思想文化上升华，步步走高，去践行人生的摩尔定律。"在任正非的思维中，不论是技术、商业还是人生，自我批判都是成长与进步的加速器。

2. 一杯咖啡吸收宇宙能量

"我们一杯咖啡吸收宇宙能量，我们包容了许多科学家，支持世界许多卓有见解的专家，与他们合作、资助他们，这咖啡杯中吸收了许许多多的人才，即使出现黑天鹅，也是在我们的咖啡杯中飞翔。"这是华为的"拿来主义"原则的生动体现。

20世纪90年代面对外资巨头的技术碾压，任正非耗费巨资，聘请IBM咨询帮助华为研发体系提升到世界级水平。当时他明确提出"削足适履"的思路，原原本本、老老实实地学习美国企业的管理经验。走出国门的全球扩张期，获取全球优秀人才、转化全世界的科技成果，成了华为发展的必经之路。任正非把这比喻为喝咖啡，"用咖啡这个词，代表要与世界沟通"。与茶相比，咖啡更是一种世界性的文化语言。

在任正非看来，华为要主动融入世界，吸取各方智慧。"我们参与全世界那么多组织共同研究标准。吸收了这么多优秀专家、科学家参加我们公司，所以我们没有受到这种限制，我们能感受这个世界的脉搏是怎么在跳。感受这个脉搏，然后把高端人士引进来一起再开放地讨论。"

一杯咖啡不仅是一种组织文化，更是工作方法，"我们现在也要走向世界，叱咤风云要到宇宙去叱咤，所以叫'一杯咖啡吸引宇宙能量'，这是传递给大家一个工作方法"。

"高级干部要少干点活儿，多喝点咖啡。视野是很重要的，不能老像中国农民一样，关在家里埋头苦干。"他鼓励团队要多走出去，"多参加国际会议，多'喝咖啡'，与人碰撞，不知道什么时候就擦出火花，回来写个心得，你可能觉得没有什么，但也许就点燃了熊熊大火让别人成功了，只要我们这个群体里有人成功了，就是你的贡献"。

西方人创造了很多沙龙式的讨论会，有一种开放讨论形式就叫"世界咖啡"，倡导多元、平等的交流环境。"公司有这么多务虚会就是为了找到正确的战略定位。这就叫一杯咖啡吸收宇宙能量"。

在华为内部，任正非营造开放融合的创新氛围，特别是在基础研发与应用场景的交流，"我们鼓励我们几十个能力中心的科学家、数万专家与工程师加强交流，思想碰撞，一杯咖啡吸收别人的火花与能量，把战略技术研讨会变成一个'罗马广场'，一个开放的科技讨论平台，让思想的火花燃成熊熊大火"。

他要求遍布全球的分支机构负责人加强与客户沟通，"地区部总裁们，你们要用一杯咖啡吸收产品线的能力，然后要推动代表去认识；代表和GTS（地面终端系统）后方的解决方案专家也要建立一种良好的沟通机制"。

"其实世界上很多事业上伟大的人，他每天都在和别人喝咖啡和吃饭，怎么他就变成伟大的人了呢？"任正非认为，原因在于这些人的开放心态与沟通艺术。

在任正非看来，华为早已进入了"无人区"，在无人区既可以自由飞翔，更要善于寻找伙伴，"'一杯咖啡吸收宇宙能量'，把世界同方向科学家包囊进来，产生更大的能量。我们也要研究这两种方式，赶上时代步伐"。

3. 灰度管理

"我很尊敬的企业家前辈任正非也曾经从这个角度有深入思考，并且写过

本质 II
增长的本质

《管理的灰度》，他所提倡的灰度，主要是内部管理上的妥协和宽容。"2012年7月9日，马化腾在腾讯合作伙伴大会一周年之际发出公开信，纵论互联网产业的"灰度法则"，在致敬任正非的同时，他探讨了互联网时代的灰度法则，特别是从企业作为生态型组织角度出发的新思考。

灰度测试是互联网领域的一种研发测试，是指在上市前的小范围效果检验。灰度理论，最早出自2009年任正非在市场工作会议上的讲话，原题是《开放、妥协、灰度》，后经他本人亲自修改定稿，题目定为《管理的灰度》。任正非从5个角度阐述了灰度。一、现实是混沌的，战略清晰的前提是承认环境的不确定性，采取更可行的路线。中国历史上的变法，大多没有达到变革者的理想，甚至造成他们个人命运悲剧。任正非认为，主要原因是，"面对他们所处的时代环境，他们的变革太激进、太僵化，冲破阻力的方法太苛刻。如果他们用较长时间来实践，而不是太急迫、太全面，收效也许会好一些"。二、宽容是领导之道，才能团结人。三、妥协是行动策略、实践智慧；"'妥协'其实是非常务实、通权达变的丛林智慧，凡是人性丛林里的智者，都懂得恰当时机接受别人妥协，或向别人提出妥协，毕竟人要生存，靠的是理性，而不是意气"。四、反对完美主义，放弃一步到位的幻想，接受结果的不确定性。五、灰度就是实事求是。"看西方在中国的企业成功的不多，就是照搬了西方的管理而水土不服。"这5个角度融合了价值观与方法论，实现了道术一体。

此文在2018年入选《本质》一书，华为顾问田涛专门撰写了点评文章。田涛在文中提出两个观点：一、灰度理论是华为全部管理哲学的核心基点；二、灰度就是，高则抑之，下则扬之。田涛也担心，灰度理论的底层逻辑是实用主义，可能会被一些人庸俗化，如同华为早年的狼性文化屡被学界诟病一样。

在笔者看来，灰度思维就是放弃反复寻找最优解或以最优解为导向，可以说是企业家思维的本质特征。

与黑白分明的二元论指向的"应然世界"相比，"灰度"更接近于"实然世界"。"世界上最重要的事情是理解现实如何运行，以及如何应对现实。你面对这一过程的心态至关重要。"正如达利欧在《原则》中列出的第一条原则：拥抱现实、应对现实。务实理性的企业家，不会被所谓的理论框框所束缚；为了有效行动，他们会毫不犹豫拥抱现实。

其次，灰度理论具有典型的中国文化色彩。"一个清晰方向，是在混沌中产生的，是从灰色中脱颖而出，方向是随时间与空间而变的，它常常又会变得不清晰，并不是非白即黑、非此即彼。合理地掌握合适的灰度，是使各种影响发展的要素，在一段时间和谐，这种和谐的过程叫妥协，这种和谐的结果叫灰度。"任正非采用了"混沌""妥协""和谐"这3个词来注解，这3个词的内涵，其实都与"中庸"的含义很接近。朱熹的解释"中者不偏，庸者不易"，简单来说就是原则性与灵活性的统一，如任正非所说，"方向是坚定不移的，但并不是一条直线，也许是不断左右摇摆的曲线，在某些时段来说，还会画一个圈"。

金句10条

1. 春天来了，冬天同样不会远。在春天，就要想着冬天的问题。十多年来，我天天思考的都是失败，对成功视若无睹，和荣誉感、自豪感相比，我更看重的是危机感。

2. "烧不死的鸟是凤凰""从泥坑里爬出的是圣人"。干部一定要吃苦在前，享乐在后；冲锋在前，退却在后。一定要以身作则，严格要求自己。

3. 东方不亮西方亮，黑了北方有南方，我们公司的生存平衡就会变得更好。我认为年轻人，在你生命非常旺盛的历史时期，要勇敢走向国际市场，去多经风雨，多见世面，对你一生受益匪浅。

本质 II
增长的本质

4. 我们会不断地改善物质条件，但是艰苦奋斗的作风不可忘记，忘记过去就意味着背叛。我们永远强调在思想上艰苦奋斗。思想上艰苦奋斗与身体上艰苦奋斗的不同点在于：思想上艰苦奋斗是勤于动脑，身体上艰苦奋斗只是手脚勤快。

5. 我 44 岁的时候，在经营中被骗了 200 万，被国企南油集团除名，曾求留任遭拒绝，还背负还清 200 万债。妻子又和我离了婚，我带着老爹老娘弟弟妹妹在深圳住棚屋，创立华为公司。我不觉得跌倒可怕，可怕的是再也站不起来。

6. 在管理改进中，要继续坚持遵循"七反对"的原则。坚决反对完美主义，坚决反对烦琐哲学，坚决反对盲目的创新，坚决反对没有全局效益提升的局部优化，坚决反对没有全局观的干部主导变革，坚决反对没有业务实践经验的人参加变革，坚决反对没有充分论证的流程进行实用。

7. 世界上一切资源都可能枯竭，只有一种资源可以生生不息，那就是文化。

8. 在时代前面，我越来越不懂技术、越来越不懂财务、半懂不懂管理，如果不能民主地善待团体，充分发挥各路英雄的作用，我将一事无成。

9. 面子是无能者维护自己的盾牌。优秀的儿女，追求的是真理，而不是面子。只有不要脸的人，才会成为成功的人。要脱胎换骨成为真人。

10. 任何一个时代的伟大人物都是在磨难中，百炼成钢的。矿石不是自然能变成钢，是要在烈火中焚烧去掉渣子，思想上的煎熬、别人的非议都会促进炉火熊熊。缺点与错误就是我们身上的渣子，去掉它，我们就能变成伟大的战士。

▶▶▶打胜仗的逻辑

作者　任正非　华为创始人、董事兼 CEO

▶导读

管理是灰色的，思想之树长青。创业 34 年来，任正非公开过的讲话多达数百篇，堪称企业家中的思想家。

他在不同时期的很多文章脍炙人口、传播至今。《华为的冬天》在 2020 年再次火爆，给了疫情防控期间艰难求生的企业家继续前行的勇气；2021 年 1 月送别荣耀手机的感言，仅正和岛公号的阅读量就达到 700 万+，成为无数人为之泪奔的现象级作品；入选《本质》的《管理的灰度》，更是以深邃哲理启发了互联网一代企业家的新思考。2019 年 1 月至 8 月，任正非连续接受国内外各大媒体采访，并与世界一流学者进行对话，华为内部编辑了《采访实录》(1、2)。

作为全球 ICT (Information and Communication Technology，信息和通信技术) 领先企业，运营商 BG 是华为起家的主营业务。根据华为年报，2017 年运营商 BG 在公司总营收占比为 49.3%，但是疲态已显，同比增长仅为 2.5%；2018 年增速更低，仅为 1.3%，在公司营收占比 40.8%；2018 年消费者 BG 占比一举超过运营商 BG；2019 年运营商 BG 营收占比进一步锐减至 34.5%。

"要让打胜仗的思想成为一种信仰，没有退路就是胜利之路。"任正非很认可引用美军上将马丁·邓普西的名言。"打胜仗"一语，成为任正非 2019 年以来最高频的词语之一，这不仅是华为艰苦奋战的真实写照，也是 2020 年深受疫情冲击的中国企业的心声。

2019 年 7 月 19 日至 20 日，华为在松山湖基地召开运营商 BG 组织变革研讨会，任正非的讲话首次提出"对技术研发在坚持加大战略投入"，整个讲话充满了军

本质 II
增长的本质

事术语，既有战略思考，更有战术策略。

"如果有人把灯塔熄灭，我们怎么在前路航行？"任正非之问，是遭遇全球化逆流的中国企业的共同命题。所幸的是，对中国商界来说，任正非作为一座思想灯塔，在艰难时刻绽放更加绚丽的光芒，指引大家前行的方向。

这是一篇熔合军事思想与经营于一炉的文章，在任正非诸多讲话中也独具特色，题目是笔者所加，文字未作删减。

我们改革的目的是为了简化作战管理、简化层次，"权要听得见炮声，钱要体现公司意志"。我们既要把权力给到最前方，让他们在一定范围内有战斗权力、战役权力、战略的准备权力，也要承担责任，也要有平衡，这样才有利于作战。将来我们是多 BG 制，多 BG 在区域里汇聚的作用是增强，而不是削弱。在地区部要有各 BG 的协调、考核。

这两天是代表处改革会议，主要是对代表处和系统部的作战权力做规范。CNBG 和地区部不做大的改革，提出的改革方案允许不同地区部有不同意见。不是以我的讲话为准，最终要打胜仗才是最重要的。

一、改革将分三步走。第一步改革明确代表处是作战中心，机关 BG 和地区部 BG 共建面向代表处透明的资源中心和能力中心，资源中心通过市场机制运作和考核，能力中心基于战略目标的达成和市场机制运作与考核；第二步改革地区部以及 BG 的作战部门；第三步改革机关。

1. 第一步改革是改变作战方式。代表处成为经营和利润中心，代表处的项目 70% 是成熟的扩容项目，作战指挥权下放给代表处系统部，作战资源和能力一步获取，决策两层闭环。

第一，长期以来，我们都要求让听得见炮声的人呼唤炮火，呼唤了这么多年，我们都不知道让他们如何呼唤炮火。去年 12 月阿根廷第一次改革会议，阿根廷、哥斯达黎加、纳米比亚、博茨瓦纳 4 个代表处的试点，仅仅是改革了分配机制，并没有改革作战机制，试点代表处反映请示还是太多。这次丁耘提出，将来成熟项目的作战指挥权下放给代表处和系统部，这占代表处约 70% 的量。我们当然想直接就下放给系统部，但是系统部的组织建设是否完成？过去都是代表处作为"婆婆"包打天下，现在先让"婆婆"和"媳妇"共同去用权。探索用一两年时间，成熟一个系统部就授权一个系统部，给系统部直接授权。将来我们就是两层作战组织：一层作战组织是代表处的系统部，一层作战组织是 BG 的野战部队。

这次会议通过的"改革文件之八"（合同审结试点代表处作战指挥权）为什么重要？明确作战中心到底有什么权，如何将成熟业务的作战指挥权下放给代表处。我们先摸着石头过河，经过两三年不断优化，可能真能找到优化作战模式。

第二，公司初步算出了全球所有代表处粮食包的预测方案，这只是"抛砖"，每个代表处自己回去算算账，允许"一国一制"，允许有差别，允许你提出意见。如果你认为划算，那就慢慢改革；如果认为没有好处，可以和公司与地区部博弈，讲出更改粮食包数字的理由。这样的数字改革，就具有科学化。代表处一改革，就会出现人员精简，改革的基准线以 2018 年底计算。上半年精简的粮食包，都留给你们。不是按 2019 年才开始计算，否则大家没有积极性，把臃肿机构拖到 2019 年才裁减。

第三，我们认为，政治环境、市场环境稳定的代表处，可以加强本地化步伐。在确定性工作中要多用本地员工，中方员工可以往地区部的战略机动部队集中。因为用一个本地员工就节约了一部分财务费用，节约出来的钱就是新粮食包，可以用于分配，这样代表处就会想办法如何科学用人。

对于市场环境、条件不好的代表处，比如不能及时回款、币种汇困或者处在极端政治环境下，在合法合规的前提下，应该多用中方员工，少用本地员工。一旦我们在这些国家市场需要临时关闭，留下少量本地维护人员，其他人就可以及时撤回，避免公司在那里硬消耗。

本质 II
增长的本质

第四，听了你们的汇报很高兴，很多方面基本已梳理清楚，不像以前责任、职责、权力都没有厘清。接下来改革的代表处，CNBG 要认真选择，可以先从容易改革的代表处着手，成功后就会信心百倍。如果在难改的代表处先碰了壁，"出师未捷身先死，长使英雄泪满襟"，容易失去信心。我认为，小国可以放开一些，由各个地区部自己定。比如拉美的多国可按小国代表处全面改革，大国不要选择太多，在条件成熟、业务环境类似的两三个国家先改，最主要得出一个模型后，就可以去推广。

2. 第二步改革是改地区部。地区部负责区域性战略的制定与组织实施，提供区域性作战资源、业务能力和行政服务平台。

第一，地区部做好战区主建。这与美军的军改一样，美军五大军种是主建组织，但无权调兵；有 9 个作战中心，没有兵，但它有权指挥作战。当然，我们不存在政权问题，允许代表处拥兵，但是代表处要做强战斗部，拥的是精兵，代表处不能按业务峰值配齐资源，其他由资源中心和能力中心来承担责任，削峰填谷。

第二，地区部担负错综复杂的协调和服务的责任，有汇总权力，每个 BG 不能绕开地区部各行其是。我们可以学习美军，在地区部成立联合作战中心协调各 BG。除了当前改革的 CNBG，将来 EBG、CBG 也纳入进来。垂直到中央的作战能力，如果在地区不能统一协调，全球化就不能统一指挥，那公司就会分裂产生"诸侯"。

第三，我认为，地区部总裁是管"总发财"，不是总决策。各个岗位的责任分工不同，军事家不一定都会打枪。地区部总裁要转换角色，明确自己的岗位职责，不要总想去管下面的具体项目，不是只有冲锋到第一线开两枪才是贡献。什么叫主建？队伍组建好了才能作战，你们做好了服务和能力，都是贡献。大家都知道，美军在参加第二次世界大战以前基本不会作战，他们是在战争中学会打仗，现在是世界上最强的军队。美军以营、团等基层为单位，作战能力那么强，这是我们公司的奋斗目标，这就是为什么我们要走"村自为战、人自为战"这条路线。

所以，地区部放权，才可能"遍地英雄下夕烟"，我们需要的是英雄辈出，而不是英雄一辈、一辈地来改造乾坤。

但是对于重大战役，地区部还是要管的，只是管的方法要有改变。超出代表处的能力范围，权力层层上浮移交，广东公安的做法非常好，这个案例要写出来共享。

当然，对于地区部改革方案只是抛了一个"砖"，不一定正确，大家用一年时间充分讨论，明年六月份再开会确定实施细则。探讨是指每个人都可以发表意见，没有一个权威，而且不同地区部可以有不同的结构方案。明年我们对战区进行科学改革以后，战区就会"瘦身"，富余人员就会被挤到坂田机关来，挤到内部人才市场找工作。当机关开始"瘦身"时，可能有人的路就难走一些了。

3.第三步改革是改机关，机关要率先反对建立重复平台和重复性劳动。

第一，现在机关为什么人浮于事？重复建平台，增加重复性劳动，其实就是在创造就业机会，这个责任由干部部长承担，我们已经开始对干部部长问责。过去人人都想到机关，因为机关近水楼台，晋升快，生活又安定。现在不允许机关这么庞大，在战时状态还这么吃"粮食"？我们会逐渐减少重复劳动，对于做重复劳动的人有两条出路：一是组成"敢死队"对新项目进行进攻，立功以后可能还能当"连长"；二是到内部人才市场找工作，如果找不到工作，每3个月降一等工资。

从现在开始，一级部门干部部长每3个月述职一次，如果找不到重复平台，找不到人浮于事的地方，那就降等、降级、降职。不一定非要找到自己部门的，找到其他部门的也算过关。这些重复平台要强制性合并，你们去找到解决方案，合并后谁来当头儿，就看谁有改革的正确想法，我们会有一个得力干部去临时担任正职，允许你们竞选副职或者助理。当然，这里是指机关的干部部，不包括地区部，地区部现在处于改革混乱期，多一点人力编制是可以理解的。

第二，大量"将军"在前线，不在办公室，我们一定要建立这个政策。机关

本质 II
增长的本质

干部大部分应转为专业岗位，允许机关有高级专家，但是要循环考试、考核、前线评价，有权力的人一定在前线。在循环中优选，在循环中淘汰。机关职级太高，我们先妥协一两年，两年后再改革。

我们组织"敢死队"去帮助一线作战，打了胜仗，前线基层人员多提职提级，机关下去的人员可以拿奖金包，机关人员提级要慎重，否则机关就会提一大批"将军"倒挂。丁耘规定CNBG只有8个综合管理干部，其他人员都要上战场。这样大家才会踊跃冲锋，才能撕开"城墙口子"，如果每个人都不想上战场，能撕开口子吗？当然，不是要求所有人都上战场，该在后方的还是在后方，讲这个概念是要让我们真正重视这个问题。

机关组织应该进一步分离管控与资源中心和能力中心，管控的职责是承接集团与公司的意志，采用定岗定编的方式管理；资源中心的职责是高效支撑作战，采用市场机制运作与考核；能力中心承接战略诉求，既参与作战，也要负责能力的主建的工作，采用能力评估和市场机制运作与考核。能力及资源一步获得的办法，是旅途费用进入空耗，让多个资源中心、能力中心比赛谁更得前方欢迎。

二、以责任结果为导向，"火线选人、战壕中提拔"，在战斗中激励一大批新领袖产生，让英雄辈出，天才成批来；建立"军团"作战方式，强调集体奋斗，集体立功，集体受奖。

1. 坚决走"精英+精兵+职员"队伍的建设道路，形成"弹头+战区支援+战略资源"的作战队列。

我曾讲过未来的大方向，弹头部分应该是"将军"带一批有经验的人上战场；区域部分应该是有实力、有经验、善于"啃骨头"的中青年骨干；战略资源部分应该是最高级精英带低阶少壮派，形成这三层"军团"。

第一，一线充满"将军"，代表处的大系统部应该是"少将"，带少量善于作战的精兵。为什么要用高职级的一线人员？一个人当几个人用。降下成本的薪酬包都归你们，鼓励积极使用本地员工，做成精干的指挥中心。需要炮火的时候，再从能力中心和资源中心调配。因此,他们是"少将"带一些"中校""少校"。

第二,区域能力中心和资源中心,除高级专家外(要循环淘汰),中青年骨干的职级大概是"中尉""上尉"到"少校",是补充的作战力量。

第三,机关不断压缩,将来就是"上将"领袖带一批少壮派,少壮派是"准尉、少尉、中尉",加一批有能力有经验的专业职员,这些职员可能工作到五十、六十岁……少壮派给的是机会,少壮派都想将来当"元帅",天天写"血书"要上战场,但不一定被批准,因为战场没有那么多机会。新兵在战略预备队的训练也在后方,战略预备队和华为大学以考促训,新兵训练要像残酷的西点军校训练一样,天天考试、天天学打"枪",一定要会开"枪"才允许上前线。

2."火线选人、战壕中提拔",以贡献为中心,在实战中加快基层优秀人员的选拔,提高一线直接作战人员的职级。

第一,我们要加快基层优秀员工的提拔,以贡献为中心来选拔干部。我们处于战时时期,可以实行"火线入党、战壕提拔"的政策,危难时刻见英雄,评价战功就看他做得怎么样,人力资源部跟上去追补手续。这也是对干部体系的改革,我们要敢于提拔一批在前线作战的优秀青年员工上来,在整编过程中,每个人都有机会,也有可能一个"小兵"升到"司令"。最重要的历史关头,不只是对英雄的考验,也是对干部的考验,在权力范围内如何选拔优秀,没有权力的如何推荐优秀?

我曾在 CNBG 讲话"在代表处粮食充裕的条件下,允许有 23 级的专家或客户经理",然后心声社区骂声一片,说"坚决不要"。他搞错了,其实指的是他就是 23 级,不是公司派 23 级。战争都胜利了,为什么不可以提拔到合适的级呢?攻下山头的团队,为什么不可以有"司令",从胜仗中选干部。在干部政策上,我们是以责任结果导向,把素质导向放在责任结果导向之后。如果他当上了"司令",考试还总不合格,那再下来,但可以补考。干部可以在战场上选拔,但是素质提高也是必需的,没有说允许像李云龙一样骂骂咧咧。年轻干部刚上来没经验，总会做一两件错事，现在公司很多模块都有指引，只要认真学习，他们会很快找到少做错事的方法。所以，代表处要加强战壕中提拔基层优秀员工，基层员工中不一定就没有"上将"苗子。

第二，在这次改革过程中，我们要重视对改革成功的人员提升职级。有些改革成功的代表处，代表20级、CFO20级，为什么不可以涨快一点？我们要把直接作战人员的职级提上来，如果没有一定职级，他既没有敢于当机立断的权力，也没有呼唤炮火的能力。在我心目中，地区部总裁相当于一级部门，与研发、2012实验室、财经等平行；代表处代表大部分相当于二级部门，与产品线平级，这样前线才有作战、调兵的能力。不要总认为他没有能力，只要能完整做出项目，通过任职资格，就可以破格提拔。如果有些地区实在提不起来，机关的"敢死队"里有一两个好的，你们代表处愿意留他，他就有机会；没有留他，他还是"敢死队"，只能拿奖金。

这次市场改革之所以重要，因为70%的作战权力下放到代表处，成"将军"的机会就多了，通过这次改革，一定是英雄辈出。包括业务连续性攻关中，也要在研发大规模提拔一批人，这就是"拼刺刀"，这就是经过"战争"考验。通过3—5年时间，华为公司一定会换一次"血"，让组织充满活力、充满新鲜血液，包括我们自己的"血"被激活起来，也是换血。当我们渡过最危机的历史阶段，公司就会产生一支生力军。

3. 强调团队作战，集体立功，集体受奖，从包产走向合作制。

我在干部管理工作汇报会上讲过一句话"集体立功，集体受奖，少数人破格"。对于连续性作战，我也提到立功奖励分3种形式：破格、顺格、拿奖金。比如，高级领导参与作战可以升一级；中间级的这一批作战干将可以破格，破两格、破三格，你们去协商；有些我们不能直接去干预职级的人员，先给奖金，然后他参与所在组织的顺级评定。

将来每个项目组也是这样，集体立功，集体受奖，就像电视剧《绝密543》

一样，才能避免包产到个人。阿根廷和哥斯达黎加代表处在早期也走弯了，层层承包，那就是倒退呀。我们要建立"军团"作战方式，强调集体奋斗，而不只是个人奋斗。我们既要把权力下放到前方，又不能层层承包到个人。

4.代表处作战除了主战部队，还需要贴近主战部队的支援保障部队，以及后勤保障部队。

第一，我们强调主战部队的责任简单化，就是攻山头，攻下"上甘岭"。主战部队开着主战坦克往"上甘岭"冲，其他修理车、加油车、担架队、炮弹供应车、馒头车……由支援保障部门负责，再加上后勤保障部门。支援保障部门的业务能力一定要精，而且坚决执行主战部队的命令，保障战斗力。比如，主战部队发邮件给支援保障部门，要求支援资源几点几分送达什么地方、送多少炮弹，如果资源没有送到，就要追究支援保障部门主官的责任。

第二，将来主战人员的晋升速度要快于支援保障部队。主战部队晋升快、拿钱多，但他冒的险大，如果做不好项目，不仅没有奖金，弟兄们还会推翻他。军队为什么主战升职快，是因为牺牲多、空缺多。所以，我们要有正确的价值评价体系，让作战部队有一种光荣感、自豪感。以前干部评价体系总是横向一看"谈吐尚可、行为较佳"，然后拍拍脑袋就升官了，这是一种不公平的晋升机制。现在为什么年轻人踊跃上战场？因为只有上战场才能建功立业，才能有机会在二三十岁当上"将军"。当然，支援保障队伍中也有升官的，做得非常好。

今天所讲的不只是针对代表处改革，而是将来我们整个公司的组织结构建设上一定要分清楚责任。我们要明确主战的概念，特别是研发；CNBG已经把非主战部队裁减了一部分，还要分清楚主战部队和支援保障部队。将来主战部队必须是"嗷嗷叫"的精兵强将，支援保障部队业精于勤，这样我们才能在5年内形成一个精兵组织。

三、战时状态，既要激进又要保守。市场努力向前进攻，加强经营质量；研发坚持加大战略投入,"向上捅破天,向下扎到根"。

1. 在市场上,即要激进又要保守,提升经营质量的同时,努力实现年初预定销售目标。

今年最重要的两个问题:一是提升经营质量,对各级部门都很重要;二是把经营数额尽量减少与年初目标的差距。所以,在当前形势下,既要激进,又要保守。为什么激进?只要我们能生产的产品,只要我们不限制销售的产品,你们都要想方设法卖出去。这样我们才会让世界对我们有信心,增加所有运营商、供应商、合作伙伴和我们员工的信心。为什么保守?不要冒太大的险,不能像过去粗犷式销售。货款收不回来,那何必要乱冒险呢?

第一,目前 CNBG 已经解决绝大部分问题,市场要努力向前进攻,让今年有一个好业绩。CNBG 每个月会给你们一个表格,说明有多少产品可销售,只要没有说具体数量的产品,就指可以放开销售。为什么强调"火线入党、战壕提拔"?就是要冲锋,我们一定要打赢这场"战争",把"开枪"的权力授给你们。谁贡献大,就提拔谁;谁没赚钱,先调查原因,努力了,客观原因不行,可以理解。如果真是因为没有努力,做不好的代表处、地区部,要带头下岗。今年对于市场来说,总体还是保持激进。

第二,今年既要努力做好销售额,同时也要注重合同质量,还要重视回款。如果销售额大,发了货收不回款,没有了流动资金,就可能把整个公司拖垮。上半年我们经营情况看起来很好,应该是中国区客户同情我们,及时支付了货款,中国区销售量大,显得现金流多,这并不代表真实情况。

2. 在研发上,加大战略投入,加强科研队伍建设,坚定不移做到根,短期要解决生产连续性问题,长期要敢于牵引产业发展方向。

第一,今年的财务报表可能比较好,继续加大战略投资,加快购买重要设备和更新仪器仪表,把钱花掉,解决生产连续性问题。我们有现代化的"武器"、高文化素质的人才,在当前历史时期,有条件、有机会的时候要敢于努力升级换代。

第二，在技术口，我们要加强继续授权，把研发的业务指挥权交给专家；削弱研发领域 AT（Administration Team，行政管理团队）的管理权力，AT 主要管组织建设、考核、后勤保障等。特别在进行这种大作战的过程中，一定要有专家。

第三，下半年我们还要加强优秀人才的引进，在世界范围内广泛招聘优秀科学家、高级专家、少年天才，融入到我们的"血液"里，坚定不移做到根，向上捅破天。

现在公司处在危亡关头，第一是号召大家立功，第二是尽快把优秀人员选拔上来，增加我们组织的"活血"。每个职能部门、每个代表处都要想一想，如果你认为自己不适合这个岗位，可以下岗让道，让我们的"坦克"开上战场；如果你想上战场，可以拿根绳子绑在"坦克"上拖着走，每个人都要有这样的决心！

绝大多数员工应心静如水，做好本职工作就是参战。

〉〉〉 大疆:没有想过去寻找所谓的风口 〉〉〉

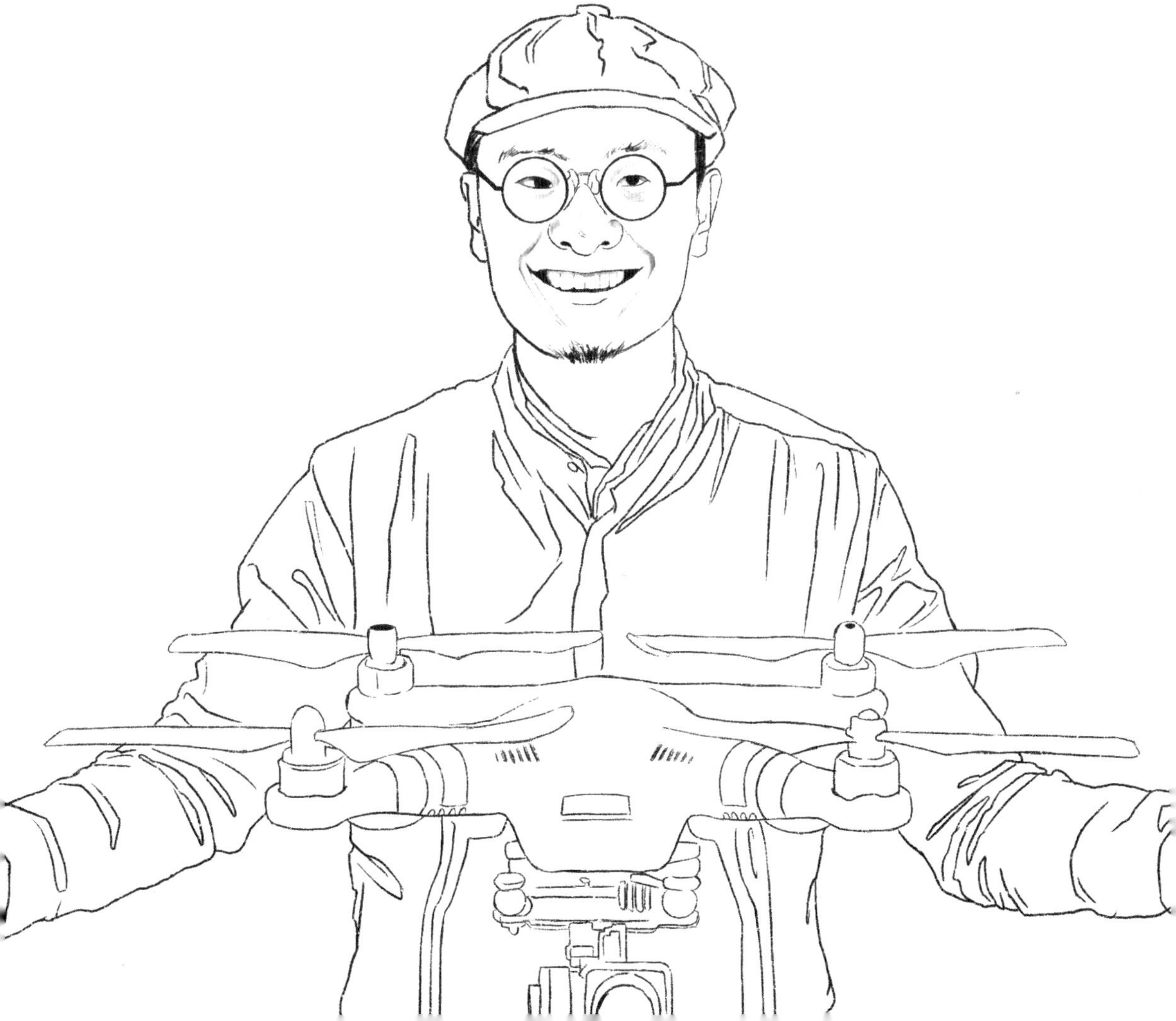

本质 II
增长的本质

▶ 企业简况

2019年，巴黎圣母院大火，使用大疆无人机进行空中观察。2020年疫情防控期间，大疆无人机产品频频出现在全球抗疫一线，在维持秩序、现场监控、远程测温、防疫消杀等方面发挥了重要作用。

大疆创办于2006年，是中国企业实现"中国智造"的卓越代表，估值已超过1600亿元人民币。从最初的20几个人，到万人规模；从仓库创业，到遍布全球100多个国家的销售网络。旗下无人机系列产品是中国企业目前唯一能垄断全球的产品，拥有消费级无人机70%的全球市场份额，北美地区更是达到85%。

大疆是一家墙内开花墙外香的科技企业，近年来逐渐为人了解。美国人对之爱恨交加，《华尔街日报》评价大疆："它'先进'得不像一家中国企业，这是一家全世界都在追赶的中国公司！"

美国政府采用类似打压华为的手法对付大疆，却徒劳无功。被美国拉黑名单，大疆的市场份额不降反增，美国市场占有率上升2个点；对其加征关税，大疆干脆涨价13%，费用直接转嫁给美国消费者，其中就有美国军方。2019年，美国对大疆启动"377调查"，2020年8月21日，美国商务部宣布不对大疆限禁。

2015年，大疆估值突破100亿美元，投资者蜂拥而至。红杉资本合伙人迈克尔·莫里茨（Michael Moritz）公开表示，"DJI（大疆）的精灵2Vision基本相当于一个飞行着的Apple 2"。2018年4月，大疆以竞价的方式融资10亿美元。开出的条件非常苛刻，仍有100多家的机构递交保证金和竞价申请，且认购金额

06 新制造
大疆：没有想过去寻找所谓的风口

超过了 300 亿美元。融资完成后大疆估值接近 240 亿美元。但是，因内部发生严重贪腐，当年 45 人被查处，涉及资金约 10 亿元，大疆因此放缓了增长脚步。

根据预测，2020 年后全球消费级无人机市场的增速将放缓至 10% 以下，工业级无人机的销售将持续每年翻番。2018 年，大疆选择进军工业级无人机，目前产品延伸到农业、医疗影像、教育等行业和自动驾驶领域。

《财富》杂志 2019 年中国 40 位 40 岁以下商界精英榜中，汪滔排在第三，仅次于字节跳动的张一鸣和商汤科技的徐立。

1980 年的汪滔在杭州出生、长大，家境殷实，父亲是一个工程师，母亲则有自己的企业。因为一本"红色直升机探险故事"的漫画书，汪滔小时候就有了航空梦。因为中考成绩好，父母奖励了一台遥控直升机。

汪滔不是典型的学霸，热衷于搞科研。2001 年他考入华东师范大学，大三退学申请美国名校失败，进了香港科技大学电子工程系读研。他参加机器人大赛，经常旷课搞研究，两年的研究生课程，读了 5 年才毕业。汪滔把自动控制直升飞机空中悬停作为毕业设计，虽然演示失败，但受到导师李泽湘鼓励和资助，2006 年 1 月带着航模样品到深圳开始创业。作为大疆创新的早期顾问及投资者，李现任公司董事会主席，持有 10% 的股份。

2006 年年底的大疆，资金耗尽、团队散了，汪滔遇到了第一次危机，根本找不到投资人。关键时候，父亲的朋友陆迪慷慨解囊，投入 9 万美元，占了 16% 的股份。根据目前估值，这笔投入的回报是 200 亿元。2013 年 1 月，大疆正式发布"大疆精灵"，这款四旋翼飞行器简洁易用，仅售 680 美元，大大降低了消费级产品的入手门槛，成为当年爆品，自此确立了市场霸主的地位。

汪滔有一种天生的狂者气质。《论语》里说，"狂者进取，狷者有所不为也"。孔子的意思是，中庸的境界不易达到，人可以退而求其次，做个想要改善社会的狂者也很好。

汪滔有一段话在圈内流传甚广，大意是，森林里面发大水，把小动物们全部冲死了，最后只剩一个长颈鹿，而他就是那个长颈鹿。这显示了高人一等的自信，也说明大疆掌握核心技术后，根本不担心被别人"卡脖子"，自己的脖子已经足够长了。

汪滔非常推崇乔布斯，追求产品的极致品质。在员工眼里，汪滔对待技术达到了"病态"的严苛，比如考虑每颗螺丝承受的强度不同，他告诉员工，要用几个手指头，把螺丝松紧度拧到什么感觉为止。内部人士称，创业初期汪滔也经常骂人，有点像乔布斯。

除了乔布斯，汪滔自称没有特别佩服的企业家，但在他眼里，自己和任正非是企业界少有的聪明人。拼命苦干、自主研发，是大疆创业成功的秘诀。大疆内部人员透露："每天早上9点上班，基本没在晚上11点前离开过，凌晨2点研发部办公室的灯光还亮着。"这一点很像当年艰苦奋斗的华为。

大疆是少有的全链条纯国产的世界一流企业。美国无人机服务公司Flymotion的CEO因格理仕（Ryan English）表示，"大疆拥有全球市场。大疆的一个特点是，其先进技术很难被超越"。

大疆每年投入巨额研发资金，25%以上的员工专门从事研发。早在2012年，大疆已经拥有研发一套无人机所需要的软硬件所有技术条件：操控软件、动力系统机架、遥控器，等等。

大疆拥有了所有无人机的核心技术，累计专利申请量超过4600件，其他公司短时间根本无法复制、替代。《连线》前主编安德森2012年创办3D Robotics，被福布斯称为"大疆的强大对手"，累计融资1亿美元，在大疆推出精灵4，并对精灵3大幅降价后，不久就宣告结束消费级业务，拱手服输。

2019年年底，美国《时代周刊》列出过一份10年来最佳电子产品的榜单。在上榜的10款产品中，包括苹果设备、特斯拉Model S、任天堂Switch以及大疆无人机。汪滔和他欣赏的乔布斯"站到了一起"，达到了一个技术极客的人生巅峰。当年初代样机的首次试飞，汪滔选择放在了珠穆朗玛峰上。

"在我看来，创业公司和创新城市可以相互成就。"汪滔认为大疆的成功，离不开深圳包容失败的氛围和珠三角成熟的产业链、供应链；同时，大疆在无人机产业的突破，为深圳集聚了大量的专门人才，构建了世界一流的产业生态。

创业以来的很长时间，汪滔在大疆身兼两职：CEO 和 CTO（首席技术官），他更钟情于 CTO。2017 年，大疆内部提拔了一位 CEO，"Frank（汪滔）可以专心做他爱做又非常擅长的事，我们帮他处理掉其他很多事情"。

"从本质来讲，我还是个理工科的'屌丝'。"汪滔的办公室里写着两行字"只带脑子"和"不带情绪"。《福布斯》杂志曾评价，这是一位"言辞激烈却相当理性"的领导人。

汪滔为人低调，不喜欢"经营自己"，很少接受媒体采访，甚至从不参加本公司的产品发布会。但是，他愿意为大疆创办的 RoboMasters 大赛（机甲大师赛）站台。前几年舆论热炒"互联网思维"等概念，汪滔担心一些企业会误读，他借着 RoboMasters 大赛来发声，希望更多人去关注中国制造真正的价值和创新机会。

年届不惑的汪滔，变得更加平和，他在调整自我。"我曾经是个完美主义者，并且与人交流的时候不懂得表达而容易伤害到他们（合伙人、员工、投资人等）的感情。"在处理与内外部的人与事的关系上，或许汪滔应该也追随任正非的方式，尽管华为遭遇诸多歧视与打压，任正非选择以理性的方式，继续拥抱世界。

▶ 主要理念

1. 不做二流产品

改革开放以来中国社会取得很多发展和成绩，汪滔一直在思考还有哪些地方做得不够。他的反思是，"我们这个国家至今鲜有能够打动世界的科技产品以及文学、艺术作品问世。很遗憾，总体而言我们至今还在做便宜货"。

本质 II
增长的本质

︾

但是，汪滔的目标是在各个领域全面超越美国，他在朋友圈写道："文化、价值观、产品的二等公民我做腻了，期待我们的产品也可以早日让美利坚五体投地！"事实上，经过十多年的埋头苦干，他已经做到了，大疆无人机被誉为"近代第一个来自中国的有能力引领全球科技潮流的产品"。

汪滔喜欢日本的武士刀，赞叹日本的工匠精神，很清楚好的产品需要千锤百炼，"你必须为任何好的东西付出高昂的代价"。他在内部分享过乔布斯的一句话：真正的魔法，是用五千个点子磨出一个产品，好想法要变成好产品，需要大量的加工。

为集中精力做好产品，创业初期汪滔就提出一定要自主创新，从每一个零件，哪怕一个螺丝钉，使用的都是中国技术，为此他本人每周工作80多个小时。

回顾大疆之路，汪滔认为中国社会最需要埋头苦干的精神，只有一门心思做出卓越的产品，才能踏踏实实地创造社会价值。创业创新要敢于走窄门，"有不少创业的人喜欢赶风口、炒概念、投机取巧，这些做法门虽然宽，路虽然大，然而却无法带来实实在在的创新，既是对创新精神的误读，也是对创业环境的破坏"。

虽然某些企业贴上了"互联网思维"的概念标签，本质上还是在相对落后的市场、以便宜货的形象兜售产品，"我给这类公司起了个更贴切的名字——小家电2.0"。

大疆走了一条与此截然不同的路。"我就是要做世界一流的产品，一定要走中国技术、中国制造。"汪滔认为，这是一条很单纯，也很辛苦的路，但是"这种做法比较辛苦，要耐得住寂寞，很多人觉得是个'窄门'，不愿意走。从我们的经历来看，这样的做法是对的。"只有这样，才能踏踏实实地创造社会价值。

汪滔相信科技与创新的力量，公司起名"大疆"，寓意是大智无疆，"未来无所不能"。但是，初创的两三年，大疆并没有什么商业模式，只是个做产品并在网上航模论坛里兜售的小作坊。即便是濒临弹尽粮绝，汪滔也执着于追求产品的

06 新制造
大疆：没有想过去寻找所谓的风口

完美，"我是做产品的人，我只想把产品做好，让更多人来使用"。永远追求卓越，不管产量多少，永远不做二流的产品，这是汪滔心中的大疆成功密码。到2015年，汪滔创造了两组词，概括为"激极尽志，求真品诚"。

他自己的解读是，"激发我们极尽的志向，求真品诚是不断追求真知灼见"。他骨子里反感，为赚快钱去做低附加值的便宜货，"我们选择了另一种模式，在擅长的领域，不光做全中国最强，甚至要做全世界最强，全宇宙最强。最后也是最重要一点，变成善良的人，真诚对待事业，真诚对待合作伙伴"。

大疆官网对价值观的最新表述是，"激极尽志、品诚求真、乐享谦学"，有两个调整，一是品诚与求真换了顺序，二是新加一句"乐享谦学"，这个微妙的变化，或许是大疆2018年以来拓展工业级无人机市场，要跨越更大的能力边界，汪滔对团队成长的最新体会吧。

2. 靠谱的人

"人恶没有大智慧，心邪做事不靠谱。"2016年汪滔在朋友圈提炼了自己对人的两分法，所谓好人与坏人。在他眼里，所谓靠谱，首先是品性问题，其次是洞察力。

2006年初创时，大疆招不到优秀人才，降格录取了一批员工。部分员工能力不行，品行也差，有人投靠合作商，有人偷卖公司财物，更有离职员工销售大疆盗版飞控。第一代产品推出前，这批人纷纷选择离开，这段历史被汪滔称为"黎明前的黑暗"。2008年，导师李泽湘加入，除了带来资金，还引荐更多学生加入，大疆的技术团队终于走入正轨。

"现在部分企业热衷于自我炒作，还被当作大众榜样。它们依赖商术，却很少追求商道。"部分年轻人受到了功利主义思想的影响。

"未来的发展，我们缺了什么？"汪滔2015年RoboMasters大赛结束时的演

本质 II
增长的本质

讲题目，直击中国创新的痛点，"经过 30 余年的发展，中国社会已经站在了巨人的肩膀上，是非常好的机会。现在是时候让我们一起静下来想一想，进一步发展的瓶颈在哪里？"其中的人才忧思，颇有"钱学森之问"的洞见。

"靠谱"的另一层是指洞察力，"看问题能有真知灼见，能看到事物的本质"，"不盲从，通过独立思考找出更好的解决方案"。

但是，他发现，"社会中具有真知灼见的人才密度不高。正因如此，我们一向注重人才的培养"。在大疆之外，汪滔最关心的是人才发现与培养，微信朋友圈一半的内容是关于文化与教育。他经常抨击中国教育的短板与传统文化的弱点，"教育要紧跟成功实践经验，不能只教知识，还要教如何思考，如何开脑洞。教育－文化－实践－教育，要在国家层面实现闭环，在用众人的实践，去互相加速之"。教育改革与文化进步，是国家层面的难题；对创新企业来说，更紧迫的是，如何在更大范围寻觅优秀人才。

2014 年，红杉合伙人莫里茨访问大疆，讨论投资事宜时，问大疆有什么需要帮忙的。这是投资者自我推销的套路问题，一般会落在政府关系、市场拓展、人才招募等企业发展方面。汪滔的答案出人意表，想做一个全球最有影响力的机器人比赛，红杉怎么看。

总结大疆的创业经历，汪滔发现判断人才优劣，应该更多地从兴趣与项目经验出发。但是，国内的理工科教育，主要靠应试成绩选拔和考核，学生缺乏实际能力的训练。大疆希望弥补这些短板，RoboMasters 大学生机器人大赛由此而生。

"我在创业之前参加了 RoboCon 机器人比赛，并且从中获益匪浅。这是一个可以培养年轻人的平台。不过 RoboCon 的观赏性并不好，且每年的主题都在变。我想做一场观赏性很强的机器人比赛，强调竞技性，让大家看得更爽、玩得更嗨。"

举办 RoboMasters，也源于少年汪滔的一个梦想。与很多"80 后"一样，汪滔很欣赏日本漫画家宫崎骏作品所塑造的充满想象力的世界，特别是《天空之城》《风之谷》等关于飞行的作品。他希望通过 RoboMasters 大赛，把更多富于想象力与才华的年轻人聚集起来。

2013 年的夏天，RoboMasters 全国大学生机器人大赛首次亮相，至今已经连续主办了 6 届。每一届 RoboMasters 都要花掉数千万元，最初是大疆自己承担，不求回报，近年来陆续有了政府资助和商业合作。目前该赛事升级为全国大奖赛，由共青团中央与深圳市政府主办，大疆承办。

汪滔期待，RoboMasters 能成为 F1 方程式大赛或者世界杯一样的顶级赛事，让工程师和发明家成为万众瞩目的明星。

3. 这个世界太笨了

"这个世界太笨了。"汪滔曾经面对一群女企业家，大放厥词，"工作以后发现，不靠谱的人和事太多了，这个社会原来是这么愚蠢，包括很多很出名的人，或者大家以前当成神、现在也当成神的人，其实 level 也不高嘛。"依文集团董事长夏华当时在场，她表示，"很少有企业家在这样的场合用这么简单的话来表达，但他对聪明的理解蛮深刻的，是基于人的价值的判断和接近本质的能力"。

与常人的理解不同，汪滔口中的"笨"，是指容易为表象蒙蔽，如喜欢刷朋友圈，被一些时髦的理念迷惑。他眼中的聪明人，接近于智者，是指能直击本质，"在实践中解决的困难问题越多，脑洞开得越快"。

汪滔还经常提到好人、坏人之分，"好人追求互利共赢，坏人自然就是损人利己"。这类似于儒家所说的君子与小人。

汪滔把乔布斯视为榜样，"他身上拥有很多优秀的品质，他的做法、想法也给我带来不少的启发，自然会爱屋及乌"。

汪滔很佩服同在深圳的任正非，认为他从销售起家，最终打造了一家研发型企业，"把技术做得那么牛，团队管得那么好，而且他的方法论、价值观又不是

本质 II
增长的本质

为了钱"。大疆内部坚持优胜劣汰,对员工的考核近乎苛刻,"在大疆,玻璃心真的很难生存"。大疆早期的工作模式和"狼性"精神,或许是效仿了华为的某些做法。

金句 10 条

1. 打开电视,我们还找不到一个让工程师、发明家也能成为明星的智力竞技运动。正是这样的一个朴素念头,催生了 RoboMasters 大赛。此类赛事不但能塑造姚明、刘翔这样的全民偶像,更能产生乔布斯这样受人尊敬的发明家和企业家。

2. 很多人主动选择遗忘这样一个事实,就是——只有做自己真正感兴趣的事情才能把它真正做得好,只有怀揣崇高的理想才能走得更远。

3. 从大疆的发展经历来看,公司面临的瓶颈既不是市场也不是资金,甚至也不是技术,而是我们面对太多的发展机会却缺少有能力把问题"看清楚,想明白"的人才,去将这些机会逐一变为现实。企业需要一批具有真知灼见和创新求真精神、做事靠谱的核心人才,但环顾四周我们却发现,这在当今中国却恰恰是稀缺资源。

4. "靠谱"和"不靠谱"是当下的一组流行词,那么怎样才叫"靠谱"?我个人总结起来就是,看问题能有真知灼见,能看到事物的本质,能在众多公说公有理、婆说婆有理的选项中,不盲从,通过独立思考找出更好的解决方案。

5. 大疆的成功,源于始终专注于产品的态度,源于不懈的努力和追求,更源于忘我的牺牲和付出。

6. 我们还是希望找到志同道合的一些人,想去改变中国文化的一帮人,通过商业的行为,最后其实目的不在于商业,而在于做一些特牛的事情,和改变中国的一些文化。我们应该重新相信自己,在实践当中来试一试我们需要怎么样的文化。

7. 如果不知道自己要去哪里,只是一味地随大流,那么无论从哪个方向吹来的风,对你而言都不会是顺风。

8. 宫崎骏之所以伟大在于他创造了一个想象当中的世界,有很多非常美好的因素,很多都是关于飞行的,包括《天空之城》《风之谷》《千与千寻》都是创造了很奇幻的一个世界。那么其实我觉得那些喜欢科技的年轻人,都是有自己所幻想的世界,而对于我来说,RoboMasters 就是我小时候幻想的世界。

9. 善、恶、蠢,三股势力,本质上是善对决恶蠢联军。善的定义为有力量之美。人类的最大敌人是愚蠢,愚蠢是万恶之母,要消灭恶,先消灭愚蠢。

10. 在我们的父辈,中国一直缺乏能打动世界的产品,中国制造也始终摆脱不了靠性价比优势获得市场的局面,这个时代企业的成功应该有不一样的思想和价值观,大疆愿意专注地做出真正好的产品,扭转这种让人不太自豪的现状。

▶▶▶没有想过去寻找所谓的风口

作者 汪滔 大疆科技创始人兼CTO

▶导读

这是大疆创新创始人汪滔 2015 年在深圳大学新生开学典礼上的演讲。正如他景仰的乔布斯 2005 年在斯坦福的著名演讲,也是一次面向年轻学子们的心灵对话。

本质 II
增长的本质

大疆崛起于深圳，极大受益于这座城市的创新环境。2015年大疆创办近10年，汪滔刚满35岁。2013年发布的大疆精灵成为爆品，大疆已经成为全球市场的领军者，创新之路日益顺畅。当时，中国商界热衷于"互联网思维""风口论"等观念，部分年轻人深陷功利主义，汪滔对此深感不安。面对刚进入大学的年轻人，他讲述了自己的创业经历，抨击了流行的所谓"成功学"，鼓励新一代主动成长，勇敢承担人生使命。

今天，我想和大家分享3句话，这里面有我自己的人生经历体会，也有对大家成长成才的期望。

▶ 第一句，寻找自己的风口

前两年互联网界流行着一句话：站在风口上，猪都能飞起来。今年上半年股市飘红时也流行一句话：放弃用大脑思考，对股票"跟风买入"。后来，在移动互联网的风口上，90%飞起来的猪又摔了下来；而对股票奉行"跟风买入"的中产阶级中，有55万个价值百万以上的账户在接踵而来的股灾中消失。

生活中，人们一直乐此不疲地希望搭上顺风车，但如果不知道自己要去哪里，只是一味地随大流，那么无论从哪个方向吹来的风，对你而言都不会是顺风。

我很庆幸，在小学的时候，我读到了一本讲述红色直升机科普故事的漫画书。自此之后，我开始对天空痴迷，并把大部分时间都花在与航模有关的读物上面。上高中的时候，我有一次在考试中取得了高分，我父母奖励了我一台梦寐以求的遥控直升机。但是，这台价值上万的高档礼物却很令人失望，它的稳定性有限，非常难控制，很快就损坏了。然而，在日积月累的思考和探索中，一台完美的飞行器却在我脑海中逐渐清晰，并下定决心去实现它。

大疆：没有想过去寻找所谓的风口

事实上，在我接触航模的大多数时间内，这都是一种小众的爱好，也谈不上理想的职业目标，甚至耗费大量时间影响学习。

我遇到不少人在确定人生目标的时候，秉持着"跟风买入"的原则，当年学通信收入好，就学通信，后来又追风去学金融，到现在则是互联网创业之类的，一旦行业动荡他们便不知所措。

我从来没有想过去寻找所谓的风口，也没有放弃独立思考和心中的目标。如今，每天都有人在全球各地使用大疆的产品，我们有 4000 人的团队为了更完美的飞行器而努力工作。我在一个热门行业工作，不同的是，是大疆让无人机市场变得如此火爆。

生活中到处都有机会，但只有做自己感兴趣的事情才能真正做得好。不是所有的人生目标都看起来很美，能够找到它并坚持下去才是大智慧。

▶ 第二句，敢于追求卓越

在大疆创新成立之初，我们抱着一些极客的心态，决心要做出极致的产品，做卓越的企业。不过，我发现这件事情并不容易。因为在实业界，我们一直缺乏"精益求精，止于至善"的价值追求。

无人机是集成化要求很高的产品，机械、导航、云台、成像等技术，缺一不可。我们的研发团队很早就达成共识，如果不能实现一体化的设计和完美的流畅操作，极致的产品就无从谈起。曾有人论证说电机直驱云台项目不可行，但大疆自主研发的禅思云台给这个行业带来了变革。也曾有人质疑大疆做相机的决心，但从 Phantom 2 vision 开始，我们自主研发的相机系列完全满足了航拍需求。

现在，大疆的无人机产品真正实现了优异的性能和到手即飞的体验。正是因为这些自我突破，大疆无人机成功入选美国《时代》杂志"2014 年十大科技产品"，也成为唯一一个入围的中国产品。

我们所在的珠三角，有这么好的硬件产业链，这么好的人才资源，可是很多人还是习惯 10 多年前的小家电商业模式。海量出货，赚取非常薄的利润。

在大疆发展壮大过程中，不断有人善意地"提醒"我们，去搞关系、炒概念、赚快钱。这些手段无疑会让企业获得一时利益，但绝不能让企业卓越。我们不屑那些所谓的成功，而是选择了一条最难走的路，那就是一门心思制造打动人心的产品。10 年前，中国公司做出一款颠覆性的科技产品，还被大家认为是天方夜谭。如今，在大疆开创的消费级无人飞机的市场，所有人都在追赶大疆的脚步。现在看来，这有可能是中国近代历史上第一个可以带动全球科技潮流的产品。

现在，社会上成功学大行其道，也有人趋之若鹜。但我建议大家，别去追求成功，而是去追求卓越。成功的标准正在变得千篇一律，说俗一点，就是要混得比别人好，挣得比别人多。卓越则不同，没有人规定卓越是什么样的，但是卓越本身蕴含着极致与完美。

同学们，把相互攀比的内容作为成功准绳是可笑的，追求这样的成功也毫无意义。只有在追求卓越的道路上，才能突破自我，不断超越。

我一直认为，我们这一代不能再去一味地追求财富和利润。近代中国一直鲜有能够打动世界的科技产品、文学及艺术作品，我们现在应该鼓起勇气，在各个领域中追求卓越，不再做文化上的二等公民。

▶ 第三句，养成真知灼见

在一个选择太多的时代，洞察力尤其重要。

谷歌能够洞察到智能手机的潮流，通过安卓系统抢占了移动端操作系统市场；柯达公司发明了数码相机，却不能洞察其中的价值，导致公司在数码时代黯然破产。

优秀的企业从来不缺乏机会，而是缺少能够把问题"看清楚，想明白"的人才。具有真知灼见和创新求真精神的核心人才，在我国是极为稀缺的资源。

大疆：没有想过去寻找所谓的风口

在大学中，学习知识当然非常重要。但是同学们切不能忽视思辨能力的培养。你们不要一味低头死读书，而更应该抬头看路，着手规划自己的未来路径，后者恰恰是在商业、艺术、发明活动中最为重要的部分。记得当初进入大学后，我发现并没有一个匹配的专业让我研究飞行器。但是我没有放弃自己的目标，而是通过参加机器人大赛，不断积累机械、动力、控制等方面的知识。

我至今还清晰地记得，在香港科技大学说服老师同意我自主选择毕业课题方向时的喜悦。因为我终于可以如愿以偿地为心中完美的飞行器努力。现在回头看来，那次毕业研究奠定了大疆创新蹒跚起步的基础。

就我的个人经历而言，真知灼见的能力需要大量的思考、练习和探究，并不是单纯多看书就行了，而是要保持"好奇心"，有自我提高的内在动力，多问"为什么"。

大学教育并不是为了培养观点平庸、循规蹈矩的学生，而应该是对思维能力、崇尚真知灼见的品质的培养。如果没有这些能力，在不再有章可循的商业及创造性的工作中，很难看透本质，寻找到突破口。因此，我希望深圳大学的学生们，能够充分利用深大丰富的学术资源、珠三角成熟的产业结构、深圳活跃的企业集群，让自己成为参与新一轮国际竞争的有用之才。

今年，我们联合团中央举办了 RoboMasters 全国大学生机器人大赛，总决赛就是在深大举行的。我们深大的队伍也参加了这次比赛，并取得了优异的成绩。

在此我特别感谢清泉校长、诸位老师及学生志愿者们给予我们的帮助。相信不远的将来，深圳大学与大疆创新将有更多合作的机会。

最后，预祝大家能够度过一段难忘的大学时光。

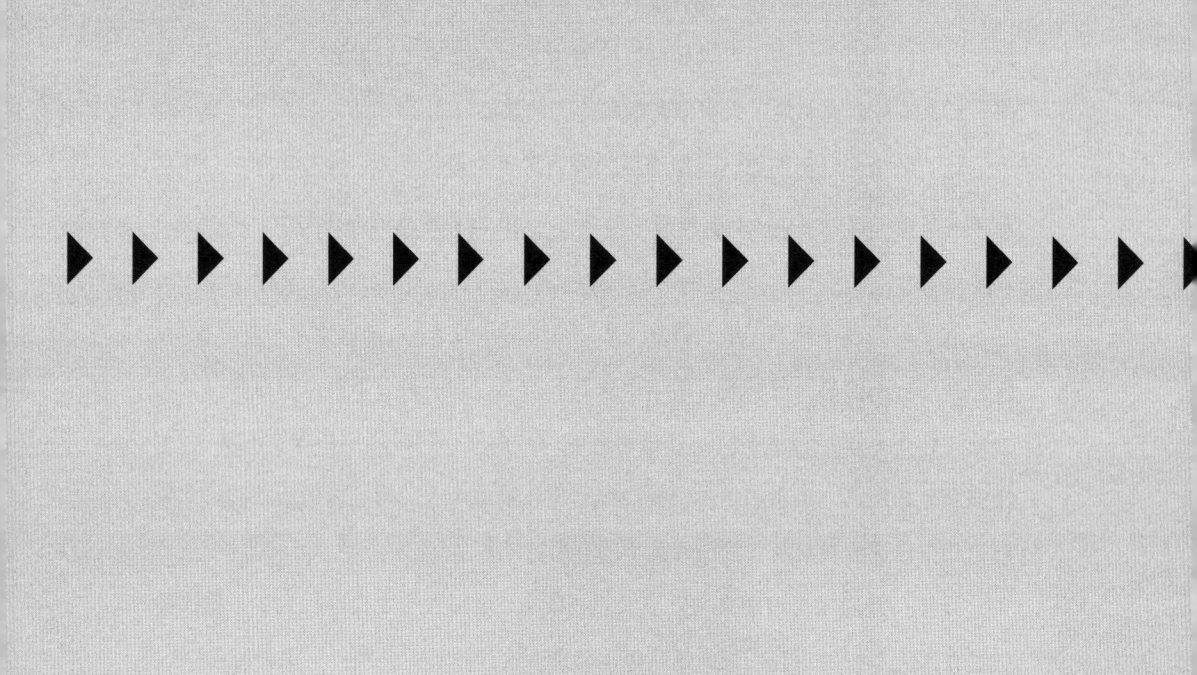

▶▶▶▶▶▶▶▶▶▶▶▶▶▶▶▶▶

07 新资本
CHAPTER SEVEN

做时间的朋友，需要极强的自我约束力和发自内心的责任感

>>> **红杉中国：我的投资逻辑** >>>

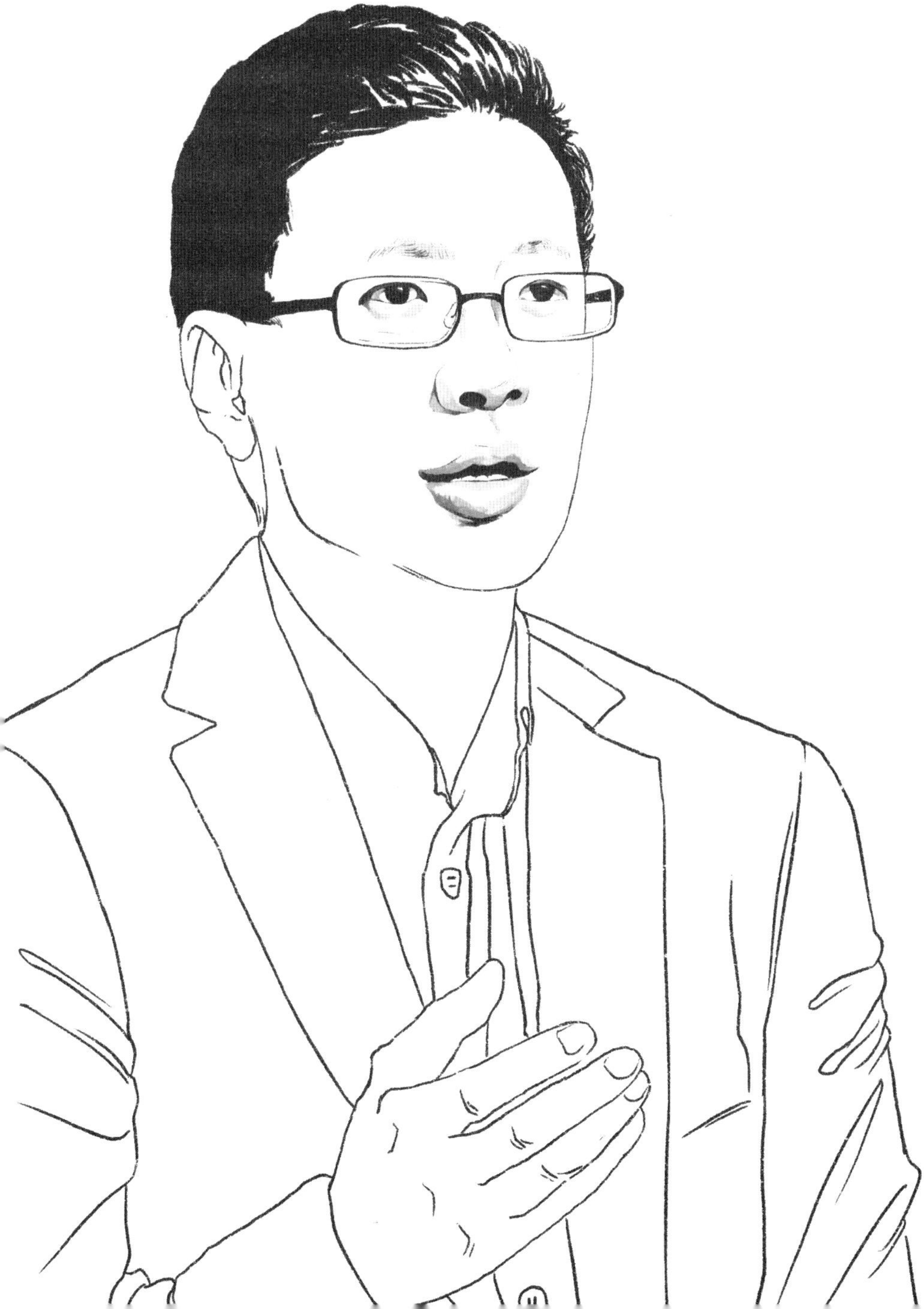

本质 II
增长的本质

▶ 企业简况

沈南鹏被誉为拥有"超 2 万亿的朋友圈"的人。在中国近 200 个独角兽企业中,红杉投资了其中的三成;在电商中概股中,红杉中国包揽了前三大电商平台,阿里巴巴、京东、拼多多;也是唯一同时投资了 TMDP(今日头条、美团点评、滴滴、拼多多)的公司。在美团—大众点评、58 同城—赶集、京东—达达这些著名并购的背后,红杉更是重要的推手。

在马化腾眼中,沈南鹏是中国最成功的投资人,"没有之一"。在 2018—2020 年,《福布斯》杂志全球最佳创投人榜单,沈南鹏连续 3 年蝉联全球第一,在全球华人投资家中,这一荣誉无人可出其右。他还入选过 CB Insights(一家风险投资数据公司)-《纽约时报》2016—2019 年度"全球 20 位顶尖风险投资人",荣膺《福布斯》"百年百位全球最伟大商业思想家"奖项。

"红杉几乎把握住了每一次新的风口、新的机会,做到这一点相当难能可贵。"这是华兴资本创始人包凡的评价。在沈南鹏的带领下,红杉中国 2010—2020 年这十年里,押注移动互联网各赛道,加速超越 IDG(IDG Capital,最早进入中国的外资投资基金)等老牌同行,攀升到中国风险投资的新高度。

红杉官网上有这样一句话,"我们从早期就与创业企业成为合作伙伴。面对创业企业在初创阶段中的坎坷与波折,我们感同身受、悉心相伴,帮助创始团队从零起步,逐渐形成自身独有的企业 DNA"。

管理规模超千亿,资金投向偏重中后期,但是沈南鹏一直强调红杉的初心:

07 新资本
红杉中国：我的投资逻辑

红杉是科技领域早期投资者的代名词，"就是乔布斯写商业计划书时我们就投了第一笔资金，这是红杉的立家之本"。为了加大对早期投资的关注，红杉中国与徐小平的真格基金合作密切，并且是线性资本、明势资本等机构的LP（有限合伙人），这些机构多数关注于天使和早期投资，以技术投资为主。

这与起步于二级市场、近年来发力天使投资的高瓴资本不同。有趣的是，两家机构合作默契。资料显示，红杉是高瓴合作次数最多的投资机构，两家公司合作投资超过了40次，两家最有共识的是生物医疗领域，与高瓴不同，红杉中国更加关注数字化技术与医疗健康的交叉领域，比如微医、医联等，以及第四范式、推想科技等一批医疗人工智能企业。

经过15年的成长，红杉中国的投资模式演化为"全站式的投资"，"我们有种子基金，有风投基金，有成长期投资，有并购投资，一直到一级半、二级市场"。沈南鹏认为，全站式打法最大的好处是巨大的协同效应。比如在分析一家行业领先公司时，看到的只是成功的静态结果；随着科技驱动的效应显现，对于前沿科技的关注，让红杉了解到行业中新技术带来的新机遇，而这有助于更好地了解成长型企业的过去与未来。目前红杉的团队超过200人，其中一部分属于投后管理的职能型人员，从人力资源、IT到媒体公关等，以便赋能被投企业，"你只有真正地投入，才能给被投企业提供实实在在的帮助"。

"我们一直都很关注两个投资方向。一是数字化转型，第二个是医疗健康。"新冠肺炎疫情对经济的影响，让沈南鹏坚定了这两大领域的重注，"信息化可能是中国最大的行业趋势"。

因为技术突破如肿瘤治疗、行业人才储备以及政策鼓励，"今天的医疗健康行业有点像20年前的PC互联网，有一批优秀企业在不同的垂直领域里崭露头角"。据统计，2020年，红杉参与投资的企业已有20家成功上市，还有多家正筹备上市。实际上，红杉入局医疗健康已经超过10年，2020年上市的10家医疗健康企业中，如新产业生物、燃石医学、稳健医疗、弈瑞科技和二次上市的再鼎

本质 II
增长的本质

医药等，红杉都是最早的投资机构之一，平均持股时间近 8 年。

投资界一直存在两种风格，一种是小而美的精一打法，如海纳亚洲（SIG）王琼的做法——持续下注张一鸣，获得长期的超额回报。据行业预测，SIG 在头条项目上赚的钱比很多大牌基金所有项目加起来都多。沈南鹏认为，红杉中国走的是大而美的路线，"如果类比互联网公司，它们只做一条产品线，可以做到无比精致。而红杉拥有多个产品线，我们通过协同来增加胜率"。

"3 年、5 年、10 年以后的行业发展会怎么样，有可能做不出特别完美的判断，就尝试做一个判断，然后在这个行业里做一步到两步的尝试，即使数据不那么充分，你要有自己的判断，这是风险投资人必须有的能力，是我们每天工作中最重要的事情。"产业预判，是沈南鹏持续精进的方向。

沈南鹏有过数学家梦想，近年来常在各类论坛分享自己对科学的理解。在未来论坛 2017 年会，沈南鹏借用五四运动时期的提法，把具有科学思维的人称为"赛先生"。他发现很多企业家与投资人当年曾是各类科学大赛的获奖者，科学思维对企业家成功的影响，不仅是逻辑思维，更在于科学素养带来的"终生的智慧和启迪"。在 2020 年第二届世界顶尖科学家论坛上，沈南鹏还谈到科学家与创业者的共同特质。他认为，优秀科学家与成功企业家"都对原创精神有一种执念"，"科学和商业的根本出发点都是为了解决世界的某些问题"。

近年来，他频繁奔走于多个科技公益活动。2015 年 1 月，沈南鹏与张磊、施一公等著名科学家、企业家共同发起未来论坛，设立未来科学大奖，该奖项是国内企业家捐赠设立的第一个科学奖项。他还携手香港科技大学李泽湘教授（大疆的技术顾问与早期投资人）等人共同建立 HONGKONGX 科技创业平台。"当进入技术创新的时候，你得扩大你的朋友圈，多认识一些科学家和教授，这是我们过去几年明显的变化。"红杉合伙人周逵坦言。

包凡认为红杉中国构建了独特的投资生态体系，"从这个角度来说，我相信他未来还是会站在这个行业的制高点"。2020 年 7 月 8 日，红杉资本国内首个产业孵化中心——"红杉数字智能产业孵化中心"正式启用，打造"基础科研＋创业孵化＋深科技应用"为核心的数字智能孵化体系，发掘和培育前沿科技企业，通过资源共享、政策对接、孵化加速等举措实现精准产业赋能。

▸ 风口人生

"我小时候住的硖石镇，紧邻金庸的故乡袁花镇，离徐志摩的故乡也很近。"沈南鹏的家乡在浙江海宁，他外表儒雅，若戴着圆形眼镜，形似早年的徐志摩。

1967 年出生于浙江的沈南鹏，恰如在大时代的风口上大鹏展翅，完成了人生的 3 次转身。第一次是放弃数学家的梦想进入华尔街；第二次是从投行下海，成功创办两家企业并完成上市；第三次是从创业者转型为投资人。

"我们这些'60 后''70 后'，大多是被时代大潮推着走。当年从美国回中国投身投资银行，是因为中国资本市场刚兴起，觉得很兴奋可以参加；后来互联网浪潮兴起，我觉得可以在新经济里创造东西；后来发现多个领域都有机会，作为投资人可以参与更多。所以，很大程度上，我是跟着风口走。"

1985 年，荣获全国数学竞赛一等奖的沈南鹏，免试进入上海交通大学教育改革试点班，毕业后去哥伦比亚大学攻读数学博士。沈南鹏很快发现自己并没有数学天分，因为他要花费更多时间才比同学得到略高一些的成绩。他后来对好朋友作家余华说，"中国人在很多时候，把熟练当成了天才"。当时恰好留学生圈有个轰动新闻，一个学生从运筹系博士退学，进入华尔街工作。沈南鹏意识到华尔街或许是不错的方向，"在美国，你得面对现实。一个中国人在那里，什么生存之道最好，可能就变成了我自己的生存之道，所以我进了华尔街"。他随即转专业去耶鲁管理学院读工商管理。1992—1999 年这 7 年的投行生涯，沈南鹏先后任职于花旗银行、雷曼兄弟亚洲公司和德意志银行中国区，负责国内企业上市事务。

本质 II
增长的本质

︾

1999 年，沈南鹏、梁建章、季琦等上海交大的校友，聚餐时萌发了共同创业的想法。他们考虑了互联网创业的很多方向，最终共识是用互联网改造旅游业，因为三人都喜欢旅行。

在"携程四君子"中，沈南鹏是最大股东，他出资 60 万，占股 40%；梁建章和季琦两人合计 40% 股份，以及后来加入的范敏。沈南鹏任携程总裁兼 CFO，负责公司财务、融资和业务拓展等事宜。在获得 IDG、软银集团、凯雷等 3 轮投资后，携程网 2003 年 12 月在纳斯达克上市，继三大门户网站和中华网之后，成为国内第 5 家在美上市的互联网企业。2002 年，"携程四君子"又创办如家快捷酒店，沈南鹏担任创始人、联席董事长，2006 年如家同样在纳斯达克上市。"携程四君子"在 3 年内创办两家公司并上市，轰动了当年的互联网界。

2005 年年初，携程在丽江召开高管会议，沈南鹏在会议间隙对梁建章说："我现在找到一个更好的机会，要跟你'分手'了。"当时的携程上市两年业绩光鲜。梁建章感觉沈南鹏找到另一个"真爱"。携程时期对接过投资方，沈南鹏看到了投资人对公司发展的影响，"投资可以改变商业的游戏规则——这是我以前没有深刻体会到的"。

华尔街与硅谷代表了美式资本主义的两大阵营。硅谷一向看低华尔街，瓦伦丁诺创办红杉资本时，曾经主张不雇用任何 banker（银行业者），沈南鹏给出的解释是"因为硅谷精神的本质是价值创造，与华尔街是 long term（长期主义）和 short term（短期主义）的差别"。另一个差别是，"VC（风险投资）这个工作比在投行的时候好多了，banker 无法控制结果，但现在我们多数情况下是能影响结果的，也是可以有选择的"。这是沈南鹏经过两次创业，完成从 banker 到风投转型的切身体验。

"一个投资人最大的满足感，是你曾经见证、亲历和推动了这些伟大企业的创立和成长"。创办红杉中国，沈南鹏发现影响力的空间更大，不仅是投资单个企业的点石成金，更在于助推行业整合。"2015 年大众点评和美团的合并，如果红杉没有支持，合并会不会就不发生？也还是有 50% 可能会发生，这就是投资人在里面的微妙作用。"沈南鹏还谈到 2012 年在唯品会 Pre-IPO（上市前融资）前夕，红杉资本追加资金的助推作用。2015 年 58 同城合并赶集网等年度并购，背后都有沈南鹏的推动。多年后，梁建章对沈南鹏与红杉给了很高评价，"他能够改变的不只是一个行业，而是各行各业，尤其是高新技术行业，对于推动整个社会的创新起了巨大的作用"。

作为国内超一流的投资人，沈南鹏对初创企业有两个建议：其一，"世界变化很快，保持领先和高效的唯一方法就是拥抱变化"；其二，专注和聚焦，创业早期千万不要去做不必要的核心产品以外的扩张与消耗。

2017 年，沈南鹏与徐小平、王强发起针对高端创业者的免费培训组织，名字叫"鸵鸟会"，希望借鉴柳传志的"鸵鸟论"，助推创业者更快成长。其后，他又与梁建章、包凡等人成立学习组织"三思院"，首批学员有王兴、程维、张一鸣、王小川、孙洁等企业家。"三思院的课程设置就几乎反映了我的所有兴趣点：全球视野、自然科学和科技、公益慈善、艺术与人文。"在沈南鹏看来，互联网到了下半场，当人生进入下半场的时候应该思考一些新问题，"公益是我最近几年来一个花了不少时间在想在做的领域，希望在商业上的经验可以帮助我更好地来做些公益"。他在三思院开了一门课，主题是"慈善"。

2018 年 3 月，作为风险投资行业唯一代表，沈南鹏当选第十三届全国政协委员。他的诸多社会身份或荣誉中，还有 3 个头衔特色鲜明：中国证券投资基金业协会创业投资基金专业委员会副主席、布鲁金斯学会理事、未来论坛理事。第一个代表了投资界的专业水准；第二个是全球顶尖智库，反映了沈南鹏对全球思潮的关注；第三个意味着他在推动科技进步与把握创新红利之间的平衡。

寻找时代风口，拓展人生边界，正是沈南鹏的人生哲学。

本质 II
增长的本质

▶ 进击中反思

沈南鹏的母亲曾是浙江的知名女企业家，他从母亲那里继承了经商基因。母亲的敬业，也影响了他对人生的进取态度。因母亲工作繁忙，7岁的沈南鹏被送到上海姑姑家里寄养，他的童年印象是，"我母亲太忙了，我们很少见面，她每次来我家时，还带着司机，说几句话后，就走了……"

"机会主义，我理解的意思是每一个机会来的时候我都会抓住它，具备一个开放心态。"在很多人眼中，沈南鹏拼劲十足、主动出击。在周鸿祎眼中，"沈南鹏是一个饥饿的人，他看到项目就像闻到了血腥味的狼一样，或者像鲨鱼闻到血腥味一样，他听到一点风声他就会去拼抢，会去追踪，是一个非常积极的人"。周鸿祎想过做一个产品，将网上所有的餐馆聚合起来，做个搜索推荐，加上点评、团购功能，再整点优惠券，后来他感觉难度太大而放弃。沈南鹏听后很感兴趣，顺着这个思路找到了大众点评。沈南鹏每次见徐小平，都会问最近投资了什么项目，然后立刻掏出手机记下来，马上发给红杉的同事去同步跟进。

同行们描述沈南鹏是"无尽的饥渴无尽的取胜"，沈南鹏以一句英文来回应："You can be aggressive, you have to be long term aggressive."其中的"aggressive"是个多义词，既有好勇斗狠的意思，也可以解释为志存高远，沈南鹏以此来强调从长远来看，你必须保持进取的精神，"如果我只是想扩大财富，我其实在14年前就不应该做红杉"。

"我是个机会主义者，但我不是投机意义上的机会主义者。我只是每一个机会来的时候，我都会抓住它。"2015年，58同城、赶集合并，当年11月红杉举办CEO峰会。沈南鹏力邀赶集网创始人杨浩涌出席，沈向杨孵化的瓜子二手车伸出橄榄枝，"他坐在我旁边跟我说，之前你们做赶集帮我们赚到钱，你再次创业，我们继续给你支持，这是红杉的传统"。两个月后，瓜子二手车从赶集网分拆出来，红杉成为A轮领投方。2016年，共享单车火爆时候。沈南鹏打了40分钟电话与摩拜高层反复沟通，就为了争取增加一点投资份额。

"曾经有一份真诚的爱情摆在我的面前，但是我没有珍惜。"《大话西游》的经典台词，或许能引起投资界的共鸣；很多时候，投资也是一种遗憾的艺术。马化腾等大佬当年未能获得新浪网的投资，周鸿祎错过了今日头条。与其等待上天给一次重来的机会，沈南鹏选择主动争取，创造新的可能："我们第一次错过了字节跳动。比较幸运的是，在以后的几个月里，我们一直跟踪这家公司，9个月以后我主动给一鸣打电话：'我们能不能再聊聊。'"

"沈南鹏没有心理压力，红杉其他人做投资时也没有心理压力，错了就改，这是红杉区别于其他机构很大的一个风格。"在同行眼中，红杉的独特文化是纠错意识。

"我会尝试去寻找好机会，但通常我不是第一个尝试的人。我会观察一下，看自己是否合适。"与高瓴资本一样，红杉中国同时是京东与拼多多的投资人。作为拼多多C轮、D轮、Pre-IPO轮的投资者，红杉也不是首轮入局，"我们在B轮的时候就已经和拼多多接触过，我们认为价格挺贵的。后来拼多多转变了业务模式，估值也翻倍，我们在C轮投了进去"。拼多多上市后，红杉长期持有其股票，2020年拼多多Q3季报显示，持股比例还接近8%。

"一个伟大的企业如果想做百年老店，在这一百年当中你有很多的机会去跟它成为伙伴。如果A轮丢失了，那就从B轮、C轮开始；如果B轮、C轮丢失了，IPO也可以是你第一次跟它建立合作关系的机会。重要的是，我们要保持对一个行业的深度研究和观察，同时保持对这些企业家的长期关注。"沈南鹏经常定期做投资复盘，比如回头去看3—4年前的项目，思考哪些投资决策显然在犯错。

"比起外面有哪些明星项目我们错过了，更应该反思的是你在已经投的公司里犯了多少明显的错误。"红杉错过的企业还包括小米，红杉后来投资了小米生态链中的重要公司，包括云米、华米、Ninebot等。

"你能不能面对你以前的错误？要勇于承认错误，以清零的心态来了解企业。"红杉年终总结常常开成了反思会，沈南鹏会逐条分析行业分析的错误，误判公司的原因等。"要有开放的思维。你在一年以前看了一个企业，觉得这个企业的商业模式有这样那样的挑战和问题；一年以后你发现企业有很多变化，那可能是创业者不断学习、成长的结果。"

沈南鹏多次公开表示自己"不够聪明"。"他已经非常成功，但依然谦逊和用功。"拼多多创始人黄峥对沈南鹏的进取精神印象深刻。在同事刘元眼中，"风投界排名第一的人仍然过得像一个刚刚入行两个月的分析师，见人就问投了什么有意思的项目，然后迅速跟进。红杉成立 13 年，他一直保持着异于常人的强大驱动力"。

在合伙人周逵记忆中，沈南鹏永远是第一个回邮件的人，某个创业者曾在半夜 1 点给他发微信，没想到 5 分钟内就收到沈南鹏的回复。在红杉中国创立前 3 年，沈南鹏一周会见 10 个公司，一年见了 400 多个公司，3 年时间红杉中国大概见了 1000 家公司，最后投了 50 家。沈南鹏的拼劲对源码资本曹毅影响很大。"我经常跟他（沈）微信、E-mail（电子邮件）都是凌晨 1 点多，他的斗志和那种对机会的渴望没变，见到任何好项目还是像鲨鱼见到血一样扑上去。"

在沈南鹏眼中，不管是一级市场还是二级市场，优秀的投资人比拼的是认知升级，比如红杉资本的 Michael Moritz，还有段永平，"他几乎一个人极度 focus（专注）在几只股票或者几个公司上。他们更多拼的是自己的认知"。

"像我这样年纪的投资人，今天必须还要有很强的好奇心去了解崭新的东西，否则就会被时代抛弃。"现年 54 岁的沈南鹏为了保持敏锐性，定期与最优秀的人交流，通过阅读和研究，获得产业与科技的充分信息，为把握下一轮机会，"做最努力的准备"。

07 新资本
红杉中国：我的投资逻辑

进化之路

"我们经常听到 copy to China 或 copy from China，其实都不是准确说法，真正来讲，每一个地方的企业家都应该从别的国家学习、借鉴到经验，同时根据本地的特殊情况创造出适合本地的产品，所以不存在 copy，是持续学习的过程。"不只是创业型企业，红杉中国自身也遵循类似的规律。

2004 年，红杉资本开启著名的"中国之行"，寻求在美国之外设立新的分支机构，这与沈南鹏的人生新定位一拍即合。"当我们和红杉美国合伙人在旧金山见面，红杉资本两位执行合伙人跟我说，每个地方只有独立决策才能发挥团队最大的能力，保证决策准确性。"事实上，2003 年、2004 年，沈南鹏以天使投资人的身份，参与了易居中国、分众传媒，试水了投资行情。阿里巴巴副主席蔡崇信曾经对此评价，"红杉从第一天开始就有着合适的模式。他们选中了沈南鹏——他能够发现适合中国的创始人和产品——并赋予了他完全的自主权"。

红杉中国的起点，是沈南鹏用 3 个月募集的近 2 亿美元创投基金，2008 年开始启动人民币基金，当年完成近 9 亿元的人民币基金 I 期，2018 年红杉管理规模超过 2000 亿元人民币。2008 年，红杉中国以 1022 万美元投资 LED 生产商乾照光电，2010 年乾照光电在创业板上市，成为红杉中国在国内资本市场退出的首个项目；2008 年，人民币基金陆续投资了光环新网、掌趣科技、快乐购、蒙草抗旱、健帆生物等公司；2010 年，红杉中国 9 个项目实现 IPO，被媒体封为"退出之王"。

"红杉成立那几年，时常能感受到压力，因为美国红杉的业绩非常出色，但是美国的成功不一定会复制到中国。"沈南鹏意识到，中美两国资金来源、创业企业和市场环境等方面差别很大，他决定探索一条更务实的新路。

最初的两年，沈南鹏主要在熟人圈子里找项目，红杉中国只投出 5000 万美元。因为 IDG 曾投资携程，周鸿祎曾在 IDG 待过，两人早就认识。据周自述，

本质 II
增长的本质

在还不了解具体业务的情况下，2006年1月红杉中国向奇虎360投资600万美元。3个月后，红杉以100万美元投资大众点评的A轮，因为张涛是上海人，而沈南鹏碰巧认识。文思创新则是合伙人周逵加入红杉前关注过的项目。还有些项目带有偶然性，在重庆发现某家餐厅生意红火，红杉当时正关注消费升级，沈南鹏决定投资，这就是后来在纽交所上市的乡村基。

成立15年来，红杉中国发展迅猛，但是在沈南鹏内心中，2008—2010年金融危机期间却是至暗时刻。2008年年底，红杉在北京召开被投企业CEO峰会，很多企业家对行业前景悲观。"至暗时刻来了，你可能会有更多好的投资机会，但也别忘了你已经投的这些企业可能会进入至暗时刻，帮助它们过冬是一个紧迫的话题。"2010年，红杉在北京开LP大会，因前两个基金成绩还没出来，沈南鹏在会上遭遇很多质疑，"记忆中那年冬天特别冷"。

凛冬过后，红杉中国迎来高速扩张，在品牌影响、系统运作、募集规模等各方面，逐步占据魁首，特别是规模优势凸显出来。"我要是没投头条，那就只能是永远的遗憾。不过，沈总错过A轮，没问题，他还有钱投B轮。"徐小平的玩笑反映了一个客观现实，超大的基金规模让红杉具有某种后发优势，即便错过了天使轮、A轮，还能在后续轮次进入。2018年红杉中国投出大约250亿元人民币、70个项目，项目投资平均超过3亿元。"对头部企业不断加仓投资作为重要战略，double-down（双倍下注）或者triple-down（三倍下注）头部公司"，红杉在头条、美团2017年融资中，分别投入超过4亿美元，这只有超级大基金才能做到。

沈南鹏自称，红杉中国的投资标准15年没有变化，主要是3点：首先是对创业者的判断，他承认早期就判断创业者是否是下一个王兴或者张一鸣，这更像是一门艺术，很难量化；其次，行业的总体规模，沈南鹏主张关注那些具有巨大发展空间的行业，比如电商，但有些行业处于快速演变之中，如外卖市场，起初很难想象每天能达到五千万单乃至一亿单；第三是商业模式，"有些商业模式天然地容易形成竞争壁垒"，"有些则容易同质化"，比如传统制造业。

07 新资本
红杉中国：我的投资逻辑

红杉资本奉行合伙人文化，采取集体决策机制。在对话儿时偶像、中国女排主教练郎平时，沈南鹏表示，"在合伙人文化中，我虽然是基金的管理者，但在最重要的投资决策上，我们没有 boss（老板），也不应该有 boss。在每一个项目上，不管他是合伙人还是刚刚加入红杉的分析师或投资经理，都可以提出自己的观点，也同时应该接受其他同事建设性的挑战。只有这样的文化才能帮助一家投资机构做出最好的决策"。除了内部决策机制，沈南鹏强调处理好与企业家的关系，"作为投资人，你要很清楚自己的角色是什么。企业的成败，最后取决于企业家的精彩。基金在背后要做到帮忙不添乱"。

在沈南鹏看来，红杉中国有两大制胜因素：第一是预见性，"就是说比别人能够早 9 个月到 12 个月发现一些东西"；第二是持续追求，"比如讲一个企业，你很早就发现了，可能创业者没有兴趣融资，你就追着他很长的时间，可能要跟他谈判……"

2013 年，时任红杉中国副总裁曹毅把今日头条（字节跳动的前身）的投资案报到投委会，但未过会。当时在很多人眼中，今日头条或是移动互联网下的另一个新闻门户，增长有天花板。但他很快意识到，算法驱动下的头条是一个新物种。2014 年，沈南鹏主动联系张一鸣想要再投资。张一鸣回复说，估值 5 亿美元，而且不还价。这个价码比上一轮估值涨了 10 倍，但是沈南鹏没有犹豫，投资了 5000 万美元。2020 年年底，字节跳动估值已经超过 1800 亿美元，红杉回报数百倍。

"作为自始至终看好美团点评、陪伴公司一路成长的投资人，我们同样备感自豪！作为'创业者背后的创业者'，能看到自己支持的企业从破土而出的幼苗长成伟岸挺拔的参天大树，我们内心充满喜悦！" 2018 年 9 月 20 日，美团在港交所上市。沈南鹏专门撰写了《既往不恋，纵情向前》的致贺信。实际上在美团点评、字节跳动、拼多多等互联网新三强中，红杉在 A 轮就进入的只有美团，另两家都是在 B 轮以后。

本质 II
增长的本质

美团获得红杉 A 轮投资时，在行业中仅排名第五，当时拉手网是第一名。沈南鹏亲历了美团的成长过程，有着类似当年做携程网的感情，"尽管我没有在公司里面做过管理层，但是从一开始就深度参与，这是最大的成就感"。

除了 TMT（Technology，Media，Telecom，科技、媒体、通信）之外，红杉中国在医疗、消费服务、工业领域都有密集布局。在新能源电动车和自动驾驶等领域，红杉中国也参与投资蔚来汽车、零跑汽车、威马汽车、Pony.ai、PlusAI 等相关项目。

在沈南鹏心目中，优秀的投资机构有 3 个特征：其一，长期主义（think long term），"在智能时代有很多企业会走过非常长的发展阶段，这当中需要有耐心的、抱着长远观点的投资人和创业者一起走过"。其二，具有产业战略能力，"在智能时代，好的资本一定不是纯的金融投资者，而是战略投资人，最好的投资人应该是懂产业的投资人"。其三，国际视野，"今天，很难再去区分创业企业是中国企业、美国企业还是印度企业。很多企业在第一天就已经将全球化作为重要关注点，这个全球化不仅是它的产品设计和市场推广能力，更重要的是他的创业视野的全球化"。

德鲁克对"未来的管理"的诠释，为管理创新指明了方向。沈南鹏也在思考"未来的投资"。在 2020 年中企领袖年会的演讲中，他总结了过去的投资模式，主要是为创业者充当参谋与顾问，未来将亲自下场，"自己去主动地跳到这个创新企业的孵化当中去，把很多的技术能够转换成真正的社会有用的产品和服务。这样的投资人，我认为是真正具有伟大社会意义的投资人"。

"思考要深远，梦想要宏大，行动要果断，这才是应对商业周期的方法。"沈南鹏认为，应对技术变局，投资机构要有更强的"组局"能力，要主动参与到创新企业的孵化中，从源头上帮助创业者深度对接全球优质产业和技术资源，更好地把技术实力转化为对社会有用的产品和服务，提前布局、抢占先机。2020 年 7 月和 2021 年 2 月，红杉中国先后创立数字智能产业孵化中心，启动智能医疗基

07 新资本
红杉中国：我的投资逻辑

因组学孵化器等。

红杉中国的定位是"创业者背后的创业者"，沈南鹏的标签则是，"创业者，我喜欢（把企业）从无到有，从小做大的感受"。经历了 15 年的投资生涯，他不再满足于"背后的创业者"，试图把投资人与创业者两种角色融为一体。

▶ 主要理念

1. 投资赛道

"投资于一家有着巨大市场需求的公司，要好过投资于需要创造市场需求的公司。"美国红杉创办人瓦伦丁一直信奉的投资法则就是"下注于赛道"。

投资赛道现在成为了投资界的共识，特别是高科技领域。赛道如何选择？如何提前下注？红杉中国的典型打法是选定赛道、集中投资，有同行评价，"很少人敢这么去做，敢做的这帮人也没有都做成功，这些人里面沈南鹏是做得最好的"。

创办红杉中国前，沈南鹏曾以个人名义做过投资，多数不太成功，他的反思是，"东一榔头、西一棒槌的投资办法，难言章法，更难形成核心力量"。

2005 年成立后的数年里，红杉中国的项目来源主要是依靠熟人介绍或随机偶遇；但是 2009 年以后，红杉中国采取了前瞻研究与系统布局的思路进行投资。2009 年，红杉中国年会的主题是"Mobile Only"，沈南鹏宣布"新的移动互联网时代要到来了"。沈南鹏与团队梳理了一份移动互联网"产业地图"，列出产业链的各个环节及上下游企业的关联，"都是因为那时的这张地图，让我们提早布局"。产业草图出来后，沈南鹏会根据增加的信息不断深入和补充，直到达到"如果我们没有投，那是因为我们实在梳理不出来"的程度。

而且不只是一张产业地图，每个赛道都有单独的地图。比如 O2O、金融和

本质 II
增长的本质

电商各有自己的地图。王兴对第一次见沈南鹏记忆犹新,"那次我才知道真正厉害的投资人,他们在见面之前已经做了很多功课,对商业模式有非常清晰的看法,甚至比创业者有更清晰的判断"。

红杉按图索骥,出现在移动互联网的多个赛道,以至后来腾讯在投资若干新领域时,马化腾惊觉红杉早已入局;王兴的感慨则是,"只要你还在创业,只要你还在这个大的行业里面,我相信大家绕来绕去都会遇到红杉,因为红杉总在那里,而且总是冲在最前面"。

除了提前踩点、前瞻布局,红杉中国把赛道论推向了极致,有两大表现。其一,同时下注不同身位的选手,"一旦抓住机会,他会 all in,做到 50% 以上的市场份额"。沈南鹏曾对媒体详细披露过红杉中国 2007—2011 年 5 年的投资轨迹。2007 年,红杉开始布局电子商务,从阿里巴巴、京东、唯品会、聚美优品、美丽说到蜜芽宝贝,足迹遍布全部知名企业;2008 年,布局影视娱乐,投资万达影院、阿里影业、博纳影视等;2009 年,下注云计算、大数据;2010 年开始投 O2O,从美团、大众点评网、饿了么到赶集,以及相关物流行业,中通快递、德邦物流、安能、郑明物流等悉数入局;2011 年,布局了一批互联网金融企业。

其二,对赛道头部选手多轮重注、长期持有。红杉中国是唯品会、京东、淘宝、拼多多等电商巨头的共同股东,而且上市后依然保持第二或第三股东的身份,持续分享盈利。赛道打法成效显著,比如电商领域的投入资金只占红杉中国总盘子的 1/3,却带来了超过一半的收益。

源码资本创始人曹毅,曾是红杉高管,深受赛道投资的影响,他曾把 40% 的资金押注互联网金融。借鉴红杉的产业地图思路,源码提出了"三横九纵"的投资地图。

沈南鹏认为外界对红杉的赛道论存在误解,"我们是既要关注赛道也要关注赛手,而且赛手应该放在第一位。因为再好的赛道,如果赛手不行,即便有过短暂的领先,也很难长期持续"。

07 新资本
红杉中国：我的投资逻辑

在 2010 年以后的创业赛手中，王兴、黄峥和张一鸣无疑是名列三甲。在沈南鹏眼中，他们具有四大特质。"首先，他们都极其专注、极其的市场化驱动，从聚焦某一个产品，到发展到相当规模后延展边界；其次，他们都是长期主义的实践者，非常有进取心、企图心；第三，他们将尊重商业规则放至首位，同时从某种程度上又改写或重塑了很多行业的商业规则，这是非常令人钦佩的；最后，他们都有国际视野，会用全球的规则、全球的趋势来思考他当下的生意。"

红杉有风投基因，"VC 和 PE 有所不同，前者关注人多些，后者较多关注商业模式"。红杉也会因为看好某个人，而做早期投资，比如王兴，从校内网开始就一直关注他。某些投资人刚开始只有产业方向，具体产品服务还没有想清楚；某些初创公司第二年和第一年的模式差别很大，在沈南鹏看来都很正常。"用我们行业的话来说叫'盲注'。你认可他的价值观、能力、以前的业绩，不那么在乎他具体走上哪一条细分的赛道。"

"投资最重要的是什么，是跟优秀的人走在一起。你带着好奇心去了解那些公司，了解那个细分行业，这也是你了解市场里面正在发生什么的最好方式。"

为了找对人，沈南鹏喜欢接触创业者，经常邀请被投公司的创业团队到红杉做客，或者带着团队访问被投公司；他愿意花时间与创业团队交流，"投资者与创业者相互之间互动和交流，不是在一个点上，是在多个点上，需要时间积累。我认为这样才真正可能让双方互相了解，进入一个比较令人满意的'婚姻'状况"。

2. 人性博弈

商业是人性的折射，真正投资家与企业家一样，拥有平衡人性的非凡能力。

外界对沈南鹏有一种印象：凶猛、很拼、aggressive（进取的）……沈南鹏的好朋友、作家余华认为，"他身上融合多种正反的特质：骄傲与谦虚，激进与

本质 II
增长的本质

保守，强硬与温柔"。经过近 30 年职业淬炼，沈南鹏身上拥有某种微妙的平衡，"有人说我像猫，但我觉得猫好像不够进取，但如果说我像狮子或者老虎的话，可能又显得太鲁莽，或者太冒险了，介于二者之间吧"。

"投资，在很多情况下，就是人性中的一面和另一面之间的博弈。"在沈南鹏看来，关于投资的书籍和理论很多，"但是说到底怎么实践，怎么能够真正在投资的过程当中把握每一个细节，恐怕是最重要的。当然了，可能里面有一部分就是能够至少修正人性的一些弱点。"

投资是一项人性的修炼，不仅要洞悉人性，寻找好的创业者，更需要克服自身的人性弱点。首先是平衡人性的不同侧面，比如敏锐与洞见的统一。余华认为，沈有一种对环境的敏锐，"你把他放在陌生环境里，他肯定是第一个做出反应的人。我觉得，这就是他能够成功的原因之一"。机会窗口短暂，好项目稀缺，投资人要善于捕捉新变化，并做出快速反应，即保持"敏锐"；但是，沈南鹏发现，"有时候动作快了，洞见会下滑"。

其次是及时止损或纠错。"投资过程有一些反人性的东西需要你去克服。"对早期看走眼的项目，投资人很少会重新往回找。原因很简单，企业估值上涨很快，还会遭到创业者的冷遇。为了重新投资字节跳动，沈南鹏曾多次致电张一鸣，后者明确表示不还价，红杉还是决定入局。

好的投资决策需要综合能力，融合理性与感性。学数学出身的沈南鹏，善于通过模型去做思考，不管多复杂的商业模式，他总能在 10 分钟内推演出来；而且与常人从 A 到 B 的推理不同，他在短时间内完成了从 A 到 Z 的推演。"我也有感性的一面，在自身所谓的缜密思维背后，还保持着好奇心和热情。"精于计算的同时，要"相信直觉"，这也被沈南鹏视为风险投资行业里"最迷人的地方"。

另一种博弈或平衡，是兼顾企业家与投资人的两种逻辑。在沈南鹏看来，好的投资人也是一个企业家，能够"对风险有一定的判断和感知，但依然愿意承担风险"，同时还需要更多的协调能力与风控能力。作为基金管理人，投资人要对

LP 负责，在承担风险方面应该比企业家保守一点。

"我是个机会主义者，但我不是投机意义上的机会主义者。"沈南鹏实际上是一个风险厌恶者，"假如我手上有 100 元，我可能只赌 20 元，我一定会预留的。"生活中的他，对富人们喜爱的游艇不太感冒，"因为我发现小的游艇晃得厉害，相对来说，我更喜欢高尔夫和爬山，海上的东西还不如在陆地上来得扎实"。

"长期主义"是个热门观念，说来容易做时难，核心是追求某种平衡。人性的自然倾向是追求短期利益，长期主义却需要能抵御短期诱惑。比如今天很多行业很热，不加选择进行投资的话，短期也能赚钱，做不做呢？沈南鹏认为，有所为、有所不为，对投资人和企业家都很重要。长期主义还需要某种"理性诚实"（intellectual honesty），一方面理性看待被投企业，按照事实和数据说话，不刻意忽视与个人感知不同的负面信息；另一方面要实事求是，不要忽悠创业者。"当忽悠的动作成为一种习惯，到后来就是在忽悠自己了。"

沈南鹏有投资艺术品的爱好，收藏了赵无极、常玉和朱德群等人的作品。他评价赵无极的作品，"把法国的抽象艺术和中国的传统元素融合得很好"，这从侧面反映了沈南鹏骨子里注重平衡的风格。

3. 越野车：中国式创新

"过去几十年我做对了一个很重要的判断：Long China（做多中国）。"沈南鹏与张磊对投资有一个共同认知，即对中国企业的信心。

2000 年前后的数年中，很多企业家与投资人并非坚定看好中国，有各种担忧与唱衰，沈南鹏表示，"但如今来看，凡是做出很大事业的中国企业家，他们身上都有一个共同的特性就是'Long China'"。

沈南鹏看多中国，"中国有巨大的市场、巨大的人口红利、巨大的工程师红利，城镇化还处于早期，这些都会推动科技创新。同时私募股权也成为推动经济发展的重要力量"。

他认为,在全球投资史上,今天正在出现一个新坐标,就是从"向全世界推广美国故事和美国模式"到"向全世界讲中国故事和中国方法"。如果哪一家股权投资基金不投资中国,再也无法自恃为世界级了。

做多中国的另一面是对中国式创新的亲身实践。"我投资成功,有3个主要因素,即中国市场的推动、保持专注、不要盲目。很多人都知道要专注,但是要选择一个正确的领域并始终保持专注,并非易事。团队能力、资源以及对投资方向的判断都是需要考量的因素"。这3个因素同样造就了沈南鹏的两次成功创业。

携程对标的是美国的 Expedia（艾派迪）,20多年后,携程成为全球第二大OTA（在线旅行社）,把 Expedia 远远抛在身后。而创办如家的灵感是来自某次美国出差,沈南鹏发现达拉斯机场到市区短短30分钟的路上,竟然看到了10多家经济型酒店的招牌。如家目前位居全球酒店前十。

在超大规模内需背景下,"我们的城市和消费市场的独特结构,决定了有另外很多本土的商业模式和美国不一样"。回顾携程成功,沈南鹏把创新企业比作越野车,"我们知道市场发展过程中可能有一定的崎岖的路要走,这时需要一辆越野车"。

当时国内互联网覆盖率有限,没有完备的支付系统和配送体系,携程没有照搬 Expedia 模式去做纯网上交易,而是大量使用呼叫中心。推广方面也很有本土特色,在机场、车站设立推广点,派人现场发放业务小卡片等。携程还引进传统制造业的六西格玛标准,实现了服务业的精细化管理,在竞争中逐渐脱颖而出。

对此,沈南鹏总结了基本方法论,即面对中国巨大的市场,参考海外先进的经验,再根据中国的实际情况进行创新,创造出更加符合中国市场的独特产品和服务。这也道出了"中国式创新"的基本逻辑,腾讯、美团的成功正是基于这个逻辑。

随着互联网进入下半场,中国数字经济迎来更全面的创新机遇。2020年,

07 新资本
红杉中国：我的投资逻辑

沈南鹏在与时任港交所总裁李小加的对话中，提出一个观点：AI、区块链、云计算和大数据这 4 种技术趋势，不是独立存在而是紧密相连。互联网下半场，技术融合与创新叠加在应用层面加速落地，正成为中国商业最新的动向。

2020 年 7 月，红杉中国在上海张江设立"红杉数字智能产业孵化中心"。"如果说过去十几年是'互联网+'的时代，那未来将迎来'数字智能×'的新纪元——人工智能、大数据对生产力的推动将是乘数效应：人工智能在基础层和技术层的广泛积累正在加速向应用层转化，未来将看到越来越多的传统行业和新经济企业在更广阔的维度上拥抱数字化落地。"沈南鹏的致辞，表明在新一轮风口上，红杉中国将助力中国式创新的升级。

金句 10 条

1. 我选项目有 6 条秘诀，分别是：看人、模式、执行力、客单量、效率、数据。创始人和团队的能力很重要，但更重要的是人要靠谱、诚信，不要忽悠投资人。

2. 创业者是开车的，投资人是坐在旁边副驾驶上看地图的人，会帮创业者出谋划策。虽然没有开车刺激，但也有成就感。投资领域的合作远多于竞争。创业公司必须甩掉别人，但是投资人之间的合作也很多。在不同阶段需要帮助创业公司成长，需要不同投资背景的人帮助他把赛道走完。

3. 有的时候我在想，他们"80 后"跟我们这一代创业者有什么不一样的？我认为，他们承担风险的时候是可以 taking calculate risk（承担可计算风险），是经过一定的计算，有一定的自己的盘算的，但最终在怎么盘算 this is risk（有风险），尤其是当他们的公司已经到一定规模时，再去做一件新的事情的话，背后隐藏的可能是他们会丢掉原来这个阵地，但是他们依然做了这样的选择。其实，我认为

本质 II
增长的本质

这就是根本上的一个创业者的精神。

4. 我总是怀有一颗好奇心。不管当初进华尔街还是后来创业、做投资，我都保持着好奇心，觉得做这些事本身很有意思：我会想为什么这么多公司能成功，原因是什么？有时候在你理性的思考之外，必须有那么一点冲动、一点激情，承担一定的风险，这时的判断标准就来自你的第六感。

5. 参与创造的这个过程是（投资）这份工作的最大乐趣。我们和每一家企业共同走过的岁月里，有很多非常难忘的故事：有很多曲折的经历、艰难的至暗时刻，当然也有高光时刻。多年以后你回顾这么多鲜活的公司，你回顾曾经跟它们走过的每一段经历，这对于一个投资人生涯来说就是最大的奖励。

6. 一个伟大的企业如果想做百年老店，在这一百年当中你有很多的机会去跟它成为伙伴。如果 A 轮丢失了，那就从 B 轮、C 轮开始；如果 B 轮、C 轮丢失了，IPO 也可以是你第一次跟它建立合作关系的机会。重要的是，我们要保持对一个行业的深度研究和观察，同时保持对这些企业家的长期关注。

7. 好的投资人不仅仅给 LP 创造价值，更重要的是能不能够与最好的创业者携手，不断帮他们开疆拓土，成就伟大的企业。一个投资人最大的满足感，是你曾经见证、亲历和推动了这些伟大企业的创立和成长。

8. 过去几十年，我做对了一个很重要的判断：Long China，20 多年前很多人真的不那么看好中国，有各种担忧，但如今来看，凡是做出很大事业的中国企业家，他们身上都有一个共同的特性就是"Long China"。

9. 如果说过去十几年是"互联网+"的时代，那未来将迎来"数字智能×"的新纪元——人工智能、大数据对生产力的推动将是乘数效应：人工智能在基础层和技术层的广泛积累正在加速向应用层转化，未来将看到越来越多的传统行业和新经济企业在更广阔的维度上拥抱数字化落地。

10. 最成功的 CEO 是最好的 CEO，拥有优异的战略眼光，执着，愿意做一些艰难的决策；同时，知道如何用好资本。

▶▶▶我的投资逻辑

作者　沈南鹏　红杉资本全球执行合伙人、中国基金创始及执行合伙人

▶导读

作为著名投资人，沈南鹏在各种场合发表演讲，题材日趋广泛，比如2020年1月参加第三届世界顶尖科学家论坛，他谈到科技与商业的共通之处，认为"第一性原理"是科学和商业创造性的根源。近年来，他在商言商的内容反而减少了。

2014年8月24日，沈南鹏在夏季亚布力峰会上发表了主题演讲《创新成就中国梦》，反映了作为投资人对中国商业环境与新商业力量的系统思考。沈南鹏虽然没有用"营商环境"这个词，事实上，2016年以后世行营商环境评价才开始引起中国的高度关注，但他提到促进中国式创新的外部因素，涉及营商环境的5个重要方面，比如充分竞争、知识产权保护、监管政策、融资，等等。他特别提到互联网经济需要宽松的监管，但个别行业比如互联网金融，未必适合"特别宽松"政策，这反映了沈南鹏的思考一贯务实与理性的特点。

沈南鹏6年前的这个观点，与2020年马云在外滩金融峰会的观点形成了鲜明对比。作为关注与寻找新兴企业的投资者，他也谈到了自己眼中年轻创业者的基本特征。"60后"的沈南鹏表示，相信年轻一代比上一辈创业者会更加出彩，因为他们拥有更加开放的心态与更加国际化的视野。这在当时是对王兴、张一鸣与黄峥即将获得巨大成功的某种预言。

以下是演讲原文，题目为笔者所加，笔者对个别词句略有调整。

本质 II
增长的本质

我们知道一个国家的发展、经济的发展,最重要的标志是企业的成长和标志,我们看到了一个情况,财富500强在20世纪60年代开始编制统计数字,1970—1980年这一批的500强的公司中有21%是新入选的企业,这个数字到1990—2000年变成了30%,到上一个10年,2000—2010年是35%,这隐含了一个很重要的启示,全世界的经济都在一个很大的变化中发展,如果领先的企业不能改变自己或者不能调整创新自己的商业模式的话,就会在整个的竞争中败下阵来,那些优秀的企业会脱颖而出成为明日之星。所以,作为一个企业发展,不断的持续创新是非常重要的。

"创新"这个词,今天很多时候用在互联网行业。确实中国有一批优秀的、在国际上有竞争力的企业,主要是在互联网和信息科技,包括华为、联想,也包括过去十几年的阿里巴巴、腾讯和百度。

但是,如果我们从全世界的视野来看,这种创新远远不是仅限于在互联网或者是在信息科技里,它的领域覆盖面相当广泛,比如说在医疗和生物科技领域里。美国过去的10年、20年不断地经营,有一些生物医疗仪器公司进入美国的500强或者是1000强,在新材料工业自动化领域也是比比皆是。在这方面中国还是有很多的工作可以做,我们还是基数比较低,有很多可以期望的地方。

说到创新,我想从几个方面来跟大家分享。过去15年,我从最早跟建章和另外几位朋友一起创立携程,到后来过去的9年投资中国的高新科技企业,也碰到了很多优秀的企业家,在和他们共同成长的过程中,有这样一些体会。

首先,创新或者说创新企业的成长,必须有一个非常良好的土壤和生态环境。土壤是重要的基础,但是还有一个生态环境,要不要有温室、灌溉的条件。不管是在中国还是在美国硅谷、以色列,还是世界上有创新企业的地方,有一个核心词就是"市场经济"为主。今天的互联网行业成长非常迅速,其中有一个非常重要的因素,这个行业确实是市场经济在里面起到了根本的、主导的配置资源的作用。

第二,有一个非常重要的主题词——"充分竞争",只有在充分的竞争中,优秀的产品和服务才能脱颖而出,成为在这个行业里领先的企业。知识产权保护也非常重要,我们中国现在其实在所谓的科技应用方面多一点,科技应用方面的产权保护相对难一点;但在基础科技方面还相对比较薄弱。华为、联想是比较好的例子,这也是一个创新企业最希望看到的。

第三,法制完善。行业中的摩擦是必不可免的,只有完善的法制环境才能让企业快速发展。过去5年互联网里有很多的(负面)报道,并未影响到行业的发展。30年前,如果看到这样的报道,大家会很焦虑,但事实上,企业发展中有所谓公司和公司之间的竞争状态其实很正常,重要的是我们有一个完善的(法治)环境。

另外,就是监管政策。当然,大家都说宽松的监管政策比较好,这并不适用于所有的行业。比如,金融行业关系到很多大众民生,这个行业恐怕不能采用所谓"特别宽松的监管环境"。(企业发展)什么最重要?中国的政策环境,尤其是在信息科技环境里面,包括世界上别的地方,比较重要的是稳定的、一致性的监管环境,不是很大的起伏。

第四,创新和创业需要创业者的努力。创业者在创新过程中会有很多的付出(我后面会讲到他们的特征),付出以后获得财富显然是他们非常重要的一个诉求,也是应该的。但是,我相信今天中国很多的企业家已经不仅仅在为财富而努力耕耘,有一点非常重要的就是成就。这一点在中国是非常可喜的,大部分媒体都在为企业家和创业者喝彩,这个很重要。这样的成就感给企业家更大的动力来推动创新,对信息行业里冒险尝试有很大的帮助。

第五,证券化。我们说乔布斯值多少钱,扎克伯格值多少钱,这是很重要的。30年前没有证券化,一个公司挣20亿,价值是多少?今天有了资本市场,当然资本市场发展还不是很完善,资本市场给了企业一个定价。比如说今天的腾讯是

本质 II
增长的本质

1600 亿美元，百度是 500 亿美元，非常好的证券化的手段，对创业者是鼓励和支持，这个跟成就感同样重要。

我接触了很多年轻的创业者，他们的特征是什么？我感觉有这样几点。

第一，是承担风险的意愿和准备，有很好的准备，也愿意承担这样的风险。

第二，有开放的心态。很多传统的企业家问我，应该怎么面对互联网或者是移动互联网的挑战。这个非常重要，原来是做制造业的企业，有没有一种开放的心态学习和愿意了解一个新鲜的行业？比如移动互联网。

第三，资本、资金和资源的投资。很多产业必须通过长期持续的投入才能产生服务，但资源的投入同样重要，这意味着需要时间，也意味着很多关系的投入，这个也是企业家需要考虑的。

第四，必须有一个长期的观点和视野。刚刚讲到了监管环境的稳定性，这是我们需要考虑到的。当一个企业家创业的时候，往往面临的是中长期的战斗，如果有一个比较好的、稳定的监管环境，他们就愿意有一种长期的观点和视野。全世界各地都在吸引企业家，作为企业家来讲，最重要的一个诉求是什么？是希望以一个稳定的监管环境，能够有长期的投入。

第五，追求卓越。互联网让世界越来越平，如果有很好的产品和服务，不管在哪里都会成为全世界的产品和服务。这样的竞争条件下只有做到最好才能成功，而不是做得比较好，所以，追求卓越和极致是互联网环境下的精神，（甚至）有时候有一点点偏执。因为偏执意味着，在别人不太看好、别人有存疑的情况下，坚信自己对商业模式的判断，坚信自己对产品和服务的理念的坚持。

今天中国创新成功的元素都具备了吗？我感觉，其实比 30 年前、20 年前有了更多、更好成功的因素，但是还有很多地方需要提升。

首先创新要成功，要具有创新意识的大众。我说的大众，不仅仅是一两个企业家，创新企业里面 CEO 当然是最重要的掌舵者，但是中层、高层必须在每一个层面考虑自己的公司怎么样产生创新的想法和能力，这样一种文化氛围远远重要于知识和技能。

其实，中国在中学、大学的技能培养上是很强的，但是在培养创新文化上，恐怕还有很多事情可以做。在教育方面，我们一直以来对想象力、个性化的强调还是不够的。2014年4月，我去美国访问，在斯坦福旁边的高中，我们对十几岁的年轻人被创业精神熏陶留下了深刻的印象，这是非常好的例子。

我曾经问过一个美国的大学的招生办主任，招一个学生最重要的能力是什么，当然，考试的分数、SAT或者是表达能力、分析能力都很重要，最重要的因素是什么？他说是影响力，也就是说，作为一个学生进入大学以后，和同学之间能不能有互动，能不能影响别人，能不能带来东西给一个群体，做出这样的贡献。

同样，这种影响力的能力持续到职业生涯中，可能就是变成了创业者很重要的素质和能力。资本的推动在创新成功中同样非常重要，我感觉中国在过去20年中有了长足进步。15年前，当建章和我与另外几个伙伴建立携程的时候，还是很不容易的，需要花很大的代价和努力找到一个合适的投资者，应该说更多是公司在找钱。

今天，在中国早期的创业环境中，各类资本已经是非常充足了，在资本、公司之间已经达到了相当的平衡。我们看到有大量的天使基金，也有一大批非常活跃的有经验的风险投资基金，起到了非常大的作用。

整个互联网的发展，包括信息科技的发展有一个非常有意思的现象。绝大部分的成功企业都是有风险投资支持的，而不是来自一个大公司的分拆和孵化。（创新）很重要的是，创业者必须在这些公司中起到主导作用。风险投资恰恰扮演这样的角色，把管理权、执行权毫无保留地让给创业者，在里面扮演一个小股东的帮助角色，这对企业最终的成功起到了关键性的作用。

我们还是希望有更多的发展，中国的股权融资VC、PE发展不错，在债券融资上还有很多的文章可做。近5年在美国上市的中国企业的市值前10名，没有一家不是有风险投资的身影，几乎很多都是多轮风险投资的参与。微博是唯一的例外，是新浪分拆而来的，其他企业最早时候都是风险投资起到了关键作用。中国的中小板和创业板里，VC、PE也占了很大的比例，如果没有他们的耕耘，也没有中小板、创业板里优秀的企业。

最后，想说一下我对创新环境未来的一些展望。过去的四五年中，我有机会跟很多"80后""90后"的创业者打交道，结论是相信新一代会比上一辈创业者更加出彩。原因是这样一批年轻人有更加开放的心态、更加国际化的视野。

我记得梁信军和杨元庆争论：互联网到底是不是万能的，其实对"80后"来讲，这个问题根本不是选择题，他们就是移动互联网。"80后"70%的人第一次接触互联网就是移动互联网不是PC互联网，这就是他们面临的创业环境。

而且，非常重要的一点是，如果30年前要求中国第一批创业者、企业家带着一个非常长期的观点，带着一种冒险的精神确实难度太高，那时候整体经济水平还是比较低的，人才储备是不足的。当时（企业家）的心态还是从饥饿走向温饱，但今天的中国已经站在温饱线上了，今天的年轻人有更多的时间去想，在这个基础上创造下一个辉煌。所以，他们跟硅谷和世界上任何地方的创业者想解决的问题是一样的，如何创造一个让人类或者周围的人有更加好的服务。抱着这样一种雄心，我相信他们会做出更加多的成绩。

我想举一个例子。4年前我在北京投资了一家公司，创业者只有26岁，4年后，在2014年的五月份成功去纽交所上市，变成了将近50亿美元的公司。他也成为纽交所历史上敲钟最年轻的CEO，这是"80后"会给我们带来的可能性。这个公司叫聚美优品，这个创业者叫陈欧，公司还很年轻，还有很长的路走。但这代表了中国的年轻一代"80后""90后"，我相信在他们当中一定会诞生下一个联想、华为、百度、腾讯和阿里巴巴。

谢谢大家！

>>> **高瓴资本：长期主义的胜利** >>>

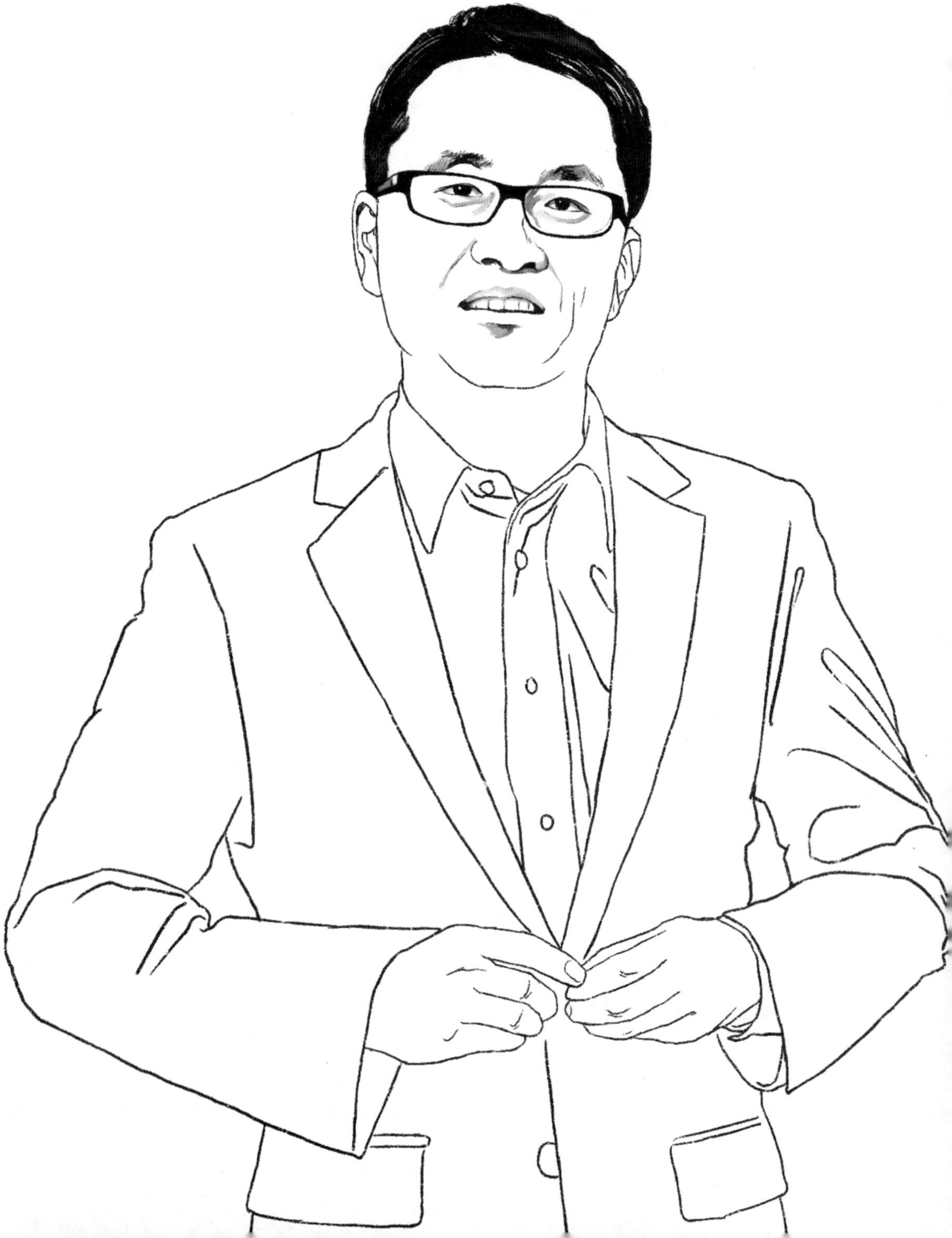

07 新资本
高瓴资本：长期主义的胜利

▶ 企业简况

2020年6月，高瓴资本低调地度过了15周年庆，资金规模从2005年的2000万美元，到目前的650亿美元（约5000亿元人民币），已经成为涵盖一级市场、二级市场的全周期基金，是亚洲最大的私募投资基金。

自2005年以来，高瓴资本作为中国私募基金领域的后起之秀，先后入局中国诸多产业的头部企业，从腾讯到京东，从滴滴到美团，从格力到蓝月亮，从港股最大的私有化（收购百丽国际），到耗资158亿收购隆基股份，助推隆基市值突破3000亿。为了实现对实体企业的战略赋能，张磊陆续招募了一些高人加盟高瓴资本，如京东商城前CEO沈皓瑜、美团前COO干嘉伟，以及2020年新入职的前中金公司首席经济学家梁红。

2020年9月，张磊的个人专著《价值》出版，他用5年时间浓缩了15年的投资心得，其中有很多头部企业的案例，上市后一纸难求，盛况堪比2018年桥水基金创始人达里欧的《原则》的风靡一时。值得注意的是，《价值》中的"伟大格局观者"，基本含义近于达里欧所说的"塑造者（Shaper）"，即"怀有远大目标的独立思考者"。

2020年是高瓴资本的高光之年。据不完全统计，蓝月亮、公牛电器、ZOOM、京东健康等近10家被投企业上市；同时购入或增持多家生物医药企业和新能源企业的股份，在二级市场刮起了一股高瓴旋风。据称，张磊预见生物科技产业将迎来一个"寒武纪"爆发，2014年开始深度布局生物科技企业，累计投资超过 1200 亿元，企业总市值超过 2.5 万亿元。

在 2017 年中国人民大学毕业典礼上的致辞中，张磊提到美国桂冠诗人罗伯特·弗罗斯特的一首诗《不走寻常路》。选择一条少有人走的路，张磊说，诗中的意境是自己的人生哲学的一部分。

张磊的人生轨迹并不复杂，也不曲折。1972 年出生的他，从河南驻马店市的高考状元，到中国人民大学金融本科，再到耶鲁大学的 MBA，2005 年回国创业，创立高瓴资本至今。中间有一段小插曲。为了抓住互联网浪潮，2000 年，他休学回国创办"中华创业网"，为创业企业提供服务；后来互联网泡沫破灭，不得不重新回到耶鲁。自那时起，张磊对创业型企业的理解，催生了高瓴资本注重投后管理服务的业务特色。

2020 年 9 月 14 日，在"请回答 2020：张磊和朋友们聊《价值》"的直播中，张磊与海底捞董事长张勇、奇绩创坛创始人兼 CEO 陆奇、斑马资本联合创始人及合伙人庄辰超、国仪量子公司 CEO 贺羽，举行了一场"灾后重逢"的对话。在长期主义的共识下，回望初心，反思当下，谋划未来。

经历了"魔幻之年"，企业家如何在不确定性中寻找确定性？张磊给出了 3 条建议：第一件事，保证所有员工的安全；第二件事，活下来，盘点什么是重要的事，什么是急的事；第三件事，在苟且当下的同时，还是要有未来、诗和远方，列一个愿望清单，问问自己你最想干的事是什么？最想收购的店是什么？最想雇的人才是什么？最要坚持的价值观是什么？

▶ 主要理念

1. 价值投资

价值投资的理念源于美国，张磊既是巴菲特的忠实信徒，也受惠于史文森的

07 新资本

高瓴资本：长期主义的胜利

耶鲁学派的伦理观。作为一家独立成立于中国的基金，最初的 5 个员工都不是投资科班出身，高瓴资本起步时就选择探索一条中国特色的价值投资之路。张磊表示，价值投资的理念在持续进化，他的价值投资理念与巴菲特有区别，更看重动态性价值发现以及价值创造。高瓴本质上是一家"投资于变化"的机构，张磊在若干场合提到"世界永恒的只有变化"。

巴菲特每天 80% 的时间用在研究公司上，研究驱动是价值投资的必然路径，高瓴模式的独特性在于，"秉持价值投资理念，做少而精的基础研究，投资于好公司，这是一以贯之的发现价值和创造价值的'第一性原则'；不拘泥于任何的条条框框，无论是一级市场、二级市场、早期投资、风险投资、PE、buyout（收购）还是公司并购等投资类型，都是不同的表达自己的方式"。

另一方面，张磊尝试把中国的传统哲学，比如老子、庄子、王阳明的思想（《价值》中提到了良知、知行合一等核心概念）与西方理性投资工具结合，形成了融汇中西的投资哲学，效果很好。

张磊表示，高瓴公司看起来像西方企业的做事方式，但真正的投资哲学源于中国。张磊总结了 3 个投资哲学，分别是"守正用奇"、"弱水三千，但取一瓢"和"桃李不言，下自成蹊"。

是否有价值投资的理念共识，是高瓴资本选择投资对象的内在标准，"每一位企业家都应该是价值投资的天然实践者"，那些"为社会疯狂创造价值的企业"才是理想对象。一旦达成合作，高瓴资本愿意让企业家唱主角，甘当被投企业的"大副"，在对传统产业进行数字化升级的过程中，也要让企业家坐在变革的 C 位（核心位置）。

价值投资的内核是长期主义的价值观，张磊在《价值》中对长期主义的论述，笔者认为是迄今为止最全面的解读，分为 3 个视角：个人、企业与社会等，形成了一以贯之的系统。

"在人大建高礼研究院，因为我觉得自己当年上学的时候知识面太窄了，没有机会接受通识教育。"参与筹办西湖大学，倡议设立未来科学大奖，则是长期主义价值观在推动社会可持续领域的实践。

在投资之外，张磊热心教育事业，同时担任人大校董、耶鲁校董、西湖大学创校校董、百年职校资助人与未来论坛的创始理事。

2. 重仓中国

高瓴资本 2005 年在美国募资时，张磊向投资人讲述了中国国家发展的故事，并提出一句诱人的口号，"中国快车号，请立即上车"。15 年的成果累累，证明了张磊深耕中国市场、赋能中国企业的战略。比如 2005 年入股时，腾讯市值不足 20 亿美元，目前超过 5000 亿美元，投资升值达 250 倍。当刘强东希望募集 7500 万美元时，张磊力主 3 亿美元支持京东自建物流，因为他了解贝索斯无法整合供应链管理的遗憾，而中国市场恰恰存在这样的历史机遇，这也是重仓中国的经典案例。

如果说重仓中国的第一阶段，主要是聚焦消费及互联网企业；自 2014 年入局生物医药与新能源，则是高瓴重仓中国的第二阶段。用张磊的说法，中国正在进入科技创新 2.0 时代，基础性科研原创成果将加速产业化，新的时代快车拉响了汽笛，价值创造的全新空间已经打开。

2020 年高瓴资本三季度季报显示，高瓴三季度继续重仓中国，聚焦医疗健康，对新能源兴趣大增。三季度美股前 10 大重仓股合计市值占比为 73%，包括 Zoom、百济神州、京东集团、阿里巴巴、爱奇艺、拼多多、优步、泰邦生物、好未来、贝壳等，其中 8 家是中概股。

在张磊看来，未来中国将会有 3 个群体蓬勃生长：中国优秀企业的群体、中国优秀企业家的群体和中国优秀创业者的群体。"相信中国，重仓人才，投资未来。"这是重仓中国的新表述，涵盖 3 个层面，且层层递进。首先是相信中国市场的力量与中国企业的潜能。其次从"投资投人"的角度来看,"在投资方面,我最大的乐趣就是帮助有格局的企业家实现梦想。在教育方面,我喜欢与具有伟大格局观的企业家共同发现英才、培养英才、发现价值、创造价值"。第三个层面关于未来,他不仅倡议设立科技与商业对话的"未来论坛",还发起"未来科学大奖",鼓励基础科研的氛围。

3. 伟大格局观者

《价值》讲了两条主题,一是张磊的投资人生与试炼之路,二是15年高瓴立足中国市场形成的一整套价值观与方法论。高瓴内部的企业文化,不太渲染投资利润,而是关心投资的意义,是否"Make Sense"。所谓价值,实质是良善资本坚守价值观的自然结果。

如果说价值投资是价值观与方法论的统一,重仓中国是高瓴资本的投资战略,这一切最终都要落到人的身上,"找对人"是高瓴知行合一的关键所在。

"在长期主义之路上,与伟大格局观者同行,做时间的朋友。"打开《价值》一书的扉页,映入眼帘的就是这句话。

2014年,京东与腾讯电商业务的战略合作,是中国互联网史上少有的共赢案例,张磊是背后的直接推手,"如果没有微信和QQ,京东移动端能占比这么高吗?这个合作让腾讯从不擅长的电商领域里抽身,精力更加集中,又赚取了利润,这不是天大的好事吗?这就是格局观,做企业需要有格局观的老板,能看得懂大格局"。刘强东、马化腾都是能跳出现有格局、追求更大格局的典范。

伟大格局观者的基本特质是什么?张磊总结了4条:拥有长期主义理念、拥有对行业的深刻洞察力、拥有专注执行力、拥有超强的同理心。

在张磊看来,洞察力指向两个层面,一是宏观研判能力,"对行业的深刻洞察,就是从大局到细节多加研判,从转瞬看到趋势,把握趋势中的定式和细微中

本质 II
增长的本质

的痕迹"。"故圣人见微知著，睹始知终。"东汉史学家袁康的《越绝书》中的这句话是个适合的注脚。

二是洞悉客户需求能力，"真正的企业家精神能够在时代的进化中看到未必满足的消费需求，这是把握住了大趋势中的定式"。张磊认为这里说的不是一般的静态需求，而是时代变局下的新局、危机中的新机。基于中国消费升级的判断，高瓴资本10年陪伴蓝月亮成长为行业冠军，就是典型案例。

"专注执行力"与组织管理中的"执行力"有什么不同？张磊提到了两个特点：义无反顾地投入（All-in），把小事做到极致的工匠精神。

"同理心"是互联网行业近年来的热门词，甚至有点庸俗化了。张磊对此的界定清晰可行，他首先区分了同理心与同情心，指出同理心的内涵是平等与尊重，其实他提到了比通常所说的换位思考更彻底的做法，创始人要做公司的"第一名顾客与第一名员工"。张磊提到的例子是张小龙和宿华的产品观，诠释关于"创始人的第一性原理"。

在与高毅资产邱国鹭的对话中，张磊谈到，人和人的本质区别在于格局，商界的两种伟大格局观者——企业家与投资家也有差别，企业家重在品质与格局，投资家比的是品质与心性。

显然，在张磊看来，自己是一体两面的格局观者，"高瓴资本一直将自己定义成'我们是创业者，恰巧是投资人'，这也是我重读《证券分析》最大的启示"。创办拼多多初期，黄峥写过一篇文章，名叫《如创业的投资和如投资的创业》，无独有偶，黄峥的讨论语境也是围绕巴菲特之道展开的，文中提到"一个好的公司应该花力气去解决/克服那些正确又难的问题，而不是四处捡一大堆芝麻"，张磊在书中（《价值》中引用过黄峥的例子）提到的"难而正确的事情"与其非常类似。这或许是高瓴长期持有京东，同时重仓拼多多的原因吧。

生活中的张磊夏天喜欢冲浪，冬季爱好滑雪。谈到心性修炼，他举了滑雪运动的体会，"从事投资工作多年以后，我逐渐意识到滑雪和投资竟有许多相似之处,都需要时刻把握平衡,既要盯着脚下,又要看到远方,在一张一弛间把握节奏,并凭借某种趋势求得加速度,而最关键的是都要保持内心的从容"。

张磊不仅在寻找伟大格局观者同行,也致力于培养未来投资人才,资助设立了高瓴价值投资研究院。他希望学员不仅仅是找到自己的兴趣,而是要找到信仰。张磊推荐年轻人多读名人传记,通过阅读尝试与世界伟人对话,来构建更大的格局。

金句10条

1. 我时常思考:究竟怎样才能在这样的世界中保持心灵的宁静?作为一名投资人,究竟怎样才能找到穿越周期和迷雾的指南针?作为一名创业者,究竟怎样才能持续不断地创造价值?当这些问题交织在一起,有一个非常清晰的答案闪耀在那里,那就是"长期主义":把时间和信念投入到能够长期产生价值的事上,尽力学习最有效率的思维方式和行为标准,遵循第一性原理,永远探求真理。

2. 长期主义不仅仅是投资人应该遵循的内心法则,它可以成为重新看待这个世界的绝佳视角。因为,于个人而言,长期主义是一种清醒,帮助人们建立理性的认知框架,不受短期诱惑和繁杂噪声的影响。于企业和企业家而言,长期主义是一种格局,帮助企业拒绝禁锢的零和游戏,在不断创新、不断创造价值的历程中,重塑企业的动态护城河。

3. 其实,人生的每一次选择都是一次重要的价值判断,而每一次判断都来源于人们的底层信念。在社会、经济、科技、人文迅速发展变化的当下,对机会主义和风口主义尤要警惕。长期主义不仅仅是一种方法论,更是一种价值观。

4. 困难是一面镜子,最深刻的反省往往都来源于此。每当危机出现的时候,

本质 II
增长的本质

都提供了一次难得的压力测试和投资复盘机会,而最终是价值观决定了你如何应对和自处。

5. 任何一个商业,不要去问赚多少钱,不要看今天的收入和利润,这都没有意义。首先看它给这个社会、给它针对的消费者和客户创造了多少价值。我们就是要找为社会疯狂创造长期价值的企业家。他的收入早晚会跟上,他利润早晚会跟上的,社会早晚会奖励那些不断地疯狂创造长期价值的企业家。这是我们的信念,我们就信这个,一定会出现。

6. 我所理解的护城河,实际上是动态的、变化的,不能局限于所谓的专利、商标、品牌、特许经营资质,也不是仅仅依靠成本优势、转换成本或者网络效应。我们清楚地意识到,传统的护城河是有生命周期的。所有的品牌、渠道、技术规模、知识产权等,都不足以成为真正的护城河。世界上只有一条护城河,就是企业家们不断创新,不断地疯狂地创造长期价值。

7. 做时间的朋友,需要极强的自我约束力和发自内心的责任感。在多数人都醉心于"即时满足"(instant gratification)的世界里,懂得"滞后满足"(delayed gratification)道理的人,早已先胜一筹。我把这称为选择延期享受成功。有句话叫"风物长宜放眼量",就是让我们从远处、大处着眼,要看未来,看全局。我常常给创业者建议,要学朱元璋"广积粮,高筑墙,缓称王"。这个战略在创业中有效,也同样适用于你我的生活。

8. 在我们几年前用 531 亿港元的估值战略收购百丽集团之前,我们也曾憧憬,要为企业加互联网、加 AI、加精益制造……恨不得一股脑儿地,把我们的十八般武艺都嫁接给企业。后来,我们意识到,企业数字化战略欲速则不达,要根据企业特点,抓住当下重点,局部突破,小步快跑,不断地打小胜仗,不断累积企业从上到下的信心,最终才能积跬步成千里,积小胜为大胜。

9. 大家都知道高瓴是非常重视研究的,很多人说执行是很重要的,我可以告诉大家,很多实际中出现的问题不是执行的不足,而是执行的强大掩盖了战略的不足。那怎么样能让战略做得更好？战略的核心是研究，只有更深入的研究才能做出更准确的判断，只有更准确的判断才能做出更好的战略。

10. 对于投资人来说，看人就是在做最大的风控，这比财务上的风控更加重要，只要把人选对了，风险自然就小了。我的风控理念比较关注企业家的为人，能够聚人，可以财散人聚，注重企业文化和理念，懂得自己的边界，不断学习，并且目光长远、想做大事，拥有这样的伟大格局观的企业家更容易与我们契合。

▶▶▶长期主义的胜利

作者　张磊　高瓴资本创始人兼首席执行官

▶导读

本文摘自张磊专著《价值》第六章《与伟大格局观者同行》，题目为编者所加。

"我要做企业的超长期合伙人，这是我的信念和信仰。"价值投资主要是两个环节：价值发现与价值创造，信念与信仰贯穿其中。

与《原则》相比，《价值》中的心得主要来自中国公司，根本规律与达利欧的美国经验类似。但是，基于中国哲学与中国市场，张磊实践了一套中国方案，总结了一组中国理念，比如三大投资哲学，比如投资生态模型，"从一个单纯追求最佳商业模式和最佳创业者的二维象限视角，升级为审视人、生意、环境和组织的最佳组合的多维视角"。从这个角度来说，高瓴的投资之道根植于中华文化，妙用西方方法，并已自成一派，是正在成形的中华商道的鲜活表现。

本质 II
增长的本质

"伟大的格局观者",是《价值》中最原创、最重要的概念。"格局"一词带有鲜明的中国风格,最早是指人的命相的定格与合局,后来引申为人的精神结构与层次。"我认为,凡盛衰,在格局。格局大,则虽远亦至;格局小,则虽近亦阻。"文科状元出身的张磊,能自如运用《道德经》式的表述方式。

还有"因果轮回,平衡调和之后来看,很多事情短期看是成本,长期看却是收益"对因果论重新定义,从长期主义(think long)来看,因果论是宇宙万物的根本规律之一,这是典型的东方思想。

此文列举了王兴、孙飘扬、贝索斯、张一鸣、龚宇等长期主义者的代表,这些人各有特质,从多角度构成了长期主义的完整图景。有趣的是,对张一鸣的进化路线,张磊聚焦在张一鸣的自我调适,"把自己的状态调节在轻度喜悦和轻度沮丧之间,追求极致的理性和冷静",让人联想到《中庸》中的修养状态。

我对伟大格局观的首项定义是"拥有长期主义理念",这源自我所坚持的投资标准——做时间的朋友。大多数创业者在创业时没有经营资本、行业数据、管理经验或者精英员工,任何创业都不可能一夜成功。但如果坚持不看短期利润,甚至不看短期收入,不把挣钱当作唯一重要的事,而把价值观放在利润的前面,坚信价值观是这个企业真正核心的东西,那么利润将只是做正确的事情后自然而然产生的结果。这是一种非博弈性的企业家精神,越是这样的创业者,反而越能够专注于做长期创造价值的事。对长期主义理念的理解包含3个层次。

▶ 一、坚持初心

对长期主义理念的第一层理解是坚持初心。我们会考量,这个创业者做事情是为了短期目标,还是从自己的初心出发,去完成崇高的使命和夙愿。这个初心

07 新资本
高瓴资本：长期主义的胜利

有多强大？

每位创业者在率领企业寻找前进方向的过程中，唯一已知的东西就是眼前充满未知。优秀的创业者能够不被眼前的迷茫所困惑，他的内心是笃定的，他所看到的长期是未来10年、20年，甚至横跨或超越自己的生命。在接纳新事物和迎接挑战时，他们既享受当下，又置身于创造未来的进程中，对未知的世界充满好奇和包容。坚持初心就是关注自身使命和责任，在短期利润和长期价值之间，做出符合企业价值观的选择。

比如美团创始人王兴，他是一个永远充满好奇心和爱思考的人，喜欢读书，爱问问题，学习能力极强，他的初心是"互联网改变世界"。

2003年，在美国读博士的王兴，感受到社交网站的兴起，毅然决然地放弃学业，回国创业。不像比尔·盖茨、马克·扎克伯克、史蒂夫·乔布斯辍学创业时基本有了成熟的创业思路、靠谱的创业班底，或者至少能找到车库作为办公场地。王兴凭着一颗初心就开启了创业历程。此后，王兴先后创办校内网、饭否网，之后又创办美团网，在本地生活服务领域不断深耕。往往初心有多大，创业的蓝图可能就有多大，正是这种朴素的想法，让美团可以不关注"边界"，只关注"核心"，即用户的需求是什么，互联网、科技有没有为用户创造价值。

再比如恒瑞医药前董事长孙飘扬，也十分令人感动。这位被戏称为"药神"的企业家，早年是药厂的一名技术员。有专业背景的他，在很早的时候就下定决心："你没有技术，你的命运就在别人手里。我们要把命运抓在自己手里。"药厂若不改变技术层次低、产品附加值低的问题，是没有出路的。在他的理解中，仿制药能够让一家药厂活得很好，因为仿制药价格低廉，有很好的销路，但创新药才是保证一家药厂真正立足于市场的核心竞争力。此后，恒瑞医药相继在海内外成立研发中心和临床医学部，构建了药物靶标和分子筛选、生物标志和转化医学等创新平台，不断增加科研投入，打赢一场又一场攻坚战。现在回看，10多年来，孙飘扬始终葆有创业之初的那份"精神头"，始终不渝地研发新药，

本质 II
增长的本质

做长远打算。

▶ 二、保持进化

对长期主义理念的第二层理解是要保持进化。机会主义者往往重视一时的成功，会给由运气或偶然因素造成的机遇赋予很大的权重，结果影响了自己的认知和判断。而长期主义者能够意识到，现有的优势都是可以被颠覆的，技术创新也都是有周期的。因此，长期主义者要做的就是不断地设想"企业的核心竞争力是什么，每天所做的工作是在增加核心竞争力，还是在消耗核心竞争力"，且每天都问自己这个问题。

杰夫·贝索斯在创办亚马逊时，选择从网上书店这个很垂直的细分领域切入。亚马逊做书店之前，美国最大的书店是发迹于纽约第五大道的巴诺书店（Barnes & Noble）。从20世纪80年代末到90年代末，巴诺书店在全美大规模扩张，10年间新开出400多家"超级书店"，最多的时候有超过1000家实体店、4万余名员工。在亚马逊创办初期，贝索斯和员工需要把书打包，然后自己送到邮局寄送。在把实体书店颠覆之后，贝索斯远没有满足，因为亚马逊似乎还不足以站稳脚跟。所以，亚马逊不断进化，从进军零售业，到成为全球最大的云服务提供商，再到智能家居、视频流媒体领域，其商业版图没有边界。而支撑这些的，自然是贝索斯的长期主义理念。在他的所有信念中，"消费者为中心"是长期的选择，也是一种精神力。所以，他可以放弃企业的短期利润，坚持追求极致的消费者体验，保持"Day 1"的精神，把企业资源配置到持续创新的布局中，让资产价值和商业模式不断更新迭代。因此，亚马逊难以被复制，因为它仍在不断生长。

字节跳动创始人张一鸣对保持进化也有独特的理解，那就是"延迟满足"。别人喜欢调试产品，他喜欢调试自己，把自己的状态调节在轻度喜悦和轻度沮丧之间，追求极致的理性和冷静，在此基础上为了长远的战略目标强迫自己学习许

07 新资本
高瓴资本：长期主义的胜利

多不愿意做的事情。我经常说，懂得"延迟满足"道理的人已经先胜一筹了，他还能不断进化。这种进化状态，是先把最终的目标推得很远，去想最终做的事情可以推演到多大，再反过来要求自己，不断训练和进步。所以，当张一鸣在调试自己的同时，又把公司当作产品一样调试时（Develop a company as a product），我们无法想象这家公司的边界。

长期主义者在保持进化时，往往不会刻意关注竞争对手在做什么。一旦盯着竞争对手，不仅每天会感到焦虑，而且会越来越像你的竞争对手，只会同质化，而难以超越它。如果把眼光局限在未来三五年，或盯在具体的某个业务上，你身边的许多人都是竞争对手；但如果着眼长远，不断进化，可以和你竞争的人就很少了，因为不是所有人都能够做长远的打算。所以，保持进化最大的价值在于竞争对手会消失，而自己才是真正的竞争对手。

▶ 三、没有"终局"

对长期主义理念的第三层理解是"终局游戏"的概念。商业世界的"终局游戏"不是一个终点，而是持续开始的起点，是一场"有无数终局的游戏"。换句话说，商业史从来没有真正的终局，只有以终为始，站得更高看得更远。

从创业早期的高速增长到爬坡过程中的攻坚克难，其实这些都还只是过程。拥有伟大格局观的创业者会去推想行业发展到某个阶段，市场竞争趋于稳定的时候，哪些资源是无法扩张的，哪些资源具有独占性或稀缺性，再去想怎么超越这些障碍，争取更大的发展空间。换句话说，在打"预选赛"的时候，既要想到阶段性的"总决赛"，又要想到更长远的未来，按照"永远争夺冠军"的决心排兵布阵，步步为营。这样思考的话，就有可能始终参与这场无限游戏，而不会被淘汰出局。当你的竞争对手还在疲于奔命地思考第二天赛况的时候，你已经看到了决战的时刻；当你的竞争对手以为决战到了的时候，你已经看到了更长远的竞争

本质 II
增长的本质

状态,这体现了不同的格局。

爱奇艺创始人龚宇对"终局游戏"有自己的理解。在视频服务领域,要培养用户的收视黏性就要苦练基本功,这个基本功非常烧钱,而且会不断吞噬创业者的意志和投资人的信心。但看待这个问题的角度决定了把烧钱换来的东西看作资本(asset)还是费用(cost),是否相信它在未来能够产生价值。他曾在一次演讲中说:"当时我们花了 8000 万元买一个剧,最后只挣了 1000 万元。但再想想,买下这个剧也许可以帮我们节约后面的 2 亿元、3 亿元。""终局游戏"意味着把战略着眼点放在"后面",思考商业模式的无限终局,超前地创造服务或产品的新范式。

再比如爱尔眼科的创始人陈邦,这位因"红绿色盲"而被军校退回的老兵,投身商海几经沉浮,无意间与眼科诊疗结缘。在爱尔眼科的发展历程中,看得远成为战略布局的关键。如何在中国的医疗市场中,找到独立、可持续的民营专科医院发展路径?陈邦通过实践给出了很好的答案:其一是探索分级连锁模式,而这也顺应了"医改"推行的分级诊疗大趋势,通过把内部的资源打通,将最好的科研成果、最好的医疗服务主动贴近患者,让诊疗服务的重心下沉,创造本地就医的便捷性;其二是超前的、创新的人才培养体系,通过"合伙人计划",激励和充实人才队伍,让医生的成长领先于企业的发展。这些战略构想的出发点是不断地酝酿和准备,一旦企业有了内生的动力,就能够不断拓展规模,寻求新的市场、新的格局,始终围绕下一场"比赛"来储备力量。

哥伦比亚商学院教授迈克尔·莫布森(Michael Mauboussin)在《实力、运气与成功》(The Success Equation)一书中提到这样一个观点:"凡涉及一定运气的事情,只有在长期看,好过程才会有好结果。"运气总是飘忽不定的,拥有长期主义理念的创业者,本质上是具有长线思维的战略家。他们往往选择默默耕耘,不去向外界证明什么,而是把自己的事情做好。事情做得久了,就成了他的核心能力。他们会重新定义因果论,重视客户的价值主张是因,提高产品和服务质量

07 新资本

高瓴资本：长期主义的胜利

是因，完善组织运转效率也是因，自然而然就会产生很好的结果。因果轮回，平衡调和之后来看，很多事情短期看是成本，长期看却是收益。拥有长期主义理念，把信念和持续创造价值作为安身立命之本，这是非常值得钦佩的伟大格局观。

>>>> **今日资本：什么变了，什么没变** >>>>

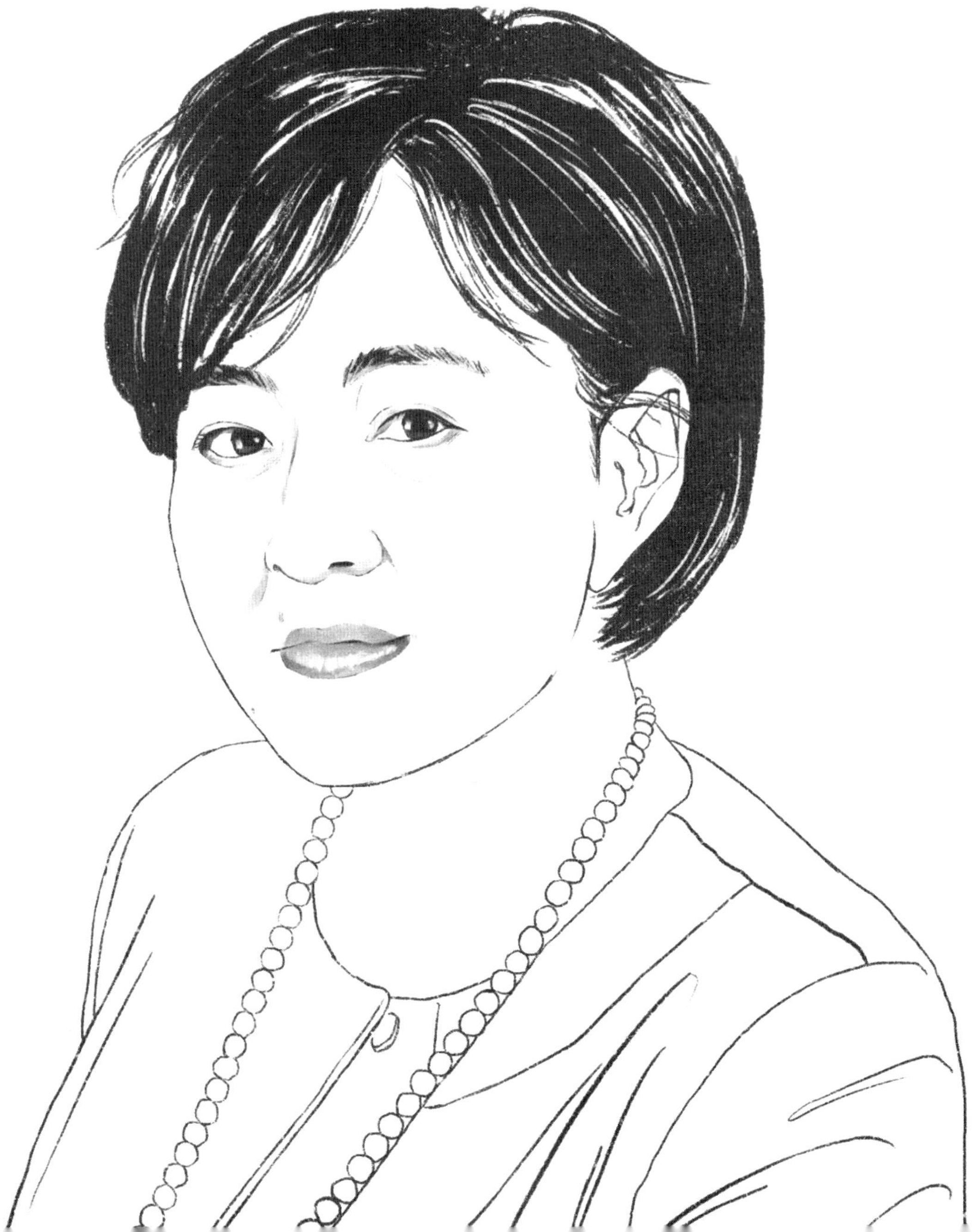

本质 II
增长的本质

▸ 企业简况

今日资本 2005 年成立，目前独立管理 25 亿美元；资管规模虽比不上高瓴、红杉与 IDG，若论投资成果，在中国投资界今日资本却是别开生面。今日资本的投资名单并不长，但是多为京东、美团、蔚来汽车、知乎、三只松鼠、唯品会等知名案例，而且很多企业最后都成了行业第一品牌。

创始人徐新是创投界的铁娘子，被誉为"刘强东、丁磊最感谢的女人"，在 2020 年福布斯年度创投 100 人榜单中名列第四。在长达 22 年的投资经历中，徐新广泛涉猎最早的消费品牌如娃哈哈，到电商、新零售等经典案例。作为京东的早期投资人，回报率超过 160 倍，唯品会回报率达到 50 倍，益丰大药房也赚了 12 倍。

今日资本具有专注笃定与作风凌厉的双重特质。徐新曾经表示，别的投资人是一年投 3 个，今日资本 3 年才会投一个。在发现好的项目后，徐新往往迅速出击，敢于重注。比如 2016 年，今日资本领投知乎 1 亿美元 D 轮融资，当天谈定，一周内签约，用知乎创始人周源的话说，"还没来得及写 PPT 就谈定了，钱到账的速度也很快"。其实在此之前，徐新已经观察知乎一年多了。

除了资金，多数投资人都会想方设法为被投企业提供各类援助。今日资本的官网上，有一句话："深刻理解中小企业的成长痛苦。" 15 年来，今日资本形成了帮助企业家的三大法宝："建立绩效考核体系，建立企业核心文化，打造行业第一品牌。"初看起来，这三大法宝并不那么高大上，但都和管理的基本功有关。

07 新资本
今日资本：什么变了，什么没变

事实上，高成长企业的一个陷阱是，成长过快，管理跟不上。

早期投资京东时，今日资本曾经帮京东招募财务总监。当时京东连专职会计都没有，徐新对刘强东说帮你找个会计呀，他回答说行，但是工资不能比老员工高。当时京东老员工最高月薪才1万元。徐新发现，市场上好一点的财务总监月薪都要两万元。徐新当即决定，新招的财务总监的工资，今日资本与京东各出一半。新财务总监入职两个月后，刘强东感慨道，两万块钱的人果然比5000块的好用呀，希望徐新继续帮忙找人。

益丰大药房2001年成立，2008年在行业排名第16。由于看好创始人高毅提出的平价药超市的理念，徐新放弃投资当时的行业第一名，果断投资益丰，让同事们"都快晕过去了"。10年之后益丰成为行业第一，证明了徐新的价值观大过利润的投资理念。

今日资本曾重仓美团，LP担心有风险。徐新认为，做投资不确定因素很多，"最后看你敢不敢有这个conviction，有这种信念"。

投资哲学主要是两个层面：一、选择投资企业的标准；二、与企业家的相处之道。徐新的理念是，创业者是红花，投资方是绿叶，业务方面还是企业家说了算。"投资人越俎代庖的事情我很不认同，毕竟创业者是在前线打仗，他都不知道怎么做，你投他干吗？"徐新认为，作为投资人，既然投了，就要相信他，并且坚持下来。这一点和张磊的"副驾驶"的说法非常接近。

徐新的人生曾有过3次重大转折，靠勇敢抉择改变了命运。第一次是初中毕业时，放弃中专，选择去考重点高中，最后进了南京大学英语系。第二次是毕业分配到中国银行，因勤奋工作获得银行推荐，报考英国注册会计师的资格考试深造。第三次是从投资中华英才网到创立今日资本。

创办今日资本前，徐新的投资生涯从外资基金起步，比较经典的案例是1995年投资娃哈哈，1999年投资网易，以及中华英才网。

20年投资经验，徐新总结了优秀企业家的四大特质：一、杀手的直觉，能看到别人看不到的东西，是品类的创新者；二、快速学习，先在巨大的市场找到细分切入点，解决用户痛点后，通过持续学习实现更大规模的扩张；三、志存高远，企业有使命感才能走得很远，靠企业家的个人魅力是走不远的；四、绩效至上，够狠，可以干掉业绩平庸的小白兔。

除了投资新创企业，今日资本也关注消费赛道上的现有企业。一些品牌创立很久，但没有成为行业第一。徐新认为，多数是因为创始人老了。除非企业家保持开放心态，敢于颠覆自我，积极提升自我，否则这些企业不会得到今日资本的青睐。

"好公司要拿得时间长"，徐新也是长期主义的信徒，"伟大的公司本来不多，如果运气好，找到好的公司，一定要坚持持有，让复合增长的力量帮你赚大钱。这就是我最大的经验。"2007年投资以来，京东营收每年翻3倍，到京东上市前徐新持有了9年；"投资者时常电话问我怎么还不卖，我就是能hold住（拿住）"。

为什么投京东？

"我特别庆幸当时第一笔投资时，他要200万美元，我给了1000万美元，这使得他胆子大，步伐快，敢于亏钱发展。"时至今日，京东仍然是徐新最自豪的投资案例。

2007年8月1日，今日资本投资京东1000万美元，其后追加投资，累计达3000万美元。见证了京东从50人的小公司，逐步成为5万人的上市公司。

除了给京东资金、帮忙招募高管，今日资本还深度参与京东的品牌打造。"当时我们推动京东投了1000多万元在公交、地铁上打广告，在网上做关键字优化，把京东知名度做出来了。再就是打价格战。"

徐新的风格，看准了，立马下手。徐新和刘强东谈了4个小时，就下决心投资。刘强东当时需求是200万美元，徐新认为不够，给了1000万美元。第二天，徐新就给刘强东买了机票，到上海与其他合伙人见面，当天签了框架协议，签完就给了 200 万美元过桥贷款（惯例是，签正式协议才给钱）。实际上，当时有个基金已经投资京东，原计划投资 500 万元人民币，因为京东一直亏损，只投了 100 万元，就没有下文了。徐新担心上一个投资合同有债务隐患，刘强东坚持有保密协议不给看协议。"他当时非常缺钱，但又非常倔强，他认为对的会坚持，这是我们希望看到的企业家气质。最后我让步了。"

在徐新看来，刘强东是典型的"杀手级"的创业者。徐新第一次见到刘强东的时候，发现他的电脑上写着"只有第一，没有第二"。

刘强东大学就开始创业，是个天生的创业者。刘强东为人很坦诚，初次见面就打开销售后台 ERP 系统给徐新看，当时京东的年销售额有 5000 万元，每月增长 10%；但是关键是，"他当时一分钱广告也不打，老客户一年会上来 3 次"。京东虽然很小，但是每天开例会，这个细节也让徐新印象深刻。

网易让我睡不着觉

投资网易的经历，某种程度上推动了徐新投资哲学的形成。1998 年网易上市前，投资价格是 5 美元一股，2000 年上市后涨到 15 美元，最高到过 30 美元，但是 2000 年下半年互联网泡沫，网易股价破发，一度跌到 0.6 美元。其间，网易经历了很多难关，被集体诉讼、被 SEC（美国证监会）调查，变成垃圾股，员工几乎走光了。那是丁磊人生的至暗时刻。

有一天，徐新在香港请丁磊吃饭，恰巧那天是丁磊生日。丁磊说，一生只有两个愿望，首先要办一个成功的网站，其次要帮股东赚到钱；丁磊在最困难时候，依然没有忘记对投资人的责任，深深感动了徐新。

对投资网易的得失，徐新总结为犯了两个错误，做对了两件事。两个错误是，其一，在中国文化中，要让创始人说了算，如果在创始人上面再安一个 CEO，两人不合，会影响公司发展。其二，公司不要太早上市，最好是在行业中成为领导者，在江湖上确定格局之后；否则业绩一有波动，马上就被人做空，甚至变成垃圾股。

徐新做了两个正确决定，一是网易董事会投票决定要贱卖公司，她投了反对票，因为"我们已经在地狱了，地狱的好处就是不可能更差了吧，以后就是通往天堂的路上"。二是选择相信丁磊和团队，追加投资了 500 万美元，帮助网易走出低谷。

▶ 主要理念

1. 寻找品类开创者

"我们花很多时间在选'赛道'上，我们要找到品类的开创者。"今日资本聚焦消费品品牌、零售连锁和 B2C 等三大赛道，徐新高度关注电商对各品类的渗透率，在她看来，"得生鲜者得天下，因为电商的最后一个堡垒就是生鲜"。

如果说传统的产业分类是供给侧思维，品类则是基于用户需求的产品类别。根据 AC 尼尔森公司的定义，品类是基于对消费者需求驱动和购买行为的理解，品类创新反映了企业家对用户变化的洞察力。在网易的低谷时期，丁磊找到了新的品类机会：网络游戏。徐新表示，"丁磊是第一个想到这个机会的人，第一个做网络游戏的人，坚持了 2 年做出来，到 2003 年时候他变成中国首富"。徐新也高度认可京东 2007 年从消费电子拓展到图书品类的决策。

互联网经济 20 年来，品类越来越成为投资人赛道的分类标准。"因为品类机会来临时，存量很小，增量很大，关键是找到那些能够舍命狂奔、抓住增量的创始人。品类开创者是徐新选择企业的重要标准，特别是在消费升级背景下，会有很多聚焦细分品类的机会。行业排名靠后的益丰大药房之所以能进入徐新的名单，就是因为益丰董事长高毅开创了平价药店这一新品类。

徐新表示，今日资本团队每年都会走到三四线城市做用户调研，做至少2000个用户访谈，她本人会亲自参与很多的一对一访谈；了解用户为什么买单，在乎什么元素，时间与钱是怎么花的，"最大的感受是用户越来越宅，越来越懒"。正是靠着扎实的目标市场的一线调研，今日资本才不断发现新消费的品类开创者，并能保持定力，长期陪跑。

2. 杀手般的直觉

"一个企业家最重要的是要有洞察力，要有眼光。他要能看到别人看不到的东西，他要能做很多很艰难的决策，真理往往掌握在少数人手里。"

"杀手的直觉"，其实是一种洞察力，一种刀锋般锐利的感觉。杀手有两个特点，一是在人群中迅速锁定对象，二是精准迅疾地出手，甚至一击即中。正如徐新所言，"能看到别人看不到的东西，是品类的创新者"。

在徐新眼中，刘强东是杀手型企业家的代表，他具有洞察行业本质的能力；在京东很弱小的时候，他就提出要自建物流体系。贝索斯也意识到物流的重要性，但美国成熟的物流基础，让自建物流成为亚马逊长久以来的遗憾。

今日资本投资的NOME（诺米）是家居零售行业的新物种，徐新自己曾作为消费者去店里获得了很好的体验，她发觉"85后"的NOME创始人陈浩对用户需求的灵敏嗅觉，这也是一位杀手级人物。

3. 创始人要自我进化

徐新认为，企业家驾驭商业新变局，要像王兴这样，既是思想家，"有很深的好奇心与追求真理的冲动"，又有行动力，有一股"狼性"（嗅觉灵敏、行动

本质 II
增长的本质

迅速）。

对王兴这样的后浪，徐新的评价是长于战略思考与用户洞察；同时也善于学习，"他在跟人聊天的时候总是瞪着个大眼睛，很好奇地看着你，比较愿意听你讲。所以，跟他聊的人都恨不得把自己 20 年学到的东西用 2 个小时就给他讲光"。

徐新曾经深度思考过，企业创新与企业家个人的关系，"我有时候觉得创始人年纪大，是一个企业发展最大的错"。

徐新常常引用一句流行语："你没什么错，你就是老。"什么是老了？

在徐新看来，企业家老了，会有 3 个弊端：其一，经营思路停留在过去的时代，"以前那个成功的法宝"不管用了；其二，"对新用户'80 后''90 后'洞察不够"，产品创新迭代能力不足；其三，个人英雄主义，团队能力不足，"以前的'老革命'有个特点，个人很牛，但下面都是绵羊，挺怂的"。

作为投资人，徐新的偶像是巴菲特；在企业家中，她最欣赏亚马逊的创始人贝索斯，因为贝氏学习能力很强。比如亚马逊做生鲜不赚钱，后来向 Costco 创始人学习，搞了一个 Prime 会员，大获成功。据说阿里巴巴美国上市路演，贝索斯曾亲临现场，了解淘宝的服装电商策略。

金句 10 条

1. 伟大的企业，它们有一个特点，创业的时候它都有一个使命，价值观大于功利。

2. 用户的懒惰是商业革命、技术创新最好的机会。

3. 我经常跟企业家聊天，我有时候觉得创始人年纪大，是一个企业发展最大的错。有句话说："你没什么错，你就是老。"

4. 我们的使命是帮着企业家打造行业第一品牌，做一个基业常青的公司。我们有两个信仰，相信品牌的力量，相信复合增长的力量。

5. 我看了零售所有牛人的演讲和传记，他们都有共同的特点。第一，注重细节；第二，节约成本；第三，对员工特别好。还有那些品牌创始人，就个个都"作"，就跟乔布斯一样的，"作"得要命的。

6. 我花很多时间寻找那种"杀手级"的创业者。我第一次见到刘强东的时候，他的电脑上写着"只有第一，没有第二"。

7. 我们亲身体验到，帮企业家干事情，我们有三大法宝——招人、做市场、KPI跟文化。另外，我们拿的时间很长，这都是我的原则。

8. 决策不要做得太多，重大的决策，反复思考，不断求证，一旦看定，长期 All in。

9. 你不要说别的，你把贝索斯的年报都看了，把王兴、黄峥还有任正非，这几个很牛的人，把他们的年报和演讲都看了，就会收获很多东西。你不用认识他，你就研究他就好了。

10. 今日资本的投资风格是专注，别的投资人一年投 3 个，我们可能 3 年才投一个案子。我们非常专注，只投消费品品牌，零售连锁，B2C。我们花很多时间在选"赛道"上。我们要找到品类的开创者。

▶▶▶什么变了，什么没变

作者　徐新　今日资本创始人兼总裁

▶ 导读

徐新 2016 年在华兴峰会上的演讲主题是"什么变了"；她列举了四大变化：消费者、用户习惯、渠道和人口结构。2020 年 9 月 8 日，互联网岳麓峰会在长沙举办，徐新做了主题演讲。

从 2016 年开始，移动互联网的人口红利从整体上开始衰减，很多有识之士喊出了"下半场"的口号。实际上，从人口结构的区域分层来看，四五线城市及县城等消费潜力还是有待激发。今日资本持续关注消费升级特别是新零售，先后投资兴盛优选、谊品生鲜、叮咚买菜。徐新注重实地调研，她深入到中部省份县城去调研，与老百姓同吃同住，获得了对中国内需市场的第一手感知，形成了对市场变局的系统思考。

互联网进入下半场，一方面意味着企业更多地依靠创新驱动，另一方面更意味着以互联网技术来全面启动多层次市场。

以下为演讲实录，题目为笔者所加，内容做了部分删节。

大家好！今天很激动啊，我是第一次参加这个盛会，还挺开心的，因为我们在湖南投的两个企业都做得特别好。一个叫益丰大药房，一个叫兴盛优选。

2008 年我们投益丰大药房的时候，它还是一个很小的公司，只有 70 家店，大概做到 3 亿多销售收入。今天的益丰大药房已经是 5000 家店，去年做到了 100 个亿，它上市的市值是 500 亿，我们是上市前唯一一个投资人，也拿了 12 年。

07 新资本
今日资本：什么变了，什么没变

我们的使命是帮着企业家打造行业第一品牌，做一个基业常青的公司。我们有两个信仰，相信品牌的力量，相信复合增长的力量。益丰12年的成长史，让我们看到了这两点。

第二个，我们特别骄傲地投到了兴盛优选。我去年九月份第一次见到岳总，当天晚上聊到了凌晨3点，直接就把合约签掉了。当时打动我的就两点：一个是长得这么快啊，第二是真的解决了老百姓买生鲜的大问题。它的核心就是以非常快的速度，比较低的成本，解决老百姓买生鲜的问题，特别是在农村、在乡镇，这个痛点是很大的。因为他们真的解决了这个痛点，提供了价值，才长得快。

我们觉得，自己想投的企业家，跟岳总、高总都有共同特质，就是说可以做女婿的那种，巴菲特说你投的创业者是可以做女婿的，是值得信赖的。岳总和高总都有这样的气质。而且我们在兴盛优选两年内5次加仓，不断往里面加钱，我们觉得伟大的公司本来就不多，如果你运气很好，碰到这样的伟大的公司，就应该长期持有，不断加仓。

今天我的主题是：什么变了，什么没变？首先我们投资是靠"颠覆"赚钱的，特别是风险投资得靠变化赚钱。什么变了呢？消费者变了，渠道变了，竞争格局变了。

▶ 消费者变了

越来越"懒"，越来越"上瘾"。

你别小看"懒"这个词，懒是人类进化非常大的一个动力。因为懒，所以他要发明创造，要让自己享受生活，所以就有很多科技创新。

首先说消费者。"80后""90后"都不愿意做饭，造就了什么？造就了外卖。现在外卖日过四千万单，王兴说2025年日过一亿单，是有可能做到的。还有一个问题，其实支付宝做得很好，垄断线上支付很多年，为什么微信支付来了之后，就翻盘了呢？原因很简单，消费者很懒，他在用微信，会用很长很长时间，进入支付宝的界面，要多戳一下，但他不愿意戳。

现在的格局，我听说线下支付是七三开，微信是七，支付宝是三，但支付宝是个非常牛的公司，人家搞了个蚂蚁金服，现在不跟你 PK 这个了，跟你 PK 金融技术服务，也很不错。

再一个就是刷跟搜。在 PC 时代，大家是搜索的。现在我问了很多消费者，特别是拼多多消费者，你为什么老用拼多多呢？一个是说懒得搜索，现在看一下就想直接买东西，搜了出来一大堆东西还要看，还要想，有点累。

然后你看现在的抖音。以前曾经很火的是微博，微博是什么？是加关注。

抖音是什么？关注都不用了，直接机器推荐给你，刷就行。刷跟搜、跟关注是两个不同的动作，就是这么一个简单的动作，抖音就越长越厉害。大家知道平均花费在抖音上的时长是多少？平均时长 95 分钟，一个半小时在抖音上面，为什么？就是因为不用动脑筋，机器推荐。

就是说如果让人类选择，今天是你自己去选择，还是说让机器帮你选择，我们大部分人已经选择了，他们更喜欢让机器帮他选择，因为他很懒，不想动脑筋。而且，当你这样刷的时候，不知道下一个是什么，让你会越看越喜欢，非常上瘾。几年前张一鸣跟我说，他说以后的流量，人口只有两个，一个是微信，一个是抖音。

我们看到一个数据，如果你把所有的市场排在一起，不要说长视频、短视频、游戏什么，其实都没有关系，对消费者来说总的时长是有限的，最后我们都要跟睡眠去竞争。晚上已经困得不行，还在刷抖音呢，本质上是因为"上瘾"。

这是算法带来的。算法是现在非常重要的一个生产要素，所以企业家你要成功，要将来做得好，一定要懂算法，不是说你是大平台要懂算法，你作为一个企业，也要懂算法，因为算法颠覆了很多的生意模式。

以前我们说买手，很多人搞经销，当买手，当有了算法，你买手的选择会

07 新资本
今日资本：什么变了，什么没变

比 AI 更好吗？不会的，如果 AI 已经做了你的工作，那你能做的工作必须走到上游去，你要做设计，做产品研发，做供应链，如果这几块你都没有做的话，你就 out（落伍）了。

比如说我们看到的 AI，就是辅助驾驶、智慧驾驶，它们也是很让人上瘾的，一旦你开了 AI 的车，就不能再开普通的车了。因为那个是上瘾的，这也意味着垄断，那些长期拥有数据用于算法的超级平台，它们最后会垄断特定的市场。

▶ 渠道变了

在今年二季度的时候，社会零售总值出来了，是 7 万亿，刨掉了汽车的零售、加油什么的。整个增速跟去年同比下降了两个点，但是电商增长了 22 个点。这意味着什么？

就是说电子商务在零售渠道里是所向披靡的。现在存量是 10 万个亿，增量还有 10 万个亿，增量来自什么？来自每个品类，一个个击破，它的渗透率是各个击破。电器电商已经达到 61%，服装 53%，食品才只有 14%，生鲜才 4%，为什么我们重仓生鲜？所有生鲜，好多公司都在我们手上，因为它渗透率很低，我们将来就要吃这个渗透率的增长。

我们研究电商特别强，因为很早就投了京东。京东现在还涨得很快，是因为它有强大的规模效益，它没有了门店，没有了人工；但它有物流和广告，这两个都是规模效益极大的，还有它有很强大的网络效应，有用户评价和推荐引擎。

以前电商的渗透靠用户，因为很"懒"呀，送货上门，以及其他的便利。现在我发现，推动这个电商发展，其实要靠商家，为什么呢？

因为线下没有流量了，商家把线上当成他的核心渠道，所以他们把每天上新的新品都放到线上，每个内容营销都放在线上，所以消费者在线上体验是非常好的。最近淘宝推出一个产品，把退货搞得很方便，比如我下单买 3 件衣服试穿了

本质 II
增长的本质

以后,退两件回去,退货也不用花钱了。

线上能体验的大部分东西,短视频大都解决了,所以我们觉得,线上还是会乘胜追击的。线下零售怎么办呢?日子不好过呀,想想看线下降了2个点,线上涨了22个点,说明它是从线下零售店抢来的。

我去年五月份做了一次采风,到合肥蚌埠固镇,跟老百姓住在一起,直接住在他们家里。我有几点感受,固镇这种县城有一个购物中心,是没有人的,服务员比客人还要多,走到步行街,体验也好差,因为他没有钱赚,也不装修了,灯也舍不得开。Shopping Mall(购物中心)的生意都被京东、淘宝、拼多多抢走了(电商渗透率大致是20%),关键是商家不敢开店了,大部分都在那打牌,没什么心思好好干。丢掉20%的收入意味着什么?一个公司的毛利基本上是50%,净利10%,如果20%收入没有的话,它就不赚钱了,不赚钱它怎么办,就要寻找新的出路。

但我想说,这也并不是世界的末日,现在用户是喜欢在线上买东西,越来越懒,对吧?那你怎么让用户去你的店里下单?

第一,一定要抓流量的红利。

流量的红利在哪里?抖音、快手、B站,你要把这3个搞明白,搞清楚怎么样获取用户,怎么做算法,怎么做内容,你把这些搞明白,就可以在抖音等渠道拉新了。然后,你把流量导到淘宝、天猫去做成交。最后你还是要搞到自己私域流量里,建微信群,发朋友圈,现在还有企业号,原来一个微信好友只能5000人,现在可以加到2万人。

为什么自己要做这个呢?我是觉得零售企业将来的核心竞争力,就是你要把微信的私域流量搞起来,之后做会员的忠诚度。

最后是零售。还是要控店、控货、控心智。怎么样控心智?就是你店开得到处都是,让他天天看到你就想起你,就像星巴克是世界上最好喝的咖啡吗?肯定不是,但你喝咖啡就想到它,因为店开得到处都是呀。

07 新资本

今日资本：什么变了，什么没变

▶ 竞争格局变了

超级平台越来越值钱，新零售会很犀利，新品牌会跟老品牌PK，这是时代的变化。

首先，新品牌是有机会的，现在我们感觉到一个新品牌的诞生，是靠新的媒体。在看电视的时代，娃哈哈、康师傅，两个牛奶打来打去，你就创造出了那种大的品牌。现在流量很分散，明星也不管用了，你要做广告，得抓住KOL，KOL是个长尾，你要学会怎么用，用你的内容去打动KOL，让他们帮你投放。

还有一个，现在PK的产品不同了，你不能只是个卖货的，AI已经普遍了，你不能只是靠销售，你要靠品牌，做出与众不同的感觉。然后是供应链，现在我觉得很多聪明人进入到了这个行业，所以供应链全部数字化了。

所有这些，对创始人的要求也变了，以前卖货的，现在要做品牌。他们的差别是什么呢？做品牌的一个特点就是够"作"，这个老板要追求完美。

另外，我们现在看老的企业，他们为什么不与时俱进呢？你看这个新品牌长得这么快，他们为什么不反击呢？我觉得可能就是老了，你没什么错，就是老了。

最后，我觉得，创始人真的要善于学习。我看到的那种牛的创始人，长得快的，都有个特点，就是善于学习。

你怎么样学习呢？也就是说你信息输入的质量要好，你要跟行业优秀的人聊天，要定期地聊天，信息输入的质量要高，要研究不变的规律。

不要说别的，你把贝索斯的年报都看了，把王兴、黄峥还有任正非，这几个很牛的人，把他们的年报和演讲都看了，就会收获很多东西。你不用认识他，你就研究他就好了。比如说王兴为什么决策都很好，每去一个赛道都能赢？因为他每去一个赛道都把最牛的人都聊了一遍。决策不要做得太多，重大的决策，反复思考，不断求证，一旦看定，长期All in。

我们在寻找什么样的创始人？我们希望他有"杀手"的直觉，他能看到别人

本质 II
增长的本质

看不到的东西，然后他愿意分享财富，志存高远，学习速度要快。

用几个关键词就是：要够狠，能干倒小白兔；要够抠，做零售要够抠门。我看了零售所有牛人的演讲和传记，他们都有共同的特点：第一，注重细节；第二，节约成本；第三，对员工特别好。还有那些品牌创始人，个个都"作"，就跟乔布斯一样的，"作"得要命的。

刚才说了这么多变化，什么没有变，我觉得一个企业的使命、愿景、价值观不变，那些走得很远、能够称作伟大的企业，它们都是有强烈使命、愿景、价值观的。

比如，我们的使命，就是帮助企业家打造行业第一品牌，做一个基业常青的企业。

谢谢大家！

附录 1　入选者简介

附录 1　入选者简介

书中顺序	姓名	出生年份	入选文章	入选类别	公司	市值/估值（历史峰值）	成立年份	上市年份	总部所在地	出生地	第一学历母校	本科专业
1	马化腾	1971	灰度法则的7个维度	新浪潮	腾讯	8000亿美元	1998	2004	深圳	海南东方	深圳大学	计算机
2	李彦宏	1968	迎接智能经济	新浪潮	百度	1000亿美元	2000	2005	北京	山西阳泉	北京大学	信息管理
3	丁磊	1971	相信热爱的力量	新浪潮	网易	700亿美元	1997	2000	广州	浙江宁波	浙江大学	计算机
4	张一鸣	1983	CEO要避免理性的自负	新媒体	字节跳动	4000亿美元（以快手市值估算）	2012	未上市	北京	福建龙岩	南开大学	计算机
5	张小龙	1969	微信的原动力	新媒体	微信	1000亿美元	2010	未上市	广州	湖南邵阳	华中科技大学	计算机
6	宿华	1982	提升每个人独特的幸福感	新媒体	快手	3000亿美元	2011	2021	北京	湖南湘西	清华大学	计算机
7	黄峥	1980	新时代的新电商	新消费	拼多多	1800亿美元	2015	2018	上海	浙江杭州	浙江大学	计算机
8	王兴	1979	互联网下半场的2B机会	新消费	美团	3000亿美元	2010	2018	北京	福建龙岩	清华大学	计算机
9	刘强东	1973	京东是谁	新消费	京东	1300亿美元	2004	2014	北京	江苏宿迁	中国人民大学	社会学
10	程维	1983	敬畏一切	新基建	滴滴	800亿美元	2012	2021	北京	江西上饶	北京化工大学	行政管理

本质 II
增长的本质

续表

书中顺序	姓名	出生年份	入选文章	入选类别	公司	市值/估值（历史峰值）	成立年份	上市年份	总部所在地	出生地	第一学历母校	本科专业
11	王卫	1970	信仰、文化与道德	新基建	顺丰	700亿美元	1993	2017	深圳	上海	无	无
12	左晖	1971	贝壳的7面旗帜	新基建	贝壳找房	850亿美元	2001	2020	北京	陕西渭南	北京化工大学	计算机
13	瞿芳	1984	小红书是座城	新人类	小红书	60亿美元	2013	未上市	上海	湖北武汉	北京外国语大学	英语系
14	陈睿	1978	B站还是那个味	新人类	哔哩哔哩	500亿美元	2009	2018	上海	四川成都	成都信息工程大学	计算机
15	雷军	1969	热血沸腾的10年	新制造	小米	1030亿美元	2010	2018	北京	湖北仙桃	武汉大学	计算机
16	任正非	1944	打胜仗的逻辑	新制造	华为	3000亿美元（以三星市值估算）	1987	未上市	深圳	贵州安顺	重庆大学	建筑工程
17	汪滔	1980	没有想过去寻找所谓的风口	新制造	大疆	500亿美元	2006	未上市	深圳	浙江杭州	香港科技大学	电子工程
18	沈南鹏	1967	我的投资逻辑	新资本	红杉中国	500亿美元（管理规模）	2005	未上市	北京	浙江嘉兴	上海交通大学	数学系
19	张磊	1972	长期主义的胜利	新资本	高瓴资本	700亿美元（管理规模）	2005	未上市	北京	河南驻马店	中国人民大学	国际金融
20	徐新	1967	什么变了，什么没变	新资本	今日资本	25亿美元（管理规模）	2005	未上市	上海	重庆	南京大学	英语系

附录2 2000—2020年20个最值得关注的商业理念

姓名	出生年份	公司	代表性理念
马化腾	1971	腾讯	连接一切
李彦宏	1968	百度	智能革命
丁磊	1971	网易	精品化
张一鸣	1983	字节跳动	产品就是公司
张小龙	1969	微信	极简主义
宿华	1982	快手	幸福驱动力
黄峥	1980	拼多多	变革需求侧
王兴	1979	美团	四纵三横
刘强东	1973	京东	无界零售
程维	1983	滴滴	快公司
王卫	1970	顺丰	员工是孩子
左晖	1971	贝壳找房	产业操作系统
瞿芳	1984	小红书	社区是人的集合
陈睿	1978	哔哩哔哩	UP主
雷军	1969	小米	互联网思维
任正非	1944	华为	自我批判
汪滔	1980	大疆	靠谱的人
沈南鹏	1967	红杉中国	"越野车"
张磊	1972	高瓴资本	伟大格局观
徐新	1967	今日资本	品类开创者

跋

在我和友人施君星辉先生的共同词汇中，有几个关键词，有如接头密语，总是能在众多的词汇群或案例后跳将出来，吸引共同的关注，成就共同的话题，引发共同的思考。一曰本质，二曰逻辑，三曰结构。在观察一个商业现象、一套商业模式，或者说更带普遍意义的商道时，不自觉地，意欲拨云见日的本质分析成了思维切入的落点，自洽舒展的逻辑论证则构成了对其是否认同的衡量要素。至于结构，那是庖丁解牛的切中肯綮之必要，更多着眼于比对视角，由此而发现或优势或短板。私底下，斯人或许亦有意无意在用本质主义者、逻辑行为论、结构化思维来做出经济现象一人一事、一隅一域之判断。

众人常说，与优秀者同行乃人生途中之必要，其价值在于知彼的同时能察己，所谓观高峰而见众山，临大海而知湖泊。作为友人的一枚，施君可谓是同道同行、互有增益的一位。每次或南或北相见，彼此用"欢喜"形容不足为过。"欢"，是交谈甚欢，以至煮茶畅饮时常常忘记添杯，举杯相碰时不自觉停下竹箸，犹如思想之球短线攻防，只听见话音之声响彻丈外，不见周遭好茶好酒与众生。这种交流，视野之延伸，格局之拓展，知识之累积，以及识人之锐眼、断事之刀刃的打磨，都在或潜藏或显见中。"喜"乃为之由衷喜悦。在我看来，施君仿佛一直在"做时间的朋友"。隔一段相见或相谈，他拿出手的东西在他的情理之中，却常在我意料之外。就如2018年他主编了《本质》，一本致敬改革开放40周年的民营

跋

企业家群英谱,颇受欢迎,从有品的设计到有料的内容,无论放在哪个书架上都很有存在感。现在,一本记录"2000—2020年20个最值得关注的商业理念"(作者语)的《本质Ⅱ:增长的本质》又将付梓。用他的话说,完全是在节假日乃至牛年春节完成。时虽不我待,然天道可酬勤。我了解到,他在接下来的几年中,心中、手中还有记述民营经济个体、群体、趋势等的宏图伟计,从对象到主题,从时序到节点,均与我有所探讨,我看他其实多已成竹胸中。可以预见,我们的共同关注和共同话题,将在近10年内会在同一个思想经纬和内容时空中演进。这大概可谓之友谊的稳定预期。在越来越充满不确定性的世界和生活中,具有一种来自友谊的确定性,拥有一份"稳预期"的友谊,这不能不说是一种人生快意。同时,与另一双眼睛一起,看商言商,懂商营商,算是一直心系"企业、企业家、企业家精神"的我,在服务民营经济的关切与坚持中得到的一份特殊礼物。如此种种,均谓之欢喜。

认真阅读了施君寄来的《本质Ⅱ:增长的本质》清样,7个板块近30万字,用的不是走马观花的态度。这种较劲,是受其之托写跋,恐下笔差之毫厘、谬以千里而负其厚意,也恐见皮不见骨,片语妄言而贻笑大方。20年,20个案例,从后往前,一路文字踏其文字之浪来,斯人平时或学或思的浅见亦穿行其中忽隐忽现。犹如一趟20年商业时光的快速旅行,特色风景帧帧入目。待到全书看完,逐步形成了8个切面的观感,即产品性格、机构记忆、生活基底、时代浪潮、本质发现、经济逻辑、商业哲学与价值追求,犹如多棱镜,有点、有线、有面也有体。若要做个划分,"产品性格、机构记忆、生活基底、时代浪潮"可见可触可感,可谓第一层次,更多具有形而下的表征,商业或商业模式的底层构筑或多或少有这些元素;"本质发现、经济逻辑、商业哲学"可谓第二层次,具有形而上的特质,不同企业和企业家的区别,往往在这个层次;"价值追求"是其中的"纵贯线"和主支撑,是企业、企业家、企业家精神的共同精神之核。所谓价值中性,也是一种价值追求目标。企业如人,是有符号特征的。符号特征后面是价值追求。倘若

本质 II
增长的本质

价值追求模糊，在我看来就有定位之摇摆，企业经营也难以聚魂。我深知，管窥之见难免狭隘，个人眉眼难免近视，但世界的精彩正因千江有水千江月的多元。如此，亦有勇气分享一二。

如果允许有一个白描，我愿意用比较的视角来着墨几痕。相比之下，前40年一代企业家更多是认识论生存者，近20年的这一代企业家则多为方法论生存者。前者或许更在乎与世界、国家，与环境的互动，"怎么看"，决定了"怎么干"，看清大势、把准政策、用足机会，赋予他们"杀出一条血路"的勇气；后者更多把注意力放在与终端、与链条、与资源的联动上，他们敢闯敢试的动力更多来自了解用户、了解技术、了解运行。互联网经济更是造就了一批具有共性的互联网方法论生存者。

切面观之。

之一，产品性格。能鲜明地代表这一点的，在《本质 II：增长的本质》中莫过于微信，和微信背后的张小龙。极简主义，或许可以算个产品性格。通过它的无，实现它的有——舍弃基于骚扰用户的方式、内容发完即走、无须挂念等，产品的红利最终来自产品的定力。张小龙在文中还讲了几个产品设计者才知道的细节考虑，比如微信的"朋友圈"最初的设想是给人展示生活的，而且是生活中最美而非原味的一面，给每个人的人设打造提供一个空间，同时提供一个社交"广场"——你看别人的"朋友圈"，熟悉的、在意的可以有你的表达，也可以不点赞也不打招呼，就像在广场上走一圈，浏览一遍就算完成自己一天的社交，你知道你周遭的人在干什么。而"视频动态"提倡真实的而非最美的，拍完视频动态底下的按钮叫"就这样"。"就这样"，大概算是匆忙奔走，读不完200字，更不想长篇累牍做解释，也不想耗时耗力做加工的现代人要的一个日常。什么叫产品性格，我以为这就是。这种设计者的纤毫之心，背后可看作力戒产品性格走向分裂的张小龙之千钧之志。

之二，机构记忆。一代人有一代人的记忆。"怀旧"是对记忆的倒流，可以

跋

无数次地重温，以方式、符号或其他。机构记忆，是这个机构承载了一个群体的成长，也因这个群体生在其中、长在其中而形成了他们与机构的联结记忆。B站就是一个具有机构记忆的地方。"B站＝年轻人"，按作者的说法，每3个年轻人，就有两个B站用户。B站董事长兼CEO陈睿在B站11周年庆典时的演讲是《B站还是那个味》，B站是什么味？无须过多解析，就像嗅觉无色无声，而身在其中的人个个都知，且每个人有自己的嗅觉、味觉体验。弹幕文化可看作每个人的味觉表达之一，且有个性，也有共性。我也是弹幕爱好者之一，从这里看到每个人会聚而成的现场感。鬼畜视频常常是年轻人哈哈大笑而父母亲一脸蒙相之日常。话还可以这么说？事还可以这样做？B站告诉你，可以。以年轻人的方式来聚集和经营年轻人，使B站那个味没有变调。相比B站的整体机构记忆，腾讯的符号记忆也可谓之深刻。如果谁说他不知道这只可爱的"企鹅"，那大抵是互联网荒野者。如今，这只企鹅同样在抓取年轻一代，"群体交流不用微信用QQ"似乎成了"00后"的心照不宣。长着小尾巴的QQ或许承载了"00后"一些想要游离的小心思。其实，机构记忆不只是面向过去，也面向当下和未来。通过各种方式，在市场和用户心中给企业未来画像、定性，主动打造机构记忆。比如京东集团创始人、董事局主席兼CEO刘强东在谈到京东梦想时，反复强调和传播京东会坚定不移地转型成为"一家技术驱动型的供应链服务公司"，提前打造企业"人设"。相比过去很多公司只用简单的规模、产值、分红等作为愿景培养员工忠诚度，现在企业更注重用塑造机构记忆来黏住用户追随度，保持参与活跃度。

之三，生活基底。如果说艺术来于生活、高于生活，商业则依赖鲜活而饱满的生活基底。人们对美好生活的向往，也是商业生生不息的底层动力。这种向往，首先是生活用品的消费，物质主义的人需要得到递进式满足。拼多多、京东、美团、贝壳找房，让人们在买、吃、用、住等方面更省心、省时，足不出户亦可得其所需。其次是对生活方式的记录和分享，具有群居特征的人，社会性需要得到扩张化认同。小红书创始人瞿芳自称小红书是生活方式变迁的见证者与引领者。

本质 II
增长的本质

过去相对被视为私域的日常生活，家居空间、吃饭睡觉、家长里短，只要你愿意，就可以变成公共展示台。更多的人也越来越觉得，演绎自己的生活和看见别人的生活没有什么不好。生活的面貌与生活的才情，生命的实然与生命的应然，如同朱砂痣与白月光，苟且着，也向往着。德国戏剧家黑贝尔说"一会儿我们缺美酒，一会儿缺酒杯"。在最坏的时代，我们缺美酒；在最好的时代，我们却又缺酒杯。记录、折射生活基底的 A 面与 B 面，正是小红书潜在的用户联结。

之四，时代浪潮。"我越来越发现，大家对小米的误解还是挺多的。"很喜欢施君在做小米的企业简介时用这句作为"开场白"。据说 40 岁生日的雷军在不惑之年，悟出一个道理：形势比人强。至于"金山就像是在盐碱地里种草，为什么不在台风口放风筝呢。站在台风口，猪都能飞上天"等"雷语"，更应该从雷军对时代浪潮的看法来解读。时势成事，当顺势而为，逐浪而行，而非要去"盐碱地里种草"。正因为对时代浪潮之下的人们需求有清晰认知，除了小米凭借 MIX 开始逆转，还有小米对于用户骨子里的"又好又便宜"需求的变现。小米主打性价比，并表示"性价比是我们最有力的武器，也是我们最脆弱的软肋"，可谓一种难得的清醒。就如浪潮里的木舢板船，顺风顺水时浮起来容易，风暴来袭时也会很快散架。基于此，小米需要不断寻找更多的资源、渠道和合作。在我看来，如果说 B 站是以青年影响青年，小米则是以"非我"的网络生态打造"属我"的生态网络。踏浪而行，说易也易，说难真难。

之五，本质发现。快手的 slogan，从"记录世界、记录你""看见每一种生活"到"拥抱每一种生活"，表述在不断进化，但背后的本质还是对"沉默的大多数"的发掘。每个人都有自己的故事，很多人希望被这个世界看见，以自己的方式发声，能"提升每个人独特的幸福感"。幸福感是一种需求，是普罗大众之人性的最大公约数；"注意力"是一种资源，能发现资源分配不均就有配置商机。快手科技创始人兼 CEO 宿华所说的"互联网的核心资源是注意力""用市场经济的方法去解决社会问题"，可谓具有洞见、创见的本质发现。实践证明，当一些

跋

人还在以贬损之词批判"吸引眼球"之时，这些新一代创业者却已经把"注意力"作为一种核心资源来看待、开发、分配和运营。流量，是"注意力"的具化，如今确已成为争夺的核心资源。同样，在信息争夺战之上，百度认为，"对海量信息的梳理，基于用户需求的精准把握，高频连续的搜索反馈，是机器学习的理想应用场景之一"，由此，升维搜索业务，通过 AI 来主导智能革命。我认为这也是百度具有深刻意义的一次本质发现。某种意义上，也拯救了百度。李彦宏在大力推介智能经济时的结语："智能交通本质还是交通，AI 教育本质还是教育。"从中可见，这些企业家作为真正本质主义者的可贵。

之六，经济逻辑。施君喜欢用"现象级"来描述一个横空出世、迅速壮大的事物或充满戏剧性张力的事件。比如他认为字节跳动就是互联网经济 20 年后半段的"现象级产品"，当然，字节跳动的"价值中性"风波和由此引发的讨论，也算个"现象级"事件。字节跳动创始人、董事长兼全球 CEO 张一鸣有自己的经济逻辑，比如他认为公司的核心是 ROI 而不是成本水平。只要有足够的产出就不怕要足够的投入。这种分子分母同时放大以求最佳效用的逻辑，与一般人只想在分母变小中求得利润空间的思维是截然不同的。因此，字节跳动愿意并敢于高薪引才，也高薪用才。用员工的高 ROI，推动公司的高 ROI。"多劳多得"某种意义上变为"多得多劳"，发力端迥异，其中的经济逻辑是不一样的。同样，在互联网经济的大概念下，很多人士包括笔者在内，深知与消费互联网不同，产业互联网是平台赋能经济，不仅是连接，更是对流程与规则的重新定义。通过技术实现产业的"熵减"，提升整体效率，类似的经济逻辑已经出现在不少企业的内部重整中。除了微观经济逻辑，对宏观经济逻辑的把握与解读，百度创始人、董事长兼 CEO 李彦宏可谓独树一帜。看得清、布局早、能坚持，非常人可为。在百度联盟峰会《AI 时代的思维方式》的演讲中，李彦宏指出，互联网思维只是提升了人与人的沟通效率，而 AI 则改变了人与万物的沟通方式这一本质区别。这大概可以看作他坚定不移走 AI 战略，并在认识和实践上，从智能革命的技术路

本质 II
增长的本质

线到智能经济的发展模式跃升后面的"AI先生"经济逻辑。物以其稀，方显其贵。不是经济逻辑少而珍贵，是能见能用者弥足可贵。

之七，商业哲学。企业家的商业哲学和普通人的生活哲学一样，都不是教科书的千篇一律。每个企业家都有其特色的商业哲学。腾讯马化腾崇尚"灰度管理"，百度李彦宏提倡"降维攻击"，字节跳动张一鸣主张"拥抱不确定性"，网易丁磊以"品类创新"生存，滴滴程维强调"以快打慢、极致执行"，美团王兴直言"重要的不是向上或向下，而是持续向前"，贝壳找房左晖秉持"让自己配得上被尊重"，红杉中国沈南鹏关注"赛道与赛手"，高瓴资本张磊坚持"长期主义"，今日资本徐新认为"创业者是红花，投资者是绿叶"。独特的商业哲学，直接决定了企业理念和立身于市场竞争中的核心原则。顺丰集团创始人、董事局主席兼CEO王卫2002—2003年在企业内部开展了一次全国性的大补税行动，主动"打补丁"补漏洞，反映了他们在短期利益与长期利好之间的辩证思维。拼多多创始人、董事长黄峥的"人为先"理念，直接衍生了拼多多与传统电商"人找货"不同的"货找人"思维。早在2017年，他就在《市场多一点，还是计划多一点》文章中提出，"用需求侧流通的半'计划经济'来推动实现供给侧的半'市场经济'"。一方面，推动需求侧更多计划性；另一方面，实现供给侧中小规模批量"定制生产"。不能不说，这是新一代企业家创新思维在实践中的生动案例。施君将此种对应解读为"让消费者的未来需求自发确定化"，还有他关于张一鸣"价值中性"其实是工具理性主义的观点，我以为，都是作为旁观者对创业者的深刻理解。从这一点上看，他能成就此书，其实是水到渠成的自然之举。

之八，价值追求。施君用"他更像一条穿越若干经济周期的历史长河"来描述华为创始人、董事任正非。我觉得还可以加一个定语，"他更像一条穿越若干经济周期并且仍然在穿越的历史长河"。在施君笔下，任正非"面对封锁与狙击，他依然坚持拥抱世界，深信一杯咖啡能吸收宇宙的能量"。这话源自任正非"我们一杯咖啡吸收宇宙能量……这咖啡杯中吸收了许许多多的人才。即使出现黑天

跋

鹅，也是在我们的咖啡杯中飞翔"的原话。一杯咖啡吸收宇宙能量，这话颇有"吸星大法"的功力，发力者有近高人不怯、手可摘星辰的格局与胸襟，却没有"任我行"的狂悖，相反，是始终谦逊、学习先进、拥抱变化的。为什么能做到愈挫愈勇，置之死地而后生？"面子是无能者维护自己的盾牌。优秀的儿女，追求的是真理，而不是面子。"这，大概是华为自己理顺坚持打胜仗的逻辑后面，撑起其价值追求的那一根精神脊柱。不只华为，张一鸣发出"逃逸平庸的重力"的呐喊，王兴借鉴"修、齐、治、平"思维管理企业，大疆汪滔在观察他人时发出"依赖商术，却很少追求商道"的旁白之语，"别去追求成功，而要追求卓越"的貌似励志之言，也早已在大疆产品的追求极致与完美上得到映射。京东主张的"正道成功"，可看作商道与王道的初始融合。对于经历风波、将要完成内外价值观整合的京东，施君持论不偏不倚，认为"从长远来看，'正道成功'不仅侧重于企业的社会责任，在特定时期还需要在企业内部重新定义"，可看作第三方之良言。纷纷扰扰，形形色色，价值追求才是企业不死之魂。

时代总在前进，生活每天继续。江山代有才人出，长江后浪推前浪。为一个阶段的企业群像做简谱记叙，为企业家群体进行精神复盘，有心人如施君星辉先生，可谓怀揣"本质"利器，犁耕民营经济的贡献者。谨向施君及千万如施君者，致敬，礼赞。

拙笔疏浅，是为跋。

子衿

二〇二一年五一劳动节于长沙八方窗下

后记

走进中华商道的黎明

"就新须果敢，从善莫因循"。

——邵雍

编撰《本质Ⅱ：增长的本质》，是笔者 20 年职业生涯的一个小结，也是人生志趣的某种回归。

2000 年，笔者从中国人民大学新闻学院硕士毕业，放弃已考取的中央国家机关公务员，进入《经济日报》；其后在《中国企业家》杂志社负责企业定量研究。数年间主导、打造了多个国内权威企业榜单，如"中国 25 位企业领袖""未来之星 21 佳""商界木兰（年度女企业家）""跨国公司本土化指数"等。2004—2005 年任职《环球企业家》杂志，推出"中国企业社会责任榜"与"中国企业全球化指数"；2007—2010 年担纲中国企业家俱乐部的道农研究院，创设"绿公司百强"，助力中国企业界的绿色转型；2011 年开始登陆商界高端人脉平台正和岛，从事企业家精神与营商环境研究至今。

之所以在此交代个人简历，是为了向读者诸君汇报，编撰《本质》《本质Ⅱ：增长的本质》两书的内在理路。作为中国企业界 20 年的观察者、思考者，笔者在不同时期与一些代表人物有过近距离接触。俱乐部时期，笔者经常参加各类企

后记
走进中华商道的黎明

业走访，马云、柳传志也经常参与，得以近距离了解商界大事发生的内情，比如蒙牛奶粉事件发生时一帮大佬如何施以援手；王中军在台湾花莲讲述马云、牛根生为何注资华谊兄弟；再比如阿里巴巴首次赴港上市前，马云在"江南会"的分享，等等。

谈到数字经济，笔者不禁回想起1998年的人大校园，同学们争着传阅尼葛洛庞帝的《数字化生存》与比尔·盖茨的《未来之路》。笔者专业方向是传播学，在毕业论文中探讨过数字化传播规律，主要还是用户体验，从未想过投身数字产业。更加个人化的场景是，1998年笔者在人大东门外的网吧，浏览新浪新闻页面，以及1999年在人大学生活动中心，登录OICQ的。的确，人们总是这样，身处时代大潮而不自觉。

2000年进入媒体后，笔者触摸到数字商业的一些脉动。2002年起，笔者在《中国企业家》杂志开创"未来之星"项目，曾是国内最早的高成长企业年度榜单之一，甚至略早于德勤高科技百强、清科的创投榜单。该榜单每年5月发榜，至今仍是中国年度创新企业的风向标；今天的巨头们如BAT等在实力弱小的年代，都曾经上榜。2003年"非典"这一年，疫情危机造就了一批企业，比如阿里巴巴；还有一些互联网企业在那一年迎来生机，携程网、盛大游戏与腾讯这3家入选2003年的"未来之星"，当时都已手握海量用户，有些尚未盈利。因为业绩增长过快，笔者曾要求盛大游戏提供了由陈天桥本人签名、加盖公章的财务数据资料。2003年12月，携程在美上市，2004年5月盛大在美上市，同年6月腾讯在港上市。高瓴资本2005年重仓腾讯，而笔者与编辑部同人们2003年初就已看好腾讯。

这些"好汉当年勇"的口水话，其实无须多言。其后的时光，笔者和很多媒体人一样，事实上只做了20年数字经济的旁观者而已。笔者身边的人，倒有一些在2010年以后果断地投入了新经济，并拥有重要一席。

1998—1999年，后来YY语音创始人李学凌，时任《中国青年报》记者，

本质 II
增长的本质

与笔者同学韦某是人大哲学的本科同学,他经常到人大宿舍来玩耍,一待就是大半天。当时笔者很纳闷,这哥们儿经常用笔记本电脑玩游戏,难道不用坐班吗?后来才知道他是跑科技口的,经常要到中关村采访,采访前后的时间没地方去,人大正好是个歇脚点。2004—2005年,笔者也曾与猿辅导创始人李勇、知乎的早期合伙人张亮共过事。

经济学上把企业家大致分为两类,一类是套利型,一类是创新型。就这个意义上说,改革开放以来取得成功的一些人,属于"套利型"企业家。由于体制松绑与机制搞活,敏锐抓住了市场原本存在的空白,他们的商业优势,源于比别人更早突破旧观念的束缚,更快的行动,着力点在于"破"。一言以蔽之,时势造英雄。

新时代催生了一批"创新型"企业家,在市场格局既定甚至固化的环境中,他们奋力开辟新的天地。特别是数字经济中的多数企业家,基本路径是想象新的可能,着眼点在于"立"。总体来说,英雄造时势。

过去的"破"是破除体制、机制的障碍,是企业家向外发力;现在的"立",是重建中华商道,是企业家向内用功。清末民初的状元实业家张謇,在这方面堪称典范。

"张季直(张謇)先生在近代中国史上是一个很伟大的、失败的英雄,这是谁都不能否认的。他独力开辟了无数新路,做了三十年的开路先锋,养活了几百万人,造福于一方,而影响及于全国。"胡适与张謇未曾谋面,评价却非常公允,因为他读懂了张謇精神。

用今天的语境来说,张謇是社会企业家的杰出代表。作为中华文化滋养出来的优秀人物,身处三千年未有之变局,他放弃世俗的功名利禄,毅然走上实业救国的道路。于他而言,财富不是创业动力,经世济民才是不改初心。作为传统的士大夫,他鼓励科技与教育,积极眺望世界。他留下的一些金玉良言,可以看作

后记
走进中华商道的黎明

是中华商道的注脚。

"天之生人也,与草木无异。若遗留一二有用事业,与草木同生,即不与草木同腐。故踊跃从众者,做一分便是一分,做一寸便是一寸。"(人生意义)

"一个人办一县事,要有一省的眼光;办一省事,要有一国之眼光;办一国事,要有世界的眼光。"(世界眼光)

"时时存必成之心,时时作可败之计。"(务实理性)

"一个人生在这个世界,要讲究学问见识,要创立实业教育,至少要学会英、德、法、日四国语言文字,方才够用。"(持续学习)

20年来,笔者持续关注着企业家群体的精神进化,如2005年以来企业界兴起的社会责任热潮,2008年汶川大地震后公众对企业责任的反思,2012年以来商界运用数字化技术所推动的公益事业。2017年至今,笔者更多从政商关系、中华文化等角度,思考着中国商业的未来走向。

在移动互联网背景下,技术中立主义兴起,很多互联网产品和服务衍生了一些负面效应,比如扼杀创新、隐私保护、大数据杀熟、信息茧房、游戏上瘾、加班福报论等,甚至还引发了人身安全事件。根据笔者观察,一方面互联网改变了人们的生活,提高了效率、增加了便利,但是20年来互联网企业自身的技术迷思与外溢效应,涉及了全部的社会利益关系方,颠覆了传统产业与社会关系的基本模式,导致了政府强化监管的趋势;另一方面也在呼唤新的商业文明,科技向善、商业向上正在成为主流思潮。

2018年的雷军之问:"我是谁,我为什么而奋斗?"振聋发聩,引起商界广泛共鸣,在某种程度上,是关于企业家群体的"时代之问",代表了企业家精神的新高度。

本质 II
增长的本质

2021年，字节跳动9周年，张一鸣的演讲主题是《平常心做非常事》。他在文中大量引用了中国文化中特有的词语，比如"本自具足"，又如王阳明先生的"不离日用常行内，直到先天未画时"等，并以他一贯的中英互证的思考风格，探讨了全球疫情下的人心变化，对字节跳动的应对变局做了总结。他提出"世界在动态加速地变化"，"只有心态越平稳，才能扎根越牢，才能够有魄力有想象力去做更难企及的事情"。应该说，他已经能自如地把中华文化与世界视野进行相对圆融的结合。

哲学家张岱年先生曾说，"中国哲学之中心部分是人生论，人生论之中心部分是人生理想论"。笔者认为，企业家三观（人生观、财富观与经营观）是商业成功的隐藏密码。从逻辑上说，人生观塑造财富观，财富观决定经营观；从实践来看，多数企业家的经营观最早成形，具有极强的套利性，财富观与人生观往往是对商业成功反思的结果。在积累一定财富后，很多企业家会开始思考，诸如"人生的下半场""企业存在的终极意义是什么""企业到底是谁的"等问题。

编撰本书的过程中，笔者逐渐形成了一种强烈的感受。后浪们不仅在颠覆或重塑商业规则，他们关于商业与世界的新认知和新思维，也不可避免地成为新的主流。

与前辈们相比，很多人创业之前已经财富自由，更多考虑的是解决社会问题，或者新的用户需求。他们大多带有技术背景，倾向于通过技术与商业的结合，去改善社会，乃至改变世界。最重要的是，他们在精神上较为早熟，在积极吸取前辈经验的同时，他们的决策模式更为理性。他们的企业成长快速，但信奉"长期主义"，他们少年得志，更热衷"第一性原理"，通过"从0到1"的变革，创造新的可能性。他们的自信与禀赋，与欧美企业家站在同一个平台上。

他们成长的另一面是：夹缝中求生、争议中前行、创新中崛起。他们高举技术至上的大旗，倾向于在商业无人区低调潜行；他们自身尚不成熟，未能适当地使用知识权力，在采访中却往往直言无忌、语出惊人，造成了不少误读与争议。

后记
走进中华商道的黎明

他们年纪轻轻就迅速成功，财富的规模与速度令人惊叹，人们不仅讶异于他们短短数年取得的惊人成就，更是被他们不时的大胆动作感到震撼。他们行动时更快速、更坚决，风格上却更沉潜、更低调。

改革开放40多年来，特别是最近20年数字经济的发展，中国企业在技术、商业与社会之间逐步形成了新的融合与新的共识。本书入选者的观念发展，也表明他们在家国关系、义利关系、身心关系、科技人文关系等方面，开始了系统思考与全新探索。特别是以王兴、张一鸣和黄峥为代表的新一代企业家，他们拥有新三观与新实践，或许将引领中国企业走进中华商道的黎明。扎根中华文化，立足中国国情，厘清中华商道的观念系统，也是笔者下一步的人生目标之一。

在本书即将付梓之际，笔者衷心感谢东方出版社李耀辉老师、出版界资深人士葛宏峰的信任、支持与包容。本书中的素材部分来自诸多财经图书与网络公开资讯，大多已注明出处，若文字与版权上有任何争议，概由笔者个人负责，欢迎有关人士"拍砖"或提出异议。

由于工作繁忙，本书的写作完全是在节假日，甚至牛年春节假期中完成。年逾七旬的父母在分担了部分家务的同时，还帮忙照顾幼儿，最大限度地解除了笔者的后顾之忧；没有他们的辛劳与付出，本书断然无法成稿。

最后，特别感谢妻子和未满周岁的儿子。他们的温馨陪伴，是笔者埋首案头的动力，也让假日写作不再难以忍受。

是为记。

2021年3月11日，北京海淀寓所